Illustrierte Geschichte der Kriegszüge im Mittelalter

Illustrierte Geschichte der Kriegszüge im Mittelalter

H. W. Koch

Bechtermünz Verlag

Originaltitel: Medieval Warfare
Originalverlag: Bison Books Limited, London

Deutsche Erstausgabe für
Weltbild Verlag GmbH, Augsburg 1998

Produktion: Druck & Sache, Gert Schemmann, München
Aus dem Amerikanischen übertragen von Lou Abraham,
Ilse Fath-Engelhardt, Teresa Junek, Bettina Schäfer
Lektorat: Käthe H. Fleckenstein
Umschlaggestaltung: KA·BA factory, Augsburg
Gesamtherstellung: Rotolitho Lombarda, Piotello (MI)
Printed in China
ISBN 3-8289-0321-5

Vorhergehende Seite: *Die Einnahme von Askalon, 1099*
(Chroniken von Outremer, *15. Jahrhundert*)

Unten: *Der Hundertjährige Krieg:*
Fußtruppen stürmen die Mauern eines feindlichen Lagers
(Chroniken von Karl VII. *15. Jahrhundert*)

Alexander der Große (356-323 v. Chr.) belagert 322 v. Chr. die Stadt Tyre. Miniatur aus einer französischen Handschrift über die Zeit Alexanders des Großen

KRIEG UND MITTELALTERLICHE KRIEGFÜHRUNG

Während der gesamten geschichtlichen Entwicklung war Krieg der stärkste Ausdruck von Konflikten zwischen Stämmen, Staaten und Gesellschaften. Es gibt keine Gesellschaft, kein Reich, keinen Staat, dessen Wurzeln nicht tief in einem Boden stecken, der mit dem Blut von Siegern und Besiegten getränkt ist. Allein die Tatsache, daß die Mittelmeerkultur römisch und nicht karthagisch war, daß Frankreich fränkisch blieb und nicht islamisiert wurde, ist das Ergebnis von Kriegen. Kriege und Schlachten sind so überaus wichtig gewesen, daß sie unsere Welt jahrhundertelang gestalteten. Geschichtsverständnis beinhaltet also auch ein Verständnis des Krieges.

Natürlich gibt es einen Unterschied zwischen dem Kampf um Territorium, das von zwei Seiten beansprucht wird, und dem Aufeinandertreffen von zwei unterschiedlichen Kulturen, die Auseinandersetzungen über Prinzipien, Glaubensfragen, führen, was eine vollständige Verdrängung eines der beiden Kontrahenten zur Folge hat. So war es bei der Ausbreitung des Islams, der innerhalb weniger Jahrhunderte die halbe damals bekannte Welt unter seine Gesetzgebung brachte. In der islamischen Vorstellungswelt gab es nur die Region des Friedens, die Allah und seinem Propheten Mohammed unterstand. Außerhalb dieser lag die von Ungläubigen besiedelte Region des Krieges, die zweifellos eines Tages erobert, umgestaltet und in die Region des Friedens integriert werden würde.

Die Geschichte hat gezeigt, daß bei einem Konflikt zwischen zwei unterschiedlichen Kulturen keineswegs der sozial und materiell höher entwickelte Kontrahent als Sieger hervorgeht. Häufig wagten relativ hoch entwickelte Gesellschaften einen Eroberungsfeldzug und mußten feststellen, daß ihre Ressourcen sehr schnell und unersetzbar erschöpft waren. Alles hing von einem Führer oder einer Führungselite ab, die alle Expansionsgelüste vergehen ließ, wenn sie abgesetzt wurde. Im antiken Griechenland war das philosophische Denken immer schon von der Idee des griechischen Stadt-Staates gefesselt gewesen. Der Expansionsgedanke war fremd. Doch Alexander der Große und seine Idee von einem Weltreich beseitigten die alte Barrieren zwischen Griechen und Barbaren und führten zu einem allumfassenden Universalismus. Schon Sokrates hatte gepredigt, die Aufgabe Griechenlands sei es, zu erobern und die Barbaren zu zivilisieren. Alexander verkörperte die pan-hellenistische Bewegung, doch innerhalb weniger Jahre hatte er diese Weltanschauung überwunden und an ihre Stelle das kaiserliche Ziel gesetzt, eine neue, auf den geistigen und kulturellen Prämissen der griechischen Gesellschaft basierende Friedensordnung zu schaffen. Er ignorierte den Rat seines Lehrers Aristoteles, der betonte, daß der als Grieche Geborene in der Rangordnung stets über dem assimilierten Barbaren stehen müsse. Davon überzeugt, er sei ein Friedensfürst, strebte Alexander danach, alle diejenigen in einem Staat zusammenzuführen, die bereit waren, seine Gesetze anzuerkennen, vor denen alle gleich waren. Der frühe Tod Alexanders zerschlug seine Vision. Was blieb, war seine Idee, die Idee des „Reiches".

Als Rom schließlich die Reichsidee aufgriff, kam es zur Synthese des Geistes Griechenlands mit dem von Latium. Durch seine, den östlichen Nachbarn weit überlegenen politischen Fähigkeiten hatte Rom seine Vorherrschaft über Italien bis zum dritten Jahrhundert v. Chr. gefestigt. Ein Jahrhundert später unternahm es erste Schritte hin zur Weltherrschaft: Karthago und Afrika wurden römische Provinzen. Griechenland wurde zum Protektorat der Provinz Mazedonien, und schließlich fielen Korinth und der Rest Griechenlands unter römische Herrschaft. Als Caesars Adoptivsohn Augustus die Macht übernahm, war aus der Römischen Republik ein Römischens Weltreich geworden. Die Römischen Kaiser wurden zu „Vätern der Menschheit". Öffentliche Ämter waren nun allen Reichsangehörigen zugänglich und nicht mehr ausschließlich geborenen römischen Bürgern.

Die Karte des Römischen Reiches zeigt die römischen Verwaltungsbezirke und die Regionen der Barbarenstämme unter Diokletian (245-313). Seine Amtszeit wurde vom Ansturm der Barbareninvasionen erschüttert, die im fünften Jahrhundert schließlich das Römische Reich überrannten. Zweimal wurde Rom eingenommen, 410 von der Westgoten und 455 von den Vandalen.

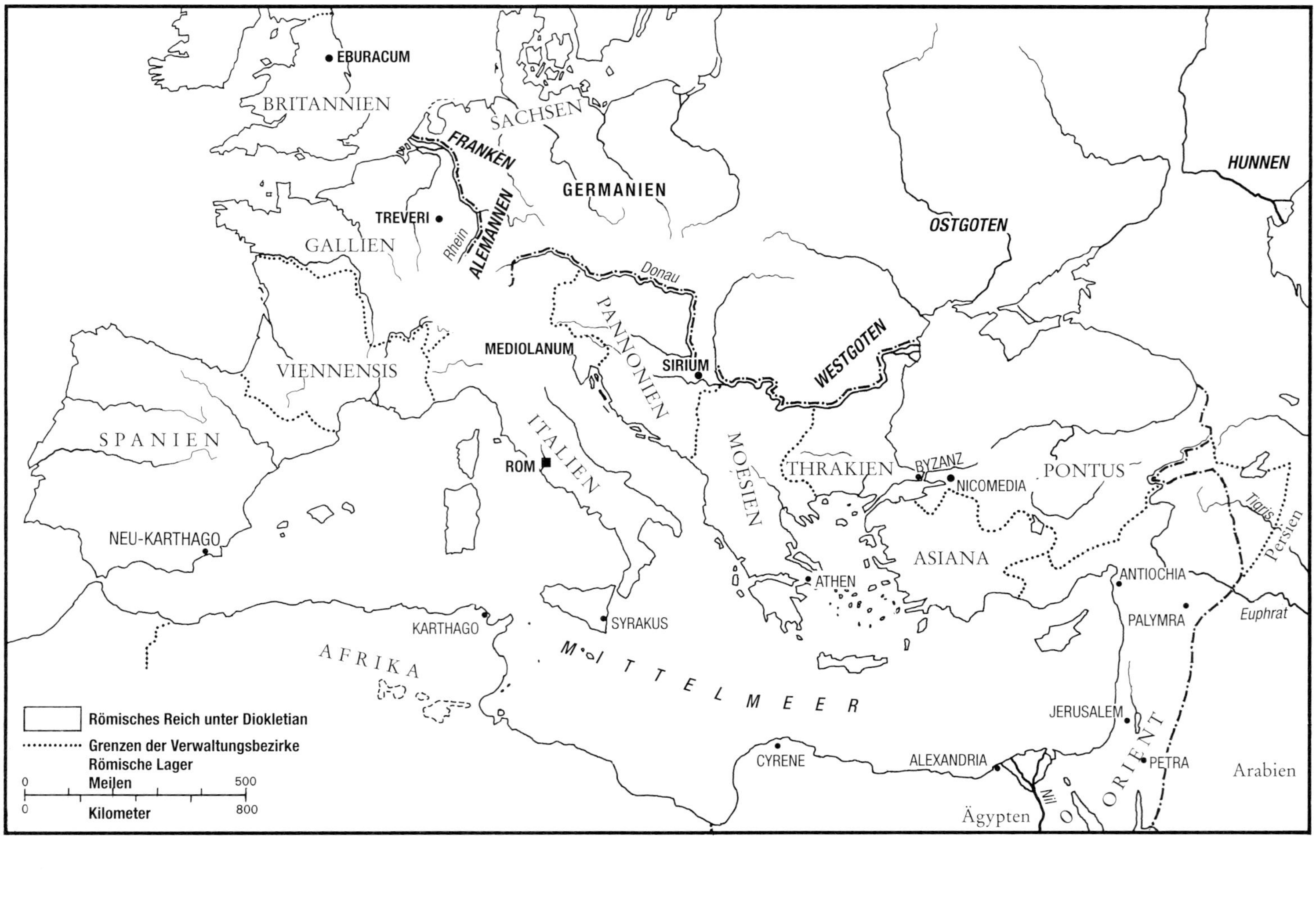

Doch auf der Höhe seiner Blüte zeichnete sich der Untergang des Reiches schon ab. Das Weltreich war zu klein, doch gleichzeitig auch zu groß. Es integrierte und zivilisierte die Barbaren der Grenzregionen nicht, die deshalb am Ansehen und den Privilegien des Reiches keinen Anteil hatten. Als dieser Mißstand behoben werden sollte, war es bereits zu spät. Das zerfallende Römische Reich verfügte nicht über die notwendigen Organisationskräfte, die Barbaren einzubeziehen.

In den langwierigen militärischen Auseinandersetzungen zwischen dem zerfallenden Reich und den Barbaren manifestierten sich viele charakteristische Elemente mittelalterlicher Kriegführung. Diese Elemente – typische Waffen, Taktiken, Organisation, Kommandostrukturen – wurden keinesfalls systematisch eingeführt. Einige waren hauptsächlich griechisch-römischen Ursprungs, etliche den Barbaren entlehnt, manche Ergebnis der Verschmelzung von Ideen zweier Kulturen, und andere waren Neuerfindungen mit wenig Bezug zu Vergangenem.

Dieses Buch beabsichtigt lediglich, ein Abriß der Geschichte mittelalterlicher Kriegführung zu sein. Dennoch sah sich der Autor mit einem größeren Problem konfrontiert: Wie definiert man Mittelalter? Wann beginnt, wann endet es?

Nun könnte man eine endlose, pedantische Diskussion beginnen, die zu keinem abschließenden korrekten Ergebnis führen würde, sondern zu mehreren, gleichermaßen richtigen, doch entgegengesetzten Antworten. Der Einfachheit halber habe ich die Frage auf meine Weise interpretiert und für diesen Band umformuliert: Warum mit Hermann und den Römern beginnen und mit Gustav Adolf und Wallenstein aufhören? Warum mit einem früheren Zeitpunkt als dem heute so bezeichneten „Mittelalter“ beginnen und lange nach seinem Ende aufhören? Auf *diese* Fragen habe ich Antworten.

Eine Geschichte der Kriegführung sollte nicht einfach nur Schlachten behandeln – wie Soldaten sie führten und sich in ihnen verhielten. Ginge es nur darum, gäbe es kaum einen Unterschied zwischen der Schlacht bei den Thermophylen und der um Stalingrad oder zwischen Cannae und Blenheim. Ich bin so altmodisch zu glauben, daß sich durch alle Zeitalter hindurch grundlegende menschliche Charakterzüge nur wenig geändert haben und daß dies so bleiben wird. Doch das gilt nicht für die Umwelt des Menschen und noch weniger für den beiderseitigen Prozeß der Anpassung des Menschen an diese Umwelt und der Ausrichtung der Umwelt auf die menschlichen Bedürfnisse und Zwecke.

Eine Geschichte der Kriegführung sollte sich nicht nur mit Heldentum, Unentschlossenheit oder Feigheit Einzelner oder Armeen beschäftigen, sondern die Gesellschaften betrachten, die sie hervorbrachten, den sozialen und ökonomischen Rahmen, in dem sie agierten, und die Veränderungen innerhalb des Rahmens, die Methoden der Kriegführung beeinflußten und veränderten. Daher beginnt dieses Buch mit dem frühen Aufeinandertreffen unterschiedlicher Formen sozialer und ökonomischer Organisation und Methoden industrieller Produktion, denn das war die eigentliche Konfrontation zwischen den Germanenstämmen und den römischen Legionen. Es endet mit einer Gesellschaft im Kriegszustand, einem Krieg, der mit einer militärischen Organisation begann, die bis ins Mittelalter zurückverfolgt werden kann. Das Heer Wallensteins war das erste stehende Heer, das die Charakterzüge moderner Armeen trug.

Der Ablauf geschichtlicher Ereignisse ist nicht geordnet oder strukturiert. Nur die Vorstellungskraft der Historiker bringt Ordnung und Disziplin in das Chaos, indem sie „Maßstäbe“ wie chronologische Klassifizierung und Periodizität verwendet. Doch diese Klassifizierungen und die Bezeichnungen bestimmter Perioden sind selten korrekt und nie präzise. Das ist kein Fehler der Historiker, sondern der Geschichte selbst. Fortbestand und Überschneidung von Ereignissen und Ideen innerhalb und zwischen einzelnen Perioden beeinträchtigen genaue Definitionen. Nationalismus wird beispielsweise häufig als Nebenprodukt der Französischen Revolution und des 19. Jahrhunderts bezeichnet. Doch sind heute nicht viele Charakteristika des

Mittelalterliche Miniatur zeigt das Namens-„C“ von Kaiser Karl dem Großen (742-814), der sich Zeit seines Lebens dem Eindringen der Barbaren nach Europa entgegenstellte. (Handschrift von William of Tyre)

Nationalismus' in Gesellschaften zu beobachten, die sich selbst nicht mit einer *„Nation“* identifizieren, sondern mit einer Stadt, einem religiösen Glauben, einer Ideologie oder, wenn man so will, mit einer Hautfarbe?

Die Begrenztheit einer chronologisch genauen Benennung von Zeiträumen wird im Text des Buches deutlich. Bezeichnungen sind nötig, trotzdem muß man sich ihrer Hilfsfunktion im konzeptuellen und methodologischen Apparat des Historikers bewußt sein; wir müssen uns bewußt sein, daß diese Hilfsfunktionen dürftig und die Ereignisse *fließend* sind. Der Zeitraum zwischen den Schlachten von Adrianopel und Azincourt, in denen Reiterheere den Fußtruppen überlegen waren, ist nicht plötzlich von einer Periode abgelöst worden, in der ein Einsatz von Fußtruppen wieder Vorrang hatten. Adrianopel, Courtrai, Azincourt u. a. sind nur Meilensteine, die den Prozeß der Veränderung anzeigen – aber keine Wendepunkte an sich. Obwohl es ein Kapitel mit der Überschrift *„Entwicklungen in der Renaissance“* gibt, wird der Leser zum Beispiel feststellen, daß diese Periode immer noch von traditionellen mittelalterlichen Methoden der Kriegführung bestimmt war, obwohl die Geographie der untersuchten Region eigentlich gegen diese Methoden sprach. Doch er wird auch das Neue neben dem Alten finden, manchmal gleichzeitig, manchmal in Gegenüberstellung, und feststellen, daß nicht immer das Neue das Alte besiegte oder ersetzte.

Mit anderen Worten: es gibt, wenn überhaupt, nur wenige klare Kategorien; die Geschichte mittelalterlicher Kriegführung reflektiert, wie Geschichte allgemein, einen anhaltenden Fluß von Ereignissen. Gegenstand dieses Buches ist es, einen Überblick über die europäische *Gesellschaft* im Krieg an bestimmten Punkten ihrer Entwicklung zu geben, Punkte, die bedeutende gesellschaftliche Veränderungen besser veranschaulichen, als die offensichtlichen, kurz- oder längerfristigen Konsequenzen irgendeiner bestimmten Schlacht oder eines Krieges.

Mittelalterliche Kriegführung ist keinesfalls ohne die Kenntnis vorangegangener Ereignisse zu verstehen. Deshalb muß die Geschichte zwingend mit dem langen, erbitterten Kampf zwischen Rom und den Barbarenstämmen des westlichen Europas beginnen.

Europäische Barbarenkrieger und ihre Waffen

DAS RÖMISCHE REICH UND DIE ERHEBUNG DER BARBAREN

Die Germanenstämme des Nordens waren die Hauptmacht, mit der die Römer zu ringen hatten. Oberflächlich betrachtet wiesen die Stämme weitgehend unterentwickelte politische, soziale und militärische Strukturen auf. Zu Beginn des Jahres 1 n. Chr. gab es bei den Germanen keine politische und soziale Einheit, sondern sie spalteten sich in verschiedene Stämme auf, die jeweils auf einem Gebiet von hundert Quadratkilometern siedelten. Wegen der Gefahr feindlicher Invasionen blieben die Grenzgebiete dieser Regionen unbesiedelt, die Bevölkerung konzentrierte sich im Landesinneren. Zwischen Rhein, Elbe und Main im Süden, auf einer vorwiegend von Wäldern und Sümpfen bedeckten Fläche, lebten ungefähr zwanzig Germanenvölker. 250 Personen siedelten durchschnittlich pro Quadratkilometer und betrieben zur eigenen Bedarfsdeckung Landwirtschaft. Die Größe der einzelnen Stämme variierte zwischen 25.000 bis 40.000 Menschen, was bedeutete, daß jeder Stamm 6.000 bis 10.000 Krieger aufstellen konnte.

Diese Sozialstruktur erklärt die relative Anfälligkeit gegen Angriffe römischer Legionen. Jedes Volk teilte sich willkürlich in große Familieneinheiten auf, in *Geschlechter*. (Damals spielte Migration zu anderen Dörfern und Städten und eine damit einhergehende Vermischung mit anderen Familieneinheiten keine Rolle.) Diese Geschlechter wurden *Hundertschaften* genannt, weil sie entweder aus hundert Familien oder hundert Kriegern bestanden. Die Hundertschaft, die alle Familienmitglieder einschloß, bestand aus 400 bis 1000 Menschen und lebte auf einem Gebiet von mehreren Quadratkilometern in einer Siedlung, die dort angelegt war, wo es die Umgebung es zuließ. Frauen und Männer, die keine Krieger sein konnten, kümmerten sich um die Landwirtschaft.

In Kriegszeiten bildeten die Mitglieder der Hundertschaft eine Truppe. Das Wort *Dorf* (*thorpe* in den nordischen Ländern) bedeutet soviel wie Kriegergemeinschaft. Demnach bestand die Stammesgemeinschaft der Germanen aus Dörfern oder Siedlungen, das Gebiet, auf dem sie sich erstreckten, wurde *Gau* genannt, und der Kern der Militäreinheit war die Hundertschaft. Jede Gemeinschaft hatte ihren gewählten Anführer, den *Elderman* oder *Hunno*.

Der *Elderman* hatte eine Doppelfunktion: er war Oberhaupt der Dorfgemeinschaft und Anführer im Kriegsfall. Obwohl das Amt nicht vererbbar war, gibt es Anzeichen für den weitverbreiteten Brauch, die Söhne des *Hunno* als Nachfolger zu wählen. Da der Kriegsanführer auch das Privileg des größten Beuteanteils hatte, erlaubten die angesammelten Reichtümer den Führern, sich Diener zu halten und die Tapfersten um sich zu scharen, die ihm treu bis in den Tod folgten. Aus diesen Familien wählte die Versammlung des Volkes, der *Thing*, seinen Anführer, den *Ersten*, dessen Amt auch die Ausübung der Gerichtsbarkeit im *Gau* beinhaltete.

Bemerkenswert dabei ist, daß die Germanenvölker zahlenmäßig nicht sehr stark waren. Doch seit Tacitus sprechen alle Chronisten von der wilden Tapferkeit der Germanen und ihrer militärischen Schlagkraft. Gemessen an ihrer verhältnismäßig geringen Anzahl hätte die Tapferkeit einzelner aber wenig bewirkt, wenn nicht eine tadellos funktionierende Militärstruktur bestanden hätte. Im Gegensatz zu den Römern kannten die Germanen keine militärische Disziplin. Die natürlichen Bindungen innerhalb des Dorfes, der Hundertschaft und im gesamten Stamm waren Grundlage des Zusammenhalts.

Natürlich waren Einsatz und Tapferkeit des einzelnen wesentlich, doch nur innerhalb einer koherenten taktischen Einheit waren sie von Wert. Diese Einheit war die Hundertschaft aus miteinander verwandten Männern. Es gibt keinen Hinweis darauf, daß die Hundertschaften jemals militärische Übungen abhielten. Sie zeigten keine Drillerfahrung wie die römischen Legionäre, doch ihr Zusammenhalt beruhte auf der Gewißheit, sich völlig auf die Kampfgefährten verlassen zu können und war

Links: *Die Teutoburger Schlachten*

Unten: *Gefangene Germanenfrauen; Detail der Traiansäule*

dem der Römer überlegen. Wurde eine römische Streitmacht besiegt, zerbrach sie meist. Die gewachsene Struktur einer germanischen Streitmacht blieb gewöhnlich intakt. Der *Hunno* war in der vorteilhaften Lage, eine 'natürliche' Macht zu befehligen, statt einer künstlich geschaffene, wie sein römischer Kontrahent. Vom Militärstandard der Römer her gesehen, waren die Germanen 'ein Haufen', doch dieser Haufen war, wie die Römer immer wieder erfahren mußten, sehr schlagkräftig. Die Römer erkannten schließlich, daß die Germanen sie mit einer anderen Art von Militärorganisation konfrontierten, die sich nur auf dem Hintergrund ihrer sozialen und politischen Struktur erklären ließ.

Tacitus beschrieb, wie die germanischen Fußtruppen kämpften. Er porträtierte sie als taktische Einheit, die 'genauso tief wie breit' war – Front, Nachhut und beide Flanken waren gleich stark. 400 Männer, 20 Reihen mit je 20 Männern, oder 10.000 Männer, 100 Männer mal 100 Reihen. Naturgemäß waren die Krieger an den Flanken der ersten Reihe der Gefahr am stärksten ausgesetzt, weil sie sowohl von der Front als auch von der Flankenseite her angreifbar waren. Dieses Karree war die taktische Grundformation der Germanen, so wie die Phalanx, die lineare Aufstellung, die ursprüngliche taktische Formation der Römer war. Bei einem Angriff hatte die Phalanx den Vorteil, mehr Waffen zu Einsatz bringen zu können und an den Flügeln manövrierfähiger zu sein. Doch besonders bei einem Reiterangriff war die Verwundbarkeit ihrer Flanken die Schwäche dieser Phalanx. Und Reiterangriffe waren eine der Stärken der Germanen. Um nach allen Richtungen die gleiche Stärke zeigen zu können, bevorzugten die Germanen tiefe Formationen.

Die beiden unterschiedlichen taktischen Herangehensweisen hatten ihren Ursprung in der technischen Entwicklung. Die Germanen besaßen relativ wenige Rüstungen und Metallwaffen. Deshalb stellten sie ihre am besten bewaffneten Männer in die vordersten Reihen, um die weniger gut bewaffneten Männer in der Mitte des Karrees zu schützen. Ein anderer Vorteil des germanische Karrees gegenüber der Phalanx war seine taktische Mobilität und Anpassungsfähigkeit an landschaftliche Gegebenheiten. Auf ähnliche Weise war die Divisionalkolumne Napoleons der Lineartaktik des 18. Jahrhunderts überlegen.

Tacitus beschreibt die Bewaffnung der Germanen:

'... *Nur wenige haben ein Schwert oder eine größere Lanze. Sie tragen Speere oder, wie sie selbst sagen, Framen, mit schmaler und kurzer Eisenspitze, die jedoch so schaft und handlich ist, daß sie dieselbe Waffe je nach Bedarf für den Nah- oder Fernkampf verwenden können. Selbst der Reiter begnügt sich mit Schild und Frame, die Fußsoldaten werfen auch kleine Spieße, jeder mehrere, und sie schleudern sie ungeheuer weit. Sie sind halb nackt oder tragen nur einen leichten Umhang. Prunken mit Waffenschmuck ist ihnen fremd; nur die Schilde bemalen sie mit auffallenden Farben. Wenige haben einen Panzer, kaum der eine oder andere einen Helm oder eine Lederkappe.*

Ihre Pferde zeichnet weder Schönheit noch Schnelligkeit aus. Sie werden auch nicht, wie bei uns, zu kunstvollen Wendungen abgerichtet; man reitet geradeaus oder mit einmaliger Schwenkung nach rechts, und zwar so in geschlossener Linie, daß niemand zurückbleibt.

Aufs ganze gesehen liegt ihre Stärke mehr beim Fußvolk; daher kämpfen sie auch in gemischten Verbänden. Hierbei paßt sich die Behendigkeit der Fußsoldaten genau dem Reiterkampf an: man stellt nur Leute vor die Schlachtreihe, die aus der gesamten Jungmannschaft ausgewählt sind. [...] Vom Platz zu weichen, wenn man nur wieder vordringt, hält man eher für wohlbedacht, nicht für feige. Ihre Toten bergen sie auch in unglücklicher Schlacht. Den Schild zu verlieren, ist eine Schmach ohnegleichen, und der so Entehrte darf weder an Opfern teilnehmen noch eine Versammlung besuchen, und schon mancher, der heil aus dem Kriege zurückkehrte, hat seiner Schande mit dem Strick ein Ende gemacht. [...]

Der Schild war aus Holz oder aus lederüberzogenem Flechtwerk. Gab es Kopfbedeckungen, waren sie aus Leder oder Fell.

Der Langspeer mußte mit beiden Händen geführt werden, was den Speerwerfen daran hinderte, ein Schild zu tragen. Dies führte nach und nach zur Verwendung von Rüstungen, die man entweder den Römern auf dem Schlachtfeld abnahm oder aus Leder anfertigte. Zusätzlich war es die Aufgabe jener, die kleinere Waffen wie Handäxte trugen, die Speerträger mit ihren Schilden zu schützen. Keine befriedigende Erklärung hat man allerdings für die Frage, warum die Germanen nicht wie in der Bronzezeit weiterhin mit Pfeil und Bogen kämpften. Diese Bewaffnung tauchte erst im 3. Jahrhundert wieder auf.

Nach der römischen Besetzung Galliens schien der Wunsch nach Schutz der Provinzen vor Barbarenangriffen Grund für den Ausbau der Wege ins Innere Germaniens hinein gewesen zu sein. Das Land war wenig einladend und auch für den Kampfstil der Römer nicht geeignet. Das rauhe Klima, die scheinbar endlosen Wälder und gefährliche Sumpfgebiete schienen kaum der Eroberung wert.

Die Sicherung Gallien bei gleichzeitiger Unterdrückung benachbarter Germanenstämme warf das Problem der Nachschubsicherung auf. Caesar konnte sich seinen Krieg in Gallien leisten, weil Nachschub in Hülle und Fülle zur Verfügung stand. Doch es war schwieriger, große Heere im inneren Germaniens zu versorgen, weil nur die Flüsse als Kommunikationswege dienen konnten. Drusus scheiterte beim ersten Versuch, über Land zu marschieren, verheerend, mußte aufgeben und zurück ins Lager ziehen. Bei seinem nächsten Versuch beschloß er, die Wasserwege zu nutzen. Er ließ einen Kanal vom Rhein zum Yssel bauen, der ihm über die Zuidersee Zugang zur Nordseeküste verschuf. Auch die Lippe nutzte er, die im Frühjahr bis hinauf zur Quelle schiffbar ist. Auf der Lippe fuhr er aufwärts bis nach Westfalen und ließ dort, wo der Fluß nicht mehr schiffbar ist,

Oben: *Reitender Germanenkrieger mit einfachem Holzschild; Detail der Traianssäule*

Links: *Germanische Gesandte vor Kaiser Traian, 113 n. Chr., Detail der Traianssäule*

Darstellung der Hunneninvasion aus dem 10. Jahrhundert

Kastell Aliso errichten, das eher Nachschublager als befestigter Stützpunkt war. Von dort aus sollte Germanien unter Römische Herrschaft gebracht werden. Römische Kundschafter zogen ins Landesinnere, wo sie von den Stammesführern relativ freundlich aufgenommen wurden. Einigen sahen in den Römern willkommene Verbündete bei ihren eigenen Stammesrivalitäten, besonders gegen den ehrgeizigen Markomannenführer Marbod, der seine Herrschaft in Böhmen gefestigt hatte und nun bis zur Unterelbe ausdehnen wollte. Doch im Jahre 9 n. Chr., als der römische Befehlshaber der Region, Quintilius Varus, versuchte, die römische Vorherrschaft zu etablieren, zerschlugen die Germanen seine drei Legionen und deren Ersatztruppen in einer dreitägigen Schlacht im Teutoburger Wald.

Weder das genaue Datum noch der genaue Ort der Schlacht ist durch historische Beweise gesichert. Die traditionelle Version, die Germanen hätten die Römer in die Wälder gelockt, ist erfunden. Sicher ist, daß Varus' Legionen mit ihrem gesamten Troß im Herbstes marschierten. Das läßt vermuten, daß die römischen Streitkräfte während des Sommers im Inneren Germaniens operiert hatten und nun ihr Winterquartier am Rhein oder in Aliso aufsuchten. Hätte Varus eine Germanenaufstand niederschlagen wollen, wäre er vermutlich nicht mit dem gesamten Troß losgezogen. Vertrauensvoll glaubte Varus sich unter Freunden. Immerhin war der Führer des Germanenstammes der Cherusker, Arminius (Hermann), selbst als Geisel in Rom gewesen, hatte einen Teil seiner Ausbildung dort erhalten und war zum römischen Fürsten erhoben worden. Doch um den Versuch einer römischen Herrschaftsausweitung zu verhindern, beging Arminius Verrat gegen die Römer und legte ihnen einen Hinterhalt.

Die römische Streitmacht bestand aus drei Legionen, sechs Kohorten als Ersatztruppen und drei Kavallerieregimentern: schätzungsweise 12.000 bis 18.000 Kämpfer und 12.000 Zusätzliche bildeten den gesamten Troß. Sobald das erste Kampfgeschrei der Germanen an der Spitze des fünf Kilometer langen Zuges zu hören war, hielt die Vorhut in der Höhe des heutigen Herford an. Ein passender Platz wurde gesucht, hastig befestigt und mit Palisaden und Graben umgeben. Als die Marschkolonne ankam, versammelte sie sich innerhalb der Palisaden. Varus muß daran gedacht haben, ins Sommerlager zurückzukehren, das gut befestigt war und besseren Schutz bot als diese provisorische Befestigung. Doch Proviant war scheinbar knapp, und es war zweifelhaft, daß der Rückweg ungefährlicher war als der Weg, der vor ihnen lag. Abgesehen davon war das Kastell vielleicht schon in der Hand der Germanen. Varus mußte sein überschüssiges Gepäcks und seine Wagen aufgeben. Am nächsten Tag marschierte er in besserer Formation als zuvor, um Aliso wenigstens zu erreichen. Obwohl in offenem Gelände, schienen die mit wenig Reiterei geführten Angriffe der Germanen schwach. Doch Arminius hielt seine Reiterei nur zurück. An diesem Tag kamen die Römer nur mühsam voran, und das Tempo verlangsamte sich weiter, als sie gegen Abend wieder den Wald betraten. Beim Marsch durch die düstere Dörrener Schlucht erkannten sie, daß die Germanen die Ausgänge blockiert und die Höhen besetzt hatten. Um aus der Schlucht herauszukommen, mußten sie bergaufwärts angreifen. Flankenausbrüche waren unmöglich, und selbst die schwachen Angriffe der Germanen reichten aus, schwere Verluste zu verursachen. Die Römer waren gezwungen, ein Lager aufzuschlagen. Und sie waren die ganze Nacht den unablässigen Angriffen der Germanen ausgesetzt. Das alles wurde durch das Einsetzen eines wüsten Herbststurmes und schwerer Regenfälle noch verschlimmert. Sie verwandelten den Boden in einen Morast, auf dem ein Kampf noch schwieriger war, ganz zu schweigen von einem Weitermarsch am nächsten Tag. Die römischen Angriffe gegen die Germanen kamen häufig zum Stillstand, während die leicht ausgerüsteten Germanen ganz nach Lust und Laune angreifen oder sich zurückziehen konnten. Nachdem eine Eroberung des Passes scheiterte, waren die Römer nun ohne Hoffnung auf ein Entkommen in der Dörrener Schlucht gefangen. Die Moral zerfiel. Varus und eine Reihe seiner Offiziere verübten Selbstmord, und der Träger der Römischen Adlerstandarte sprang in den Sumpf, damit diese römische Insignie nicht in die Hände der Germanen fiel. Bis auf ein paar Reitern, die es schafften, zu entkommen und sich ins belagerte Aliso durchzuschlagen, ergaben sich die Übrigen. Eine erfolgreiche Taktik ermöglichte ihnen den Ausbruch und sie zogen

Grabbeigaben für einen fränkischen Krieger aus der Zeit der Großen Völkerwanderung. Krieger wurden meist mit ihrer gesamten militärischen Ausrüstung begraben.

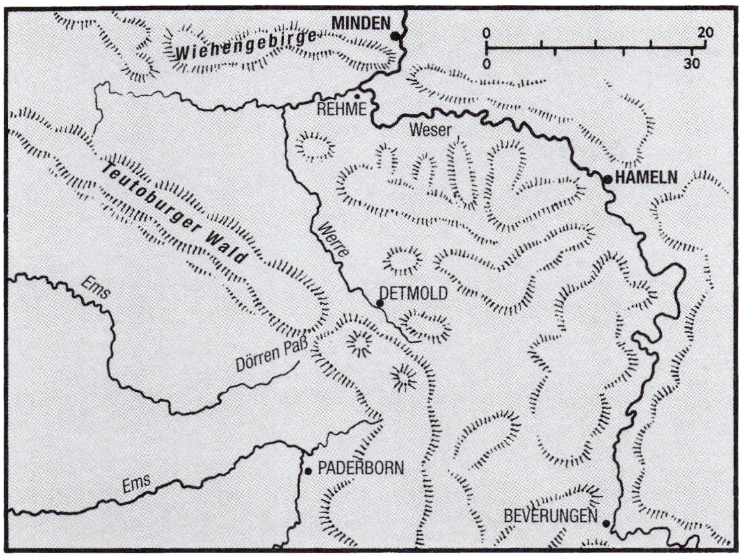

Schlacht im Teutoburger Wald

sich zu den römischen Stellungen entlang des Rheines zurück. Die Germanen, die nun befürchteten, daß eine starke römische Streitmacht zum Entsatz ihrer Kameraden anrücken würde, verschwanden ins Innere ihres Gebietes.

Die Römer waren aber wirklich nicht in der Lage, Vergeltung zu üben. Tiberius eilte an den Rhein, um Galliens Grenzen zu schützen und ein schrecklich zerschlagenes Heer wiederherzustellen. Die umstrittene Nachfolge für Kaiser Augustus machte Tiberius' Anwesenheit in Rom dringlicher, als eine größere Militäraktion in Germanien.

Als Augustus' Adoptivsohn Germanicus fest auf dem römischen Thron saß, unternahm er zwei größere Feldzüge. Ob er aber auch zwei Siege über die Germanen errang, bleibt der Spekulation überlassen. Einige verweisen dies in den Bereich vorsätzlicher Mythenschöpfung zum Wohle der politischen Zielsetzungen von Germanicus.

Jedenfalls entzog sich Arminius einer offenen Schlacht, weil er die Überlegenheit der Römer erkannte. Stattdessen führte er einen Zermürbungskrieg, wofür das Land auch bestens geeignet war, während die Römer ständig der Gefahr ausgesetzt waren, ihre Nachschubwege zum Rhein abgeschnitten zu bekommen. Trotzdem hatten die Römer stets die militärische Möglichkeit, Germanien zu unterwerfen. Ein reiner Defensivkrieg kann zu Verhandlungen, doch niemals zum Sieg führen. Unter den Germanenstämmen kam es zu scharfen Meinungsverschiedenheiten. Der Schwiegervater von Arminius, Segestes, führte die römische Gruppe, die den Mord an Armminius plante und ausführte. Tiberius war auch in keiner beneidenswerten Position. Die Konzentration römischer Legionen in Germanien unter Germanicus könnte zur gleichen Situation führen, in der sich Caesar und seine Legionen in Gallien befanden.

Die Schlacht im Teutoburger Wald machte deutlich, daß eine Eroberung Germaniens langewierig, blutig und kostspielig sein würde, und sie konnte nur unter einem überaus fähigen Feldherrn geschehen, der mit großer Macht ausgestattet war. Und genau diese Macht konnte für den Kaiser in Rom zu einer Bedrohung werden. Auch war es nicht ratsam, Rom für einen ausgedehnten Feldzug zu verlassen. Die Schlacht im Teutoburger Wald und die sich anschließenden Scharmützel unter Tiberius und Germanicus waren 'wenig mehr als eine Entschuldigung für den schließlichen Rückzug zum Rhein, der fortan die nordöstliche Grenze der romanischen Kultur bleiben sollte'.

Während der Friedensjahre des Römischen Reiches, die mit dem Tod von Mark Aurel im Jahre 180 n.Chr. endeten, war der Zustrom von Germanen in die Grenzgebiete des Reiches stetig und deshalb kontrollierbar. Jeder Stamm, der um Erlaubnis bat, innerhalb der Reichsgrenzen zu leben, war lediglich gehalten, den Geboten des Kaisers zu gehorchen und die Rhein-Donau-Grenze im Falle einer Verletzung durch benachbarte, jenseits der Reichsgrenze lebende Germanenstämme zu verteidigen. Dies funktionierte nicht nur aus militärischer Perspektive gesehen gut. Es hatte den Effekt, 'einheimische' wie nicht-einheimische Germanenstämme zu befrieden und eine Nomaden- und Kriegergesellschaft in eine pastorale Gesellschaft zu verwandeln.

Die Zeit zwischen 232 und 552 n. Chr. kennzeichnet den Übergang von römischen zu mittelalterlichen Formen der Kriegführung. Der Kampf zwischen den Germanenstämmen und dem Römischen Reich kam zum Ende. Das Römische Reich ebenso.

Militärisch gesprochen zeigten die Schlachten nun die Überlegenheit der Reiterheere. Einer der Gründe für den letztendlichen Niedergang Roms war die plötzliche Invasion der Hunnen in Osteuropa. Die Hunnen waren ein neues, ungeahnt zahlreiches Reitervolk, überaus mobil und meisterhaft im Umgang mit Pfeil und Bogen. Sie trafen auf die Goten, einen nordgermanischen Stamm, der bei Beginn des 3. Jahrhunderts Schweden verlassen hatte und sich von Pommern über die Karpaten, und von dort aus bis zum Schwarzen Meer ausbreitete. (Diese Bewegung war Teil der Großen Völkerwanderung, in deren Verlauf Franken, Alemannen und Burgunder in das Land zwischen Harz und Donau strömten. Als die Alemannen weiter nach Westen wandern, begannen sie eine unmittelbare Gefahr für Gallien darzustellen. Im August 357 n. Chr. traf Kaiser Julian im Kampf nahe Straßburg mit ihnen zusammen und besiegte sie.)

Die Goten waren am unmittelbarsten vom Anrücken der Hunnen betroffen. Wie sie zu dem Namen Ost- bzw. Westgoten kamen, ist ungewiß. Möglicherweise entstand der Begriff erst

Helm südosteuropäischer Herkunft aus dem 6. Jahrhundert, der den Alemannen vermutlich auf dem Schlachtfeld in die Hände fiel

Das Wüten der Goten (Gemälde von Paul Ivanovitz)

nachdem die Goten sich nahe dem Schwarzen Meer niedergelassen hatten. Von dort aus erstreckte sich ihr Siedlungsgebiet vom Don bis zur Donaumündung und weiter bis zu den südwestlichen Hügeln der Karpaten. Die Römer erkannten schnell sowohl die Gefahr als auch ihre potentielle Nützlichkeit. Unter Kaiser Severus Alexander (222-235) zahlte man den Goten ansehnliche Subsidien für die Verteidigung der Grenze oder anderweitige Friedensdienste. Doch diese Beziehung dauerte nicht lange. Immer häufiger überfielen besonders die Ostgoten östliche und südöstliche Grenzprovinzen des Römischen Reiches. Diese Überfälle verwandelten sich zu einer größeren Invasion. Jedoch nicht weil die Goten die chronische Schwäche Roms entdeckt hatten, sondern weil sie von den Hunnen dazu gedrängt wurden, die sie 374 am Dnjepr besiegt und gezwungen hatten, südlich der Donau Schutz zu suchen. Von einem Zentrum in der ungarischen Ebene aus errichteten sie dort ein ausgedehntes Reich. Schließlich erreichte die Hunnenbedrohung ein solches Ausmaß, daß das Römische Reich die Kontrolle über seine westlichen Provinzen verlor. Die römischen Heere wie auch die Germanenstämme fügten deshalb der Ausrüstung ihrer Fußsoldaten den Bogen hinzu und legten erneut Wert auf die Behendigkeit ihrer Reiterei. Die Angst vor den Hunnen veranlaßte Ostgoten, Franken und Römer zur Allianz. 450 n. Chr. traten sie gemeinsam auf der Ebene von Châlons gegen die Hunnen an und besiegten sie. Grund dafür waren nicht die außergewöhnlichen Taktiken, sondern das schwere Reiterkontingent Theoderichs, das die Hunnen einfach niederritt. Die Hunnen waren aufgehalten und zurückgedrängt worden, und das Selbstbewußtsein der Germanenstämme, besonders der Ostgoten, stieg immens. Mehr als je zuvor bedrohten sie nun das zusammenbrechende Römische Reich.

Über drei Jahrhunderte lang hatten die Römer germanische Hilfstruppen in ihre Heere berufen und einen Prozeß in Gang gesetzt, der Germanen und andere Stämme in die römische Armee integrierte. Man konnte kaum noch von einer *römischen* Armee sprechen. Die römische Armee des 5. Jahrhunderts war eine andere als unter Tiberius oder Germanicus. Die bisher mit Geld und Gütern entlohnten germanischen Söldner erhöhten über die Jahrhunderte ihre Forderungen. Daß ihnen im Grenzgebiet Land zugewiesen wurde, das sie für den eigenen Bedarf bewirtschaften konnten, war an sich keine Gefahr, solange das Reich stark genug war, diese Grenzkräfte an seinen offensten und verwundbarsten Stellen zu binden. In dieser Eigenschaft spielten die Söldner einen für die Sicherheit des Reiches lebenswichtige Rolle. Doch als die Goten die Schwäche der Machthaber erkannten und das Land zum Eigentum verlangten und nicht nur das Recht, es zu bewirtschaften, wurde die Gefahr einer 'Barbarisierung' des Reiches offensichtlich.

In Italien hatte unter Odoaker eine erfolgreiche Erhebung der Söldner stattgefunden. Der byzantinische Kaiser Zeno, begierig darauf, das Römische Reich zu gewinnen und die Ostgoten aus seiner unmittelbaren Umgebung zu vertreiben, schenkte dem Ostgotenkönig Theoderich Italien, ein Geschenk, das erst noch verdient werden mußte. Theoderichs Aufgabe war es, Odoaker zu unterwerfen und die Ostgoten in Italien anzusiedeln. Wer dabei siegte, war unwichtig. Byzanz würde auf jedenfall gewinnen, indem es einen Feind oder einen potentiellen Feind verlor. Theoderich, begleitet von Kriegstroß und Familie, siegte.

Die Große Völkerwanderung veränderte einige Stammesinstitutionen grundlegend. Fünf Jahrhunderte zuvor lebten die meisten in Siedlungen, jede Familiengemeinschaft in einem Dorf unter einem Elderman oder *Hunno*, eine Ansammlung von Familieneinheiten, die durch Stammesbindungen zusammengehalten wurden. Das Amt des *Fürsten* und sein Verwaltungsapparat waren einfach und zweckmäßig. Wanderbewegungen wie während der Großen Völkerwanderung und die damit einhergehenden Feldzüge nötigten die Machthaber zu einer Zentralisierung der Macht. Um auch weiterhin Kontinuität und die daraus resultierende Stammessicherheit zu gewährleisten, wurde die Machthaberschaft vererbbar. Aus dieser Situation entstand das Konzept des Königsamtes. Wenn ein ganzes Germanenvolk in die Dienste des Kaisers von Rom oder Byzanz trat, wurde gleichzeitig ein Germanenprinz zum römischen General ernannt und so zum Bindeglied zwischen seinem Volk und dem Kaiser. Geiserich, der König der Vandalen, herrschte in Afrika anstelle des Kaisers, doch er widersetzte sich schon bald der römischen Oberherrschaft und fühlte sich stark genug, sich selbst zum unumschränkten Herrscher zu machen.

Andererseits war das Frankenreich, im Gegensatz zur Gepflogenheit der Vandalen und Goten, die siegreiche *Völker* waren, von einem siegreichen *König* gegründet worden. Die Familie der Merowinger verstand es unter Chlodwig meisterhaft, zahlreiche Germanenvölker um sich zu sammeln, und mit diesen große Teile Galliens zu erobern und unter fränkische Herrschaft zu bringen. Das Wahlprinzip eignete sich aber nicht für eine solch große Zahl an Wählern. Die Krone wurde erblich, wenn auch niemals unangefochten. Doch trotz mehrerer Bürgerkriege blieb die Institution eines zentralisierten, an einem Ort gewählten, Kronamtes erhalten.

Dieselben Gründe, die zum germanischen Königsamt führten, schufen unausweichlich eine Veränderung der Militärstruktur der Germanen. Ein Troß von 10.000 bis 30.000 Mann benötigt eine ausgefeiltere Logistik als die alte Hundertschaft. Dem Fürsten oder dem König war es unmöglich, hundert oder mehr *Hunni* seine Befehle zu übermitteln. Zusätzliche Kommandoränge mußten geschaffen werden, Kommandoinstitutionen, die effektiver funktionierten. Desweiteren hatte in der seßhaften Vergangenheit eine einfache Form von Agrargemeinschaft den Bedürfnissen der Hundertschaft oder der Familien Rechnung getragen. Während der Großen Völkerwanderung war dies nicht länger möglich. Deshalb war die Große Völkerwanderung auch ein Plünderungsfeldzug. Als die Germanen in Gallien einfielen, raubten und plünderten sie die Städte aus. Folgedessen wurde die großzügige römische Stadtplanung zugunsten einer Rekonstruktion der Städte aufgegeben, deren Gebäude und Straßen jetzt enger angelegt wurden, um besser verteidigt werden zu können, und deren Außenbezirke von dicken Mauern und Wachtürmen umgeben waren. Dies waren die ersten mittelalterlichen Städte.

Doch Raub und Plünderung lösten für die Heere und ihre Gefolgschaft auf der Wanderschaft das Versorgungsproblem

Heft eines fränkischen Schwertes

Unterwerfung der Kantabrier durch Westgotenkönig Leowigild. (Tafel des Elfenbeinreliquiars von San Millan de la Cogolla, 11. Jh.)

Standbild von Karl dem Großen (742 – 814), Frankenkönig und römischer Kaiser

nicht. Kein Volk konnte es sich erlauben, von der Hand in den Mund zu leben. Lagerplätze mußten geschaffen werden, um zukünftig benötigte Vorräte zu horten, und diese mußten verwaltet werden. Deshalb benötigten die *Hunni* Untergebene, die Beute eintrieben, verteilten und lagerten.

Auch den König konnte nicht alleine ohne Vermittler zwischen sich und den *Hunni* regieren. Er delegierte seine Autorität an seine Grafen, die in seinem Namen genau abgegrenzte Gebiete verwalteten.

Die Westgoten lieferten Beweise für die neue Struktur der Militärhierarchie, doch es ist sicher, daß diese mit einigen Abwandlungen auch von anderen Germanenstämmen eingeführt wurde. An der Spitze der Hierarchie stand ein Führer für maximal 10.000 Männer; die nächste Einheit umfaßte 500 Männer und so ging es weiter bis zur Hundertschaft, die in Zehnergruppen aufgeteilt war. Kern dieser Organisation war jedoch immer noch die Hundertschaft, die organisatorisch gesehen gerade groß genug war, um die Versorgungsproblemen zu bewältig.

Der Ursprung des germanischen Königtums und der Vererbbarkeit des Amtes läßt jedoch nicht den Schluß zu, daß es immer so blieb. Als Theoderich ohne Erben starb, *ernannte* er vorher den jüngsten Sohn seiner Schwester Amalasuntha zum Erben. Sie sollte regieren, bis Athalarich das Amt antreten konnte. Doch ihr Sohn starb noch als Jugendlicher. Amalasuntha war der Aufgabe nicht gewachsen, die auf sie zukam, als Byzanz sich aufmachte, Italien von den Goten zurückzuerobern, und so kehrten die Ostgoten zum *Wahlprinzip* zurück. Der heldenhafte Witigis, Totila (der eine seltene Synthese zwischen gotischer Einfachheit, Mut und romanischer Kultur verkörperte) und der schwermütige Teja waren alle von den Ostgoten gewählt worden.

Die Ostgoten waren mehrheitlich Krieger, doch bei den Franken machten die Krieger nur den Bruchteil eines ziemlich zahlreichen Volkes aus. Selbst sie kehrten, wenn auch in anderer Form, zum Wahlkönigtum zurück, als das karolingische Reich zerfiel. Die Germanenkönige des Mittelalters wurden formal von den bedeutendsten Adeligen, den Kurfürsten, gewählt.

Zur Zeit der Großen Völkerwanderung war das Königtum noch zu eng damit verknüpft, große Dynastien auf dem Erbe der Vorfahren zu errichten. Könige kam aus den mächtigsten Kriegerfamilien. Dieser Ruhm wurde vom Reichtum, den sie besaßen, noch untermauert. Auf niederer Ebene galt das auch für die *Hunni*, die im Laufe der Entwicklung zum germanischen Kriegeradel wurden.

Die konkreteste Vorstellung von der Idee des Königtums hatten die Vandalen. Ursprünglich zwischen Elbe und Weichsel beheimatet, zogen sie nach und nach südwärts und fielen schließlich 409 in Spanien ein. 429 überquerten sie die Straße von Gibraltar und drangen bis in die Kornkammer des Römischen Reiches, Nord-Afrika, vor. Sie war in sechs kaiserliche Provinzen eingeteilt, und die Vandalen eroberten eine nach der anderen. 442 schlossen die Römer und die Vandalen unter König Geiserich Frieden. Er war von kurzer Dauer – die Vandalen fielen in Italien ein und nahmen Rom – und das Weströmische Reich war unfähig, die verlorenen Provinzen zurückzuerobern. Unter den Kaisern Leo und Zenon von Byzanz wurden unter verschiedenen Feldherren große Feldzüge gegen die Vandalen eingeleitet. Der letzte Heerführer, Belisar, unterwarf schließlich die Vandalen. Nach dem Tod Geiserichs zerfiel die politische Struktur innerhalb des Vandalenvolkes und sie wurden zur leichten Beute. Gelimer, der letzte Vandalenkönig, ist nur deshalb bekannt, weil er sich Byzanz unterwarf. Das Königreich der Vandalen hatte einen meteorenhaften Aufstieg erlebt, verschwand allerdings mit ähnlicher Geschwindigkeit. Die Feindschaft zu den Ostgoten hatte ihnen einen wichtigen Verbündeten entzogen. Alleine konnten sie gegen Byzanz nicht bestehen.

Nicht alle Germanenstämme waren von der Großen Völkerwanderung betroffen. Die Markomannen, Vorfahren der Bayern, die Alemannen und die Franken wanderten nur relativ kurze Strecken oder breiteten sich über ihre Nachbarregionen aus. Häufig errichteten die Neuankömmlinge große Ländereien, deren Stammbevölkerung den Schutz des germanischen *Hunno* akzeptierte. Als Gegenleistung bestellten sie dafür das Land. Die Situation der Briten war ähnlich, als sie durch die Invasion der Angelsachsen überrollt wurden. Die Stammbevölkerung wurde unterworfen und absorbiert. Aus den *Hunni* oder *Eldermanen* wurden die angelsächsischen Adligen, die Grafen. Im Gegensatz dazu schufen die Franken zu diesem frühen Zeitpunkt keine Adligenklasse heraus, obwohl sie große Ländereien gründeten. Die Merowinger sicherten sich die Regentschaft alleine durch ihre Grafen. Das traditionell Amt des *Hunno* verfiel in der Bedeutung zu dem eines einfachen Dorfvorstehers.

Der Zerfall des Weströmischen Reiches wurde von den Barbaren, die eigentlich dafür verantwortlich waren, nicht unbedingt wahrgenommen. Als Theoderich 488 nach Italien zog, tat er dies als Vertreter des oströmischen Kaisers. Zusammen mit ihren Familien erreichten die Ostgoten eine Stärke von durchschnittlich 200.000 Mann. Am Fluß Isonzo trafen sie zuerst auf Odoaker und seine Mannen, doch sie schlugen ihn zurück und setzten ihren Weg fort. Am 30. September 489 eroberten sie Verona. Odoaker zog sich nach Ravenna zurück, das wie Venedig in jener Zeit eine Lagunenstadt war. Von dort begann er den Gegenangriff, eroberte Mailand und Cremona zurück und belagerte Theoderich in Pavia. Nur mit Hilfe der Westgoten konnte Theoderich eine Offensive beginnen, schlug Odoaker erneut und trieb ihn hinter die Mauern von Ravenna. Die Bevölkerung unterstützte Theoderich weitestgehend, was sich an einer Verschwörung bewies, die mit einem Schlag alle Anhänger Odoakers in Italien vernichtete. Drei Jahre lang, bis 493 verteidigte sich Odoaker in Ravenna. Im Februar 493 ergab er sich, nachdem man ihm und seiner Familie Sicherheit und die Unantastbarkeit seiner Königswürde versprochen hatte. Bald nach Theoderichs Rückkehr nach Ravenna lud dieser zum Bankett in den Palast Leuretum. Odoaker war der Ehrengast und Theoderich tötete ihn bei dieser Gelegenheit eigenhändig. Odoakers Gefolgschaft teilte sein Schicksal.

Der Gotenkönig Theoderich hatte sich aufgrund der erfolgreichen Eroberung nun auch zum König von Italien proklamiert, ein Schritt, der die Intentionen Kaiser Zenons durchkreuzte. Doch zu dem Zeitpunkt konnte Zenon nicht zurückzuschlagen. Kennzeichnend für die Regentschaft der Goten in Italien war der Dualismus zwischen Römern und Italienern in den Provinzen auf der einen und den Ostgoten auf der anderen Seite. Während erstere ihren Institutionen und die Administration auf Byzanz ausgerichtet hielten, schloß Theoderich, mit wenigen Ausnahmen, die einheimische Bevölkerung aus seinem Heer aus. Seine Regentschaft in Italien war durch seine Beziehungen zu Byzanz im Osten und dem Frankenreich im Norden bestimmt. Doch es gelang ihm genauso wenig, Zenon davon zu überzeugen, daß er kein zweiter Odoaker war, wie es ihm gelang, den Frankenkönig Chlodwig zu überzeugen, daß er keine weiteren Eroberungen im Sinn hatte. Seine Position wurde auch durch freundschaftliche Beziehungen zum Papst in Rom und zum Kaiser nicht gefestigt. Einmütig beschlossen beide, die Heretiker innerhalb der christlichen Glaubensgemeinschaft, die Gläubigen der arischen Gottheiten, zu verfolgen, zu denen die Goten gehörten. Bevor alles eskalierte, starb Theoderich unerwartet im Jahre 526. Zu diesem Zeitpunkt umfaßte sein Reich Italien, Sizilien, Dalmatien, Noricum, Pannonien, Tirol, Graubünden, sowie Süddeutschland bis hinauf nach Ulm und die Provence – ein Reich, das viel zu groß war, um es betreuen zu können.

Das stellte sich nach seinem Tod sehr schnell heraus. Justinian von Byzanz unternahm die ersten Schritte, Italien zurückzuerobern. Belisar, der sich bereits gegen die Perser hervorgetan hatte, leitete den Feldzug. Als erstes eroberte er Nordafrika von den Vandalen zurück, natürlicher Ausgangsort und Versorgungsbasis für die Invasion Italiens. 535 landete Belisar in Sizilien, und die meisten Städte öffneten ihm ihre Tore; die Versöhnung zwischen Kirche und Kaiserreich trug Früchte. Im Mai 536 überquerte er die Straße von Messina und nahm Neapel ein. Zu diesem Zeitpunkt wählten die Goten Witigis zum König. Um jeglicher Bedrohung von Norden aus dem Weg zu gehen, trat Witigis die Provence an die Franken ab und ließ Rom vertrauensvoll in der Obhut Papst Silverius zurück, der es prompt Belisar übergab. Drei Jahre lang belagerte Witigis Rom. Es wurde zum 'Grab des gotischen Königtums in Italien', vom 'tödlichen Tau des Feldzugs' gegraben. Hungersnot und Pest wütete in Italien und dezimierte Einheimische, Goten und Byzantiner gleichermaßen. Nur die Byzantiner hatten keine Personalknappheit. Andere Germanenstämme wie die Franken, die Wege nach Italien hinein bauten, taten dies aus Eigeninteresse und nicht, um den Goten zuhilfe zu eilen. Witigis zog sich nach Ravenna zurück, wo er von Belisar belagert wurde. Um dem Blutvergießen ein Ende zu bereiten, bot Witigis Belisar die gotische Krone an. Dieser akzeptierte, kam in die Stadt, nahm Witigis gefangen und schickte ihn und einige seiner Getreuen nach Konstantinopel. Doch Justinian befürchtete, daß Belisar ein neuer Theoderich werden würde, und befahl seine Rückkehr nach Konstantinopel. Als Belisar Italien verließ, hielten die Goten nur noch die Stadt Pavia. Doch 542 wurde Totila, ('die nobelste Blüte am Ostgotenstamm'), zum König gewählt, und dieser gewann in einem hastigen Feldzug die Kernregion Süditaliens, außer Rom und einigen Festungen, zurück. Nach der Einnahme von Neapel belagerte Totila Rom. Belisar wurde wieder nach Italien geschickt.

Reiterphalanx (Byzantinischer Militärbericht, 11. Jahrhundert)

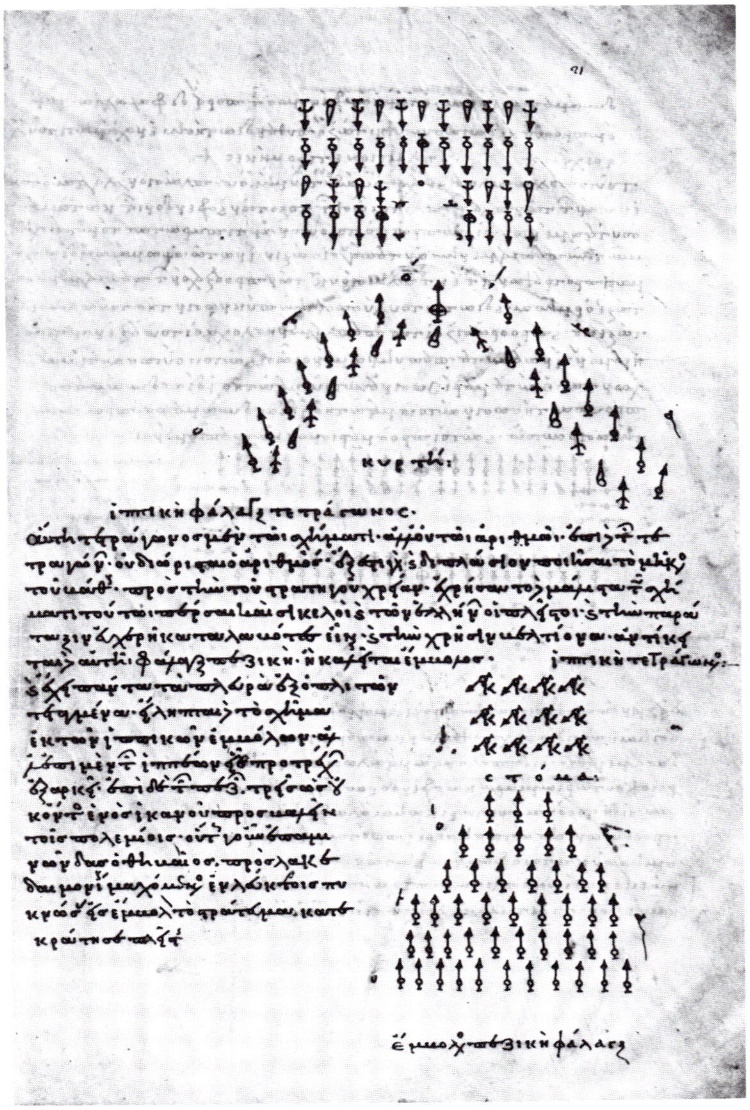

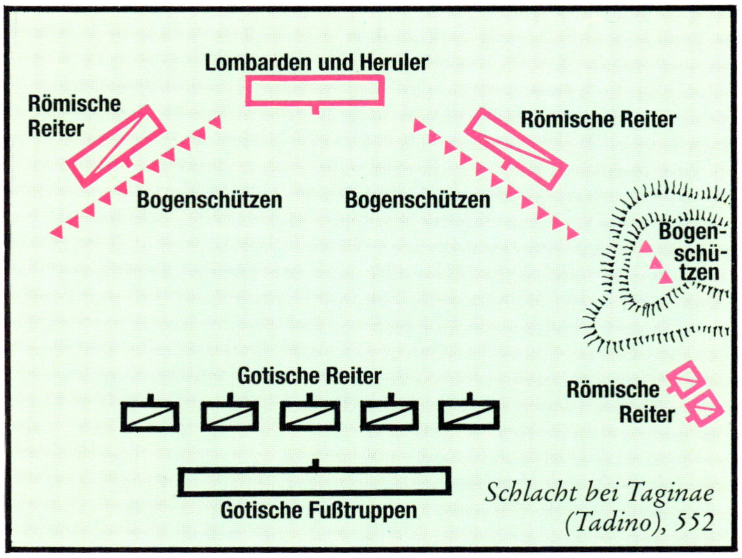

Schlacht bei Taginae (Tadino), 552

Im Dezember 546 nahm Totila Rom ein. Nun hielten die byzantinischen Streitkräfte nur noch vier Festungen in Italien. Erneut ging Belisar nach Konstantinopel und wurde durch Narses ersetzt, einen Mann, der sein Generalsamt weniger mit Prunk als mit der Präzision eines Mathematikers versah. Zwischenzeitlich hatte Totila Sizilien wieder eingenommen und 300 Schiffe bemannt, um die Adria zu kontrollieren. Im Frühjahr 552 mobilisierte Narses seine gesamten Streitkräfte, die hauptsächlich aus Barbarenkontingenten, Hunnen, Lombarden, Persern und anderen bestanden. Weil er sah, daß sein Weg nach Süden durch Teja und seine Gotenkrieger blockiert war, marschierte er an deren Flanke, nahe der adriatischen Küste, vorbei und erreichte sicher Ravenna. Als Totila in der Nähe Roms diese Nachricht erhielt, nahm er fast seine gesamte Armee, überquerte die Toskana und errichtete sein Hauptquartier im Dorf Taginae, dem heutigen Tadino.

Die zwei Heere rüsteten sich zum Kampf. Narses Schlachtplan zeigt seine hervorragende Qualität als General. Er erkannte sofort die taktische Bedeutung eines kleinen Hügels an seiner linken Flanke, den er mit Bogenschützen besetzte. Er ließ seine Lombarden absitzen und verteilte sie quer zur Flaminischen Straße, und an jede Flanke dieser Phalanx stellte er 4000 römische Bogenschützen zu Fuß. In deren Rücken wartete die Kavallerie. Seine Kalkulation ging auf. Totila hatte seine Kavallerie vor die Fußtruppen plaziert und beabsichtigte, mit einem einzigen Angriff zu gewinnen. Er marschierte genau in die Falle, die Narses ihm gestellt hatte. Die berittenen Goten scheiterten daran, Narses Zentrum zu durchbrechen und wurde rasch von den Bogenschützen und den Speerkämpfern Narses' vernichtet. Speere und Bogen waren die entscheidende Bewaffnung gegen Totilas Kavallerieangriffe (genau wie Jahrhunderte später in Crécy). Fast 6000 Goten wurden getötet, unter ihnen Totila.

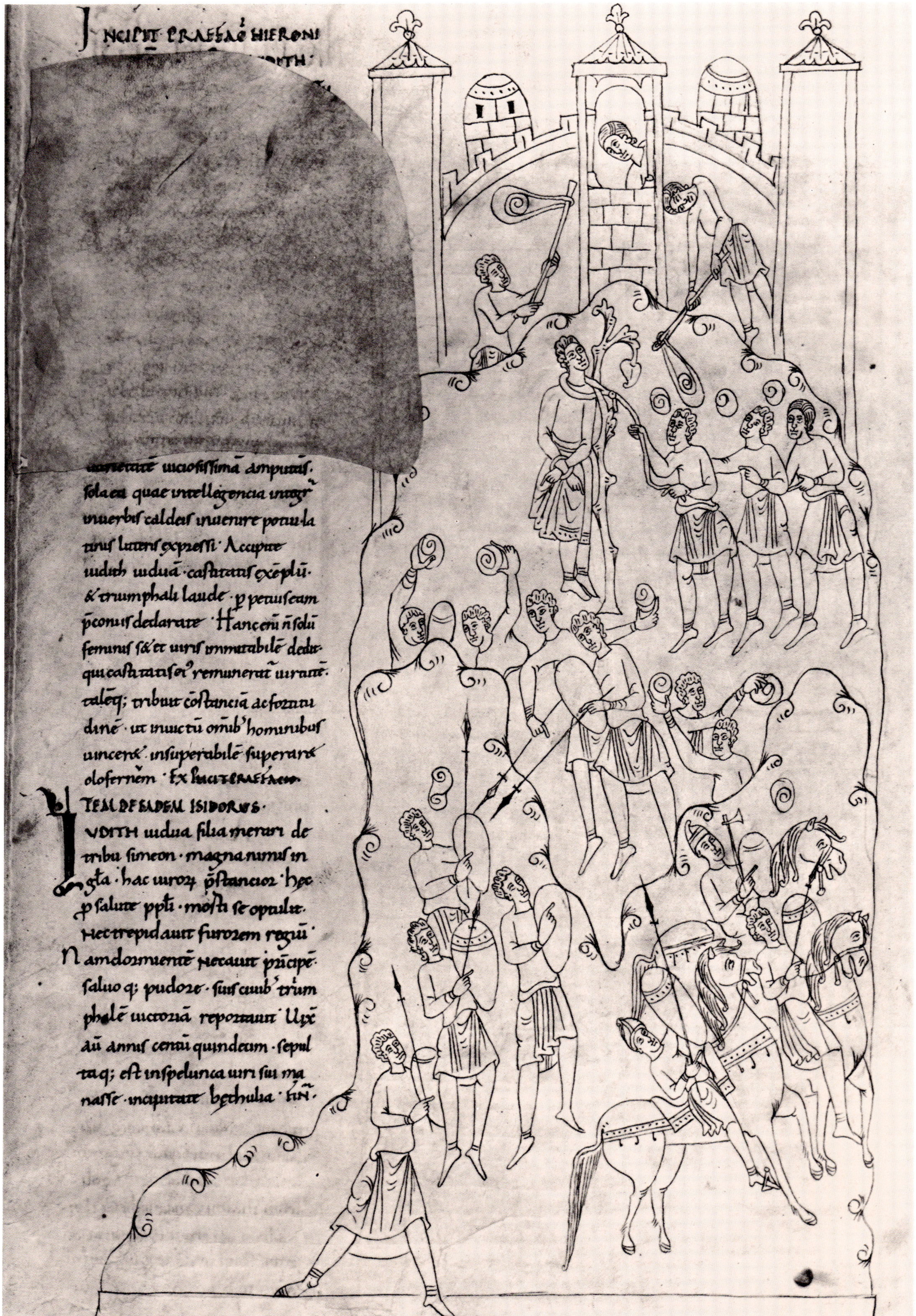

INCIPIT PRAEFATIO HIERONI[MI IN IU]DITH.

uarietate uitiosissima amputaui.
sola ea quae intellegentia integra
in uerbis caldeis inuenire potui la
tinis litteris expressi. Accipite
iudith uiduam castitatis exemplum
& triumphali laude perpetuis eam
praeconiis declarate. Hanc enim non solum
feminis sed et uiris imitabilem dedit
qui castitatis eius remunerator uirtutem
talemque tribuit constantiam ac fortitu
dinem. ut inuictum omnibus hominibus
uincentem. insuperabilem superaret
olofernem. EXPLICIT PRAEFATIO

ITEM DE EADEM ISIDORUS.
IUDITH uidua filia merari de
tribu simeon. magna nimis in
gesta. hac uirorum praestantior haec
pro salute populi. mortis se opposuit.
Nec trepidauit furorem regum
Nam dormientem necauit principem
saluoque pudore. suis cum trium
phalem uictoriam reportauit. Uixit
autem annis centum quinque. sepul
taque est in spelunca uiri sui ma
nasse in ciuitate bethulia. Fini[t]

Nach Totilas Tod wählten die Goten Teja zum König. Seine Rolle stand im Einklang mit seinem schicksalsdüsteren Charakter. Am Fuße des Vesuv verteidigte er sich zwei Monate lang und wurde schließlich in der Schlacht am Berg Lettere erschlagen. Der Augenblick der gotischen Kapitulation war gekommen. Sie mußten Italien verlassen und sich in einem Barbarenkönigreich ihrer Wahl niederlassen. Das größte Barbarenreich, das bis jetzt in Europa bestanden hatte, war vernichtet. Die letzten Krieger der Ostgoten trugen den Leichnam ihres toten Königs auf ihren Speeren die Hänge hinab und verschwanden in der Geschichte.

Ihre Brüder, die Westgoten, hielten sich bis in die erste Dekade des 8. Jahrhunderts hinein. Im Verlauf von dreieinhalb Jahrhunderten waren sie durch Schweden, das östliche Mitteleuropa, entlang der Küsten des Schwarzen Meeres zum Balkan und nach Griechenland gezogen, dann die dalmatinische Küste hinauf nach Illyrien, wandten sich nach Italien, wanderten südwärts zurück, entlang der Mittelmeerküste, und erreichten Mitte des 5. Jahrhunderts Spanien. Mitte des 4. Jahrhunderts wurden sie durch Bischof Wulfila, der die Bibel ins Gotische übertrug, zum Christentum bekehrt. Wie so viele andere Germanenstämme kamen sie nicht nach Italien, um es zu zerstören. Sie wollten Landzuteilungen in Venetien und Dalmatien sowie Korn und Lebensmittel, wofür sie als Gegenleistung ihren Militärdienst anboten. Rom, das schon in den letzten Zügen lag, lehnte ab. Der König der Westgoten, Alarich, war weder in der Lage noch gewillt, das Römische Reich durch ein Westgotenreich zu ersetzen, denn er war viel zu schwach. Wie die Vandalen versuchten die Westgoten, nach Afrika überzusetzen. Doch zweimal zerstörte ein Sturm ihre Boote in der Straße von Messina, und sie konnten keine neue Flotte zusammenstellen. Doch die Römer waren beeindruckt und eingeschüchtert. Seit Hannibal war kein Barbarenstamm so weit südlich in ihre Halbinsel eingedrungen. Der plötzliche Tod Alarichs beendete diese Unternehmungen. Er erlag dem Fieber und seine Krieger begruben ihn mit seinen Waffen und persönlichen Besitztümern in einem Grab im Fluß Busento, nahe Cosenza. Zu diesem Zweck leiteten sie zeitweilig den Fluß um und führten ihn nach dem Begräbnis wieder in sein altes Bett zurück. Dann zogen sie die Küste entlang und errichteten bei Toulouse ihr Königreich, das fast neunzig Jahre lang bestand und aus dem sie von den Franken vertrieben wurden. Ihr Rückzug führte sie nach Spanien, wo sie sich in Toledo festsetzten und über die iberische Halbinsel (mit Ausnahme der Nordwestregion, in der die Sweben saßen) bis in den Norden jenseits der Pyrenäen nach Aquitanien hinein ausbreiteten. Wie die Ostgoten waren sie arische Christen geworden, doch bis zum Ende des 6. Jahrhunderts konvertierten sie zum Katholizismus, bis der eindringende Islam sie schließlich zurückdrängte. Zu diesem Zeitpunkt hatten sich Römer und Westgoten bereits untereinander vermischt und bildeten so die Keimzelle der zukünftigen kastillianischen Ritterschaft.

Das Problem der Westgoten glich dem der Ostgoten: sie hielten ein Gebiet besetzt, das viel zu groß war, um effizient verteidigt werden zu können. Militärisch und sozial gesehen bestanden sie aus einem Kriegeradel der, nachdem der letzte starke König erschlagen worden war, keinen anderen König hervorbrachte, dem es gelang, die Fliehkräfte innerhalb ihrer Gemeinschaft zu zügeln.

Die Westgoten kämpften wie die meisen ihrer Zeitgenossen zu Pferd, trugen runde Schilde, Schwerter und Dolche. Sie trugen Rüstungen und selbst der Harnisch war nicht unbekannt. Die sehr zu ihrem Unmut von den Westgoten Ausgehobenen trugen, was immer sich als Bewaffnung eignete, meist plumpe Waffen, und stellten das unbewaffnete Fußvolk.

Ein Handwerk verstanden die Westgoten hervorragend: den Bau von Schleudern, Steinwurfgeräten und Feuerpfeilen.

Links: *Fußsoldaten trugen Schilde, Lanzen und Schleudern (11.Jh.)*
Rechts: *Waffen eines Germanenkriegers (Südwestdeutschland, 3.Jh.)*

Die Periode der Großen Völkerwanderung und der Niedergang Roms brachte eine beträchtliche Veränderung der Militärtaktiken mit sich. Die frühen Germanenstämme wie die Cherusker konnten kaum die gleichen Taktiken und Kampfstile in einer Umgebung aufrechterhalten, die sich so sehr vom Teutoburger Wald unterschied. Wie die Schlachten von Straßburg und Adrianopel zeigten, trat die Reiterei in den Vordergrund.

'Bisher war die Infanterie die entscheidende Kraft gewesen, und wenn sie sich auf Stoßwaffen verließen, hatten sie wenig von der Reiterei zu befürchten, solange sie ihre Ordnung aufrechterhielten. Doch der zunehmende Gebrauch von Wurfgeschossen brachte eine unausweichliche Lockerung und Auflösung der Reihen mit sich. Der alte Schildwall wurde durch die Feuerlinie ersetzt. Weil Bogenschützen und Schleuderer nicht so einfach den Schild zusammen mit Bogen oder Schleuder einsetzen können, weil die Reichweite dieser Waffen begrenzt ist und weil all diese Waffen bei nassem Wetter nutzlos sind, bot sich zunehmend die Gelegenheit für Reiterangriffe. Das Problem bestand nun darin, wie Wurfgeschosse mit Sicherheit gegen Reiterei einzusetzen wären ...' (Fuller)

Die Ostgoten brillierten in ihren Kavallerieeinsätzen, sie kämpften mit Lanze und Schwert, aber nicht mit Pfeil und Bogen. Dies bewies unter anderem ihre Niederlage bei Taginae. Einzelne Bogenschützen zu Fuß konnten es nicht mit Reitern aufnehmen, doch von der eigenen Kavallerie, von Befestigungsanlagen und gutem Terrain geschützt, konnten sie höchst effizient sein.

Die Effektivität der Infanterie hing von ihrer Gefechtsordnung ab. Der wilde Wagemut der alten Germanenstämme war nutzlos, wenn er in offener Feldschlacht auf römische Streitkräfte traf. Doch die alte germanische Karreeformation hätte beibehalten werden sollen, wenn sie an neue Waffengattungen wie Bogenschützen hätte angepaßt werden können. Den byzantinischen Fußsoldaten gelang diese Anpassung. Es waren zwar hauptsächlich germanische Hilfstruppen, aber der Gebrauch von Pfeil und Bogen hätte von der Führung angeordnet werden müssen. Desweiteren bildeten die germanische Karreeformation im Kampf eine gewachsene Einheit, eine Familienorganisation. Durch die Große Völkerwanderung wurde dieser Bund ernsthaft geschwächt, wenn nicht gar zerstört. Außerhalb dieses sozialen Kontextes verlor das germanische Karree die Qualitäten, die es einst besessen hatte. Die Tendenzen gingen hin zum Einzelkampf, zur Verstärkung individueller Kampfanstrengungen, indem der Kämpfer zum Reiter wurde, ohne die Möglichkeit aufzugeben, im Notfall auch zu Fuß zu kämpfen.

Während die Kriegführung sich veränderte, hatte sich Europe verändert. Das Römische Reich war verschwunden. Auf seinen Trümmern ließen sich eine Reihe von germanischen Königreichen in Italien, Germanien, Gallien, Spanien und Britannien nieder. Doch der Einfluß Roms blieb bestehen, denn die Germanen waren ihm jahrhundertelang ausgesetzt gewesen. Der Ethos der germanischen Kriegstruppe schwächte sich ab und die Disziplin – Voraussetzung für jegliche Ordnung und Seßhaftigkeit – verschwand. Die Glorie Roms verbreitete weiterhin ihre faszinierende Kraft, so daß ihre Erben nichts besseres zu tun hatten, als zu versuchen, sie durch Nachahmung zu verewigen. Jenseits der Grenzen des alten Reiches und der neuen Regenten lauerten jedoch neue Barbarentruppen, bereit, ihre Invasionschance zu ergreifen. Von weit großerer Bedeutung stellte sich jedoch heraus, daß das institutionelle Rahmenwerk des Reiches, so wackelig es auch am Ende war, sich einer Verjüngung durch die Hand der römisch-katholischen Kirche unterzog.

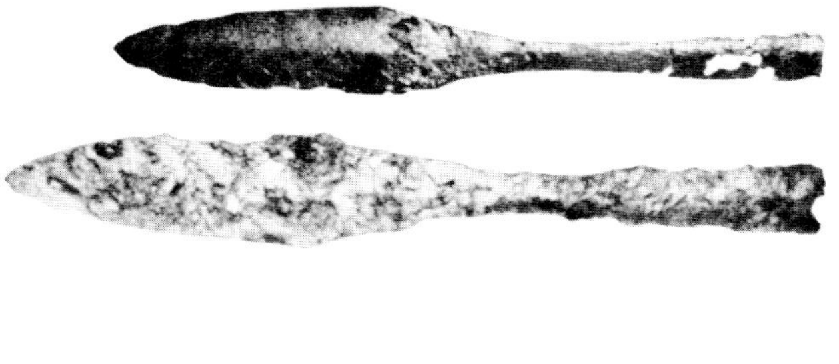

Dänische Schiffe bei der Invasion Englands

HERAUS-FORDERUNG AUS DEM OSTEN

Die islamische Invasion

Die Ausbreitung des Islam im 8. Jahrhundert wog schwer wegen der Konsequenzen, die es sowohl für das Römische Reich als auch für die Germanenstämme in Mittel- und Westeuropa hatte. Nach dem Untergang des Weströmischen Reiches fügten sich die Barbaren, die es zerschlagen hatten, mehr oder weniger in dessen kulturelle Traditionen, so daß sie ihre Königreiche schließlich in direkter Nachfolge des ehemaligen Reichs sahen.

Während dieses Eingliederungssprozesses kam es plötzlich zur islamischen Expansion. Im Inneren der arabischen Halbinsel erhob sich eine Flutwelle, die nicht nur Nordafrika sondern auch Europa veränderte. Sie kam aus einem Gebiet, mit dem das Römische Reich wenig Kontakt gehabt hatte. Man hatte zum Schutz Syriens gegen die nomadischen Beduinenstämme einen Wall errichtet, ähnlich dem Hadrianswall, der in Britannien zum Schutz gegen die Überfälle der Pikten gebaut worden war. Aber Syrien ist mit dem englischen Norden, der Donau und dem Rhein in keiner Weise vergleichbar. Das Römische Reich hatte seine äußerste südöstliche Grenze nie für sehr bedroht gehalten. Seine Legionen waren im Norden und Westen konzentriert. Der Südosten war nur von Bedeutung, weil er eine Handelsroute darstellte, über die Gewürze und kostbare Stoffe ins Reich eingeführt wurden. Dies änderte sich 613 n. Chr., als Mohammed, ein bis dahin unbekannter Händler aus der Stadt Mekka, eine neue Offenbarung zu verkünden begann. Er behauptete, göttliche Erscheinungen gehabt zu haben und forderte die Zerstörung sämtlicher Götzenbilder, sonst drohe ewige Verdammnis. Der Erzengel Gabriel hatte ihm offenbart, sich nur einem Gott zu unterwerfen – eine Forderung, die dem polytheistischen Glauben seiner arabischen Zeitgenossen widersprach –, aber seine Lehre traf zunächst auf taube Ohren. 622 mußte er Mekka sogar verlassen. In der Folgezeit vermischte er arabische Bestrebungen mit jüdischen und christlichen Glaubensinhalten, und seine Botschaft fand mehr Gehör. Obwohl anderen orientalischen Religionen zum Teil nicht unähnlich, entsprach Mohammeds Lehre den kriegerischen Tendenzen der Nomadenstämme. Mohammed und seine Anhänger plünderten, um zu überleben, ständig Karawanen ihrer Verwandten aus Mekka, ein Religionskrieg war im Entstehen.

Der Islam impliziert Ergebenheit sowie Brüderlichkeit unter allen Moslems, da vor Allah, dem einen wahren und ewigen Gott, die Unterschiede der Menschen keine Bedeutung haben. Diese Botschaft wurde im Koran eindringlich formuliert. Die religiöse Kampfbereitschaft wurde durch das Versprechen eines Paradieses erhöht, in das all jene eingehen würden, die im Kampf gegen die Ungläubigen fielen. Die Alternative zu diesem Paradies war das Höllenfeuer.

Drei Jahre nachdem Mohammed Mekka verlassen hatte, sagte er allen Ungläubigen, Juden, Christen und andere Heiden, den Kampf an. Er war so erfolgreich, daß er 630 als unbestrittener Anführer eines neuen Glaubens nach Mekka zurückkehrte. Zwei Jahre später starb er, und sein Schwiegervater Abu Bakr, der sich Nachfolger, Kalif, nannte, stellte sich an die Spitze der Bewegung.

Davon wurde in Konstantinopel wenig Notiz genommen. Das Treiben der Germanenstämme war wichtiger als alles andere. Zudem hatte der Streit mit den Persern Byzanz wie Perser gleichermaßen erschöpft. Syrien, Palästina und Ägypten waren wieder an Byzanz gefallen. Kaiser Herakleios konnte nun daran denken, Justinians Politik weiterzuverfolgen, die Rückeroberung des Westens durch Byzanz, wo die Langobarden große Teile Italiens besaßen, während die Westgoten Roms letzte Stellungen in Spanien geraubt hatten. Byzanz erhielt dazu nicht die Gelegenheit. Die gleichzeitig ablaufenden arabischen Invasionen in Europa und Asien geschahen derart schnell, daß sie nur mit den Invasionen Attilas, und später Dschingis-Khans, vergleichbar waren. Doch waren die arabischen Eroberungen von relativer Dauer.

Im Gegensatz zu den Germanenstämmen, die jahrhundertelang an den Rändern des Kaiserreichs kämpften, nahmen die Araber auf einen Schlag wichtige Stellungen ein. 634 eroberten sie die byzantinische Festung von Bothra; ein Jahr später fiel Damaskus in ihre Hände; 636 gehörte ihnen ganz Syrien. Ein Jahr später öffnete ihnen Jerusalem seine Tore, während sie gleichzeitig Mesopotamien eroberten. Es folgte ein Angriff auf Ägypten, und 641 wurde Alexandria eingenommen. Danach folgte die Eroberung der Cyrenaika, und die arabische Vorhut drang bis nach Tunesien vor.

Offensichtlich profitierten die Araber stark vom Überraschungsmoment ihres Angriffs, seiner plötzlichen und unerwarteten Wucht und der Art, wie sie diese aufrecht zu erhalten wußten.

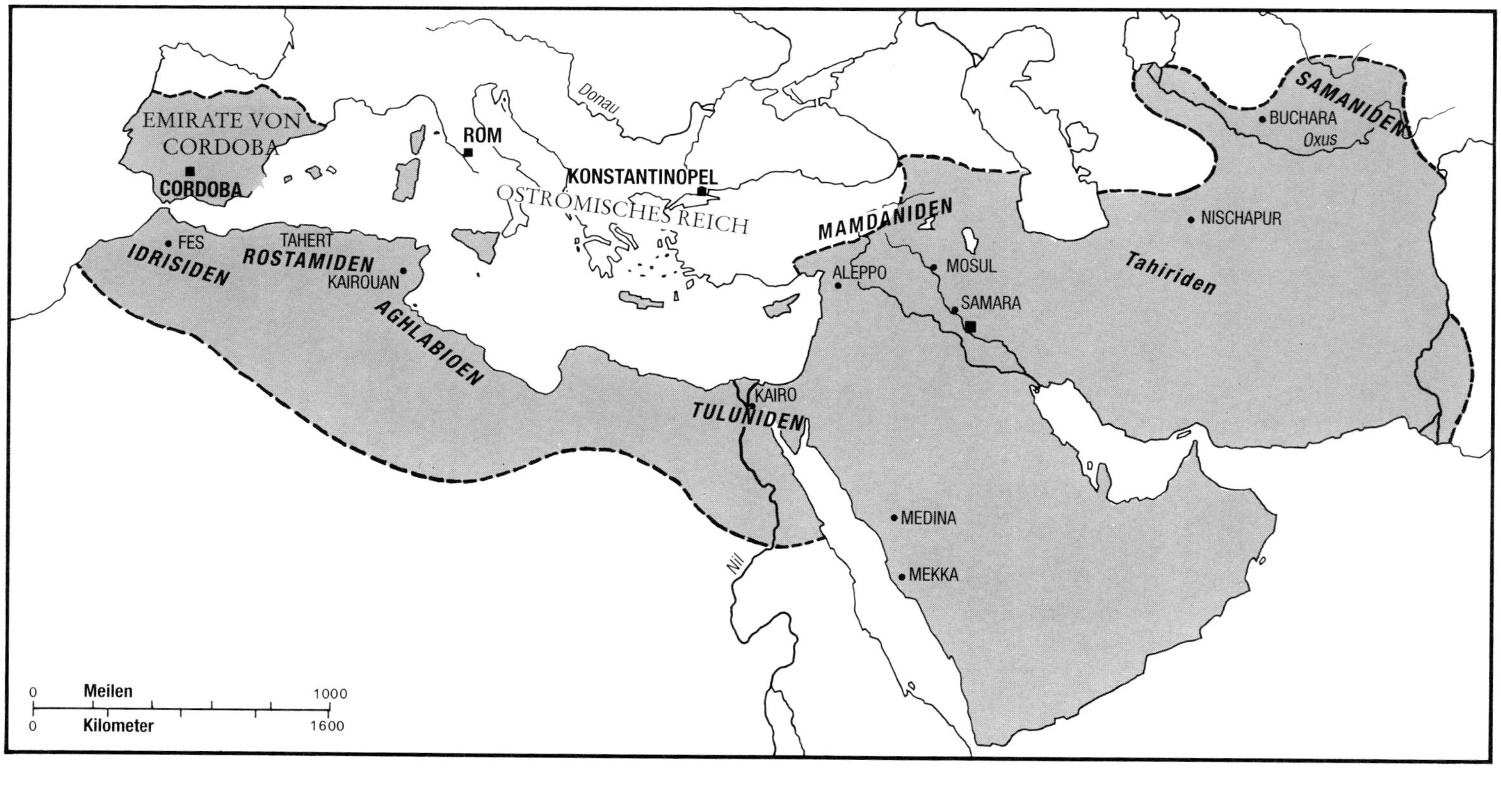

Rechts: *Wikingerkrieger: Detail des Oseberg-Gobelins.*

Links: *Die Ausbreitung des Islam.*

Schnell auf genügsamen Pferden und Kamelen – ein Charakteristikum, das natürlich auch auf ihre Reiter zutraf –, bewaffnet mit Lanze, Schwert, Pfeil und Bogen, war ihre Bewegungsfreiheit nicht durch Trosse eingeschränkt, wie sie die römische Heere oder die Germanenstämme mit sich führten.

Daß die Araber nicht wie die Germanen, von der römischen Kultur vereinnahmt wurden, lag daran, daß sie eine spirituelle Kraft, den islamischen Glauben, besaßen. Sie strebten nicht nach neuem Land, nach territorialer Ausbreitung, sie wollten die Unterwerfung der ihnen bekannten Welt unter Allah. Diese Unterwerfung bedeutete nicht unbedingt die Bekehrung der Besiegten, sondern einfach Gehorsam gegenüber Gott und seinen Propheten Mohammed. Religion und nationaler Glaube sind ein und dasselbe. Jeder Moslem ist ein Diener Allahs. Die Besiegten sind Untergebene, die Steuern zahlen müssen, aber außerhalb der Glaubensgemeinde stehen. Die Kluft zwischen Gläubigen und Ungläubigen ist fast unüberwindbar. Den Germanen dagegen blieb nichts anderes übrig, als sich der Religion der Besiegten anzupassen und ihren Lebensstil zu übernehmen. Im Koran heißt es, Allah hätte aus der Menschheit ein Volk gemacht, wenn er gewollt hätte. Deshalb war keine Missionierung notwendig. Der Glauben der Ungläubigen wurde nicht angegriffen, sondern ignoriert.

Die Germanen in den Provinzen des Römischen Reiches wurden romanisiert: die Araber nicht. Ihre Eroberung des Mittelmeers stetzte dem *mare nostrum* des Reichs ein Ende. Der Mittelmeerraum stellte keine Einheit mehr dar, sondern war in ein christliches Gebiet im Norden und ein moslemisches im Süden aufgeteilt. Die römische Zivilsation in Nordafrika war zerstört.

Hauptziel während der gesamten Eroberung war jedoch die Zitadelle des ungläubigen Reichs, Konstantinopel. Schon 655 fand ein erster Versuch statt. Die Araber waren nicht nur gute Reiter, sondern auch ausgezeichnete Seeleute, und sie schlugen die byzantinische Flotte entscheidend. Nur interne Differenzen zwischen den moslemischen Anführern zwangen zur Aufgabe der Eroberung Konstantinopels. Dreizehn Jahre später versuchte man es erneut, aber nicht mit derselben Entschiedenheit wie beim ersten Mal, teils, weil moslemische Aktivitäten anderswo Priorität hatten. Im Westen war die Atlantikküste erreicht und 711 Spanien überrannt worden, während im Osten die Araber in den Punjab vorgedrungen waren und in Zentralasien die Grenzen Chinas erreichten.

Links: *Rundes Holzrelief des Kirchportals, Valpjófsstaðir, 1200. Eines der schönsten Schnitzwerke der Wikingerzeit, auf dem die beliebte mittelalterliche Legende von Ritter, Löwe und Drache dargestellt ist.*

Rechts: *Sächsischer Axtkämpfer.*

715 machte sich Kalif Suleiman wieder an die Eroberung Konstantinopels. Als erstes sandte er zwei Heere nach Rumänien. Dies brachte keine konkreten Ergebnisse. Andererseits war die Situation Kaiser Leos bedrohlich genug, um sich nach Konstantinopel zurückzuziehen, wo er sofort die Waren- und Waffenlager der Hauptstadt wieder auffüllte, die Befestigungen reparieren und Kriegsgeräte auf ihnen installieren ließ. Auf dem Landweg war Konstantinopel fast uneinnehmbar; es konnte nicht im Sturm genommen werden. Nur durch die Schließung des Bosporus und der Dardanellen war es zu blockieren. Folglich war die Seemacht entscheidend, und die Flotte Kaiser Leos war der moslemischen unterlegen. Kalif Suleimans Bruder Maslama beschloß, die Stadt auf dem Land- und Wasserweg zu umzingeln. Während Maslama den Landstreitkräften vorstand, war Suleiman für die Seeoperationen verantwortlich. Der Umfang der moslemischen Streitkräfte läßt sich nicht genau angeben. Die Behauptung, daß das Heer 80.000 Mann zählte, während die Flotte aus 1.800 Schiffen mit weiteren 80.000 Mann an Bord bestand, ist sehr zweifelhaft. Wie dem auch sei, in anderen Teilen Ägyptens und Afrikas wurden weitere Schiffe einsatzbereit gemacht. Maslama erschien am 15. August 717 vor den Mauern von Konstantinopel und ging sofort zum Landangriff über. Angesichts der Geschicklichkeit der Byzantiner und ihrer Geschosse mußte der Angriff abgebrochen werden. Maslama erwog die Blockade der Stadt. Er ließ vor den Mauern das Lager aufschlagen, befestigte es stark, und beauftragte die Flotte, sich in zwei Geschwader aufzuteilen, damit eines die Versorgung über die Ägäis, das andere den Bosporus passieren und die Stadt vom Schwarzen Meer her abschneiden könne. Alles schien gut zu gehen, bis das zweite Geschwader, das sich dem Bosporus näherte, durch starke Strömungen durcheinander geriet. Kaiser Leo erkannte sofort seinen Vorteil, segelte mit seinen Galeeren hinaus und vergoß Griechisches Feuer – eine Mischung aus Schwefelätzkalk und Kerosin, die sich bei der Berührung mit Wasser sofort entzündet –, zerstörte dabei etwa 20 Schiffe und kaperte einige andere. Das Gefecht war entscheidend. Die Moslems unternahmen in der Meerenge keinen weiteren Angriff mehr, bis ein ägyptisches Geschwader sie im Schutz der Dunkelheit im nächsten Jahr sperrte. Zwischenzeitlich erlebten die moslemischen Landstreitkräfte einen harten Winter, der sie zahlenmäßig stark dezimierte. Leo trieb die ägyptische Flotte in einem weiteren Überraschungsangriff auseinander und ließ einen erfolgreichen Angriff auf die moslemischen Streitkräfte jenseits des Bosporus folgen. Inzwischen lieferte sein bulgarischer Verbündeter Tervel und sein Heer Maslama eine Schlacht. 23.000 Moslems sollen bei Adrianopel getötet worden sein. Maslama und seine Streitkräfte mußten die Blockade aufgeben. Der Sieg Leos hatte die moslemische Flutwelle eingedämmt; das byzantinische Reich war für weitere sieben Jahrhunderte gefestigt. Wäre Konstantinopel erobert worden, hätten sich die Moslems

sicher nach Europa aufgemacht, wie sie es später taten, und wie die Moslems, die die iberische Halbinsel Richtung Norden überrollten.

Von Spanien aus betraten sie 712 Aquitanien; 719 besetzten sie Narbonne, und 721 belagerten sie Toulouse. Dort von Herzog Eudo von Aquitanien geschlagen, kehrten sie 725 ins Hinterland zurück, belagerten dann Carcassonne und Nimes, rückten in Burgund ein, das sie völlig verheerten, und drangen weiter nach Norden bis zu den Vogesen vor.

Zu dieser Zeit war das fränkische Herrscherhaus der Merowinger im Niedergang begriffen, die tatsächliche Macht ging in die Hände der Hausmeier über. Als Aufseher und Verwalter königlicher Besitzungen konnten sie für sich selbst große Ländereien erwerben: Pippin II., Vater von Karl Martell (dem Hammer), hatte sich selbst zum Herrn über das Gebiet zwischen Loire und Maas und von Aquitanien gemacht. In dieser Position war er für Eudo, der wegen seiner Ländereien die Franken genauso fürchtete wie die Araber, natürlich eine Gefahr. Als Eudo sich im Durcheinander der islamischen Invasion von der fränkischen Oberherrschaft lossagte, marschierte Karl Martell gegen ihn, besiegte ihn und befriedete das Gebiet.

Um seine südliche Flanke zu sichern, verbündete sich Eudo mit einem moslemischen Berberhäuptling, dessen Tochter er heiratete. Der moslemische Gouverneur von Spanien, Abd ar-Rahman, mißbilligte dies sehr, besiegte den Berberhäuptling und sandte Eudos Frau nach Damaskus in den Harem des Kalifen. Dann beschloß er, in Aquitanien einzumarschieren. Er überquerte im Nordwesten die Pyrenäen, drang in die Gascogne ein, verbreitete dort überall Angst und Schrecken. Bei Bordeaux stellte Eudo ihn in einer Schlacht, wurde aber vernichtend geschlagen; Bordeaux wurde eingenommen, geplündert und niederbrannt. Von dort marschierten die Moslems Richtung Tours. Ein Chronist schrieb:

'Dann verfolgte Abd ar-Rahman Herzog Eudo, und als er gerade Tour angreift, um dort den heiligen Schrein zu plündern und niederzubrennen, trifft er auf das Oberhaupt der austrasischen Franken, Karl (Martell), einen Krieger seit Kindesbeinen; den Eudo gewarnt hat. Dort kämpfen sie erbittert sieben Tage und stellen sich schließlich zum Kampf auf; und die Nordvölker stehen fest wie eine Wand und schlagen in eisiger Härte die Araber vernichtend mit Schwertes Schneide.'

Der Bericht ist dürftig, wahrscheinlich weil von der militärischen Organisation der Moslems wenig mehr bekannt ist, als daß die meisten Mauren und beritten waren. Anders als in Nordafrika scheinen sie keinen Pfeil und Bogen verwendet, sondern sich auf Schwerter und Lanzen verlassen zu haben. Rüstungen waren knapp.

Über die Franken ist man besser informiert. Sie verließen sich hauptsächlich auf ihre Infanterie, die aus Karls persönlichen Truppen bestand, die ständig beschäftigt werden mußten, denn nur Plünderung verschuf ihnen Sold. Dazu kamen örtlich aufgebotene Truppen aus meist schlecht ausgerüsteten Männern. Es war ein sehr primitives Heer, verglichen mit dem der Goten; Disziplin schien völlig zu fehlen. Das einzige, was sie zusammenhielt, war die Nahrungsmittelversorgung. War die Nahrung einmal knapp, löste sich das Heer auf.

Pferde scheinen bei den Franken nur zu Transportzwecken verwendet worden zu sein. Aber die fränkischen Krieger trugen Rüstungen und kämpften mit Dolchen, Schwertern, Speeren und Äxten.

Die Moslems waren auf das Auftauchen Karl Martells und seiner Streitkräfte nicht gefaßt. Nach einigen Tagen voller Manöver und Gegenmanöver setzten die Moslems auf ihre Angriffsstärke. Sie stürmten mit der Kavallerie, daß die Erde bebte. Karl hatte sein Heer in einer geschlossenen Front aufgestellt, die eine Attacke nach der anderen abwehrte. Abd ar-Rahman wurde getötet, und der Einbruch der Nacht beendete die Schlacht. Als die Franken am Morgen eine erneute Attacke erwarteten, stellten sie fest, daß die Moslems verschwunden waren. Sie waren ohne ihre Kriegsbeute nach Süden geflohen. Daß sie eine Zeit lang von erneuten Angriffen nördlich der Pyrenäen absahen, hat weniger mit der erlittenen Niederlage zu tun, als mit erheblichen Zwistigkeiten unter den islamischen Völkern. Karl Martell hingegen brachte dieser Sieg eine hervorragende Stellung ein, durch die er einen Stämmestaat zum Frankenreich umformen konnte.

Drei Jahre später waren die Moslems wieder da. 735 eroberten die Araber Arles, überfielen erneut Aquitanien und kamen nördlich bis nach Lyon. Karl Martell kehrte zurück, entriß ihnen Avignon, konnte sie aber nicht aus Narbonne vertreiben, einer Stadt, die erst 759 von Pippin, dem Sohn Karl Martells, von den Arabern zurückerobert wurde. Die islamische Invasion brachte bedeutende Entwicklungen mit sich, die dem Ereignis, das sie verursacht hatte, nicht nachstanden. Über Jahrhunderte war das Mittelmeer Zentrum Europas. Es war Verbindungsglied zwischen den Ländern der Antike. Die hellenistische und römische Kultur prägten diese Region. Und später sorgte sogar eine gemeinsame Religion für eine weitere Integration. Die Germanische Völkerwanderung schwächte gewiß die Reichsstruktur, stürzte das politische Zentrum im Weströmischen Reich, aber es zerstörte weder die Reichsstruktur noch seine Kultur. Die Barbaren hatten nichts dagegenzusetzen. Sie übernahmen nur allzu gerne, was sie als ihrer Kultur überlegen erkannten. Sie hatten auch keine zündende Idee gegen das Konzept des römischen Universalismus. Ihre Invasionen verursachten schwere Erschütterungen, aber mit der Zeit wurden sie assimiliert; nichts weist auf das Gegenteil hin.

Unter der plötzlichen Wucht der islamischen Invasionen wurde die kulturelle, ökonomische und soziale Einheit der Region zerschlagen. Das übers Meer reichende Band zwischen Ost und West war zerschnitten. Byzanz war jetzt auf sich selbst gestellt, seine Stellung im Osten zu behaupten. Sein Anspruch, das Römische Reich als Ganzes zu vertreten, war nicht länger aufrechtzuerhalten, und es verwandelte sich allmählich in einen

Kaiser Otto I. der Große (912 – 973).

griechischen Staat. Inzwischen dehnten die Bulgaren, Serben und Kroaten auf ihrem Weg in den Balkan den slawischen Einfluß nach Süden aus. Da Konstantinopel sich im Osten selbst verteidigen mußte, waren ihm die Hände gebunden. Eine ähnliche Belastung im Westen, sei es auf der italienischen Halbinsel, entlang der Donau oder am Rhein, ganz zu Schweigen von Gallien und Spanien, wünschte es keinesfalls. Byzanz hatte sich auf das Gebiet zwischen der illyrischen Küste im Westen und dem oberen Euphrat im Osten zurückgezogen. Von nun an richtete es seine Energie hauptsächlich auf die Verteidigung gegen den Ansturm aus dem Osten und Süden. Byzanz war im Grunde von den Entwicklungen im Westen abgeschnitten.

Nicht nur Byzanz war auf sich zurückgeworfen, das traf auch auf den Westen zu. Zunächst schien es eine Abtrennung von den kulturellen Wurzeln, von der geistigen Anregung zu sein, die Europa von dort erhalten hatte. Natürlich brachte die moslemische Besiedlung Spaniens dem Westen den Orient näher, aber zu jener Zeit hatte die arabische Welt dem Westen geistig wenig zu bieten. Tatsächlich wollte der Islam auch gar nichts bieten. Westeuropa war abgeschnitten vom Rest der Welt. Doch blieb ein institutionelles Bindeglied: die römisch-katholische Kirche. Sie hatte zunächst den weltlichen Schutz Byzanz' genossen, doch dies fiel nun weg. Angesichts dieser Entwicklung war die Kirche gezwungen, sich nach einer anderen Macht umzusehen, die nun die Funktion von Byzanz übernehmen konnte. Diesen Ersatz fand man im stärksten der nachfolgenden Königreiche, dem Frankenreich.

Die fränkischen Stämme, die von Chlodwig irgendwie geeint worden waren, wurden trotz ihrer Verbindung mit dem Römischen Reich zu denjenigen gezählt, die sich den römischen Maßstäben am wenigsten angepaßt hatten. Anders als bei den gotischen Stämmen in Südeuropa glichen im sechsten Jahrhundert ihre Waffen und Strategien mehr dem, womit Arminius die Römer besiegt hatte.

'Die Waffen der Franken sind sehr primitiv; sie tragen weder Kettenhemden noch Beinschienen, und ihr einziger Beinschutz sind Leinen- oder Lederstreifen. Sie haben kaum Reiter, aber ihre Fußsoldaten sind kühn und kampferfahren. Sie tragen Schwerter und Schilde, verwenden aber nie Schleuder oder Bogen. Ihre Geschosse sind Äxte und Speere mit Widerhaken. Diese letzteren sind nicht sehr lang; sie können zum Werfen oder Stechen verwendet werden. Die Verlängerung der Eisenspitze reicht weit den Schaft hinunter, so daß kaum ungeschütztes Holz übrig bleibt. In der Schlacht schleudern sie die Speere, und treffen sie, sitzen die Widerhaken so fest, daß der Feind die Waffe nicht mehr aus seinem Körper ziehen kann. Trifft sie in ein Schild, kann der Feind sie nicht einfach dadurch loswerden, daß er den Schaft abschlägt, denn das Eisen reicht zu weit den Stiel hinunter. Jetzt stürmt der Franke herbei, tritt auf den am Boden schleifenden Schaft, und zieht damit den Schild herunter, so daß er dem ungeschützten Gegner den Schädel spalten oder mit einem zweiten Speer die Brust durchbohren kann.'

Die Wurfaxt, *francisca*, war eine weitere beliebte fränkische Waffe. Sie war einklingig mit schwerem Kopf, in Form und Funktion dem Tomahawk der nordamerikanischen Indianer nicht unähnlich. Schild, Schwert und Dolch kamen natürlich noch hinzu. Trotz ihrer Primitivität unterscheiden sich diese Waffen allerdings in einem Punkt wesentlich von den germanischen Waffen vorangegangener Jahrhunderte. Die verwendete Metallmenge erlaubt zwei Schlüsse: erstens, Eisenerz oder überhaupt Metall muß leichter erhältlich gewesen sein; zweitens, eine Art Massenfertigung war bekannt.

Die Waffen waren einheimische Produkte. Sie waren keinen römischen Waffen nachgebildet. Die stark konservative Haltung der Franken zeigte sich daran, daß sie bei der Übernahme fremder Waffen und Rüstungen selbst dann noch daran festhielten, wenn diese anderswo veraltet waren. Bei ihrer Eroberung Galliens waren sie mit der Anwerbung gallischer Truppen schnell bei der Hand. Für die Franken war das einfacher, weil die traditionelle germanische Einheit, die auf Blutsbanden basierende Hundertschaft, unter den Merowingern keine Rolle mehr spielte. Doch sowohl bei den Ost- und Westgoten als auch bei den Vandalen hielt man bis zum Schluß daran fest, so daß diese Stämme zur Anwerbung fremder Truppen weitaus weniger in der Lage waren als die Franken. Für die fränkische Politik in Gallien bedeutete dies, daß die einheimischen Gallier schnell in die fränkische Gesellschaft integriert wurden, bis alle Unterschiede verwischt waren. Selbst fränkische Namen wurden angenommen. Dies steht wieder im starken Kontrast zu dem in Italien herrschenden Dualismus zwischen den Ostgoten einerseits und den Römern und der einheimischen Provinzbevölkerung andererseits.

Die Kampfstrategie ihrer Fußtruppen stützte sich eine Zeit lang auf das altgermanische Karree, das oft fälschlicherweise als riesiger ungeordneter Haufen von Fußsoldaten ohne Rüstung, die in engen Kolonnen kämpften, beschrieben wird. Erst im Verlauf des sechsten Jahrhunderts ließ sich ein römischer Einfluß erkennen. Langsam traten Rüstungen und auch Pferde in Erscheinung, aber wie die Schlacht bei Tours zeigt, war die Reiterei Mitte des achten Jahrhunderts noch nicht so weit entwickelt. Pferde waren ein Transportmittel für den König, seine Freunde und Beamten, und wurden nur sehr langsam von den unteren Rängen übernommen. Doch selbst wenn Neuerungen von oben verordnet wurden, stießen sie oft auf Kritik. So wurde im sechsten Jahrhundert unter den Franken ein Bischof gerügt, weil er statt des heiligen Kreuzzeichens einen Brustpanzer trug, als er in die Schlacht ritt. Mitte des siebten Jahrhunderts war der Brustpanzer bei den Franken jedoch allgemein üblich geworden. Ihre Helme unterschieden sich von den römischen ziemlich stark, und man beschrieb sie als 'quarzförmige runde Kopfbedeckung, vorne spitz zulaufend und offen, aber hinten abgerundet und zum Schutz des Nackens tiefsitzend'. Die Helme für den gewöhnlichen Soldaten waren aus Leder. Metallhelme fanden sich nur bei den fränkischen Kommandaten. Der Schild bestand nicht aus Eisen, sondern aus Holz, nur der Rand war eisengesäumt.

Der Einsatz der Reiterei war bei den Merowingern unterentwickelt, was an ihren Pferden lag, die im Gegensatz zu den moslemischen Pferden Zugpferde waren; jede Reiterschlacht zwischen Arabern und Franken hätte den letzteren eine schwere Niederlage beschert. Die Merowinger hatten in ihren Reihen versucht, das Aufkommen eines Hochadels zu verhindern, und in ihren Provinzen administrative und militärische Aufgaben lieber an Grafen und Herzögen übertragen, die sie direkt ernannten – wahrscheinlich in kluger Voraussicht des Problems des „übermächtigen Untertans", das die meisten Königreiche des Mittelalters drückte. Der Berufene des Königs versammelte auf dessen Befehl die fränkischen Streitkräfte seiner Provinz sowie alle Freien unter den Galliern. Das Amt des königlichen Verwalters und militärischen Befehlshabers war sehr ehrenvoll, aber mit relativ wenig materiellen Vorteilen verbunden. Während anderswo große Ländereien zustande kamen, verteilten die fränkischen Könige nur sehr kleine Landstücke auf Besitz- nicht auf Eigentumsbasis. Ein weiteres Mittel des Machterhalts einer im Grunde militärisch und nicht durch Geburt begründeten Vorrangstellung. Großer Grundbesitz wurde bei den Franken erst dann üblich, als die wirtschaftlichen Folgen der islamischen Invasion in ganz Europa spürbar waren. Und wann immer solche Einschränkungen, wie die Merowinger sie zu ihrem Machterhalt einführten, die Ambitionen eines Untertans und seiner Familie nicht zügeln konnten, hatten sie keine Skrupel, den potentiellen Rivalen sowie seine ganze Familie niederzumetzeln.

Da die fränkischen Soldaten keinerlei Sold erhielten, lebten sie in Kriegszeiten auf Kosten des Gebiets, das sie durchquerten, ob es sich nun um Feindesland handelte oder nicht. Als das Merowingerreich im Niedergang begriffen war, nahmen seine Herzöge sich größere Freiheiten heraus, widersetzten sich Befehlen des Königs und taten schließlich das, was sie wollten. Nur die arabische Bedrohung schmiedete sie wieder zu einer Interessengemeinschaft zusammen. Als die Merowinger von ihren Hausmeiern ersetzt wurden, nahm man die Zügel wieder fest in die Hand. Aus dem Durcheinander widersprüchlicher und rivalisierender Befugnisse wurde eine straffe militärische und administrative Hierarchie. Diese Entwicklung begann unter Karl Martell, seinem Sohn Pippin dem Kurzen, und wurde schließlich von Karl dem Großen abgeschlossen.

Angelsächsisches Psalmenbuch, das einfallende Wikingerschiffe an den Küsten Britanniens zeigt.

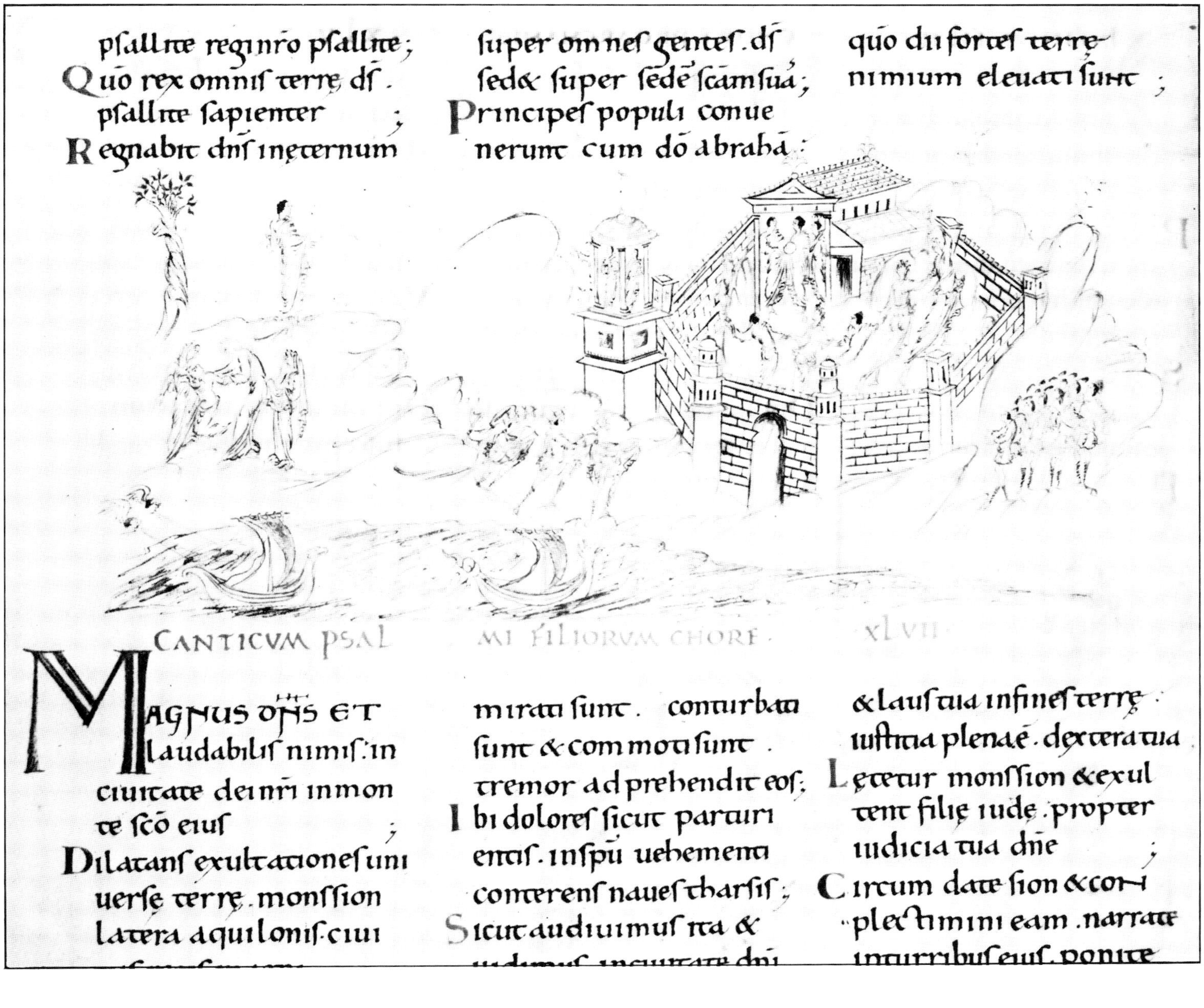

Die europäischen Randregionen: Wikinger und Magyaren

Die Beziehungen, besonders die Feindseligkeiten zwischen Franken und Normannen, datieren ins sechste Jahrhundert zurück, als Theudebert von Ripuaria Hygelac den Dänen in der Schlacht tötete. Hygelac war der Bruder von Beowulf. Es ist bekanntlich die erste schriftlich belegte Begegnung zwischen Franken und Wikingern. Danach waren die Wikinger offenbar zu sehr mit Kämpfen untereinander beschäftigt, als daß sie viel Zeit für die Welt im Süden gehabt hätten. Das ausgehende Merowingerreich hatte wenig zu bieten. Aber als der Ruf Karls des Großen sich in Europa herumsprach, nahm man davon auch im hohen Norden Notiz. Als er die Sachsen besiegt hatte, rückte zudem der fränkische Einfluß näher. Widukind, der Anführer der Sachsen, fand in Jütland Zuflucht. Aus seiner Sicht geschildert hörte sich die Lage sicher schrecklich an. Als er schließlich nach Sachsen zurückkehrte und sich taufen ließ, stellten die Franken für den skandinavischen Norden definitiv eine größere Gefahr dar.

Das Wort Wikinger bezeichnet keinen Stamm, sondern ein Tun. Wenn ein Abenteurer in See stach, hieß es von ihm, er gehe *i wiking*. Die Bezeichnung ist wie 'Nordmänner' einfach eine Sammelbezeichnung nicht nur für die Dänen und Norweger, sondern auch für anderes verwegenes Volk, das sich ihnen auf den Expeditionen anschloß und Teil ihrer Gesellschaft wurde. Es ist noch nicht völlig geklärt, wer sie ursprünglich waren und was sie bewogen hat, in ihre Boote zu steigen und die Britischen Inseln und das europäische Festland zu plündern. Übervölkerung jener Gebiete Dänemarks und Norwegens, in denen Landwirtschaft möglich war, mag mit ein Grund gewesen sein. In einer nordischen Sage heißt es, daß ungefähr hundert Jahre vor Christus ein Häuptling namens Odin eine Stadt in Asien regierte:

'Die römischen Kaiser drangen weit in die Welt vor, besiegten jedes Volk in der Schlacht; viele Herrscher flohen vor den Unruhen aus ihren Ländern. Als Odin in die Zukunft blickte, sah er voraus, daß seine Nachkommen in den nördlichen Teilen der Erde wohnen und leben würden.'

Der mit übernatürlichen Kräften begabte Odin führte dann sein Volk in die Länder des Nordens, um über das Land und die Menschen zu herrschen, die er dort fand. Auch wenn es sich um eine Sage handelt, betrachtet man das Gebiet, aus dem die Nordmänner eingewandert sein sollen, hat ihre Wanderung über Asien nach Nordeuropa möglicherweise mit zur ersten Völkerwanderungwelle gehört. Sobald sie in ihrer neuen Heimat waren, entwickelten sie beträchtliche Fertigkeiten in der Holz- und Metallverarbeitung. Da unter den Wikingern Polygamie üblich war, wurden diese Länder bald für die großen Familien zu klein. Wahrscheinlich fiel die wirtschaftliche Notlage mit der technischen Weiterentwicklung ihrer Schiffe zusammen. Mit ihnen wagten sie sich zunächst die eigenen Küsten entlang und dann über das Meer, nach Irland, England und ins Frankenreich.

Sagen liefern natürlich Hinweise, die Spekulationen möglich machen, aber sie sind kein Beweis. Zudem wurden sie erst im zwölften Jahrhundert niedergeschrieben. Die Überfälle der Nordmänner wurden von Chronisten überliefert, die sozusagen ihre Opfer waren: die Wikinger selbst hinterließen keine Schriftzeugnisse. Sie selbst lieferten nur Beweise archeologischer Art, beispielsweise das Schiff aus dem vierten Jahrhundert, das man bei Nydam in Dänemark fand. Es ist ein leichtes, sehr flaches Ruderboot ohne Deck, das von 28 Ruderern fortbewegt wurde. Die Gesamtlänge betrug 23 Meter. Daß man mit solchen Booten den tückischen Gewässern der Nordsee trotzen konnte, ist mehr als zweifelhaft. Aber als Anfang des achten Jahrhunderts das Segel erfunden wurde, verlängten und vertieften die Nordmänner die Schiffskörper und konstruierten sie rundum stabiler. Authentisches Beispiel hierfür ist das Gokstad-Schiff, das gegen Ende des letzten Jahrhunderts in der Nähe von Oslo gefunden wurde. Obwohl es immer noch Ruder hat, war es hauptsächlich ein Segelschiff. Solcherart waren die Boote, in denen die Wikinger ihre Angriffe auf Europa führten und in denen sie in ihrer vielleicht gewagtesten Expedition, unter der Führung von Leif Ericson, den Atlantik überquerten und fünf Jahrhunderte vor Kolumbus die Neue Welt erreichten.

Bei ihren frühen Überfällen auf Irland, England und das Frankenreich schienen sie so primitiv bewaffnet gewesen zu sein wie die Germanenstämme beim ersten Zusammenstoß mit den Römern. Helme und Brustpanzer stammten offensichtlich von ihren ermordeten Opfern oder waren gekauft. Deshalb hatte die Mehrzahl der Angreifer im späten achten Jahrhundert keine Harnische. Innerhalb eines halben Jahrhunderts änderte sich dies grundlegend. Sie hatten nicht nur von ihren Feinden Waffen und Rüstungen erbeutet, die ihrer Ausrüstung überlegen waren, sondern auch ihre Herstellung erlernt. Mitte des neunten Jahrhunderts trugen alle normannischen Krieger Harnische, die dem fränkischen Modell stark ähnelten. Sogar ihre Schilde waren zunächst fränkische Kopien. Die Schildform, wie sie auf dem Bayeux-Gobelin zu sehen ist, datiert aus dem späten neunten oder frühen zehnten Jahrhundert.

Archeologische Funde zeigen, daß die Waffen der Wikinger zweiklingige Kurzschwerter mit einem kleinen Griff ohne Handschutz waren. Im Lauf ihrer Kämpfe mit den Franken führten sie längere Klingen ein. Ihre Speere glichen den fränkischen; nur ihre Äxte waren sehr schwer mit einem langen Holzschaft und konnten nur mit beiden Händen geführt werden. Die Axt war natürlich mehr als nur eine Waffe; man brauchte sie als Werkzeug für die Reparatur und den Bau der Schiffe und zum Bäumefällen, wozu die kleine fränkische Axt ungeeignet war. Ihre Fertigkeit im Bogenschießen wurde, mit Ausnahme der Moslems an der Südküste der iberischen Halbinsel, von keinem übertroffen.

Die ersten Raubzüge der Wikinger waren Blitzüberfälle. Zunächst konnte man ihrer noch Herr werden, weil die Überfälle vereinzelt, unter Beteiligung weniger Boote, stattfanden.

Das Frankenreich in der Zeit von 451 – 732.

Der sechste Krieger auf dem ersten Wagen trägt einen Wikingerhelm (frühe isländische Handschrift).

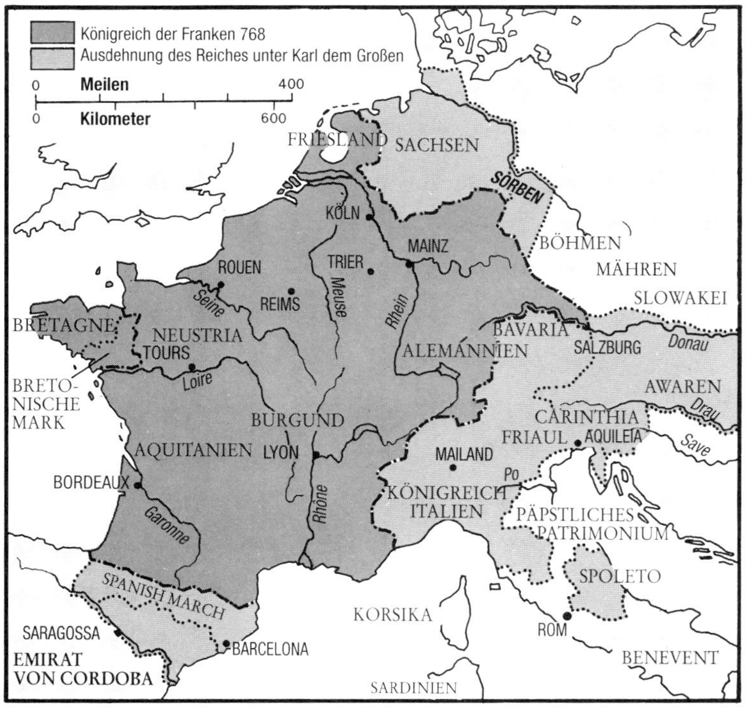

Das Frankenreich 768.

Dies änderte sich im neunten Jahrhundert, als riesige Flotten an den Küsten Irlands, Englands und des Frankenreichs auftauchten. Dann wurden die vor Anker liegenden Schiffe streng bewacht, während das Gros der Wikinger landeinwärts zog. In Irland leistete man ihnen erbitterten Widerstand, doch es fehlte an organisierter Führung. Auch England war, wegen politischer Zwistigkeiten, verwundbar. Im Frankenreich richteten sie wenig aus, solange Karl der Große regierte. Ein Mönch berichtet jedoch über dessen angebliche Reaktion, als er im Krönungsjahr zum römischen Kaiser an der Mittelmeerküste tafelte und man Wikingerschiffe sichtete. Er schreibt:

'Als die Nordmänner hörten, daß Karl der Große da war, machten sie sich wunderbarerweise eilends auf die Flucht. Da erhob sich der äußerst fromme und gerechte Karl von der Tafel und blickte aus dem Fenster, während ihm die Tränen herunterliefen und keiner ihn anzusprechen wagte. Dann erklärte er sich seinen Edelmännern mit diesen Worten: „Ich fürchte nicht, daß diese nichtswürdigen Schurken mir irgendwie schaden könnten. Nein, mich macht der Gedanke zutiefst traurig, daß sie zu meinen Lebzeiten wagen, an den Küsten einzufallen, und mich schmerzt es zu wissen, welchen Schaden sie meinen Nachkommen zufügen werden.“'

Glaubt man dem Bericht des Chronisten, dann hatte Karl der Große gute Gründe, sich um die Zukunft zu sorgen, und seine Befürchtungen waren mehr als gerechtfertigt.

Nach der Phase der Blitzüberfälle gingen die Wikinger zu großen Invasionen in die drei Hauptgebiete ihrer früheren Überfälle über. Jetzt hatten die Invasionen einen anderen Charakter. Die Wikinger kamen nicht mehr einfach, um zu plündern: sie kamen, um sich niederzulassen. Dies trifft auf Irland zu, wo sie Städte gründeten und verwalteten. Ebenso auf England, in das sie einfielen, und auf das Frankenreich. Es war die letzte Völkerwanderung nordischer Völker vor dem 16. Jahrhundert, eine Wanderung, die das Überleben der romanischen Zivilisation in Europa bedrohte.

Wie die Franken wußten auch die Angelsachsen zunächst nicht, wie sie sich einer Gefahr solch gewaltigen Umfangs erwehren sollten. Sie waren auf jede Bedrohung vom Land her eingestellt, aber nicht auf eine vom Meer her. Als die Wikingerschiffe massenweise an der Küste und auf den Flüssen, die nach London und York führten, erschienen, entließ jedes Schiff 40 Krieger, die eine Verheerung anrichteten. Während die Wikinger schnell alle Pferde zusammentrieben, deren sie habhaft werden konnten, und sich in eine berittene Infanterie verwandelten, gab es keinerlei Verteidigungsvorrichtungen, um ihren Vorstoß zu verhindern oder zu verzögern.

Die Hauptangriffsziele waren Klöster und Kirchen, die sowohl Reichtümer bargen als auch Zentren einer aus den Ruinen der römischen Zivilisation entstandenen mittelalterlichen Kultur waren. Sie waren Hochburgen der Kunst und Literatur der Epoche.

Der Handel, der seit der islamischen Invasion stagnierte, kam mit dem Einfall der Wikinger in Europa völlig zum Erliegen.

Sie näherten sich den Plünderungszielen auf zwei Hauptrouten. Die Norweger wählten die nördliche Route, auf der eine ziemliche Anzahl von ihnen zu den Shetland- und Orkney-Inseln gelangt war und dort Siedlungen errichtete. Von dort machten sie sich zur Ost- und Westküste Schottlands auf, wo sie im Osten bis nach Lincolnshire und im Westen bis zur Isle-of-

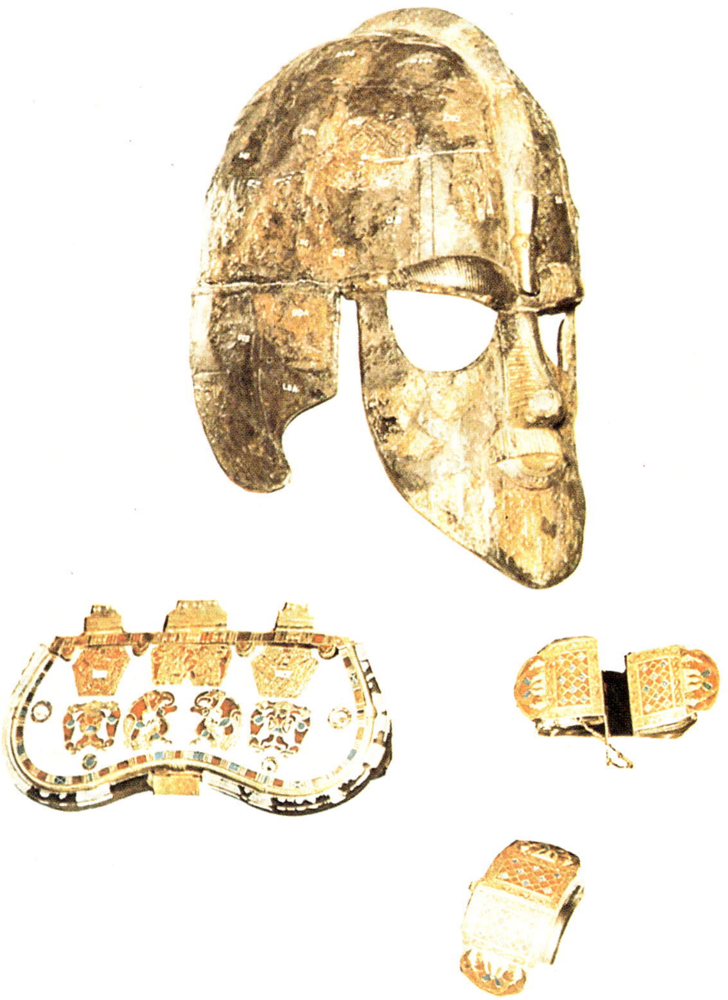

Oben: *Schätze aus einem königlichen Langschiff, ausgegraben bei Sutton Hoo, ca. 650.*

Links: *Sturm auf Ipswich durch die Dänen (Gemälde von Lorentz Ipplich).*

Man und nach Westirland kamen. Irland war ein besonders lohnendes Gebiet, da es der Barbareninvasion entgangen war. Das Klima war vorzüglich, und die irischen Klöster waren mit unglaublichen Reichtümern gefüllt. Irland wurde erstmals 795 überfallen, aber ab 850 begann man es systematisch zu erobern. So hielten sich die Wikinger seit 850 in Ulster auf; 853 gründete König Olaf sein Königreich Dublin, und bei Wexford, Waterford und Limerick wurden Küstenkolonien gegründet. 150 Jahre hatten die Wikinger in Irland die Oberherrschaft, und ihre Macht wurde erst unter der Anglo-Normannischen Eroberung unter der Herrschaft Heinrichs II. gebrochen. Die Isle-of-Man wurde erst 1266 aufgegeben, die Shetland-Inseln 1462 und die Orkney Inseln 1468.

Die Dänen bevorzugten die südliche Route. Dieser Kurs führte sie direkt nach Ost- und Südostengland, zu den Niederlanden und, einmal über dem Kanal, in die Bretagne, zum Golf von Biscaya und zur Straße von Gibraltar, von wo aus sie die Küsten des Mittelmeers plünderten und später sogar Sizilien eroberten. Die Schweden andererseits konzentrierten sich auf die Ostsee, drangen in das von ihnen so genannte Rußland ein und erschlossen eine Südroute bis nach Konstantinopel.

Die angelsächsische Chronik verzeichnet die ersten Überfälle auf England. 787 berichtet sie:

'In diesem Jahr nahm König Beorthoric Eadburh, die Tochter des Königs Offa, zur Frau; und in seinen Tagen kamen zum ersten Mal drei Schiffe aus dem norwegischen Hoerthland; es waren die ersten Schiffe der Dänen, die nach England kamen.'

Der Chronist macht zwischen Dänen und Norwegern keinen Unterschied, aber höchstwahrscheinlich waren es Dänen.

793 heißt es wieder:

'In diesem Jahr erschienen schreckliche Zeichen über Northumbria, und versetzten die Bewohner in fürchterlichen Schrekken: da waren ungewöhnliche Blitze, und feurige Drachen sah man durch die Luft fliegen. Auf diese Zeichen folgte bald eine große Hungersnot; und kurz darauf im selben Jahr, am 8. Januar, wurde durch Plünderung und Mord und Totschlag die Kirche in Lindisfarne von den Heiden zerstört...'

König Egbert von Wessex schlug sie 838 erfolgreich in einer offenen Schlacht bei Hingston Down, aber zwei Jahre später plünderten sie London und erneut Lincolnshire und Northumbria. Die Phase systematischer Plünderungen begann 850. Über 350 Wikingerschiffe machten erst kehrt, als ihre Krieger Canterbury ausgeraubt hatten, jedoch überwinterten sie auf der Isle of Thanet. Es war der Beginn ihrer festen Niederlassung. Fünfzehn Jahre später landete das sogenannte 'Große Heer' der Wikinger in Ostanglien, und ein Jahr später, im Jahr 866, zog es weiter nach York. Northumbria, das durch politische Fehden entzweit war, konnte keinen Widerstand leisten. 870 schwenkte das Große Heer nach Süden Richtung Wessex, errichtete bei Reading seine Basis, wo es die Themse kontrollieren, Nachschub erhalten und Winchester, die Hauptstadt von Wessex, angreifen konnte.

Der König von Wessex, dem sie gegenüberstanden, war Alfred der Große. Der sowohl äußerst fromme als auch sehr kühne Mann entschloß sich, Widerstand zu leisten. Da er aber kein Heer hatte, das diesen Namen verdient hätte, versuchte er durch Verhandlungen mit den Dänen Zeit zu gewinnen. Er willigte in eine Tributzahlung ein, wenn die Dänen Wessex räumten. Damit gewann er fünf wertvolle Jahre, in denen er seine Streitkräfte umorganisieren konnte.

Als professionelle Krieger waren die Dänen im Vorteil. Alfred hatte dagegen das alte angelsächsische *fyrd*, das im neunten Jahrhundert kein Heer von Freien mehr war. Wie im Frankenreich setzte sich das Feudalsystem langsam durch; der Kriegsdienst brachte Landbesitz, und schon vor Alfreds Thronbesteigung bestand der Kern des *fyrd* aus einer kleinen Gruppe erfahrener Krieger, die auf Alfreds Anweisung hin zu einer mobilen Infanterie umgestaltet wurde, um mit den Dänen gleichzuziehen. Die berittene Mannschaft bestand aus den Getreuen des Königs, seinen Verpflichteten, sowie denjenigen der Eldermanen (*fyrd*-Anführer) und Thane (Grafschaftsverwaltern). Durch Vergabe von Ländereien schuf er für sie Anreize und machte aus ihnen einen besonderen Kriegerstand, dessen Geschick mit noch größeren Privilegien belohnt wurde. Nach Alfreds eigenen Worten bestand seine Gesellschaft aus denen, die beteten, denen, die kämpften, und denen, die arbeiteten.

Im Gegensatz zu den Franken erkannte Alfred, wie wichtig Seemacht war, und begann mit dem Bau einer Flotte von Langschiffen, die in Konstruktion und Wendigkeit den dänischen überlegen waren. Alfreds Seeleuten fehlte aber das Geschick und die Erfahrung der Dänen, und das war so schnell nicht zu erwerben.

Rechts: *Dieses bei Gokstad, Norwegen, ausgegrabene Schiff gehört zu den außergewöhnlichsten Funden aus der Wikingerzeit. Es war ursprünglich an jeder Seite von 32 Holzschilden gesäumt. Die abwechselnd gelb und schwarz gestrichenen Schilde waren in der Mitte jeweils mit einem Eisenknauf verstärkt und überlappten sich zu einer schuppenförmigen Verteidigungswand für 16 Ruderer.*

An strategisch wichtigen Punkten in Wessex, besonders an der Südgrenze und an der Themse, baute er Festungen, für die das ansässige Volk durch die Bereitstellung von Soldaten und Lebensmitteln aufkommen mußte. Nach Ablauf der fünf Jahre verweigerte Alfred die Tributzahlung und die Dänen griffen wieder an. Der erste Angriff kam 876 aus dem Westen. Nach fast zwei Jahren ergebnisloser Scharmützel, schlugen die Dänen unter ihrem Anführer Guthrum mit einem Überraschungsangriff zu, der Alfreds Streitkräfte zersprengte; Alfred mußte im Athelney Moor Zuflucht suchen. Aber es gelang ihm, seine Streitkräfte innerhalb kurzer Zeit wieder zu sammeln und Guthrum 878 bei Edington zu schlagen. Daraufhin ließ sich Guthrum taufen, und acht Jahre später schloß man einen weiteren Vertrag, der das Siedlungsgebiet der Skandinavier auf Ostanglien und Mercia begrenzte. Der Erfolg seiner Politik zeigt sich am besten am Ausgang einer erneuten dänischen Invasion zwischen 892 und 896, die diesmal aus Frankreich kam. Dreimal zogen die Dänen nach Westmercia, in der Erwartung, von ihren Landsmännern Unterstützung zu bekommen. Die Mehrzahl blieb jedoch in den Siedlungen. Die Dänen zogen unverrichteter Dinge ab.

Dieser Sieg bescherte Alfred nicht nur die Oberherrschaft der Wessex-Dynastie über die angelsächsischen Königreiche. Er hatte europäische Bedeutung. Was mit der in Europa aufkeimenden mittelalterlichen Kultur passiert wäre, wenn die Wikinger auf den Britischen Insel die Herrschaft angetreten und sie als Basis für ihre gegen das Europäische Festland gerichteten Unternehmen benutzt hätten, ist leicht vorstellbar.

Für England war die Gefahr gebannt, denn die folgenden Angriffe der Wikinger hielten sich in Grenzen. Doch es blieb eine ständige Furcht vor ihnen. 1014 half Olaf von Norwegen mit seinen Mannen dem flüchtigen König Ethelred bei seiner Rückkehr nach England und seiner Rückeroberung Londons von den Dänen. Der Chronist berichtet:

'Der Wikingerführer brachte seine Schiffe unter die London Bridge und ließ Taue um die Brückenpfeiler winden, dann ruderten sie mit den Tauen, so schnell es ging, flußabwärts. Die Pfosten wurden mitgeschleift, bis sie sich von der Brücke lösten ... und die Brücke stürzte ein und viele stürzten in den Fluß. ... Als nun die Einwohner sahen, daß die Themse erobert war, so daß sie die Schiffe nicht mehr daran hindern konnten, landeinwärts zu fahren, versetzte sie die Ankunft der Schiffe in Panik, und sie gaben die Stadt auf.'

Und sie beteten möglicherweise wie die Franzosen, die folgende Zeile in ihre Gebetslitanei aufnahmen: 'Befreie uns Gott vom Wüten der Nordmannen.'

Aufgrund der doppelten Bedrohung durch die Wikinger und Magyaren durchlief Europa im neunten Jahrhundert mehrere wichtige militärische Veränderungen. Der traditionelle Einsatz ausgehobener Fußtruppen konnte im Frankenreich und seinen nachfolgenden Königreichen eine Gefahr, wie sie die Wikinger darstellten, kaum bannen. Es dauerte zu lange, bis sie vor Ort waren. Es fehlte an Professionalität und Erfahrung, die ihre Feinde in sich vereinten. Der militärische Aspekt des beginnenden Feudalismus nahm an Bedeutung zu. Das System des Vasallentums, das sich schon im achten Jahrhundert anbahnte, lieferte die Mittel zur Schaffung eines militärischen Expertenstandes. Zunächst waren es Leute aus dem Gefolge des Königs, aber durch Afterbelehnung holten sich die persönlichen Vasallen des Königs bald ihrerseits Ritter heran. Fränkische Grafen und die Vasallen am Hof Karls des Großen mußten beritten sein. Ebenso ihr Gefolge. Es war der Anfang einer Periode von über 400 Jahren, in der die Kavallerie das Feld beherrschte und mit ihr die Schlacht entschieden wurde. Es stimmt, daß sich die fränkischen Ritter nach dem Tod von Ludwig dem Frommen, trotz ihrer berittenen Truppen, nicht sehr gut gegen die Normannen durchsetzten, aber die Wurzel dieses militärischen Versagens war die politische Instabilität der späten Karolingerzeit. Wie effektiv die Kavallerie gegen berittene barbarische Plünderer eingesetzt werden konnte, sollte sich in Deutschland zeigen, wo mit der Wahl des sächsischen Herzogs Heinrich I. zum König über Deutschland die Stabilität wieder einkehrte und unter seinem Sohn, Kaiser Otto I., genannt 'Der Große', weiter zunahm.

Das Aufkommen einer Kavallerie bedeutete letztlich, daß die Verteidigungstruppen mit dem Tempo der Wikinger mithalten konnten. Sie konnte eher einen Schildwall der Wikinger durchbrechen als schlecht ausgerüstete Fußtruppen. Die Lehenspyramide mit dem König an der Spitze, gefolgt von seinen Vasallen und Grafen, schuf eine große Zahl von Rittern, die gut ausgerüstet und das ganze Jahr über trainiert waren, und letztlich von der wirtschaftlichen Basis des Feudalsystems, dem Land, lebten.

Eine weitere Veränderung, die durch die Invasionen der Barbaren aus dem Norden und Osten beschleunigt wurde, war die Befestigung der Städte und größeren Siedlungen. Es war keine Entwicklung, die in dieser Zeit ihren Ausgang nahm. Sie war in den Provinzen des ehemaligen Römischen Reichs die direkte Antwort auf die von den Stämmen der Völkerwanderung verursachten Verheerungen. Zuvor weiträumig angelegte Städte und Siedlungen wurden als enge, ummauerte Städte wieder aufgebaut, die verteidigt werden konnten. Neu war die Errichtung von Burgen als besondere Verteidigungseinrichtungen. Die befestigten Stadtanlagen Alfred des Großen hatten dieselbe Funktion wie die Burg Heinrichs I., der eine ganze Reihe davon zur Verteidigung seiner östlichen Grenze baute.

König Odo stellte 866 in seinem Edikt von Pitres, das die Bedeutung der Kavallerie betonte, auch Richtlinien für den Festungsbau auf. Bei der großen Belagerung von Paris durch die Wikinger, war die Stadt bereits befestigt. Zur Überraschung der

Franken bauten die Wikinger Belagerungsmaschinen, wie zum Beispiel Türme und Geschoßvorrichtungen. Diese hatten sie sich anderswo abgeschaut. Doch sie setzten sie nicht wirkungsvoll ein. Deshalb gaben sie sich mit einem Tribut zufrieden und zogen ab. Die weitere Zunahme von Befestigungsanlagen, der wachsende Einfluß der Kavallerie und der Rückgang der Infanterie sind die Kennzeichen der militärischen Entwicklung im neunten Jahrhundert.

Der östliche Teil des früheren Frankenreichs wurde zusätzlich zu den Wikingern von den Slawen und Magyaren bedroht. Dort schlossen sich die alten Stammesherzogtümer Sachsen, Bayern, Schwaben, Franken und Lothringen zusammen und wählten einen der ihren, Herzog Heinrich von Sachsen, zum König von Deutschland. Seine Wahl kennzeichnet den Beginn des deutschen Staates.

Dieses neue Königreich war im Vergleich zum früheren karolingischen Reich jedoch schwächer, da Heinrich die Herzogtümer als unabhängige, autonome politische Einheiten anerkennen mußte. Er oder seine Nachfolger konnten einen Herzog zwar ersetzen, aber kein Herzogtum auslöschen, indem sie es aufteilten. Das hätte alle anderen Herzöge alarmiert. Die Nachfolger von Karl dem Großen sahen es nicht gerne, daß ihre Vasallen sich eigene Vasallen und somit ihre eigene Militärmacht hielten, obwohl sie dem zustimmen mußten, weil sie diese Militärmacht dringend brauchten.

So geschah es auch unter Heinrich I. Da er aber das Produkt seiner Vasallen war, bestand ein gemeinsames Interesse, die Militärmacht innerhalb des Feudalsystems weitestgehend auszubauen. Später, als die Politik des Königs nicht mehr von einem oder mehreren seiner Kronvasallen gestützt wurde, wurden die dem Feudalsystem inherenten Probleme deutlich. Der deutsche König war unter seinen Vasallen nicht mehr als ein *primus inter pares*, obwohl seit der Zeit Ottos des Großen bis zu Karl V. jeder König die Kaiserkrone erwarb. Da das Feudalsystem auch die Delegation der Autorität in Form von Ämtervergabe und Pflichtforderung nach unten impliziert, und dies erblich war, erlangten die Vasallen quasi Souveränität. Dies traf auf dem militärischen Sektor ebenso zu wie auf dem administrativen, und natürlich vereinten sich häufig Militär- und Verwaltungsämter in einer Person. Auf militärischem Gebiet bot der Feudalismus in Deutschland und Frankreich die Möglichkeit der persönlichen Machtzunahme, durch die Haltung einer so großen Streitmacht, wie sie ein Herzog nur aufbringen und unterhalten konnte.

Im Jahr von Heinrichs Wahl, 919, war nichts davon zu spüren. Er hatte seine Macht in Sachsen gut gefestigt und widmete sich dann dem Ausbau des bestehenden Militärsystems. In einer der ersten Versammlungen mit gleichgesinnten Herzögen und Bischöfen beschloß man einen Feldzug, und jeder Fürst schwor feierlich, daß er mit allen seinen Männern kommen würde, ein Brauch, der sich bis weit ins 13. Jahrhundert hielt. Wieviele Ritter ein Vasall mitbrachte, war seine Sache. Die Karolinger hatten versucht, feste Zahlen vorzuschreiben, waren aber gescheitert. Heinrich versuchte es erst gar nicht. Folglich weiß man kaum etwas über die Truppenstärke der Feldzüge, was auf die meisten Feldzüge des Mittelalters zutrifft.

Heinrichs Hauptsorge galten den Magyaren, die das erste Mal von sich reden machten, als sie 862 von Ungarn aus in die Ostmarken Bayerns, das heutige Österreich, eindrangen. Seit Anfang des 10. Jahrhunderts überfielen sie regelmäßig Deutschland, wobei sie wie die Hunnen auf wendigen Ponys kamen und mehr an der Beute als am Kampf interessiert waren. Sie griffen in kleinen weit auseinandergezogenen Banden an und verschwanden, wie die Wikinger in der Anfangszeit, ebenso schnell wieder. Schnelligkeit war ihr Hauptvorteil. Nach seiner Thronbesteigung erkannte Heinrich, daß er noch nicht gegen sie antreten konnte, und schloß deshalb 924 mit ihnen einen Pakt, in dem er ihnen die Zahlung eines jährlichen Tributs versprach. Dann begann er, seine militärische Position auszubauen. Zuerst errichtete er, wie Alfred der Große, Burgen entlang der Grenze. Städte wie Merseburg, Nordhausen, Quedlinburg und Goslar verdanken ihre Existenz Heinrichs Burgenbauprogramm. So wie die Briten Jahrhunderte später ihre Straftäter in die Kolonien schickten, schickte Heinrich seine Sträflinge zum Burgenbau. Als die Magyaren schließlich 933 wieder Thüringen angriffen, trat ihnen Heinrich mit seinen Truppen am Fluß Unstrut entgegen. Die plötzlich mit einer deutschen Streitmacht konfrontierten Magyaren flohen.

Die Schlacht an der Unstrut beendete die Bedrohung nicht. Nach Heinrichs Tod begannen die Magyaren 954 mit einer Großinvasion wieder ihre Angriffe. Eine zweite folgte im Jahr 955. Wieder sind keine Zahlen bekannt, aber die Chronisten berichten, daß sie noch nie zuvor in so großer Zahl gesehen wurden. Sie durchquerten Bayern und belagerten Augsburg am Lech. Heinrichs Nachfolger, sein Sohn, Otto, kam schnell mit einem circa 7000 Mann starken Heer aus Rittern aus Sachsen, Bayern, Schwaben, Franken und Böhmen herbei. Als er sich näherte, rückten die Magyaren ins Feld, wobei die Haupttruppe Otto angriff, während eine kleinere Einheit, die an den Flanken der deutschen Truppen vorbeieilte, den Schwaben in den Rücken fiel und sie abschlachteten. Die Franken kamen ihnen unter Herzog Konrad zuhilfe. Otto und die Bayern, die die Magyaren bis dahin aufgehalten hatten, bliesen zum Sturmangriff. Die Magyaren, auf kleinen Pferden und meistens ohne Rüstung, schossen einen Pfeilhagel ab, bevor sie eingeholt und niedergemetzelt wurden. Aber Ottos Heer erlitt ebenfalls schwere Verluste. Herzog Konrad wurde getötet, als er kurz den Helm abnahm.

Ottos Truppen verfolgten die Magyaren zwei Tage, wobei sie mehrere ihrer Anführer gefangennahmen und sofort aufhängten. Nach der Schlacht auf dem Lechfeld war die Magyarengefahr für immer gebannt.

Unten rechts: *Fränkischer Krieger aus der Karolingerzeit, Elfenbeischnitzerei.*

Englische Elfenbeinschatulle aus dem 8. Jahrhundert, beschrieben von A.W. Franks, auch als Franksschatulle bekannt. Die Szene soll den Untergang Jerusalems darstellen.

EUROPAS REAKTION: DER FEUDALISMUS

Der Mensch des Mittelalters kannte keinen „Feudalismus“. Er erlebte ihn nur und war Teil davon. Man prägte den Begriff, um Historikern und Soziologen die Beschreibung ähnlicher sozialer Strukturen angesichts veränderter wirtschaftlicher und sozialer Umstände in Europa und anderswo zu erleichtern. Er war die weitreichende Reaktion auf eine wirtschaftliche und militärische Notwendigkeit.

Die islamischen Invasionen hatten Westeuropa in vielfacher Hinsicht auf sich selbst zurückgeworfen. Sie hatten das traditionelle Handelsnetz zerstört. Münzgeld wurde rar. Einziger Reichtum war das Land. Aber es wäre zu einfach, nur die islamischen Invasionen für die Entstehung des Feudalsystems verantwortlich zu machen. Sie läßt sich auf drei Hauptfaktoren zurückführen, die ihrerseits zeigen, daß noch andere Umstände mitgewirkt haben.

Erstes Charakteristikum ist die Partikularisierung. Die Staaten, die auf das Römischen Reich folgten, waren im allgemeinen dezentralisiert. Jeder Staat oder jedes Gebiet bildete sich aus verschiedenen, mangelhaft integrierten Einzelteilen, ein Prozeß, bei dem alte Stammesbande noch eine sehr große Rolle spielten. Daraus ergab sich eine geteilte Macht zwischen dem König und seinen Grafen, die nicht auf funktionellen Kriterien beruhte, sondern territorial und stammesbedingt war. Der frühmittelalterliche Staat war kein zentralisierter Einheitsstaat, sondern eine Art Personalverband unter einem König, dessen Amt für deren Zusammenhalt zu sorgen hatte. Folglich war es so stark oder schwach wie der König, der das Amt inne hatte.

Durch die Abwesenheit eines institutionellen Apparats waren zweitens persönliche Beziehungen wesentlich. So beruhte der Feudalismus auf persönlicher Herrschaft, ohne die ein großes Reich (wie das der Karolinger), das auf Subsistenzwirtschaft und unzureichenden Kommunikationsmitteln beruhte, nicht hätte regiert werden können. Dem Feudalstaat fehlten die zu einer größeren Zentralisierung notwendigen Einrichtungen. Er war ein Patrimonialstaat und das Patrimonium wurde zuerst vom König und dann von den von ihm eingesetzten Lehensherren ausgeübt.

Drittens gibt es den hierarchischen Faktor, der sich aus der engen Verbindung zwischen Kirche und Monarchie ergab. Diese Verbindung beruhte auf dem Glauben, daß Gott allein alle Macht verleiht. Es ist das völlige Gegenteil vom Begriff des souveränen Herrschers oder Volks, von dem alle Macht ausgeht. In der Blütezeit des Papsttums kulminierte dies im päpstlichen Anspruch, das Papsttum allein verkörpere die höchste Autorität der ganzen Christenheit.

Das Karolingerreich (751-987 n. Chr. in Frankreich und bis 911 n. Chr. in Deutschland) stellte eine Synthese römischer und germanischer Traditionen dar. Die germanische Tradition spiegelt sich im persönlichen Charakter der politischen und militärischen Führerschaft wider; die römische Tradition findet sich in Institutionen wie der Kirche, die innerhalb eines vom Imperium überkommenen, administrativen Rahmens wirkte. Die frühen Grafen erhielten Vollmachtschreiben, unterstanden aber direkt dem König.

Schon während der Merowingerzeit (ungefähr 500 bis 751 n. Chr.) fanden Veränderungen in Richtung auf jene Art von Feudalismus statt, der in der nachkarolingischen Periode zur vollen Blüte kam. Das alte fränkische Heer, das aus den engen Verbündeten des Königs und den von ihnen ausgehobenen örtlichen Truppen bestand, machte einem Stand berittener Berufskrieger Platz. Mit der Verbreitung des Steigbügels in der zweiten Hälfte des achten Jahrhunderts war das Pferd bei den Franken nicht mehr nur Transportmittel. Nun konnte man es in Kämpfen einsetzen. 'Geschwindigkeit war nun zu Aufprall geworden. Speere brauchten nicht mehr geworfen zu werden, sondern man konnte sie als Lanzen führen und ins Ziel rammen.' Dieser neue Stand etablierte sich unter dem König durch persönliche Verträge mit Rechten und Pflichten, nämlich Lehnspflicht und Lehen.

Das Vasallentum stellte eine Verschmelzung römischer und germanischer Gedanken dar. Die germanische Auffassung vom Kriegsdienst beruhte auf Freiwilligkeit, eine Auffassung, in der sich der gallische Brauch der Teilnahmepflicht und der römische Begriff des Privatsoldaten mischten. Seit dem achten Jahrhundert stellten die Franken den Kriegsdienst auf das Prinzip gegenseitiger Treue und gegenseitiger Verpflichtungen ab. Als Entgelt für den Dienst garantierte der Lehensherr seinem Vasallen Unterhalt, indem er ihn entweder in seinen Haushalt aufnahm oder ihm ein Stück Land zuwies, ein Lehen oder *fief*. *Fief* bedeutete ursprünglich 'Viehbesitz'. Dem Lehensherr standen sowohl das Vieh als auch die Ernteerträge seines Lehens zur Verfügung. In der ersten Phase gehörte ihm das Lehen jedoch nicht, – später änderte sich das. Doch umfaßte dieses sozio-ökonomische Verhältnis eine dreifache Obligation, die charakteristsch für die

Münzen werden gewogen und verteilt, 1130-74. Die Figuren sind wahrscheinlich aus einem früheren Manuskript kopiert.

Alltagsszenen aus dem angelsächsischen Britannien (Trinity College Cambridge Manuskript, 1130-74).

Feudalzeit war: militärische Spezialisierung, Landbesitz und gegenseitig bindende persönliche Verpflichtung.

Im merowingischen Königreich hatte nicht nur der König, sondern auch einige seiner Lehnsmänner Vasallen. In der Schlußphase unterhielten die Kronvasallen genügend militärische Spezialisten, um Privatarmeen zu bilden. Karl Martell unterband diese Entwicklung erfolgreich, aber die Afterbelehnung wurde zur dringenden Notwendigkeit, als mehr Streitkräfte für einen Feldzug gegen die eindringenden Moslems gebraucht wurden.

Das Vasallentum ersetzte das auf Familienbanden gegründete germanische Verhältnis zwischen Fürst und Untertan. Wer Vasall wurde, verzichtete damit auch auf den Schutz durch seine Blutsverwandten. Stattdessen begab er sich in den Schutz eines mächtigeren Lehensherrn. Bezeichnend ist, daß das Vasallenverhältnis den Freiheitsstatus des Vasallen nicht einschränkte, sondern erhöhte, denn es war eine Ehre, beim Lehensherrn im Dienst zu stehen.

Diese Veränderungen brachten nicht nur einen professionellen Kriegerstand hervor. Sie betrafen auch den Bauern. Der seßhafte Bauer hütete nicht mehr nur sein Vieh, er wendete sich dem Ackerbau zu. Damit war er an den Boden gebunden. Er konnte keinen Kriegsdienst mehr leisten, ohne seine bäuerlichen Aufgaben zu vernachlässigen und so die Ernte zu gefährden. Und man muß bedenken, daß in der mittelalterlichen Gesellschaft neben der Pest vor allem die Hungersnot gefürchtet war. Aber auch der Bauer brauchte Schutz. Die Dorfgemeinde konnte diesen nicht mehr bieten. Folglich dienten sich viele Bauern freiwillig einem Lehensherrn an, der dafür schließlich ihr Herr und Eigentümer ihres Lands wurde. Dies war der Beginn des Wegs vom freien germanischen Bauern zum Abhängigen oder gar Leibeigenen. Der mittelalterliche Kriegsspezialist, der Ritter, konnte den Boden seines Lehens nicht bestellen, der unter seinem Schutz stehende Bauer aber sehr wohl, und auf dessen Kosten konnte er den Umständen entsprechend seinen Besitz vergrößern.

Der König war die Quelle des Rechts, aber durch die Größe des Reichs und die Art der Kommunikationsmittel konnte er es nicht überall sprechen. Deshalb war ein weiteres Merkmal des Feudalsystems, daß die richterliche Macht und Autorität sowohl auf weltliche Vasallen wie auch auf Kirchenfürsten übertragen wurde, was die soziale und politische Position der Vasallen noch stärkte. Zum Grundbesitz kamen in Deutschland und Frankreich noch Ämter als Lehen hinzu. Langfristige Folgeerscheinungen davon waren extremer Partikularismus in Deutschland, übertriebener Regionalismus in Frankreich.

Drei Faktoren kennzeichnen also den mittelalterlichen Feudalismus. Der militärische Faktor brachte einen hochspezialisierten Kriegerstand hervor, Ritter, die ihrem Herrn durch Treuebund und gegenseitige Verpflichtungen verbunden waren. Weiterhin brachte der sozioökonomische Faktor eine Agrarwirtschaft hervor, die dem Kriegerstand das Einkommen sicherte. Drittens eröffnete der Autoritätsfaktor den Mitgliedern dieser Kaste die Möglichkeit, beträchtlichen Einfluß auf Staatangelegenheiten zu nehmen. In Deutschland hieß das im Grunde, daß sie ihre eigenen Ländereien zu halbautonomen Fürstentümern machten, die häufig gegen die Interessen der Hauptmacht handelten, solange dieser die politischen und technischen Mittel zur Zentralisierung fehlten.

Feudalismus war ein Entwicklungsstadium der menschlichen Gesellschaft, das Ergebnis vieler Faktoren, aber er betraf nicht alle Gesellschaftsteile in gleicher Art und Intensität. Besonders stark bildete er sich in Europa aus, wo er seine Blütezeit in den Nachfolgestaaten des karolingischen Reichs – Deutschland, Frankreich und Teile Italiens und Spaniens – erreichte, Staaten, die nicht direkt aus einem Stammesverband hervorgegangen waren, sondern in enger Verbindung mit einem zerfallenden Reich, dessen Kultur sie in einer Übergangsphase der Anpassung zum Teil integrierten. Außerhalb dieses Gebiets fand die Staatenbildung statt, ohne daß sich groß ein Feudalsystem entwickelt hätte. Die nordischen Staaten sowie Polen und Ungarn wiesen minimale bis gar keine Feudalstrukturen auf, sondern entwickelten sich aus Stammesverbänden zu Staaten. Ihr Kriegerstand war nicht feudalen Ursprungs. Der Kriegsdienst war meistens Pflicht.

Ein Sonderfall ist vielleicht England. Seine frühen Königreiche bildeten sich auf romanisiertem Grund, aber die Kürze römischer Besatzungszeit und den nahezu vollständigen Abbruch der Verbindungen mit der Welt Roms nach Abzug der Römer in Betracht gezogen, war der römische Einfluß gering. Gegenüber dem Frankenreich stellte es eine geographisch relativ überschaubare Einheit dar. Bis zu den angevinischen Königen gab es keine Anzeichen für Expansionsgelüste über die natürlichen Grenzen der Insel hinaus. Das Mißverhältnis zwischen der Aufgabe und den Mitteln zu ihrer Erfüllung war viel geringer als im Frankenreich oder dessen Nachfolgereichen. Dennoch gab es in England feudale Strukturen, doch sie hielten sich in Grenzen, etwa durch die Geographie. Es entwickelte sich dort ebenfalls ein Kriegerstand, jeder Than besaß etwa 200 ha Land, doch für andere Gesellschaftsgruppen, zum Beispiel Kaufleute, war er viel offener. Er hatte sein Gegengewicht in ursprünglich germanischen Einrichtungen wie Grafschaft und Zent, deren Tradition in England länger überlebte als anderswo, was die Normannen rasch für sich zu nutzen wußten. Doch war selbst vor der Ankunft der Normannen eine Lockerung der alten Sippenbande bemerkbar. Kennzeichnend dafür ist, daß Bauern bei Lehensherren Schutz suchten. Bei den Angelsachsen durften Dorfgemeinschaften oder Sippen seit undenklichen Zeiten den Verkauf ihres Landes ablehnen. Ein solches Land konnte nur der König unter Zustimmung des *witan*, einer Versammlung des Geburts- und Geldadels, die dem König gegenüber Kontroll- und Beratungsfunktion hatte, in *bokland* – in vererbbaren Besitz – umwandeln. So konnte nach der normannischen Eroberung Wilhelm der Eroberer den gesamten Landesbesitz des Reichs für sich beanspruchen und den Grundsatz wahrmachen, daß dem König alles Land zu geben ist, das er für angemessen hält. Obwohl England die Auswüchse des Feudalismus erleben sollte, wirkten sie sich bei weitem nicht so zerstörerisch aus wie anderswo.

Zu Beginn des Karolingerreichs steckte das Feudalsystem noch ganz in den Kinderschuhen. Doch hatte sich zur Zeit der Thronbesteigung Karls des Großen (800 n. Chr.) bereits ein professioneller Kriegerstand herausgebildet, ein Heerwesen, das ständig gegen die vielfältigen Bedrohungen im Einsatz war. Die Ausrüstung war teuer, und die Quellen zeigen zugleich die Geldmittelknappheit an, denn ihr Preis wurde in Kühen angegeben:

Helm	6 Kühe
Panzerhemd	12 Kühe
Schwert mit Scheide	7 Kühe
Beinschienen	6 Kühe
Lanze mit Schild	2 Kühe
Pferd	12 Kühe

Fünfundvierzig Kühe, das war kaum billig zu nennen. Bei einem längeren Feldzug mußte ein Ritter zudem Ersatzpferde mitführen und er brauchte Kutscher, Pferd und Karren für seinen Proviant, für den er selbst aufzukommen hatte. Betrachtet man Umfang und Dauer der Feldzüge Karls des Großen, müssen die Kosten ungeheuerlich gewesen sein.

Unten: *Die königliche Leibwache von König Alfons III., dem Großen von Asturien (866 – ca. 910), mit Schwertern, Lanzen und Schilden (*Liber Testamentorum Regium, *Kathedrale von Oviedo).*

Rechts: *Die frühen Rüstungen bestanden aus Panzerhemden und konischem Helmen. Abgebildet sind der Kampf Davids gegen Goliath und die Philister (Bibel von San Isidore de Lleo, 1162).*

Liber

Aber die entscheidende Wende, die die Politik Karls des Großen am stärksten beeinflussen sollte, hatte bereits sein Vater Pippin eingeleitet. Während seiner Herrschaft begannen die angelsächsischen Missionare ihren Feldzug zur Christianisierung der Germanen östlich des Rheins; ihr Anführer und päpstlicher Sonderbeauftragter war der Heilige Bonifatius, ein Engländer aus Devonshire, der Apostel der Deutschen werden sollte. Pippin gewährte den Missionaren seine volle Unterstützung, da abgesehen von religiösen Gründen, die Bekehrung der Nachbarn der Franken – Friesen, Sachsen, Thüringer und Bayern – diese ungefährlicher und dem Frankenreich leichter einverleibbar machen würde. Der Heilige Bonifatius wurde so zum Verbindungsglied zwischen den Karolingern und dem Papst. Der Papst und Pippin brauchten einander. Pippin war *de facto* König der Franken, aber in einer Zeit, da der Königstitel göttlichen Ursprungs war, mußte er ihn *de jure* von der höchsten geistlichen Autorität des Christentums bestätigt bekommen. Der Papst auf der anderen Seite stand im Begriff, mit Byzanz zu brechen, dessen Form des Christentums sich in den Augen der katholischen Orthodoxie zur Häresie entwickelte. Außerdem drangen die Langobarden immer weiter in päpstliches Gebiet vor. Das Papsttum brauchte einen weltlichen Beschützer, und wer war dafür besser geeignet als die Franken? Unter päpstlicher Zustimmung wurde Pippin von der Versammlung der Notablen zum König gewählt. Dieses Zweckabkommen erwies sich als eine schicksalhafte Verbindung, die für fast 700 Jahre den Lauf der europäischen Geschichte bestimmen sollte. Als Karl der Große den Thron bestieg, war das Problem der Germanenbekehrung noch nicht ganz vom Tisch. Die Sachsen leisteten erbitterten Widerstand. Und die Beziehungen zwischen Papsttum und Langobarden waren auch nicht gut. Ihre Unterwerfung durch Karl den Großen geschah nicht im Interesse des fränkischen Königreichs. Karl der Große tat dies für den Papst. Das Papsttum hatte nach seinem Bruch mit Byzanz, und aus dem Interesse an einer Neuvergabe der alten römischen Kaiserwürde heraus, Karl den Großen am Weihnachtstag des Jahres 800 zum römischen Kaiser gekrönt. Damit war es zur obersten kirchlichen und politischen Instanz des Christentums geworden.

Die erneuten Invasionen der Moslems über die Pyrenäen betrafen die fränkischen Interessen weit mehr. Von diesen Kämpfen handelt das berühmte *Rolandslied*, einer der großen Heldenepen des Mittelalters. Ebenso bedeutend war der Feldzug Karls des Großen gegen die heidnischen Sachsen zwischen 779 und 804. Die Annexion des sächsischen Gebiets war zum Schutz des Reichs strategisch wichtig, und verschob seine Grenzen nach Osten hin bis zur Elbe und Saale. Im Osten saßen die Slawen und südlich davon die Awaren, ein nomadisches Reitervolk, das aus der Mongolei stammte. Die Sachsen waren mit vorgehaltenem Schwert bekehrt worden; bei Verden an der Aller hatte man 10.000 ihrer Adeligen enthauptet, die Awaren jedoch wurden vollkommen vernichtet. Die Slawen waren erleichtert, denn die Awaren hatten sie terrorisiert. Leider gibt es von den ausgedehnten Feldzügen Karls des Großen kaum authentische Berichte über die Kämpfe und angewandten Taktiken, da es zu keinen großen Schlachten kam. In den Sachsenkriegen, die sich über 33 Jahre hinzogen, fanden nur zwei wirkliche Schlachten statt, von denen der Nachwelt lediglich die Ortsnamen, zum Beispiel Detmold, bekannt sind.

Obwohl dies darauf hindeutet, daß die Franken hervorragend bewaffnet gewesen sein müssen, gibt es kaum Beweismaterial zur Heeresausstattung. Ein Kommandant, der seine Truppe zusammenrief, forderte, daß jeder Reiter mit Schild, Lanze, Dolch und Pfeil und Bogen ausgerüstet sein mußte – eine ziemlich eigenartige Waffenzusammenstellung, da Schild und Lanze der Benutzung von Pfeil und Bogen im Weg stehen. Im Nahkampf scheinen die karolingischen Ritter sowohl das Schwert als auch die Lanze verwendet zu haben. Die Ritter waren professionelle Krieger, aber wieder gibt es kein Beweismaterial, daß sie Taktiken systematisch eingeübt hätten.

Als Karl der Große 814 starb, bestieg sein einziger Sohn, Ludwig der Fromme, den Thron. Da Ludwig drei Söhne hatte, erhob sich die Frage, wie das Reich unter Lothar, Ludwig dem Deutschen und Pippin aufgeteilt werden sollte, und wie überhaupt ein Reich geteilt werden konnte, das einer Kaiserkrone unterstand. Wer von den dreien sollte Kaiser werden? Unter den Franken gab es kein Erstgeburtsrecht. Dies führte schon zu Lebzeiten Ludwigs zum brüderlichen Zwist, der das Reich auseinanderriß. Der Vertrag zu Verdun aus dem Jahr 843, der das Reich in drei gleiche Teile aufteilte, war eine Kompromißlösung, die die Idee der Reichseinheit praktisch auslöschte. Die Kaiserkrone und das Mittelreich von Friesland bis Italien gingen an Lothar. Ludwig der Deutsche erhielt Deutschland und Karl der Kahle, Sohn Ludwigs des Frommen aus zweiter Ehe, Frankreich. Nach Lothars Tod brach der Erbschaftsstreit erneut aus, bis im Jahr 911 der letzte Sproß aus der ostfränkischen Linie der Karolinger starb. Während dieses mörderischen Konflikts wurden die Überreste der merowingischen Verwaltung, die Grafschaften, feudalisiert und an die verschiedenen Anhänger der sich bekämpfenden Parteien als Lehen verteilt.

Die Reichsschwächung fiel mit dem Ansturm der Wikinger zusammen. Von 834 an verheerten sie von Friesland bis zur Gironde systematisch die Küste, wobei sie Städte wie Nantes, Rouen und Bordeaux zerstörten. Nach 855 rückten sie auf der Elbe, der Seine und der Loire vor. Sie griffen sich Pferde und fielen in die Auvergne ein; Amiens, Paris und Orleans wurden niedergebrannt. Sie überfielen Spanien und Marokko und brannten Pisa nieder. Im Norden plünderten sie London und rückten bis Bedford und York vor. Zur gleichen Zeit stürmten auf Korsika und Sardinien stationierte arabische Korsaren die Städte Siziliens und Kalabriens und verheerten dann die Campagna und Toskana. Selbst Rom war nicht vor ihnen sicher.

Der europäische Bürgerkrieg um das Erbe des Karolingerreichs und die Kaiserkrone ist mit ein Grund, weshalb die Barbaren aus der Nachbarschaft Europas beinahe ungehindert operieren konnten – nur die Iren sind wegen ihres zähen Kampfs gegen die Wikinger berühmt. Solange der Kaiser die allgemein anerkannte Autorität darstellte, war er in der Lage, die zur Abwehr einer bestimmten Gefahr benötigten Truppen zu sammeln. Aber als die Zentralgewalt in den Schatten gestellt wurde und die Könige vom Wohlwollen ihrer Grafen, Bischöfe und Vasallen abhängig wurden, änderte sich das Bild. Truppen konnten nur noch aus der Nachbarschaft des vom König direkt beherrschten Gebiets zusammengerufen werden. Aus den entfernteren Gebieten kam fast niemand, solange diese nicht selbst von der fremden Invasion betroffen waren.

Die Nordmänner aus Dänemark und Norwegen begannen ihre Wanderung aus Gründen, die denen der germanischen Völkerwanderung ähnlich waren. Sie kamen aus Gebieten, deren Größe und klimatische Bedingungen für einen schlechteren Lebensstandard sorgten als in vielen Nachbarländern. Ihre Gesamtstärke war beträchtlich kleiner als die ihrer germanischen Vorgänger. Was sie für eine Gesellschaft, die auf der Zivilisationsleiter einige Sprossen aufgestiegen war, so grauenerregend machte, war die Konfrontation mit einem ursprünglichen, fast urzeitlichen Kriegertypus, wie ihn auch viele der eigenen Vorfahren verkörpert hatten, als sie sich in Mittel- und Westeuropa ansiedelten.

In England schweißte die Gefahr aus dem Norden die angelsächsischen Staaten zusammen. Im Frankenreich fehlte nach Ludwig dem Frommen bis 911 der gezielte Einigungswille. Und das fränkische Heerwesen war auch nicht auf eine Gefahr eingestellt, die von See her und die Flüsse herauf kam. Das Reich von Karl dem Großen hatte nie eine Kriegsflotte. So halbherzig war der Versuch, eine zu bauen, daß die Wikinger vier Jahre vor dem Tod Karls des Großen Friesland überfallen, niederbrennen, plündern, und in ihren Schiffen wieder davonsegeln konnten, bevor ein fränkisches Heer versammelt war. Unter Ludwig dem Frommen wurde gar nichts zur Absicherung der Reichsküsten unternommen. Der Besitz einer Flotte und das seemännische Können brachte den Nordländern Vorteile, denen ein Heerwesen, das nur auf Landkriege eingestellt war, nichts entgegenzusetzen hatte. Die Initiative lag beim Angreifer, der überall an der Küste oder in jeder Flußmündung auftauchen konnte, und der Schaden war angerichtet, bevor Gegenmaßnahmen ergriffen werden konnten. Man versuchte, Bauern zu einer Heimwehr zusammenzuschließen, aber das Feudalsystem hatte sie so der Kriegsführung entfremdet, daß sie unbrauchbar waren. Sie wurden wie Vieh niedergemetzelt. Es war für sie ratsamer, sich aus dem Staub zu machen, und die meisten taten das auch.

So konnten die Wikinger den Rhein hinunterfahren, Aix-la-Chapelle niederbrennen, ihren Weg bis Koblenz und weiter die Mosel hinauf nach Trier fortsetzen. Das Reich war von ihrem Auftauchen und den ausgedehnten Erbfolgekriegen unter den späten Karolingern paralysiert. Selbst die vorübergehende Einigung des karolingischen Reichs unter Karl III., durch die ein gezieltes Vorgehen gegen die Gefahr möglich geworden war, machte keinen Unterschied.

Karl III. war kein geborener Krieger und noch weniger ein Held. Er zog Verhandlungen vor und schloß mit den Normannen einen Vertrag, worin ihr Anführer, Gottfried, in die Taufe und die Heirat einer karolingischen Prinzessin einwilligte. Außerdem erhielten sie eine Gold- und Silberzahlung, und er und seine Männer bekamen in Friesland Land zugeteilt. Als die Normannen Paris belagerten, erschien Karl mit seinem gesamten Heer am Nordufer der Seine und besetzte Montmartre. Die Normannen zogen sich zum Südufer zurück, wo sie blieben. Karl vermied eine Schlacht, schloß einen neuen Vertrag, zahlte ein Lösegeld für Paris und teilte den Normannen Burgund als Winterquartier zu. Die Empörung des fränkischen Adels war so groß, daß man Karl entthronte.

Nach der Absetzung Karls hatten die Westfranken Odo zum Verteidiger von Paris gewählt. Er war fränkischer Herzog über das Gebiet zwischen der Seine und der Loire. Aber bald brachen unter den Westfranken wieder Rivalitäten aus, die Abweichler krönten Karl den Einfältigen. Die Normannen nutzten dies reichlich aus. Sie verheerten bis Ende des neunten Jahrhunderts das Land zwischen Loire und Rhein. Karl der Einfältige zog ebenfalls der offenen Schlacht einen Kompromiß vor; im Jahr 911 bekam Jarl Rollo die Erlaubnis, seine Krieger und ihre Familien im Gebiet Caux anzusiedeln. Aber alte Kriegsgewohnheiten sitzen tief. Die Mühsal des bäuerlichen Lebens war kaum verlockend, solange vor der Haustür der Normannen die Reichtümer von Kirchen, Abteien und Klöstern lagen. Sie setzten ihre Überfälle in der Bretagne, in Artois und anderen Gebieten fort. Schließlich erhob Rollo Anspruch auf die Orne und dann auf die Halbinsel Cotentin. Die Normandie war im Entstehen, auch wenn die Normannen noch in das Feudalsystem integriert werden mußten. Ein Jahrhundert später machte sich Wilhelm der Eroberer, der die Stärken und noch mehr die Schwächen des Feudalismus erkannte, zur letzten großen Eroberungsfahrt mit Männern normannischer Herkunft auf und zwang England, wo der Feudalismus wesentlich besser funktionierte als auf dem europäischen Festland, seine eigene Vorstellung auf.

Infanterie und Kavallerie mit Schwertern, Speeren, Pfeil und Bogen und kleinen runden Schilden (Mozarabisches Manuskript, 10. Jahrhundert).

BELAGERUNGS-TECHNIKEN

Eine Belagerung ist streng genommen ein passives Unternehmen, bei dem das belagernde Heer einen Ort umstellt, ihm die Kommunikations- und Versorgungsmöglichkeiten abschneidet, und darauf wartet, daß Hunger, Wasser- oder Munitionsmangel die Bewohner zur Aufgabe zwingt. Bei ausreichender Geduld funktioniert dieses System garantiert, und Hunger und Entbehrung haben seit Beginn der Geschichtsschreibung bis in die heutige Zeit bei Belagerungen eine wesentliche Rolle gespielt. Geduld ist bei Armeen jedoch im allgemeinen eine Seltenheit, besonders bei mittelalterlichen Armeen, die zur Erntezeit meist das Interesse verloren, und so wurde es Brauch, scheinbare und echte Angriffe zu führen, um die Burgbesatzung zu demoralisieren und die Kapitulation zu beschleunigen.

Oben: *Zusammenklappbare Zugbrücke, die zur Verteidigung verwendet wurde* (Bellifortis, *Conrad Kyesers Abhandlung über das Heerwesen, 1405*).

Links: *Eine Belagerung im 14. Jahrhundert*.

Oben: *Landsknecht, der eine frühe Gerätschaft zur Brückenüberquerung verwendet. Man beachte die Haken, die an der Mauer Halt finden sollen.*

Links: *Geräte zum Erstürmen einer Stadt (Renatus, 1529).*

Oben: *Bogenschützen greifen eine Stadt an (William of Tyre Manuskript, 1250-60).*

Unten: *Belagerungsturm im Einsatz, mit nassen Fellen verhängt, um ein Niederbrennen zu verhindern.*

Eine Burg war jedoch extra zur Abwehr ungewollter Besucher entworfen, und so verlangte die Überwindung der Verteidigungsanlage besondere Taktiken und Fähigkeiten. Befestigungsarchitektur beruht auf dem Grundsatz, dem Angreifer eine Reihe von Hindernissen so in den Weg zu stellen, daß deren Überwindung jeweils einen Kampf erfordert und dem Verteidiger die Möglichkeit gibt, die Zahl der Angreifer zu reduzieren. So war bei einer typischen Verteidigungsanlage zunächst ein tiefer und meistens mit Wasser gefüllter Graben zu überqueren, dem sich gleich eine steile Mauer anschloß, so daß zwischen beiden wenig bis gar kein Angriffsraum blieb. Die Mauer war von einer *allure*, einem Wehrgang, gekrönt, von dem aus die Bogenschützen im Schutz der erhöhten Brüstungsabschnitte (*Schartenbacken*) herunterschießen konnten, die sich mit niedrigeren Brüstungsabschnitten (*Scharten*) abwechselten und so die bekannte Zinne bildeten. Aus der Mauer herausstrebende Türme erlaubten es dem Verteidiger, die gesamte Außenseite der Mauer einzusehen und die Flanken der Angreifer zu beschießen, wenn es diesen gelungen war, die Mauer zu erreichen.

Hinter der Mauer befand sich ein freier Platz, der *äußere Burghof*, in dem wieder Graben und Mauer den *inneren Burghof* schützten. Dort befand sich der *Bergfried (Donjon)*, ein enorm dicker, schwer zugänglicher und gut geschützter Turm. Dieser war sowohl letzte Verteidigungsstellung als auch der Aufenthaltsort für die Reservetruppen.

Um solche Festungen einzunehmen, wurden bestimmte Techniken zur Norm. Zuerst stürmte man direkt den äußeren Graben und die Außenmauer, wobei der Graben mit Reisig und Erde aufgefüllt und die Mauer mit Leitern erklommen wurde: dies mißlang gewöhnlich, aber gelegentlich konnte eine zermürbte oder schlafende Besatzung überrumpelt werden, so daß sich ein Versuch lohnte. Mißlang der Angriff, kamen formellere Maßnahmen ins Spiel. Zunächst dehnte man die Belagerungslinie rund um den Ort aus, damit niemand fliehen oder Verstärkung holen konnte. Gleichzeitig suchte man im Umland nach allen nur greifbaren Lebensmitteln zur Verproviantierung der Belagerer und um auszuschließen, daß sich nachts ein Trupp aus der Burg schleicht und mit ein paar Rindern zurückkehrt. Tatsächlich machte sich eine schlaue Burgbesatzung, wenn eine Belagerung drohte, sofort auf, um alles, was sie finden konnten, zu horten, um sich zu versorgen und die Angreifer leer ausgehen zu lassen: mehr als eine Belagerung scheiterte daran, daß die Vorräte der Besatzung ausreichten, während die Belagerer hungerten, weil es in der Umgebung nichts mehr gab.

Mit der Mauer konnte man fertig werden, indem man sie entweder überstieg oder durchbrach. Übersteigen bedeutete den Bau von Türmen auf Rädern, die, nachdem der Graben aufgeschüttet war, zur Mauer geschoben werden konnten. Der Belagerungsturm hatte mehrere, mit Leitern verbundene Plattformen, auf denen Soldaten standen; sobald die Mauer erreicht war, sprangen die auf der obersten Plattform hinüber und schlugen sich Mann gegen Mann mit den Mauerverteidigern, während die Truppen von den unteren Plattformen die Leitern hinaufstürmten, um sich dem Kampf anzuschließen. War der Angriff erfolgreich, stieg ein Trupp an der Innenseite der Mauer hinunter und öffnete die Tore, um den Haupttrupp des angreifenden Heers einzulassen.

Die Reaktion auf den Turmangriff war, ihn zu zerstören, bevor er zu nahe kam; man konnte in mit Pech und Öl übergießen, die Männer und Pferde, die ihn antrieben, mit Pfeilen erschießen, und dann das Gerüst mit Fackeln oder Feuerpfeilen in Brand setzen.

Die Mauer durchbrechen bedeutete, sie entweder einstürzen zu lassen oder ein Loch in sie zu schlagen. Die früheste Methode

Links oben: *Selbstschutz mit Hilfe eines schildkrötenartigen Schilds* (Bellifortis, *Conrad Kyesers Abhandlung über das Heerwesen, 1405*).

Links: *Mineure: die Mauer ist untergraben worden und nun wird Reisig hereingebracht.*

Links außen: *Krieger verteidigen eine befestigte Stadt mit Speeren und wahrscheinlich einer Art Handgranate (Kommentare zur Apokalypse, St. Beato de Liebana).*

Links: *Rammbock unter einer 'Schildkröte' im Einsatz.*

Unten: *Eine befestigte Stadt unter Belagerung.*

war die Verwendung eines Rammbocks, eines eisenbeschlagenen Balkens, der in einem fahrbaren Rahmen an Ketten aufgehängt war und von Männern durch Vorwärts-Rückwärts-Schwung angetrieben wurde. Als die Mauern stärker wurden, verlor der Rammbock an Bedeutung, obwohl er an Toren immer noch gute Dienste leistete. Die Verteidiger konnten durch das Herablassen von Woll- oder Strohballen versuchen, seine Stösse abzufangen, oder mit Ketten sein vorderes Ende auffangen und dann von der Mauer wegziehen. Am einfachsten war es jedoch, seine Bedienungsmannschaft mit Steinen und kochendem Wasser anzugreifen (niemals mit Öl, da es sehr rar und zu teuer war) sowie mit Pfeilen und Speeren, die in die Menge geschossen wurden. Dagegen schützte man sich wiederum mit der *Schildkröte*, einem Zeltdach, das sich auf einem fahrbaren Rahmen befand und über den Rammbock und seine Männer geschoben werden konnte.

Wirksamer als die Verwendung eines Rammbocks war das Stollengraben, und dies wurde schließlich zur beliebtesten Angriffsmethode, weil der Einsturz der Burg nur noch eine Frage der Zeit war, sobald Mineure ans Werk gingen. Die anfängliche Schwierigkeit bestand darin, vor der Mauer Fuß zu fassen, und um dies zu erreichen, fuhr man, oft im Schutz der Dunkelheit und unter Scheinangriffen oder -manövern an anderen Seiten der Mauer, um die Verteidiger abzulenken, ein Schutzdach vor. Sobald die Schildkröte an ihrem Platz war, machten sich die Mineure an die Arbeit, untergruben das Mauerwerk und stützten es mit Holzpfählen ab. War der Stollen unter der Mauer groß genug, wurde er mit Reisig gefüllt und ein Feuer gelegt. Die Pfähle brannten schließlich durch und das Mauerteil stürzte ein.

Gegen das Untergraben war man kaum gefeit; man konnte die Mauer angesichts dieser Gefahr entsprechend konstruieren

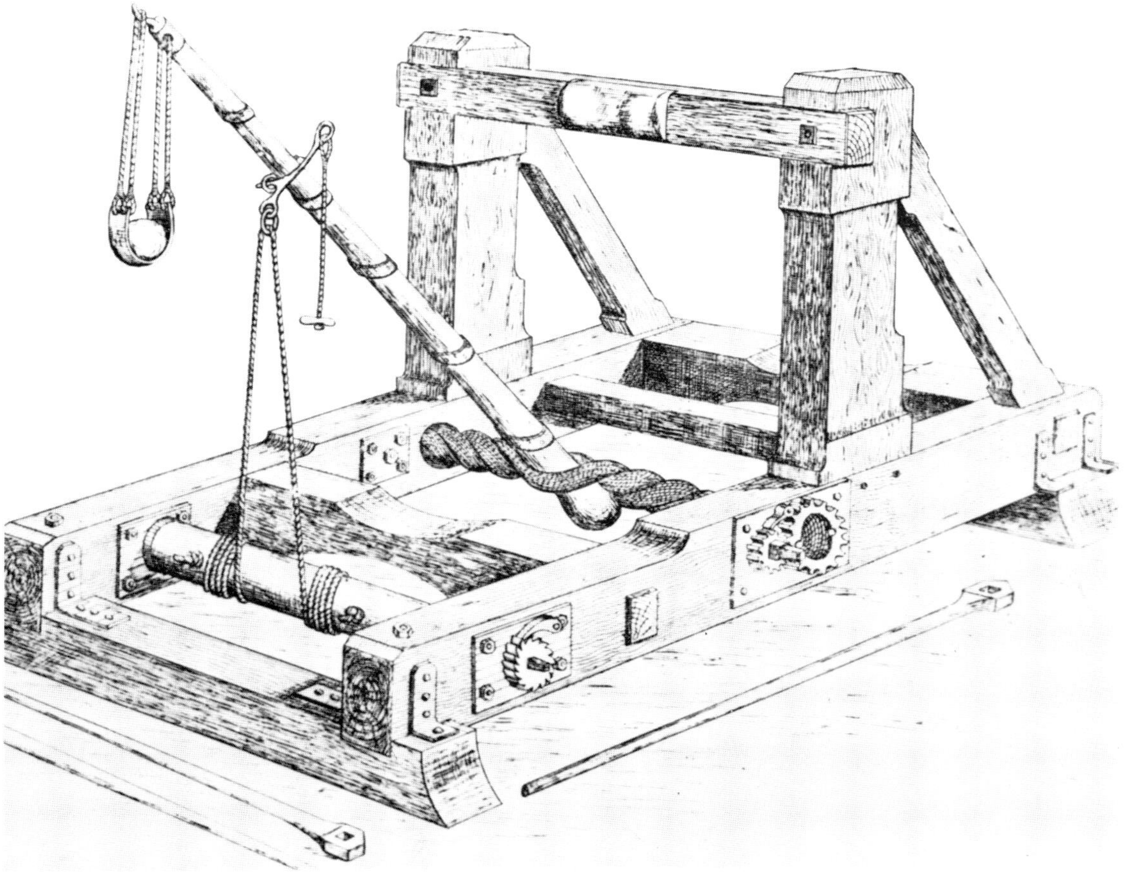

Links: *Trebuchet.*

Links unten: *Ein Belagerungsturm im Einsatz.*

Unten: *Trebuchet.*

Oben: *Angriff auf einen Turm* (Le Roman de Lancelot du Lac et La Mort du Roi Arthur, *frühes 14. Jahrhundert*).

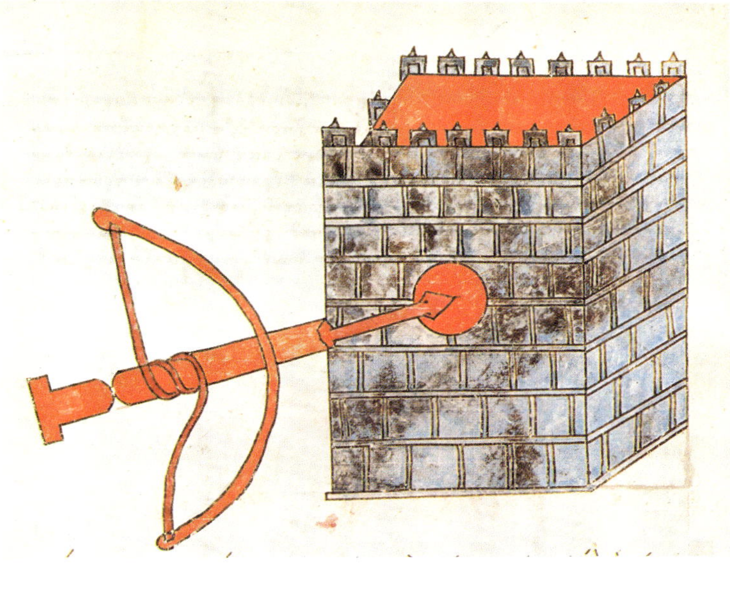

Links: *Kriegsmaschine (Byzantinischer Heeresbericht, 11. Jahrhundert).*

Oben: *„Schildkröten"-Verteidigungsmaschine auf Rädern, zum Schutz der angreifenden Soldaten (Byzantinischer Heeresbericht, 11. Jahrhundert).*

und sie nach außen hin abschrägen, was ihren Fuß erheblich verbreiterte und den Mineuren die Arbeit enorm erschwerte. Eine andere Möglichkeit war, daß man die Türme und Mauerecken rund statt rechtwinklig baute, um der Mauer einen festeren Halt zu geben. Aber die beste Verteidigung war das Gegengraben, indem man vom Innern der Befestigung aus einen Schacht zur Minenkammer grub. Durch diesen Schacht konnte dann ein Verteidigungstrupp geschickt werden, um die Mineure niederzumachen und den Stollen wieder aufzufüllen. Hielt man dies für zu gefährlich, konnte auch Wasser, Feuer oder Rauch durch den Schacht geleitet werden. Leider war das Gegengraben riskant und den Stollengräbern meist eher behilflich, da es die Mauer noch mehr destabilisierte, und im schlimmsten Fall entweder ihren Einsturz beschleunigte oder, wenn die Verteidiger den Kampf verloren, den Mineuren durch den Schacht Zutritt ins Burginnere verschaffte.

Die dritte Taktik bestand im Einsatz von *Wurfmaschinen*. Hier gab es drei Typen: die Balliste, auf der man Speere oder große Pfeile abschoß, und zwei Arten von Steinschleudermaschinen, *Mangonel* und *Trebuchet*, zum Abschießen von Steinen und Gegenständen aller Art. Die Balliste bestand aus einem schweren Rahmen, der den Speer hielt; hinter diesem wurde ein biegsames Stück Holz mit einer Winde zurückgebogen und dann losgelassen, so daß es vorschnellte und den Speer abschoß. Die Wirkung dieser Waffe war ganz erstaunlich; die fast 4 m langen Speere mit Eisenspitzen, die 49 v. Chr bei Marseille von einer Balliste abfeuert wurden, durchbrachen vier Schildreihen, bevor sie dahinter auf die Erde auftrafen.

Die Mangonel-Steinwurfmaschinen hatten einen auf einem massiven Rahmen befestigten Hebel mit einem löffelförmigen Ende. Das Hebelende war an einem Querbalken festgebunden, der für die nötige Federung sorgte; diese wurde oft noch durch einen Querbalken aus flexiblen Holz verstärkt, der wie ein Bogen über Seile mit dem Hebel verbunden war. Der Hebel wurde mit der üblichen Winde zurückgebogen und ein Stein auf den Löffel gelegt, dann wurde der Hebel losgelassen, wodurch der Stein eine beträchtliche Strecke weit durch die Luft geschleudert wurde. Verwendet wurden gewöhnlich ein bis zwei Zentner

Unten: *Mobiler Belagerungsturm zum Festungssturm (Byzantinischer Heeresbericht, 11. Jahrhundert).*

Rechts: *Erhöhte Belagerungsplattform für Angriffe von Seeseite her. (Vigevanos Abhandlung über das Heerwesen, 14. Jahrhundert).*

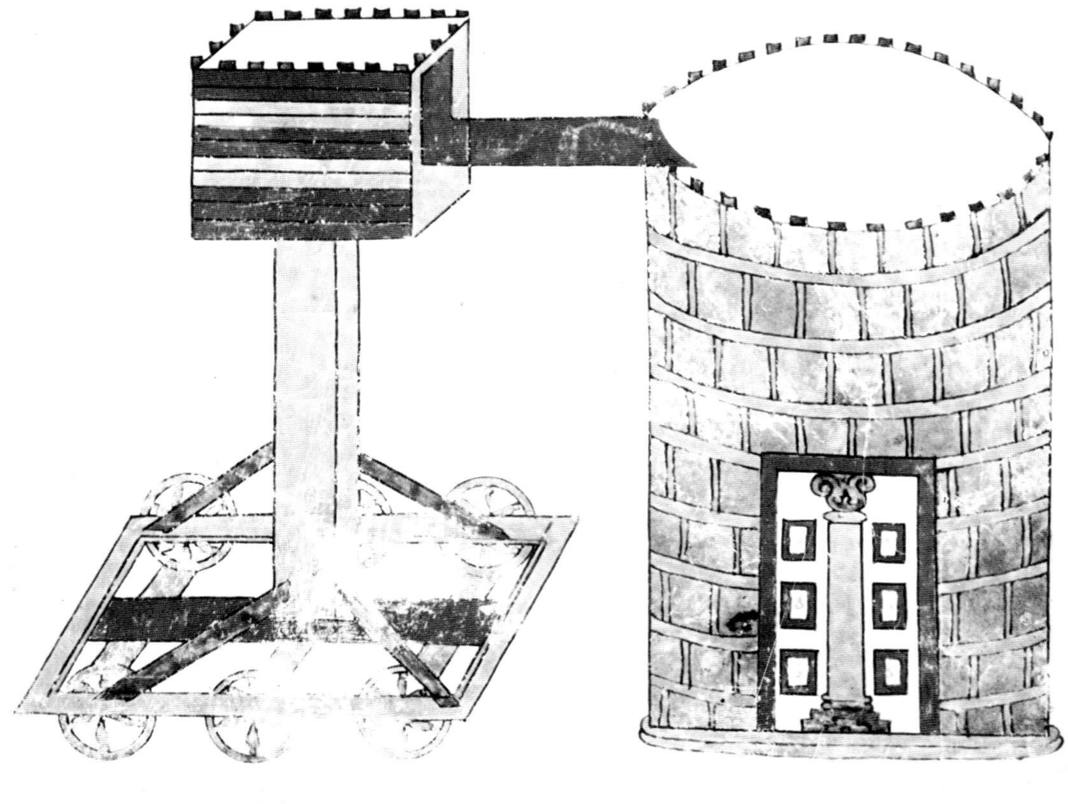

Et sic copleta e ptica bona
q ut plimu p maiori pte
alijs artificijs erit necia
ideo de ipa maxia fieatur
diligentia · Cat

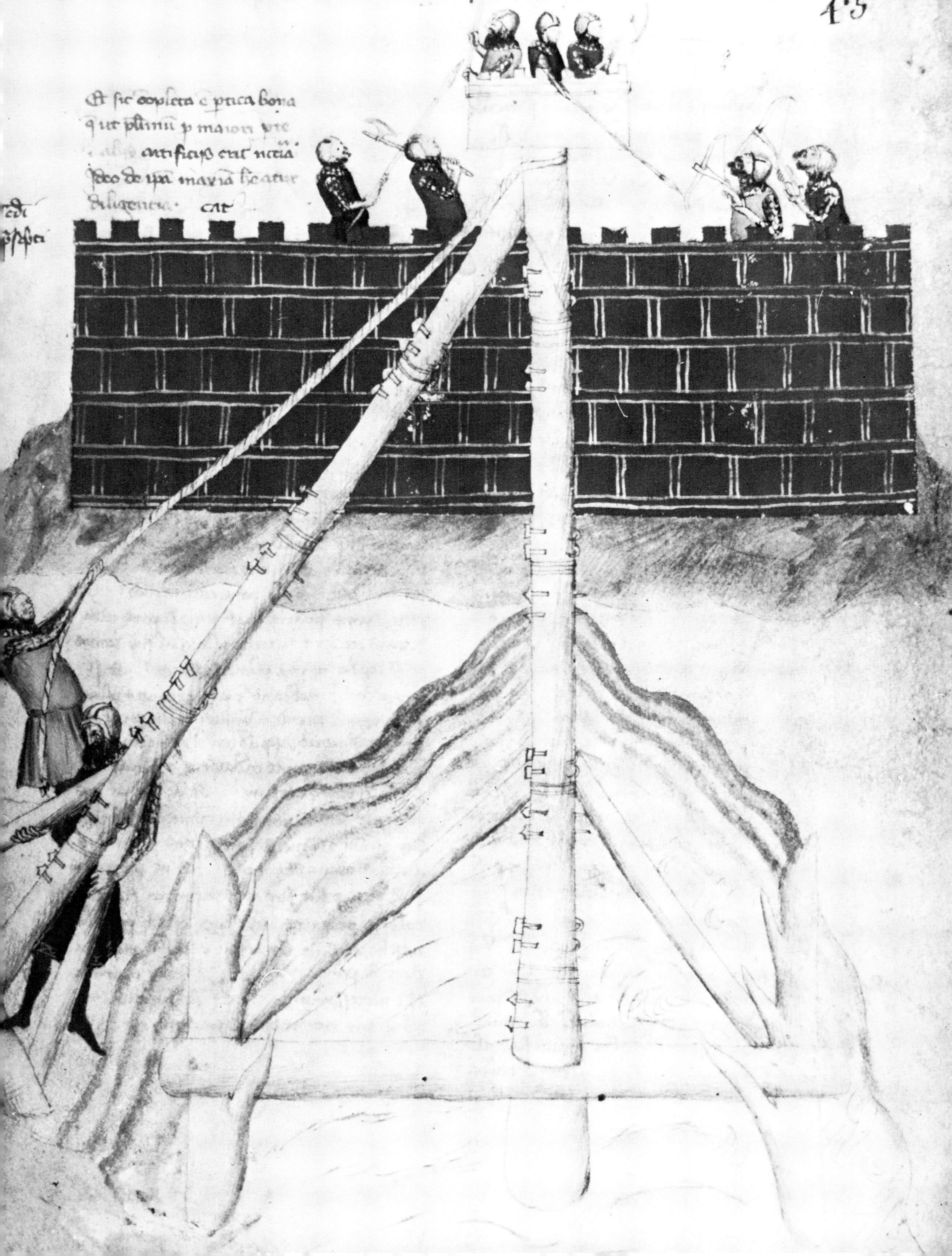

Links:
Mangonel: Wurfgeschütz für Felsbrocken.

Unten:
Belagerung einer deutschen Stadt: Fußsoldaten und die Kavallerie stürmen durch die Stadttore.

Rechts unten:
Ein kleines Katapult, ausgelöst durch eine Art Feder, angetrieben von gedrillten Seilen.

Unten rechts:
Steinschleudermaschine mit Gegengewicht (Trebuchet).

schwere Felsblöcke, und ihr Einschlag auf die Mauer war enorm; mit einer Reihe gut gezielter Schüsse war bald eine Bresche in den oberen Teil der Mauer geschlagen, durch die dann die Fußsoldaten stürmen konnten. Außer zum Frontalangriff konnte die Mangonel auch zur Bombardierung der hinter der Mauer liegenden Gebäude verwendet werden, und Menschen töten. Um innerhalb der Mauern Krankheit und Verzweiflung zu verbreiten, schoß man gewöhnlich tote Tiere, Leichname und sogar Gefangene mit der Steinschleuder über die Mauer.

Die größte Wurfmaschine von allen, die Trebuchet oder Schleuder, hatte einen langen Hebel mit einem Gegengewicht an einem Ende und einer Lederschlinge am anderen. Der Hebel wurde heruntergezogen und die Schlinge mit einem oder mehreren Steinen gefüllt. Beim Loslassen wurde der Hebel durch das gewaltige Gegengewicht angehoben, bis dieses auf einen Querbalken aufschlug, der Hebelarm plötzlich anhielt, so daß die Schlinge nach vorne flog und den Stein fortschleuderte.

Aber trotz aller Geräte und Vorrichtungen galt, daß jede Befestigungsanlage nur so stark war, wie ihre Besatzung, und bei der Mehrzahl der Belagerungen halfen Hunger und Isolation ebensoviel mit zum Sieg wie der Einsatz von mechanischen Geräten. Erst im 16. Jahrhundert kamen Kanonen auf, die das Mauerwerk schwer beschädigen konnten. Mit dem Aufkommen der Artillerie mußte die Kunst der Belagerung neu erlernt werden.

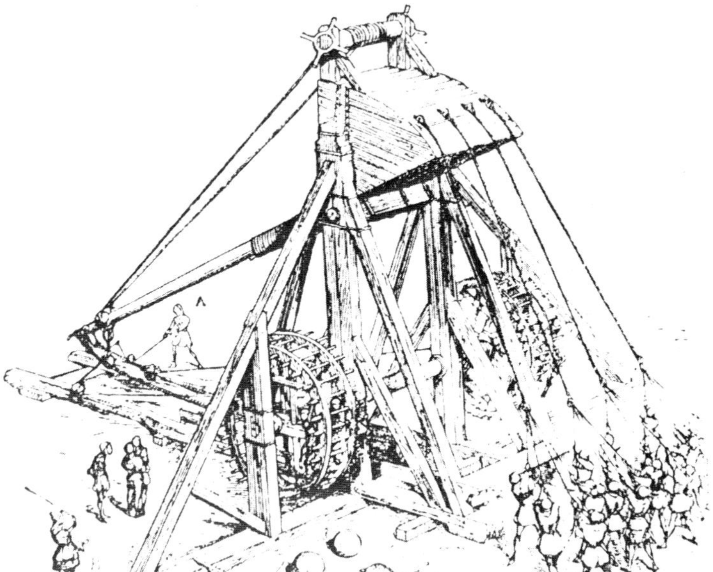

Die Schlacht bei Stamfordbridge von 1066 wird hier mit Rüstungen und der Heraldik des 13. Jahrhunderts dargestellt. Diese Szene stammt aus der Chronica Majorca, die um 1250 zusammengestellt wurde (Cambridge University Library Manuskript).

ENGLAND UND DAS FEUDALE MILITÄRSYSTEM

Hätte Arlette, die Gerberstochter aus Falaise, in Herzog Robert von der Normandie nicht die große Liebe erweckt, wäre Wilhelm von der Normandie (1028 – 87) nie geboren worden, und die Geschichte hätte eine andere Wende genommen. Nach dem Tod König Eduards des Bekenners (1004 – 66) zählte William zu den englischen Thronanwärtern. Harald, einer der beiden anderen, bestieg zunächst den Thron, obwohl er sich in einem Treueid zum Vasall Wilhelms von der Normandie verpflichtet und geschworen hatte, ihm zu helfen, die englische Krone zu erlangen. Harold behauptete, der durch seine eigene Thronbesteigung gebrochene Treueid sei ungültig, da er ihn unter Zwang abgelegt hätte.

Wilhelm beschloß nun, den Entschluß zu widerrufen. Zu seinen politischen Vorkehrungen gehörte, daß er seinen Anspruch nur aufrechterhalten wollte, wenn der Papst ihn guthieß. Nach gründlicher Überprüfung wurde Wilhelms Anspruch von der Kurie gestützt und Wilhelm ein vom Heiligen Stuhl für die Invasion Englands geweihtes Banner geschickt. Die Eroberung Englands wurde zu einer Art Kreuzzug, und Wilhelms Armee umfaßte die Ritterschaft Kontinentaleuropas, in der sich die Normannen für die Elite hielten. Im Frühjahr und Sommer 1066 liefen die Vorbereitungen in der Normandie, der Picardie und der Bretagne auf Hochtouren. König Harold konnte die nahende Gefahr nicht übersehen. Er war gerade dabei, Vorkehrungen zu treffen, als im Norden unter König Harald Hardrada eine norwegische Invasion an der Küste Yorkshires landete, sich nach York auf den Weg machte und dabei jeden Widerstand brach. Die gesamte Region von der Tyne bis zum Humber unterwarf sich. Harald und sein Heer erreichten innerhalb von vier Tagen Yorkshire und überrumpelten die Norweger. Die Schlacht bei Stamfordbridge blieb lange unentschieden. Die englischen Truppen konnten die norwegischen Linien nicht durchbrechen, bis Harold eine Kriegslist anwandte. Seine englischen Truppen täuschten Flucht vor, und als die Norweger zur Verfolgung ansetzten, stürzten in Aufstellung verbliebene englische Reservetruppen über sie her. Es war keine Schlacht mehr, sondern ein Massaker, bei dem der norwegische König und seine Adeligen umkamen.

Auch viele von Harolds besten Männern starben, aber die wichtigste Folge der norwegischen Invasion und von Harolds Eilmarsch in den Norden war, daß Wilhelm und sein Heer an der Küste von Sussex ungestört landen konnten. Seine Armee soll bei der Ankunft an der englischen Küste 7000 Ritter und 2000 Fußsoldaten umfaßt haben, obwohl wahrscheinlich viele Ritter unberitten waren, da der Transport von so vielen Pferden unmöglich gewesen sein dürfte. Anfänglich wurde Wilhelm von ungünstigen Winden aufgehalten; erst mit dem Nahen der Tagundnachtgleiche drehte der Wind von Nordwesten nach Westen und ermöglichte Wilhelm die Fahrt nach England.

Aber der Wind wurde zu einem Sturm und viele Boote schlugen leck, was eine weitere Verzögerung verursachte, bis bei einer

Links:
Die Normannen bereiten ihre Flotte zur Kanalüberquerung vor (Bayeux-Gobelin: *dieser berühmte Gobelin wurde wahrscheinlich im 11. Jahrhundert in England gefertigt*).

Unten:
Walisischer Bogenschütze (Stiftsbuch A, 13. Jahrhundert).

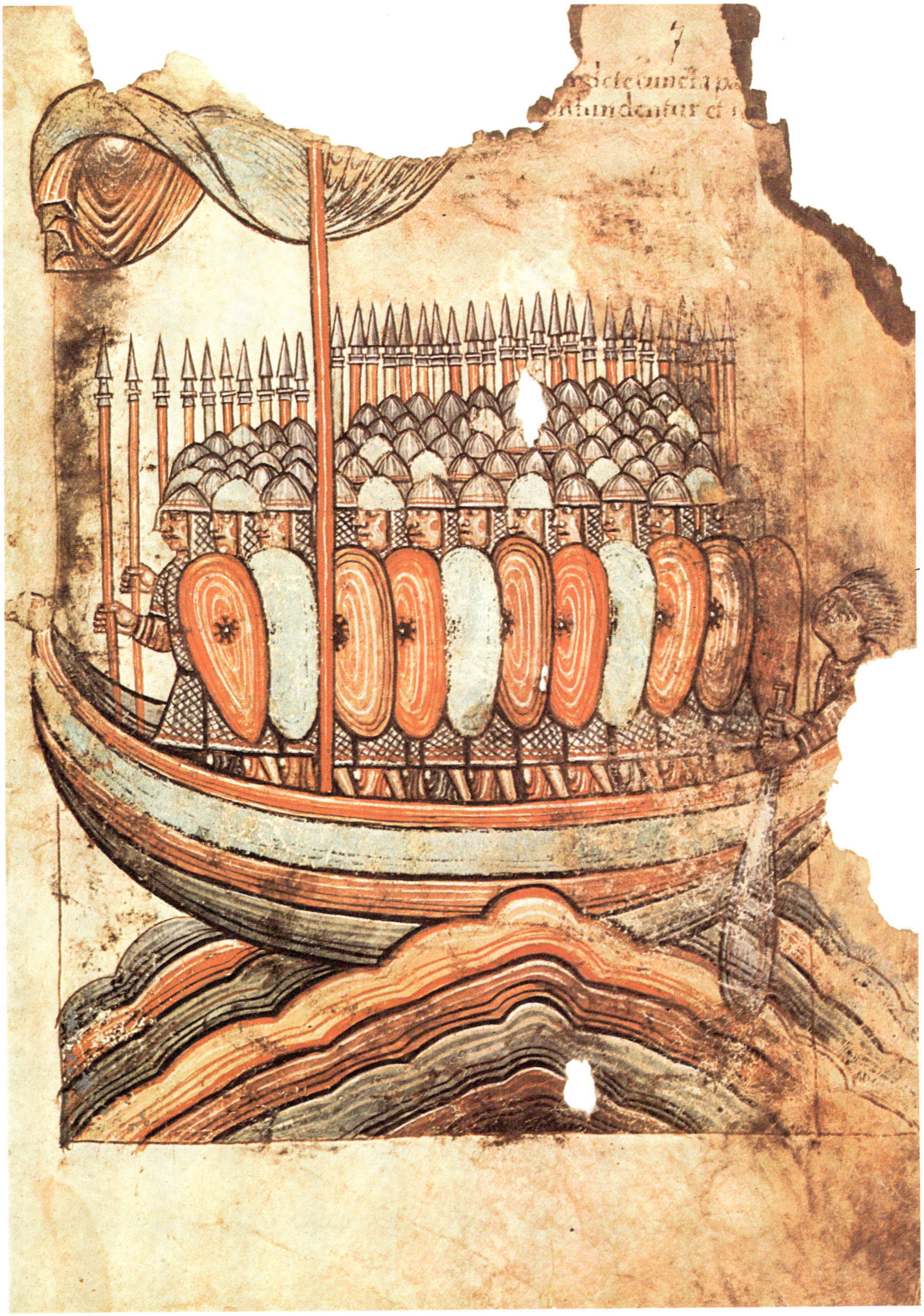

Französische Krieger überqueren 1066 den Ärmelkanal (lateinische Handschrift NA, 1390).

Südbrise ein letzter Versuch unternommen werden konnte. Am 29. September 1066 landeten sie in der Bucht von Pevensey, zwischen der Burg von Pevensey und Hastings.

Harold war noch in York und feierte seinen Sieg, als ihn die Nachricht von der Normanneninvasion erreichte. Er eilte sofort mit seinem abgekämpften Heer nach Süden, nach London, wo er sechs Tage rastete. Dann zog er weiter, seinem Erzfeind entgegen, der eifrig sein Heerlager aufbaute. Normannische Chronisten beschreiben den Vorgang der Landung sehr anschaulich:

'Es (sein Schiff) hieß Mora und war ein Geschenk seiner Herzogin Matilda. Am Bug befand sich ein nackter Knabe, der einen gespannten Bogen hielt. Sein Blick war gen England gerichtet, als ziele er darauf. Bei ihrer Landung wehte eine milde Brise, und die See war ruhig. Die Schiffe liefen nebeneinander auf den Strand auf. Da konnte man die erfahrenen Seemänner, die Sergeanten und Junker eilends die Schiffe entladen sehen; man warf Anker, vertäute die Schiffe, trug Schilde und Sättel heraus, brachte die Transport- und Reitpferde an Land. Als erstes gingen die Bogenschützen von Bord, jeder mit gespanntem Bogen und einem geschulterten Köcher voller Pfeile. Sie waren alle geschoren und rasiert, trugen kurze Gewänder und spähten mit stets angriffsbereiter Waffe nach dem Feind; sie durchkämmten den ganzen Strand, konnten aber keine bewaffneten Männer finden. Danach gingen die Ritter von Bord, alle in voller Rüstung mit Halsbergen, geschulterten Schilden und festgezurrten Helmen. Sie bestiegen ihre Pferde und formierten sich am Strand: dann ritten sie, das Schwert am Gurt, jeder mit vorgehaltener Lanze

landeinwärts. Nun gingen die Zimmermänner an Land, die große Äxte in den Händen hielten und Hobel und weitere Äxte bei sich trugen. Sie berieten, wo das befestigte Lager am besten zu errichten sei. Material für drei Holzfestungen, die nur noch zusammengefügt werden mußten, hatten sie auf den Schiffen, und sie holten die fertigen Balken für eines an Land und dazu die zugeschnittenen Keile und Pflöcke in großen Fässern; und vor Einbruch der Nacht war ein geräumiges Bollwerk auf englischem Boden errichtet, in das sie die Vorräte brachten. Alle aßen und tranken dann reichlich, froh über die glückliche Landung.

Als Herzog Wilhelm von Bord ging, rutschte er aus und stürzte auf seine Hände. Sofort erschraken alle und riefen verzweifelt: „Ein schlechtes Zeichen." Aber er erwiderte nur lebhaft: „Schaut, meine Herren: beim erhabenen Gott, ich habe mit beiden Händen von England Besitz ergriffen. Nun ist es mein; und was mein ist, ist euer."

Am nächsten Tag marschierten sie am Strand entlang nach Hastings. In der Nähe dieses Orts ließ der Herzog haltmachen und zwei Holzfestungen errichten. Man schickte Spähtrupps aus und jene, die auf Beute aus waren, beschlagnahmten alle Kleidung und Vorräte, die aufzutreiben waren, für den Fall, daß die Schiffsvorräte nicht ausreichen. Und man konnte die Engländer, die ihre Häuser verließen und ihre Rinder wegtrieben, vor ihnen fliehen sehen. Viele suchten auf Bestattungsplätzen Schutz und selbst dort zitterten sie vor Angst.'

Der Hauptunterschied zwischen den beiden Armeen war, daß das englische Heer vor allem aus Fußsoldaten bestand, während bei den Normannen viele beritten waren. Dies belegen urkundliche Quellen und der Bayeux-Gobelin. Harald konnte es sich deshalb nicht leisten, auf offenem Feld gegen den Feind anzutreten; die Reiterei hätte sein Heer auseinandergesprengt. Deshalb ging König Harald auf der von Battle Abbey gekrönten, weitläufigen Anhöhe in Stellung, die auf der Rückseite sehr steil abfiel, so daß von dort kein berittener Angriff erfolgen konnte, während sich, im Falle eines Rückzugs oder einer Niederlage, die Fußsoldaten hinunterschleichen und in die angrenzenden Wälder fliehen konnten. Nach allen Berichten waren die Normannen im Bogenschießen die Überlegenen. In Harolds Heer waren die meisten mit Schwertern, Speeren, Kampfäxten und Ähnlichem ausgerüstet; die Truppen bestanden hauptsächlich aus Berufskriegern und waren nicht am Ort ausgehoben worden wie etwa das *fyrd*.

Nach fruchtlosen Verhandlungen zwischen Wilhelm und Harold gingen die Normannen am Samstag, den 14. Oktober, Ritter, Junker und Bogenschützen gemeinsam, zum Angriff über. Als sie sich der Anhöhe näherten, auf der sich Harolds Lager befand, stellten sich die Bogenschützen an die Spitze und schossen einen Pfeilehagel ab, aber sie waren gegen die Angelsachsen eindeutig im Nachteil, die ihre Geschosse von oben herunter warfen; ein Vorteil der Normannen war, daß ihre Bögen weiter trugen. Darauf folgte ein Angriff von Rittern zu Pferd und zu Fuß. Es war ein mühsamer Angriff, da er bergauf geführt werden mußte, und er wurde abgewehrt und die Normannen zurückgeschlagen. Teils machten sie kehrt, weil sie durch das Unterholz nicht schnell genug vorankamen, aber vielleicht auch, um damit die Engländer zur Aufgabe ihrer erhöhten Stellung zu verleiten. Ihre Stärke lag jedoch in ihrer Verteidigungsstellung, die aber auch gerade ihre Schwäche war. Keine Schlacht kann in der Defensive entschieden werden. Steckte diese Absicht dahinter, dann gelang den Normannen dasselbe wie Harold mit seiner Kriegslist bei Stamfordbridge. Der Chronist berichtet:

'Die Normannen sahen, daß sich die Engländer gut verteidigten, und eine so starke Position innehatten, daß sie wenig gegen sie ausrichten konnten. So berieten sie heimlich und vereinbarten, kehrtzumachen und Flucht vorzutäuschen, bis die Engländer sie verfolgten und sich über das Feld verteilten; denn sie sahen: wenn sie ihren Feind dazu brächten, die Reihen aufzulösen, konnte er viel leichter angegriffen und geschlagen werden. Die Normannen flohen Stück für Stück, die Engländer folgten ihnen. Wich der eine zurück, drängte der andere nach; und wenn sich die Franzosen zurückzogen, dachten und riefen die Engländer: die Männer aus Frankreich fliehen und kehren niemals wieder.

So wurden sie von der angeblichen Flucht getäuscht, und es kam großes Unglück über sie; denn hätten sie ihre Stellung nicht verlassen, wären sie wahrscheinlich auch nicht besiegt worden; aber wie die Narren sprengten sie ihre Reihen und machten sich an die Verfolgung.

Bei Hastings trotzte die englische Schildmauer dem normannischen Angriff von 9 Uhr morgens bis zum Abend. Dann brach eine List der normannischen Kavallerie ihre Reihen auf, und schließlich wurden sie in die Flucht geschlagen und völlig besiegt (Bayeux-Gobelin).

Die Normannen hielten sich an ihre Kriegslist und wichen langsam zurück, um die Engländer nachzuziehen. Sie waren noch auf der Flucht, da setzen die Engländer schon mit vorgehaltenen Lanzen und Kriegsbeilen zur Verfolgung an; während die Normannen über ihren gelungenen Plan jubeln und sich übers Feld verteilen. Und die Engländer johlten und beschimpften ihren Feind. „Feiglinge", riefen sie, „ihr kommt zur üblen Stunde, unsere Ländereien in Besitz zu nehmen, Narren, die ihr seid! Die Normandie ist weit weg, und ihr werdet sie nicht so einfach erreichen. Jede Flucht ist zwecklos, ihr bekommt eure Söhne und Töchter nie mehr zu Gesicht, es sei denn, ihr könntet übers Meer springen oder es leertrinken."

Die Normannen bekamen alles mit, verstanden aber gar nichts von dem, was die Engländer sagten; es klang für sie wie Hundegebell. Ausgiebig machten sie halt, wandten sich um und wollten die Reihen wieder schließen; und ihre Barone riefen „Dex Aie", um sie aufzuhalten. Als die Normannen formiert waren, nahmen sie den Feind ins Visier und stürmten erneut auf ihn los; schon geraten die Parteien aneinander, schlägt man hier aufeinander ein, drängt man dort weiter, wird hier einer getroffen, dort einer verfehlt, fliehen die einen und setzen die anderen nach. Während die einen gerade zum Schlag ansetzen, führen andere ihren gerade aus. Das Kampfgetümmel läßt nicht nach, es ist ein ständiges Fliehen und Nachsetzen. Die vielen Kämpfer auf der weiten Ebene schlagen sich erbittert. Die Normannen waren oben auf, als ein englischer Ritter mit hundert Mann im Gefolge heransprengte, die unterschiedlich bewaffnet waren. Er schwang eine nordisches Beil mit einer dreißig Zentimeter langen Klinge und war auf seine Art gut ausgerüstet, groß, kühn und von stattlicher Haltung. Er sprengte schneller als ein Hirsch zu der Schlachtlinie vor, wo sich die Normannen am meisten drängten, und viele fielen unter ihm und seinem Gefolge. Er stürmte direkt auf einen normanischen Reiter zu und versuchte, ihm mit seinem Beil den Helm zu spalten; aber der Schlag ging daneben und die scharfe Schneide sauste vor dem Sattelknopf nieder und durch den Hals des Pferdes hindurch, so daß dieses mit Reiter zu Boden stürzte. Ich weiß nicht, ob der Engländer noch einmal zuschlug; aber die Normannen, die den Hieb sahen, wollten erschrocken den Rückzug antreten, als Roger de Montgomeri mit vorgehaltener Lanze herbeigaloppierte und den Engländer, ungeachtet der langstieligen Streitaxt, die er schwang, zu Boden streckte. Dann rief Roger aus: „Schlagt zu Franzosen! Dies ist unser Tag!" Und wieder hob das Gemetzel mit vielen Lanzen- und Schwerthieben an, während sich die Engländer noch verteidigen, Pferde abschlachten und Schilde spalten.

Da war ein französischer Krieger von stattlichem Auftreten, der ritterlich zu Pferde saß. Er erspähte zwei Engländer, die sich ebenfalls kühn hielten. Es waren hochgestellte Männer, zwei Waffenbrüder, die sich gegenseitig schützten. Beide trugen Hellebarden und richteten unter den Normannen ein großes Blutbad an, schlachteten Männer und Pferde ab. Der französische Krieger bekam es bei ihrem Anblick mit der Angst zu tun, denn er wollte keinesfalls sein Pferd verlieren, das beste das er hatte; und wäre bereitwillig von dannen gezogen, hätte das nicht feige gewirkt. Bald aber faßte er neuen Mut, ließ seinem Pferd die Zügel schießen und galoppierte auf sie zu. Aus Furcht vor den Hellebarden hielt er sein Schild hoch und stieß den einen Engländer mit der Lanze in die Brust, daß das Eisen am Rücken wieder herauskam. Als er niederstürzte, brach die Lanze ab, und der Franzose griff nach dem Streitkolben zu seiner Rechten und hieb auf den anderen Engländer ein, daß diesem der Schädel brach. ...

Und nun waren lautes Geklirr, Schlachtrufe und das Aufeinanderprallen der Lanzen zu hören. Die Engländer standen fest hinter ihren Barrikaden, und zersplitterten mit ihren Hellebarden und Streitkolben die Lanzen. Die Normannen zogen ihre Schwerter und hieben die Barrikaden nieder, so daß sich die Engländer in großer Not zu ihrer Fahne zurückzogen, wo sie die Verwundeten und Verstümmelten sammelten.

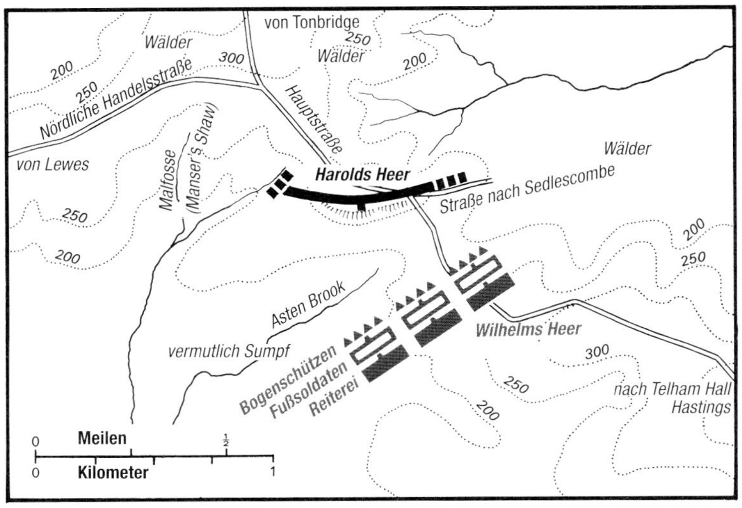

Die Schlacht von Hastings, 1066.

Es gab viele Ritter aus Chauz, die turniererfahren angriffen. Die Engländer kannten keine Turnierkämpfe oder Stoßwaffen zu Pferde und kämpften mit Beilen und Hellebarden. Wer mit dem Beil zuschlagen wollte, mußte es mit beiden Händen halten und war dadurch weder gedeckt noch frei beweglich.

Die Engländer wichen zu ihrem Banner zurück, das sich am Hang befand, und die Normannen verfolgten sie durchs Tal, griffen sie dabei zu Fuß und zu Pferd an. Dann griff Hue de Mortemer mit den Fürsten D'Auviler, D'Onebac und St. Cler an und sie schlugen viele nieder.

Robert Fitz Erneis richtete seine Lanze, nahm sein Schild und hieb beim Galopp zum Banner mit seinem scharfen Schwert auf einen Engländer ein, der davor stand, tötete ihn, zog dann das Schwert heraus, griff viele andere an und versuchte das Banner zu fällen, aber die Engländer umringten und töteten ihn mit ihren Hellebarden. Als man später nach ihm suchte, fand man ihn tot unter dem Banner liegen.

Herzog Wilhelm setzte den Engländern hart mit seiner Lanze zu, um mit seiner großen Truppe die Standarte zu erreichen; und er hielt stets nach Harold Ausschau, der für den ganzen Krieg verantwortlich war. Die Normannen folgten ihrem Herrn und drängten sich um ihn; sie teilten ihre Schläge an die Engländer aus, die sich tapfer verteidigten und genauso hart zurückschlugen.

Doch nun drängten die Normannen voran, bis sie endlich das Banner erreichten. Dort hielt sich Harold auf, der sich erbittert verteidigte, aber ein Pfeil hatte ihn ins Auge getroffen und er litt schreckliche Schmerzen. Ein Ritter stürzte sich in den Kampf und zwang ihn mit einem Schlag aufs Visier zu Boden; als er wieder aufstehen wollte, streckte ihn ein anderer Ritter mit einem Hieb auf den Oberschenkel, der bis zum Knochen ging, nieder ...

Das goldene Banner wurde abgeschlagen und ergriffen, und man erschlug Harold und seine Getreuen; doch wollten ihn so viele töten und herrschte so ein Gedränge um ihn herum, daß ich nicht weiß, wer ihn erschlagen hat.

Die Engländer waren wegen des Verlusts ihres Königs und des vom Herzog eroberten Banners sehr in Not, aber sie kämpften weiter, und verteidigten sich noch lange, ja, bis in den Abend hinein. Dann war der Verlust des Banners offensichtlich, und im Heer verbreitete sich die Nachricht, daß Harold wirklich tot sei; man sah, daß es keine Hoffnung mehr gab und verließ das Feld, und wer fliehen konnte, tat es . ...'

Wilhelm hatte gesiegt: Harold und seine beiden Brüder waren erschlagen. Tapferkeit hatten sowohl die Normannen als auch die Engländer bewiesen, doch waren die Normannen als geübte Ritter militärisch überlegen. Zwei feudale Berufsheere hatten sich gemessen und so das zukünftige Schicksal der Insel besiegelt. Daß das englische Heer ein Berufsheer war, steht außer Zweifel. Bei einem Heerwesen, das sich auf die altgermanische

Rechts: *16 Uhr: Harold ist tot und die Schlacht praktisch entschieden. Nach traditioneller Auffassung soll er der Mann links sein, der sich den normannischen Pfeil aus dem Auge zieht. Heutige Historiker bezweifeln dies und halten es aufgrund zeitgenössischer Quellen, wie der Handschrift Wilhelm Poitiers, für wahrscheinlicher, daß er der Mann rechts ist, der mit einem normannischen Schwert zerhackt wird.*

örtlich ausgehobene Truppe, das *fyrd*, gründete, wären Wilhelm kaum siebzehn Tage Zeit geblieben, seine Basis ganz ungestört zu errichten. Wilhelm überließ Harold die Initiative, während er seine Bollwerke komplettierte. Nach dem Sieg über das angelsächsische Heer machte er sich an die Unterwerfung des restlichen Landes, und am Weihnachtstag 1066 wurde er zum König gekrönt. Da er sich der Wichtigkeit historischer Legitimität und Kontinuität bewußt war, ließ er sich von seinen Vasallen als rechtmäßiger Nachfolger von Eduard dem Bekenner zum König wählen. So sicherte er sich die formelle Wahl durch den *witan* (die gesetzgebende Versammlung) und empfing seine Weihe von einem angelsächsischen Bischof.

Wilhelm war von seinen Vasallen und Getreuen gewählt worden, ähnlich wie Heinrich von Sachsen über ein Jahrhundert zuvor von seinen Herzögen zum König von Deutschland. Aber es gab einen wesentlichen Unterschied. Heinrichs Herzöge waren ihm gleichgestellt, jedem unterstand ein autonomes Herrschaftgebiet. Wilhelm eroberte 1066 England als Anführer einer relativ kleinen Schar fremder Abenteurer, deren eigene Macht gering war. Eine von Wilhelms ersten Handlungen war es, Anspruch auf das gesamte Land des Königreichs zu erheben. Er hatte es erobert und deshalb gehörte es ihm. Während seiner Herrschaft auf noch feindlichem Boden, mußten Wilhelms Vasallen ganz schlicht aus eigenem Interesse zusammenhalten. Und wie es schon bei den vorangegangenen angelsächsischen Königen Praxis war, vermied er die Verteilung großer Lehen, die seinen Vasallen die Entwicklung einer eigenen Hausmacht ermöglicht und sie damit zu potentiellen Rivalen gemacht hätte. Natürlich ist keine Monarchie stärker als ihr Oberhaupt, und England hatte nach der Eroberung glücklicherweise über ein halbes Jahrhundert lang eine Reihe starker Könige. Danach machten sich die negativen Seiten des Feudalsystems bemerkbar, doch niemals so stark und mit solchen Konsequenzen wie in Deutschland.

Unten: *Schlachtszene: die von den normannischen Kriegern getragenen konischen Helme mit dem Nasenschutz waren zur größtmöglichen Ablenkung von Kopfhieben entworfen.*

Wilhelm verteilte Land an seine Kronvasallen für Kriegsdienste; sie gaben es wiederum Rittern zum Lehen, damit sie für Lebensunterhalt und Ausrüstung aufkommen konnten. Wilhem selbst kümmerte sich nicht groß um die Beschaffung von Rittern, solange sie ihm gut trainiert und ausgerüstet zur Verfügung standen. Bis Ende des 11. Jahrhunderts war es für Kronvasallen üblich, in ihren Haushalten auch noch Ritter zu beherbergen. Als erstes gab man die Gepflogenheit in Abteien und Klöstern auf, wo die Anwesenheit bewaffneter Männer ein Ärgernis darstellte. Statt für die Ritter selbst zu sorgen, zahlte man eine Rittersteuer, soviel Geld, wie für deren Lebensunterhalt nötig war. Doch die Aufteilung der Kronlehen wurde erst gegen Ende der Regierungszeit (1100 – 35) Heinrichs I. aufgegeben, als es erste Mißbrauchsanzeichen gab. Die Kronvasallen belehnten mehr Ritter als notwendig. Der Bischof von Lincoln hatte statt der 60 Ritter, die er bereitstellen sollte, 102 belehnt. Als er sich angesichts einer längeren Frankreichreise der Treue seiner angelsächsischen Ritter gewiß sein wollte, reduzierte Heinrich ihre Anzahl sofort.

Die Größe eines Ritterlehens variierte zwischen 160 und 340 Hektar Land. Aber Extreme in beiden Richtungen waren nicht unbekannt. Insgesamt umfaßte das auf diese Weise zusammen gebrachte Ritterheer in England zwischen 5000 und 7000 Ritter, zu denen noch Ritter-Söldner hinzugerechnet werden müssen, die in England seit dem 12. Jahrhundert üblich wurden. Das den Feudalismus kennzeichnende Rittertum war nun auch auf englischem Boden eine feste militärische Einrichtung geworden.

Häufiger als auf den britischen Inseln besaß der Vasall auf dem europäischen Festland eigenes Land, das ihm Macht verlieh. Auf den einträglichsten Ländereien standen Burgen und Festungen, die wiederum zu militärischen, ökonomischen und richterlichen Verwaltungszentren wurden. Wie die in Europa noch vorhandenen Burgen zeigen, waren dies große, mit hohen Mauern umgebene Bauwerke, die reichlich Platz für Vorräte und die Unterbringung einer berittenen Besatzung boten. Die Bauern der Umgebung mußten die Vorräte für Burg und Besatzung liefern, denn teils war die Burg zu ihrem Schutz gebaut worden. Die Macht des kontinentalen Grundbesitzers war beträchtlich größer als die des Königs. Dem Wahlkönigtum standen innerhalb der Familien vererbbare Herzogtümer gegenüber. In England mußte jeder Nachfolger eines verstorbenen Kronvasallen einen Treueid vor dem König leisten, der alleiniger Landesbesitzer war, woraufhin der ihm mit dem Gebiet seines Vorgängers belehnte; doch der König behielt sich das Eigentumsrecht vor. In Frankreich oder Deutschland konnte kein König diesen Anspruch erheben.

Nach altem germanischen Brauch, konnten und sollten ursprünglich alle freien Männer Waffen tragen. Aber es gab freie Männern, die von dem Grundbesitz lebten, der ihnen tatsächlich gehörte, und solche, die von Lehnsland lebten, Land, das nicht in ihrer Familie blieb, es sei denn ein Sohn war bereit, die Pflichten seines Vaters zu übernehmen – echte Vasallen also –. Starb die männliche Linie aus, fiel das Land an den Lehensherren zurück, oder – auf höherer Ebene – an den König. Bis zum 10. Jahrhundert wurde jedoch sowohl in Deutschland als auch in Frankreich die Lehensvererbung Brauch. Wer Kriegsdienst leistete, nahm den Bauern gegenüber eine privilegierte Stellung ein. Und da militärische Dienstleistung auf die Familien konzentriert war, die schon immer Ritter stellten, entwickelte sich ein militärischer Geburtsadel. Die nicht militärischen Vasallenberater eines Königs oder Fürsten, sozusagen die Vorläufer hoher Staatsbeamter, Minister, hatten ebenfalls umfangreiche Ländereien und begannen, den König mit Rittern zu versorgen. So verband sich Militär- und Verwaltungsadel mit Landbesitz, und im Laufe des 13. Jahrhunderts war Landbesitz nur mehr dem Adel vorbehalten. Der Adel verkörperte die Armee; der Ritter bezahlte seinem Herrn keine Steuern, sondern leistete Kriegsdienst für das Lehen. Und dieser Grundsatz der Steuerfreiheit für den Adel bestand in der europäischen Gesellschaft in unterschiedlicher Form bis zur Französischen Revolution. Steuerlasten und andere nichtmilitärische Dienste betrafen also am härtesten die Bauern und die Städte, besonders nachdem in den Städten der wirtschaftliche Aufschwung begann.

Trotzdem wäre es falsch, sich das mittelalterliche Ritterleben als besonders angenehm vorzustellen. Die Lehen erlaubten Rittern nur ein bescheidenes Dasein. Die Ausrüstung war alles andere als bequem. Sie befanden sich oft im Krieg, wenn nicht im Heer des Königs, dann häufiger in dem ihres nächsten Herrn, ob Baron, Graf oder Herzog, um eine der vielen Fehden zwischen den Feudalherren auszutragen. Es wurde sogar schon behauptet, daß einer der Hauptgründe für die Kreuzzüge der Versuch der Kirche gewesen sei, die in den Privatkriegen des feudalistischen Europas verschleuderten Energien in eine Richtung zu leiten, die dem Christentum als Ganzem und den Seelen der Ritter im besonderen nützlich war.

Auch Ritterturniere waren nicht so friedlich, wie man sie sich vorstellen könnte. Ein Chronist aus dem 12. Jahrhundert berichtet, daß bei einem Turnier zwölf Brüder seines Vaters getötet wurden, was zu einer schweren Fehde führte, die noch viele Opfer forderte, bevor Kirche und Fürst sie schlichten konnten. Ritter hatten keinen Anspruch auf Bildung und verlangten auch keine. Lesen, Schreiben und die Künste wurden nur an den Höfen des Hochadels gelehrt. Und man kann auch nicht behaupten, daß der mittelalterliche Ritter am Ende des 11. Jahrhunderts bereits alle Tugenden des galanten Zeitalters verkörperte. Diese Epoche stand noch aus.

Gedeckt von einer Gruppe Bogenschützen setzt die Kavallerie zum Galopp an (Bayeux-Gobelin). *Die normannische Armee trug durch die Überlegenheit ihrer Kavallerie und Bogenschützen bei Hastings schließlich den Sieg davon.*

Während der König in seinem Zelt schläft, halten seine Soldaten draußen Wache (Histoire du Graal *von Robert de Borron, 13. Jahrhundert*)

SOZIALE UND MILITÄRISCHE ASPEKTE DES RITTERTUMS

Oben: *Aus Gründen der Sicherheit und der Bequemlichkeit trugen Ritter, wenn sie zu Fuß kämpften, unter ihrer Rüstung einen wattierten Wams.*

Die Zeremonie des Ritterschlags, die Akkolade, die einen Krieger zum Ritter erhob, entsprang einem alten germanischen Brauch, bei dem jungen Männern auf diese Art oder durch eine formale Proklamation die Reife zugesprochen wurde, Waffen zu tragen. Unter den Goten, den Westgoten und den Franken, wahrscheinlich auch bei den meisten anderen Stämmen, betrug das Alter für die Zeremonie zwölf oder vierzehn Jahre. Als immer häufiger Pferde und schwere Rüstungen zum Einsatz kamen, stieg das Alter jedoch auf zwanzig. Natürlich erhielt manchmal auch ein Hilfskrieger nicht adeliger Herkunft die Akkolade in Anerkennung für besondere Leistungen auf dem Schlachtfeld. Der angehende Ritter mußte sich einem längeren Kraft- und Geschicklichkeitstraining unterziehen, um in schwerer Rüstung zu Pferd kämpfen zu können. Seit dem 12. Jahrhundert bis zum Ende des Mittelalters verkörperte das Rittertum einen eigenen Stand; es war im gesamten christlichen Europa, über die Grenzen nationaler Herkunft hinweg, so etwas wie eine geschlossene Gesellschaft, das Charakteristikum europäischer Aristokratie schlechthin.

Der äußere Schmuck eines Ritters waren sein Rittergurt und die goldenen Sporen. Der Gurt als Symbol des Kriegerstandes ist germanischen Ursprungs. In der Frühphase des Rittertums hatte jeder Ritter das Recht, jeden, den er für würdig hielt, durch die Akkolade zum Ritter zu machen; der Zugang zum Ritterstand war noch relativ einfach. Doch im 12. Jahrhundert änderte sich das; Ritter konnte jetzt nur werden, wer ritterlicher Abstammung war. Ludwig VI. von Frankreich soll angeordnet haben, daß Rittern nicht ritterlicher Abstammung auf dem Misthaufen die Sporen abzuschlagen waren. Friedrich Barbarossa verbot Priestersöhnen (!) und Bauern ausdrücklich das Tragen des Schwertgürtels. Die italienische Ritterschaft, sofern italienischer Herkunft, war jahrhundertelang dem Spott und der Lächerlichkeit preisgegeben, da italienische Städte Handwerkersöhne zu Rittern erhoben. Der Templerorden verweigerte jedem den weißen Mantel, der nicht ritterlicher Herkunft war, – ganz im Gegensatz zum späteren Deutschritterorden. Bei Entzug der Ritterwürde mußte das Lehen zurückgegeben werden, mit anderen Worten, die wirtschaftliche Sicherheit war verloren.

Ein Ritter konnte nicht in den Dienst eines Ritters treten und von diesem belehnt werden, da dieser ja die gleichen Pflichten zu erfüllen hatte. Zur Landleihe berechtigt waren erstens der Kaiser oder König, zweitens die Kirchenfürsten, drittens die weltlichen Fürsten, viertens die Grafen und je nach Gebiet oder Land verschiedene andere Gruppen des ritterlichen Adels. Die Akkolade wäre an sich wenig mehr als eine Gunst oder Auszeichnung gewesen, wäre sie nicht an die Bedingung geknüpft worden, den Beweis adeliger Herkunft zu erbringen. Auf diese Weise wurde die Akkolade ein Instrument sozialer Integration und Exklusivität, die Bestätigung, daß diejenigen, die sie empfangen hatten, zur herrschenden Klasse gehörten.

Unten: *Zeremonie des Ritterschlags.*

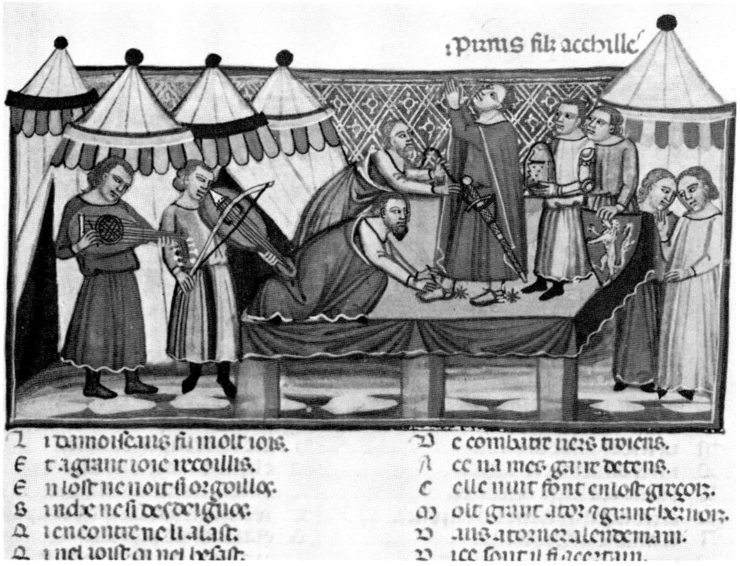

In England standen die Ritter unter viel schärferer Kontrolle durch die Monarchie als in Frankreich oder Deutschland. Darauf verweist allein schon die englische Bezeichnung *knight*, das vom deutschen Wort *Knecht* abstammt, während die deutsche Bezeichnung *Ritter* und das französische *chevalier* wörtlich bedeuten, daß es sich um berittene Männer handelt. Der Ritter hatte seinen Schildträger, den *Knappen*, der in den meisten Fällen selbst ritterlicher Abstammung war und in dieser Funktion seine Lehrzeit als Ritter verbrachte. Außerdem hatte er seinen Burschen sowie einen leicht bewaffneten Krieger als Kundschafter und einen oder zwei Fußsoldaten.

Dies zeigt, daß Ritter nicht nur Krieger, sondern vielmehr die Oberschicht des Ritterheeres darstellten. Aber ein kräftiger Körperbau, Tapferkeit und andere kriegerische Tugenden können niemals die exklusive Eigenschaft einer Klasse sein. Die Reibereien, die aus diesem Dilemma entstanden, kamen niemals zum Ende. Rittersöhne, die dem Ritterdienst seelisch und körperlich nicht gewachsen waren, wurden zu Priestern ausgebildet oder in Klöster geschickt, während die Knappen für frisches Blut im Stand sorgten. Gelegentlich setzten sich Kaiser und Könige durch die Gewährung des Ritterschlags für hervorragende Dienste über die ritterliche Standesregel hinweg. Es gibt genügend Beweise, daß eine solche Regelverletzung besonders im 13. Jahrhundert von vielen Seiten Proteste hervorrief, und ein Adeliger nannte solche Ritter „zu Rittern gemachte Vogelscheuchen". Andererseits verweigerte ein besonders verdienstvoller Krieger, den Friedrich Barbarossa 1155 bei Tortona zum Ritter schlagen wollte, diese Ehre mit der Begründung, er sei niedrigen Standes und wolle dies besser auch bleiben.

Das Rittertum ist also vielfältigen Ursprungs und geht in mancher Hinsicht auf germanische Stammestraditionen zurück. Daß es sich aber zu einem besonderen Stand entwickelte, liegt an

Oben: *Europäisches Schwert oder Langdolch (14. Jahrhundert).*

technischen Veränderungen in der Kriegsführung. Zur Zeit Karls des Großen waren Helm, Panzerhemd und Schild noch relativ leicht. Aber im Laufe des Mittelalters wurde die Rüstung immer schwerer. Zunächst schützte man sich hauptsächlich durch den Schild, dann aber wurden die Schutzmaßnahmen immer aufwendiger. Der Helm bekam ein Visier und das Panzerhemd, das ursprünglich am Hals ausgeschnitten war, wurde mit Metallplatten verstärkt, bis die Rüstung Rumpf, Arme und Beine bedeckte und schließlich auch noch das Pferd. Durch längere und schwerere Lanzen wurde die Reichweite erhöht, und die Pferde mußten groß und kräftig gebaut sein, um das Gewicht zu tragen. Die Kosten mußten immens und das Lehen von beträchtlicher Größe gewesen sein, um dafür die wirtschaftliche Grundlage zu schaffen.

Die Römer hatten ihre Feldzüge mit taktisch sorgfältig eingeübten Heeresformationen gewonnen. Die mittelalterliche Schlacht wurde durch persönliche Tapferkeit und die Fähigkeit einzelner Ritter entschieden. Sie verkörperten den Kern der Armee, doch setzte ihnen die schwere Rüstung Grenzen. Zu Fuß konnte ein Ritter wenig ausrichten. Die Rüstung verhinderte ein Losstürmen. Und Pfeil und Bogen konnte er auch nicht benützen. Wie moderne Panzer mit der Bahn oder auf der Straße möglichst nahe zur Kampfzone transportiert werden, um Verschleiß zu vermindern, so schonte der Ritter sein Kampfpferd bis zur entscheidenden Schlacht, und gewöhnlich hatte er mehrere Pferde für sich im Troß. Ritter konnten nicht mit leichten Waffen kämpfen. Dafür waren Fußtruppen und eine leicht bewaffnete Kavallerie nötig, die mit Schwert und Bogen ausgerüstet war. Zu Fuß kämpften neben Bogenschützen auch Männer mit Armbrust und Schwert. Diese Hilftruppen verstand Wilhem der Eroberer bei Hastings meisterhaft einzusetzen. In großen Teilen Frankreichs und Deutschlands tauchten, hauptsächlich infolge der Kreuzzüge, Hilfstruppen erst wieder im 12. Jahrhundert als berittene Bogenschützen auf. Aber die Fußsoldaten sind in keiner Weise mit der Infanterie der Antike vergleichbar. Sie gingen nicht selbständig vor, sondern leisteten lediglich Hilfestellung. Bis zur Schlacht von Courtrai bestimmten die Ritter den Ausgang der Schlacht, niemals das *Fußvolk*. Die Ritter waren die Armee, der Rest war ihnen untergeordnet. Sie bildeten sowohl einen Berufsstand als auch eine Gesellschaftsschicht. Dies war manchmal ausschlaggebend. So bat zum Beispiel Kaiser Friedrich II. seinen Sohn um die Herbeischaffung von Rittern, weil sie den Ruhm und die Stärke des Reichs verkörperten, oder ein Vasall wurde aufgefordert, 15 Knappen 'von guter, ritterlicher Herkunft' bereitzustellen. Nur der Ritter galt als *Krieger*. Kaiser und Könige waren Ritter; ihr ganzer Hofstaat bestand, abgesehen von den Frauen, aus Rittern. Die Kronvasallen – Fürsten, Herzöge und Grafen – waren Ritter, und Bischöfe und Äbte umgaben sich mit ihnen. Der einzige weitere Stand in dieser Gesellschaft war der Klerus. Niemals kam es vor, daß sich ein Ritter zurückzog und seinen Schwertgürtel ablegte, um Ackerbau zu betreiben. Aber Beispiele, daß sich Ritter in Klöster zurückzogen, gibt es viele.

Zu Beginn der Karolingerzeit lebten viele Ritter noch in städtischen Gemeinschaften, in den Städten, die um Burgen herum

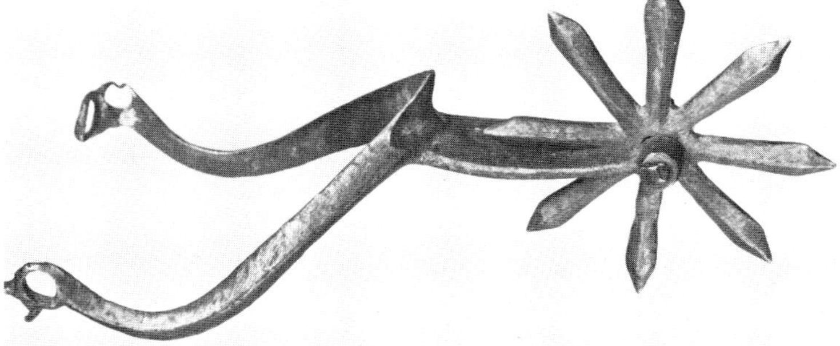

Oben: *Panzerhemd und Helmvisier, 1340.*

Links: *Sporenrädchen, 1370.*

Links: *Diener gürten mittelalterliche Ritter mit dem Schwert.*

Rechts: *Zwei Ritter, die mit Lanzen gegeneinander reiten, messen öffentlich ihr Können.*

Rechts außen: *Kampfszene* (Histoire du Graal).

Rechts unten: *Berittener Krieger; Ausschnitt einer nordfranzösischen Handschrift über die Apokalypse (13. Jahrhundert).*

entstanden waren, wie die von König Heinrich I. von Deutschland als Grenzverteidigungsposten errichteten. Der *Burggraf* stand sogar der Stadt vor. In den flämischen Städten unterstützte der niedere Ritteradel im frühen 14. Jahrhundert die Bürger und Handwerker, die in einem an die 'Sizilianische Vesper' erinnernden Aufstand die frankophile Bourgeoisie und überhaupt die französische Oberherrschaft in ihren Städten loszuwerden versuchten.

Viele ehemalige Ritterknechte ließen sich in Städten nieder, um Handel zu treiben oder ein Handwerk auszuüben. Es scheint aber, daß über die Jahrhunderte die Ritter zum Großteil auf dem Land, dem Lehen, blieben, das Grundlage ihrer wirtschaftlichen und sozialen Macht war. Im Mittelalter gab es keine verbindliche Vorgabe für die Ausbildung der europäischen Ritter. Sie erhielten ein individuelles Einzeltraining, und es entwickelte sich ein besonderer Berufsstand der Lehrer, die Rittersöhne auf ihre zukünftigen Pflichten vorbereiteten. Dieses Training fand zunächst zu Hause statt und dann im aktiven Dienst bei einem Ritter, etwa als dessen Knappe.

Turniere waren öffentliche Übungen, bei denen die angehenden Ritter ihr Können unter Beweis stellen konnten. Im Laufe der Jahre wurden diese zu Zweikämpfen, die gelegentlich sehr heftig werden konnten, als es Brauch wurde, scharfe Waffen anstelle stumpfer zu verwenden. Das Turnier spiegelte in einigen Aspekten echte Kampfsituationen wider.

Auch in der Schlacht griff man nicht im vollen Galopp an. Dies wäre den Pferden wegen des Gewichts, das sie trugen, gar nicht möglich gewesen. Man ritt zwar zusammen, allerdings

nicht in taktischer Formation, die gemeinsames Üben vorausgesetzt hätte, etwas, das die Ritter des Mittelalters nicht kannten.

Und die Disziplin gedrillter Verbände war den Rittern auch unbekannt. Der Feudalstaat kannte Ordnung und Unterordnung; er kannte Gehorsam, aber nicht als militärischen Drill, wie es ihn im römischen Heer und in den Armeen der europäischen Territorialstaaten seit dem 17. Jahrhundert gab. Drill beruht auf Befehlen und setzt Bestrafung bei Ungehorsam voraus. Er gibt dem Oberbefehlshaber die volle Befehlsgewalt über seine Armee, deren Offiziere und Generäle. Der mittelalterliche Fürst hatte dagegen relativ wenig zu sagen. Er konnte seine Vasallen unter Druck setzen. Er konnte ihnen das Land entziehen, das er ihnen vorher gegeben hatte, wie im Fall Friedrich Barbarossas, der Heinrich dem Löwen die bayrischen Ländereien entzog, weil dieser ihm nicht bei seinem Kreuzzug unterstützen wollte. Friedrich Barbarossa konnte ihm aber nicht das Herzogtum Sachsen wegnehmen. Heinrich der Löwe blieb zu Hause, da es ihm wichtiger war, die Besiedlung seiner östlichen Marken voranzutreiben, als seine Mittel für ein fernes Abenteuer zu verschwenden. Sogar die italienischen Kommunen schworen Friedrich Barbarossa, nachdem er dort seine Position wieder gefestigt hatte, einen Treueid, in dem sie versprachen, jede Anordnung des Kaisers Folge zu leisten, die er in *„Ausübung seiner Rechte“* erteilte. In anderen Worten, sie waren nicht

Links: *Rüstung aus Schloß Churburg, Deutschland.*

Rechts: *Ritter zu Pferd in voller Rüstung. Den Kopf des Pferdes schützt ein „chauffron“.*

bereit, *jedem* Befehl Folge zu leisten. Das Lehen konnte vom Lehensherrn zurückverlangt werden, was in den unteren Rängen der Feudalpyramide wesentlich besser funktionierte als nahe der Spitze, wo die Vasallen Fürsten über Gebiete waren, die ihre Vorfahren, lange bevor es ein Königreich Frankreich oder Deutschland gegeben hatte, besessen hatten. Die Normannendynastie hatte in England den Vorteil, daß sie – grob vereinfacht gesprochen – in einem einzigen Enteignungsakt das ganze Land in Besitz nehmen und sich so zur einzigen Machtquelle machen konnte.

Wenn Familienstreitereien die Dynastie zerrissen, wie unter den Nachfolgern Karls des Großen oder den sächsischen Königen, sowohl unter Otto dem Großen als auch im 11. Jahrhundert unter Heinrich IV., wirkte sich die Schwäche an der Spitze der Feudalpyramide bis an deren Basis aus. Die zentrifugalen Kräfte, die im Feudalsystem lagen, machten sich katastrophal bemerkbar, und konnten von einem anderen starken Herrscherhaus oder König nur eingeschränkt, aber niemals ausgeschalten werden. Eine Ausnahme stellten die Ritterorden dar, wie die Templer und später die Deutschritter, die feste, verbindliche Regeln hatten, die von den Regeln des Zisterzienserordens des Hl. Bernhard von Clairvaux abgeleitet waren, dem Initiator der kluniazensischen Klosterreformbewegung.

Militärische Disziplin war also ein Kunstprodukt, das im Widerspruch zur politischen, sozialen und militärischen Wirklichkeit des Mittelalters stand. Es gab auch keine von den Rittern im Feld zu beachtenden Verhaltensvorschriften. Das Ritterheer beim ersten Kreuzzug bis zur Begegnung mit dem Feind zusammenzuhalten, war ein größeres Problem, als die Schlacht selbst.

Die Plünderung Konstantinopels hatte nichts mit den Zielen des Kreuzzugs und wenig mit der Bekämpfung christlicher Häresien zu tun, sondern viel mehr mit der Raubgier einer unbeherrschten Ritterschaft.

Gingen die Beutevorräte zu Ende, oder spürten sie wirtschaftlich Härten durch schlechte Ernten oder Seuchen unter der Bevölkerung, betrachteten es viele Ritter des Mittelalters als überhaupt nicht ehrenrührig, Kaufmannszüge zu überfallen, oder Städte bis zur Zahlung eines Lösegelds zu belagern, oder die geringste Sache zum Vorwand für eine Fehde mit einem beuteträchtigen Opfer zu nehmen.

Jeder freie Mann auf dem Land oder in der Stadt hatte das Recht, eine Fehde zu führen. Es war möglich und geschah auch, daß Bäcker, Köche und Küchenjungen ihrer Herrschaft die Fehde erklärten, die gewöhnlich humorvoll darüber hinwegging. Es gab einige allgemeine Fehderegeln; sie mußte zum Beispiel drei Tage vorher angekündigt werden. Eine angekündigte Fehde betraf nicht nur die Person, die sie verursacht hatte; sie betraf auch ihre Freunde und Verwandten, ihre freien und unfreien Diener, sowie alle, die ihr Schutz und Hilfe zusicherten. Galt die Fehde einer Stadt, betraf sie alle Einwohner. Es war im 14. Jahrhundert üblich, die bei einer Fehde gefangengenommenen Gegner zu töten, wenn sonst das eigene Leben auf dem Spiel stand, und der in der Fehde Besiegte verlor sein Eigentum. Auf höherer Ebene wurden die Gefangenen des Kaisers, Königs oder Fürsten zu seinen Dienern.

Den Besitz des Verlierers, einschließlich des unbewaffneten Volks, erhielt der Sieger. Es gibt zahlreiche Berichte von der Plünderung ganzer Ernten, niedergebrannten Dörfern, weggetriebenem Vieh, Bauern, die entweder getötet oder als Leibeigene verschleppt wurden. Nur Christinnen durften nicht berührt werden. Ihnen ließ man die Kleidung und andere Garderobestücke. Bei der Eroberung von Burgen war man angeblich noch höflicher. Die Damen durften außer der Garderobe auch noch den Schmuck behalten. Ob diese Regel ständig eingehalten wurde, ist zweifelhaft. Die Kriege des mittelalterlichen Europa waren hauptsächlich Familienfehden von Dynastien. Die Kriege der Plantagenets in Frankreich, der Hundertjährige Krieg, die Kriege zwischen Frankreich und Deutschland, den Böhmen und Ungarn, begannen alle als Familienfehden. Es schloßen sich große Heere zusammen, aber selten kam es zu mehr als zu einer großen Schlacht, nach der man wieder nach Hause zog, weil einerseits das Geld für den Unterhalt des Heeres fehlte und andererseits die Vasallen so schnell wie möglich zurück wollten. In der Geschichte des Heiligen Römischen Reichs Deutscher Nation gibt es keinen einzigen Kaiser, dem es gelungen wäre, alle seine Vasallen zu einem Feldzug zu vereinen. Stark befestigte Städte waren schwer einzunehmen. 1447 führte die Stadt Nürnberg gegen die Mehrzahl der deutschen Fürsten eine Fehde. Die Stadt hatte damals 20.000 Einwohner; der Streit dauerte drei Jahre, den Nürnberg überstand, weil für die Fürsten eine Belagerung nicht in Frage kam. Manchmal ließ eine Stadt Milde walten, wenn sie den Fehdegegner gefangengenommen hatte, weil dies zu ihrem eigenen Vorteil gereichte. 1373 erklärte der Ritter Hennerle von Streif Worms die Fehde, weil die Stadt zwei Raubritter gefangengenommen und sofort gehängt hatte. Hennerle fand bei den Rittern der umliegenden Burgen Unterstützung und begann, das Wormser Umland zu plündern. Den Wormser Bürgern kam dies zu teuer. Sie verringerten ihren Verlust, indem sie Hennerle für 200 Gulden jährlich in ihren Dienst nahmen, und in der Folge kümmerte sich Hennerle äußerst tüchtig und treu um die Belange der Stadt Worms.

Während die Städte nur im Notfall zur Fehde griffen – sie machten dabei mehr Verlust als Gewinn – war sie für Fürsten, Adel und, überflüssig zu sagen, besonders für die unteren Ränge der Ritterschaft eine Einkommensquelle. Viele der mittelalterlichen Raubritter waren berüchtigt. Nur sehr wenige blieben in der Volkssage lebendig, wie Eppelein von Gailingen, ein Ritter, der für seine vielen Fehden gegen lukrative Opfer

Oben: *Reiterkampfszene* (Histoire du Graal)

Links: *Vier Krieger in Panzerhemden metzeln Thomas Becket nieder. Ihre Aufmachung ist ein typisches Beispiel der Rüstungen dieser Zeit.*

sowie für seine Raubzüge berühmt ist. Sein Hauptfeind war die Stadt Nürnberg. Dort ritt er eines Tages ein, um sein Pferd neu beschlagen zu lassen. Als der Schmied seine Arbeit beendet hatte, fragte ihn Eppelein, wem das Paar Stiefel gehöre, das am Stadttor hing. Er bekam zur Antwort, sie gehörten dem Eppelein von Gailingen. Eppelein riß sie herunter, schlug damit den Torwächter und sagte ihm, er solle den Ratsherren mitteilen, daß Eppelein zurückgekehrt sei, um seine Stiefel abzuholen. Raubrittertum war eine der Extremseiten des mittelalterlichen Rittertums.

Aus militärischer Perspektive hatten die Krieger Karls des Großen und Ottos des Großen vieles gemeinsam. Sie besaßen die gleichen Waffen und trugen noch keine schweren Rüstungen. Wenn nötig konnten sie auch zu Fuß kämpfen. Dasselbe gilt auch für die Normannen unter Wilhelm, dem Eroberer. Reine Fußsoldaten und mit Pfeil und Bogen ausgerüstete Männer waren eher die Ausnahme als die Regel. Seit dem späten 11. Jahrhundert läßt sich jedoch eine größere Differenzierung zwischen schwerer Kavallerie, leichter Kavallerie, Bogenschützen zu Fuß und Schwertkämpfern zu Fuß feststellen. Theoretisch gab es zwei Möglichkeiten ihres Einsatzes. Die Waffengattungen konnten separat oder einfach um die Haupttruppe des Heeres, die Ritter, herum gruppiert werden. Hastings scheint ein Beispiel für die teilweise Umsetzung der ersten Möglichkeit zu sein, aber im allgemeinen wurde die zweite Möglichkeit bevorzugt. Keine der Hilfstruppen hätte die feindlichen, hoch zu Roß sitzenden Ritter binden können. Die leichte Kavallerie war mit ihrer spärlichen Ausrüstung den schwerbewaffneten Rittern nicht gewachsen, es sei denn, sie hätte mit Pfeil und Bogen gekämpft, was sie nicht tat. Die größte Chance, Ritter auf Distanz zu bekämpfen, hatten Bogenschützen zu Fuß. Dazu waren starke Nerven nötig, denn man mußte den Ritter ziemlich nah herankommen lassen, damit der Pfeil tödlich war (ähnliche Nervenstärke erforderte es im Zweiten Weltkrieg, einen russischen T-34 Panzer auf 12 Meter herankommen zu lassen und dann die Panzerfaust abzuschießen). Die Überlebenschancen des Bogenschützen stiegen mit seinem Abstand zum Ritter. Deshalb sah eine Truppe Bogenschützen ohne Deckung durch die Ritter, oder Deckung durch landschaftliche Gegebenheiten wie in Wales und Irland, ihrem sicheren Untergang entgegen.

Links: *Gerüstete Fußsoldaten* (Psautier de St. Louis, *1270*

Ansonsten konnte der Fußsoldat auch noch mit einer reinen Handwaffe kämpfen. Welch verheerenden Schaden sie mit ihren Äxten oder Hellebarden anrichten konnten, zeigte sich im Chronistenbericht über die Schlacht von Hastings. Mit starken Nerven, Glück und Umsicht konnten sie von der Seite an den Reiter herankommen, das Pferd töten und ihn damit zu Fall bringen. Wurde der Ritter dabei nicht schon von seinem Pferd erdrückt, war er dem Fußkämpfer dann doch unterlegen, da er durch seine Rüstung behindert wurde. Auch konnten Fußtruppen mit Lanzen und Speeren die schwere Kavallerie geschlossen abwehren, aber wenn erst eine Bresche geschlagen war, war die Infanterie verloren.

Vor den Hussiten und den Schweizern waren die einzigen Infanterieoffensiven gegen ein Ritterheer scheinbar die Schlacht von Courtrai im Jahr 1302 gewesen zu sein, als die flämischen Städte gegen die Franzosen gewannen, und die Schlacht von Bannockburn im Jahr 1314, als die Schotten das Heer von König Eduard II. schlugen. Ansonsten hatten die Fußtruppen stets eine untergeordnete, zuarbeitende Funktion. Sie hatte die Aufgabe, der allein für entscheidend angesehenen Haupttruppengattung nach bestem Vermögen zu helfen. Operiert wurde teils an den Flanken und teils zusammen mit dem Haupttruppenkontingent. So traten die Fußtruppen in den Schlachten des Mittelalters auf.

Oben: *Fußsoldaten versammeln sich zur Schlacht.*

Unten: *Europäische Rüstungen des Mittelalters.*

Man nimmt an, daß sich diese Hilfstruppen aus drei Kategorien zusammensetzte. Zum einen aus der alten Kriegerschicht, die neben dem Rittertum bestehen blieb; zum anderen aus städtischen Bürgern, die die Kriegskunst erlernen wollten und als Pikeniere und Bogenschützen ins mittelalterliche Heer eintraten; und drittens natürlich dem unmittelbaren Gefolge des Ritters, seinem Knappen und anderen Dienern, die bis ins 12. Jahrhundert nicht als Kämpfer aufgetreten waren. Für einen Ritter, der schwer bewaffnet auf seinem Pferd saß, war es sicher von Vorteil, wenn ihm ein wesentlich beweglicheres Individuum zur Seite stand.

Das Wesen des gemischten Heeres und seine Aufgabenteilung werden in einer Rede illustriert, die Karl von Anjou vor der Schlacht von Benevent 1266 vor seinen Soldaten gehalten haben soll. Er schärfte seinen Männern ein, zuerst das Pferd niederzustrecken; denn ohne Pferd konnte der in seiner Rüstung fast unbewegliche Feind leicht von den Fußsoldaten niedergemacht werden. Deshalb sollte jeder Ritter immer in Begleitung von einem oder zwei Männern seines Gefolges sein, und wenn es niemand gab, waren Söldner anzuwerben, die als kriegserfahrene Männer Pferde wie gestürzte Reiter zu töten wußten.

Da die Kavallerie mit den schweren Rüstungen langsam dahertrabte, war es für das Fußvolk leicht, Schritt zu halten. Der Chronist Giraldus Cambrensis, gibt in seinem Bericht über die Eroberung Irlands durch Heinrich II. eine gute Übersicht über die verschiedenen Militärsysteme. Nachdem die Normannen es perfekt verstanden hatten, sich in England militärisch durchzusetzen, begegneten sie in Wales und Irland einer ganz andere Situation. Während die Normannen die freie Ebene schätzten, bevorzugten die Waliser und die Iren hügeliges oder einfach möglichst unwegsames Gelände. Die Normannen bevorzugten das Feld; ihre Gegner die Wälder. Die Normannen trugen schwere Rüstungen, was für die offene Feldschlacht passend war, aber auf engen Bergpfaden und in sumpfigem Waldland kommt der Leichtere besser voran. Die Krieger zu Fuß waren den berittenen gegenüber im Vorteil. Dies umso mehr, als man in einer Rüstung auf einem Waldpfad schwer vom Pferd absteigen, geschweige denn kämpfen konnte.

Ein Ritter und sein unmittelbares Kampfgefolge wurden gewöhnlich eine 'Lanze' genannt. Wieviele genau zu einer Lanze gehörten, läßt sich nicht sagen, möglicherweise bis zu zehn Mann. Die mittelalterlichen Chronisten und die Befehlshaber der mittelalterlichen Armeen, berechneten die Heeresstärke nicht nach der Gesamtheit der anwesenden Kämpfer, sondern allein nach der Anzahl der Ritter, eine wichtige Darstellung ihrer militärischen und sozialen Vorrangstellung.

In der Schlacht fügten zunächst die Bogenschützen dem Feind möglichst großen Schaden zu, blieben dabei aber stets der Kavallerie so nahe, daß sie rasch Zwischen ihnen Schutz suchen konnten, wie 1066 bei Hastings. Pikeniere oder Fußsoldaten mit Schwert übernahmen die Aufgabe der Vorhut, wenn es Hindernisse aus dem Weg zu räumen gab, die ein Vorankommen der Kavallerie aufhalten sollten. Bei Hastings waren es eindeutig keine Pikeniere, sondern ausschließlich Schwertkämpfer. Ritter kämpften nur unter außergewöhnlichen Umständen zu Fuß, wie bei vielen Gefechten der Kreuzzüge, als die Pferde knapp wurden.

Die Ritter stellten sich in keiner Schlachtordnung auf. Sie rückten einfach auf ihrem Pferd vor, ohne groß eine Linie einzuhalten. Nur der Templerorden hatte eine Regel aufgestellt, nach der kein Bruder auf eigene Initiative angreifen oder außerhalb der Formation reiten durfte. Sie griffen nicht wie die moderne Kavallerie mit möglichst hoher und lange aufrecht erhaltener Geschwindigkeit an. Sie ritten vielmehr langsam dem Feind entgegen, der dem Gefecht ebenso langsam entgegenritt. Die mittelalterliche Schlacht muß, verglichen mit den Schlachten späterer Zeit, fast wie in Zeitlupentempo abgelaufen sein, bei der die Ritter, eingeengt von ihrer Rüstung, langsam die schweren Waffen heben und auf ihre Gegner stoßen. Sie muß von den schnellen Durchbruchoperationen der Kavalleriegefechte des 18. Jahrhunderts meilenweit entfernt gewesen sein.

Links: *Bauernknechte, die als Fußsoldaten in die Armee einberufen wurden, waren unverzichtbarer Bestandteil eines jeden Heers (Lateinische Handschrift 1390, 11. Jahrhundert).*

Unten: *Mit Lanzen und Handwaffen reiten Ritter in voller Rüstung langsam dem Kampf entgegen. Verglichen mit der Geschwindigkeit von Kavalleriegefechten im 18. Jahrhundert scheint die mittelalterliche Kampfhandlung wie im Zeitlupentempo stattgefunden zu haben.*

Truppen greifen die Befestigungswerke der Stadt Tyre an.
Geschichte Alexanders des Großen *15. Jh.*

BELAGERUNG UND BEFESTIGUNGSWERK

Das Festungsbauswesen ist so alt wie die Geschichte der Kriegsführung. Die Verteidigungswälle eines Heerlagers schützten gegen Überraschungsangriffe; die Stadtmauer garantierte den Bürgern Schutz. In den Nachfolgestaaten des Römischen Reiches hatte beim Wiederaufbau der von den Barbaren geschleiften Städte die Verteidigung Priorität. Auch die mittelalterlichen Burgen entstanden, besonders im Lauf des 9. Jahrhunderts, als Verteidigungszentren gegen die Angriffe der Sarazenen, Normannen und Magyaren. Henri Pirenne liefert eine Beschreibung, die abgesehen von ein paar Details, auf alle Burgen zutrifft:

'Es waren von Mauern oder Wällen umgebene Bezirke von relativ geringem Umfang, meist kreisförmig und von einem Graben umgeben. In der Mitte befand sich ein massiver Turm oder Bergfried als letzte Verteidigungsstellung im Fall eines Angriffs. Dort war eine Rittergarnison ständig stationiert. Diese unterstand dem Befehl des Burgvogts. Der Fürst hatte in jeder Burg seines Gebiets eine Wohnstätte, in der er auf seinen kriegs- oder verwaltungsbedingten Reisen mit seinem Gefolge Station machte. Sehr oft überragte der Glockenturm einer Kirche, die von den für den Klerus notwendigen Häusern flankiert war, die Zinnen des Schutzwalls. Daneben befanden sich manchmal die Unterkünfte für die Gerichtsversammlungen, deren Mitglieder zu festen Zeiträumen in der Burg zusammenkamen. Schließlich fehlten nie ein Getreidespeicher und Keller, wo aus den umliegenden Ländereien des Fürsten Vorräte eingelagert waren, die im Fall einer Belagerung und zur Versorgung des Fürsten bei seinen Aufenthalten gebraucht wurden. Naturalabgaben, die den Bauern des Distrikts auferlegt wurden, sicherten den Unterhalt der Garnison. Die Instandhaltung des Mauerwerks hatten dieselben Bauern als Frondienst zu leisten.

Obgleich sich das eben Geschilderte von Land zu Land natürlich etwas unterschied, waren im Grunde überall die gleichen wesentlichen Merkmale zu finden. Die Ähnlichkeit zwischen den flämischen bourgs und den angelsächsischen boroughs ist frappierend. Und diese Ähnlichkeit beweist zweifellos, daß gleiche Bedürfnisse überall ähnliche Ergebnisse mit sich brachten.

Daß die Burgen vor allem militärische Einrichtungen waren, ist leicht erkennbar. Aber zu dieser ursprünglichen Funktion kam bald die des administrativen Zentrums dazu. Der Burgvogt stand nicht mehr nur den Rittern der Burggarnison vor. Der Fürst beauftragte ihn mit der wirtschaftlichen und juristischen Verwaltung des zur Burg gehörenden mehr oder weniger großen Umlands, das spätestens seit dem 10. Jahrhundert Burgschaft genannt wurde. Die Beziehung zwischen Burgschaft und Burg war der gleiche wie die zwischen Bistum und Kleinstadt. In Kriegszeiten fanden die Einwohner dort Schutz; in Friedenszeiten hielten sie instand, um an Gerichtsverhandlungen teilzuhaben oder um Frondienste abzuleisten, zu denen sie verpflichtet waren. Allerdings hatte die Burg überhaupt keinen urbanen Charakter. Zu ihren Bewohnern gehörten neben den Rittern und dem Klerus als wesentlichem Teil, nur noch Dienstpersonal, dessen Zahl sicher wenig interessierte. Es waren Festungsbewohner, keine Stadtbevölkerung. In einer solchen Umgebung waren Handel und Gewerbe ein Unding, ja überhaupt nicht vorstellbar. Man stellte selbst nichts her; lebte von den Einkünften aus dem Umland, und war ökonomisch gesehen, nichts weiter als ein Verbraucher. ...

Die Kleinstädte und Burgen waren lediglich befestigte Orte und Verwaltungssitze. Ihre Einwohner erfreuten sich keiner besonderer Rechte oder eigener Einrichtungen, und ihr Leben unterschied sich nicht von dem der übrigen Gesellschaft. ... Die Kleinstädte und Burgen spielten jedoch eine wesentliche Rolle bei der Stadtentwicklung. Sie waren sozusagen die Sprungbretter dorthin. ...'

Im Kriegsfall stellte die Burg oder die befestigte Stadt ein strategisches Ziel dar, das belagert, oder wenn nötig, eingenommen werden mußte. Wie Sir Charles Oman richtig beobachtete, spielten Belagerung und Belagerungsgerätschaft das ganze Mittelalter hindurch bis zur Erfindung des Schießpulvers eine größere Rolle als alle anderen Bereiche der Kriegskunst. Besonders zwei Waffen tauchen das ganze Mittelalter hindurch auf, der Rammbock und der Bohrer. Der Rammbock war dazu da, einen bestimmten Teil der Burg- oder Stadtmauer zum Einsturz zu bringen. Der Bohrer, ein sehr dicker, spitzer Metallstab, diente zum systematischen Herausbrechen von Mauersteinen, bis ein Loch und schließlich eine Bresche entstand. Diese Belagerungswerkzeuge findet man während der Belagerung Roms durch die Goten im 6. Jahrhundert, während der Kreuzzüge im 11. Jahrhundert, als Gottfried von Boullion Jerusalem belagerte und eroberte, und des ganzen Mittelalters hindurch und darüber hinaus, während der Bauernaufstände im 16. Jahrhundert, und selbst noch 1705, als die bayerischen Bauern während der Spanischen Erbfolgekriege vergeblich versuchten, München einzunehmen, um die Österreicher vom bayerischen Territorium zu verjagen. Natürlich halfen solche Werkzeuge nur dann, wenn man sich gegen die Verteidigungsmaßnahmen der Belagerten durchsetzen konnte. Witigis scheiterte, weil es ihm nicht gelang, den Graben um die Ewige Stadt zu überwinden. Als Gottfried vor den Toren Jerusalems stand, ließ er den Graben dort zuschütten, wo der Rammbock errichtet werden sollte, und um seine Leute vor den Pfeilen und anderen Geschossen der Verteidiger zu schützen, ließ er ein Schutzdach darüber errichten. Beide, Rammbock und Bohrer, wurden 'mit Seilen oder Ketten

Die Stürmung einer Stadt, 1529: Soldaten brechen mit einem Rammbock durch.

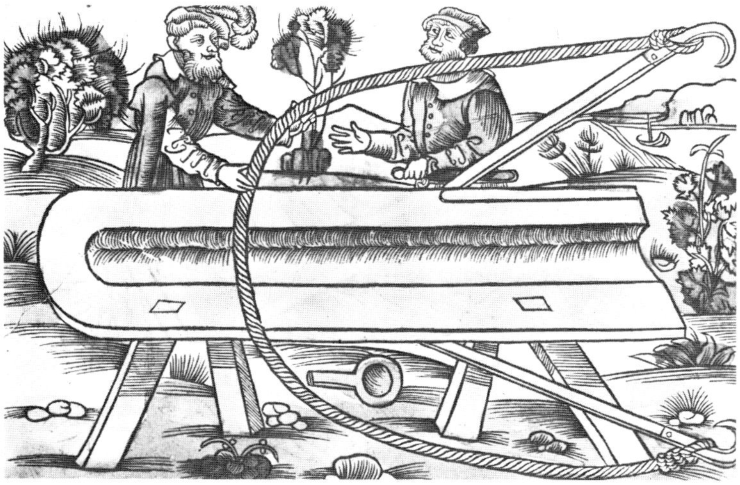

Oben: *Frühes Wurfgeschütz.*
Unten: *Behandlung der Verwundeten außerhalb der Stadtmauer während der Schlacht von Jacob on Bir (Schweizer Handschrift, 15. Jh.).*

an zwei dicken Galgen befestigt, dann von den Betreibern so weit wie möglich zurückgezogen und mit Wucht gegen das Mauerwerk losgelassen.' Trotz Schutzdach, und schließlich auch Seitenabdeckungen, so daß sich der Rammbock fast in einem Haus befand, war er nicht gegen alle Verteidigungsmaßnahmen geschützt. Rohe Häute, Dachziegel und dergleichen widerstanden Griechischem Feuer, Pech und anderen flüssigen Brennstoffen nur eine begrenzte Zeit.

Deshalb mußte das Schutzhaus auf Räder gestellt werden, damit die Mannschaft es zurückschieben und den Schaden beheben konnte, bevor ein neuer Versuch gemacht wurde. Auch der Rammbock selbst war gefährdet und konnte von den Verteidigern mit spitzen Balken festgehalten oder seine Wucht mit heruntergelassenen ausgestopften Säcken oder Fellen abgebremst werden.

Sappeure (Pioniere) gehörten ebenfalls sehr früh zum Heereswesen. Ihre Aufgabe war es, sich der Befestigung an der schwächsten Stelle zu nähern, und da dies schlecht von ebener Erde aus ging, grub man sich in einem Netzwerk von Gräben zur Mauer vor. Hatte man die Mauer erreicht, grub man unter ihr ein Loch, füllte es mit Reisig und Stroh und legte Feuer. Diese Methode war bis zur Erfindung des Schießpulvers wenig

effektiv und für das frühe Mittelalter charakteristisch, als viele Mauern und andere Verschanzungen aus Holz konstruiert oder mit Mörtel gefügt waren, der wenig hitzebeständig war und samt den Steinen wegbröselte.

Aber natürlich gab es noch andere offensive Belagerungswaffen, von denen die Sturmleiter wohl die einfachste und vielleicht auch älteste ist. Schließlich erklimmt man eine Mauer am einfachsten mit einer Leiter. Um die Verteidiger auf der Mauer in Schach zu halten, mußten die Belagerer auf gleicher Höhe oder von einem höheren Standpunkt aus kämpfen. So entstand der Belagerungsturm, der aus Holz konstruiert war und eine Plattform hatte, von der aus die Bogenschützen ihre Pfeile abschießen konnten. Wann er zum ersten Mal auftauchte, ist ungewiß. Die Goten verwendeten ihn 537 vor Rom, und danach erschien er erst wieder im Lauf des 11. Jahrhunderts. Er spielte bei der Belagerung Jerusalems eine wesentliche Rolle. Da er aus Holz gebaut war, ließ er sie natürlich genauso leicht zerstören wie das Schutzhaus des Rammbocks oder Bohrers, aber er brauchte zur Dekkung der Rammbockmannschaft nicht so nahe an die Verteidiger herangebracht zu werden. Anders sah die Sache aus, wenn er als Offensivwaffe verwendet wurde. Dann besaß der Belagerungstum eine Zugbrücke, was bedeutete, daß er nahe an die Mauer herangebracht werden mußte, bevor die Brücke heruntergelassen werden konnte und die Belagerer die Mauer stürmen und nötigenfalls auch wieder im Turm Schutz suchen konnten. Er hatte jedoch ein beträchtliches Gewicht und war selbst auf Rädern äußerst schwierig zu bewegen. Für Trupps, die sich der Mauer näherten, wurden große Schilde, ja fast schon halbe Mauern

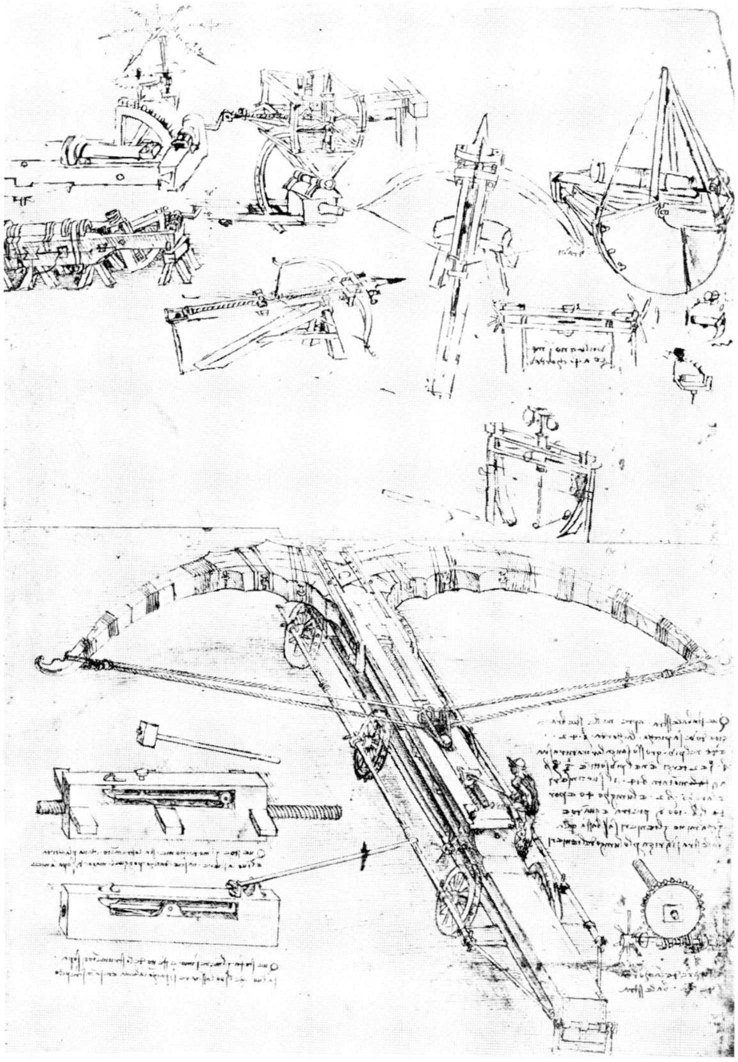

Oben: *Armbrustentwürfe von Leonardo da Vinci (1452-1519), der am Hof Franz' I. von Frankreich als Konstrukteur von Belagerungsgeräten angestellt war.*

Links: *Angriff auf eine befestigte Stadt wie Calais im Jahr 1347, unter Verwendung eines Belagerungsturms und einer Trebuchet (im Vordergrund rechts).*

Rechts: *Zeichnung eines Angriffspanzers auf Rädern (Vigevanos Abhandlung über den Krieg, 14. Jahrhundert).*

gebaut, und direkt bis an die Mauer herangebracht. Sie hatten den Vorteil, daß sie weniger wogen und schneller aufzubauen waren.

Primitive Formen von Geschützen sind seit frühester Zeit bekannt, und wahrscheinlich ist ihr Vorläufer der Bogen, da die Zugkraft einer gespannten Seite die vorwärtstreibende Kraft des Bogens auslöste. Die Stärke der Belagerungsmaschinen beruhte jedoch auf der Torsion, durch die schwere Geschosse gegen die Mauer, ihre Verteidiger oder besser gesagt in die Befestigung selbst geschleudert wurden. Ein Balken mit einer Ausbuchtung für die Geschosse an einem Ende wurde zwischen zwei horizontal gespannte Seile gesteckt. Diese wurden dann von mehreren Männern bis zum Äußersten verdrillt. Der ausgelöste Balken hatte dann beträchtliche Kraft angesammelt und schleuderte das Geschoß dem Ziel entgegen. Natürlich mußte das Ziel sehr groß sein, denn mit dieser Art Maschine war Zielgenauigkeit fast unmöglich. Bei diesen Maschinen ist tatsächlich zwischen leichter und schwerer Artillerie zu unterscheiden. Entscheidendes Kriterium war nicht die Größe des Geschosses, sondern vielmehr die erzielte Reichweite. Der Balken konnte, wenn er sehr lang war – zirka 7 bis 9 Meter – auf einem Turm zwischen die Seile gesteckt und gespannt werden, während sein „Ladeende" am Boden auflag. Wurde er losgelassen, schnellte dieser riesige Balken mit unglaublicher Wucht hoch und schleuderte den Stein oder das Geschoß tief in die Festung hinein. Sowohl die Kurz- wie auch die Langstreckenschleuder wurden Magnon genannt. Haupthindernis für die Wirksamkeit der Magnons war das Wetter, denn bei Regen erschlafften die Seile derart, daß sie genauso unbrauchbar waren, wie in späterer Zeit nasses Schießpulver.

Die großformatige Nachfolgerin des Bogens war die überdimensionale Armbrust, die eher durch Zugkraft als durch Torsion angetrieben wurde. Prokop schrieb:

'Diese Geräte haben im großen und ganzen die Form eines Bogens; aber in der Mitte ist ein hohles Stück Horn leicht am Bogen befestigt und liegt über einem geraden Eisenkolben. Will man auf den Feind schießen, zieht man die kurze dicke Sehne zurück, die die Bogenenden miteinander verbindet, und legt in den Kolben einen Bolzen, der viermal so dick, aber nur halb so lang wie ein gewöhnlicher Pfeil ist. Der Bolzen hat keine Federn wie der Pfeil, dafür aber wie Federn geformte, hölzerne Flügel. Die Sehne wird mittels kleiner Hilfsvorrichtungen an der Seite der Balliste von mehreren Männern zurückgezogen; wenn sie loslassen, schießt der Kolben vor und entläd den Bolzen, der mit der Wucht von mindestens zwei Pfeilen auftrifft, denn er zerbricht Steine und durchbohrt Bäume.'

Die Balliste konnte auch Speere abfeuern und war zielgenauer als die Magnon, allerdings war sie mehr eine Tötungswaffe als dazu geeignet, eine Bresche in eine Mauer zu schlagen. Außerdem war es eine Waffe, die von Angreifern und Verteidigern gleichermaßen verwendet werden konnte, was die Normannen bei ihrer Belagerung von Paris erfuhren. Sie war auch Vorläufer der in Europa seit dem 11. Jahrhundert weit verbreiteten Armbrust. Ein Chronist berichtete:

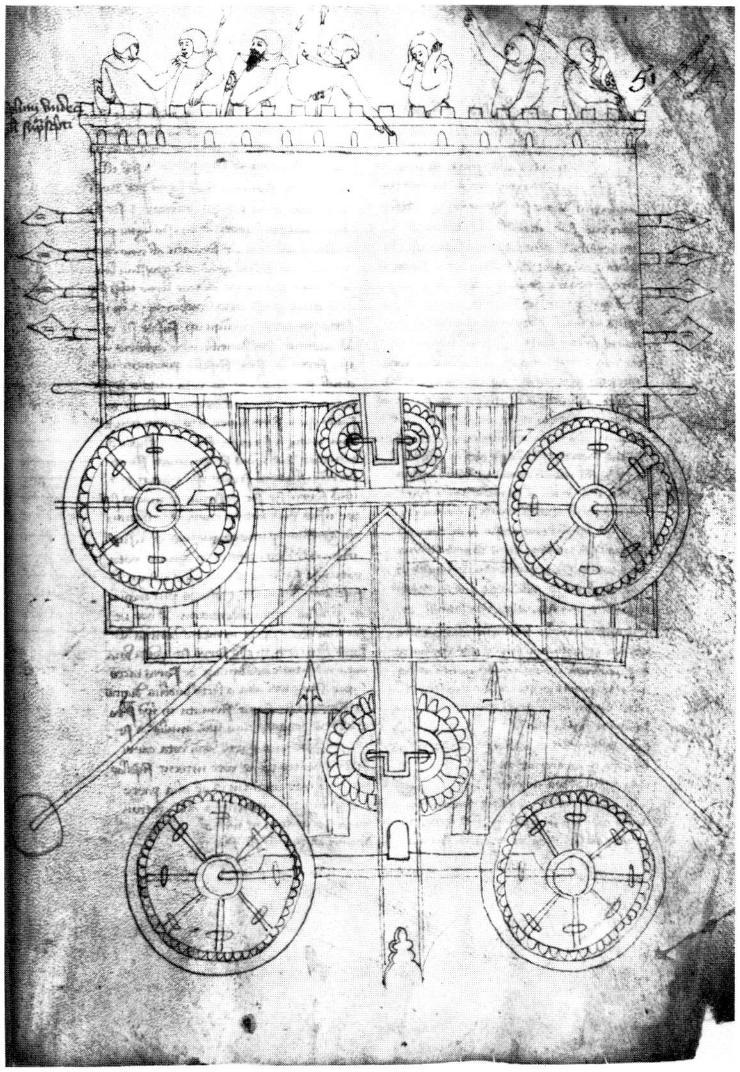

Oben: *Untergraben der Burg Riolle: Sappeure graben unter der Mauer einen Gang (*Chronique d'Angleterre *von Jean de Wawrin, 15. Jh.).*

Unten: *Belagerung einer Festung in Afrika, mit Zeltlager, Armbrustschützen und Kanonen (*Chroniques de Froissart, *14. Jh.).*

'Diese Waffe ist kein Bogen, der mit der linken Hand gehalten und mit der rechten gespannt wird, sondern sie kann von ihrem Träger nur gespannt werden, wenn er stehen bleibt und sie mit beiden Füßen festhält, während er mit der Kraft beider Arme die Sehne spannt. Sie hat in der Mitte eine Rinne von der Länge eines Pfeils, die bis zur Mitte des Schaftes reicht; die Geschosse, die vielfältiger Art sind, werden in die Rinne gelegt und durch die losgelassene Sehne hinausgeschossen. Sie durchbohren mit Leichtigkeit Holz und Metall, und manchmal verschwinden sie ganz in einer Mauer oder einem ähnlichen Hindernis, wenn sie getroffen haben.'

Diese Waffen kannte man im frühen Mittelalter, und die meisten davon waren den Normannen bekannt und zugänglich, als sie im 9. Jahrhundert Paris belagerten. Sie mußten sie von ihren Feinden kennengelernt haben, aber sie konnten sie nicht richtig einsetzen, denn es fällt auf, daß die Normannen während der gesamten Belagerung von Paris keinerlei Belagerungsstrategien anwandten.

Die mittelalterlichen Burgen, wie wir sie heute kennen, waren die unmittelbare Reaktion auf die Barbareninvasionen im neunten und 10. Jahrhundert. Tatsächlich kann man sagen, daß diese Zeit eine Renaissance der Militärarchitektur erlebte, sowie die Restaurierung der alten Befestigungen, die einst von den Römern errichtet, dann aber dem Verfall preisgegeben worden waren. Alte Befestigungswerke wie in London, Chester und York, wurden restauriert und modernisiert. Die neuen Burgen wurden zunächst aus Holz errichtet, weil in der Region die Steine knapp waren. Wilhelm der Eroberer brachte seine eigenen vorgefertigten Burgen aus der Normandie mit. Die ersten Burgen König Heinrichs I. von Deutschland im Harz wurden, wahrscheinlich wegen des in den Wäldern im Überfluß vorhandenen Bauholzes, aus Holz errichtet und mit einer Palisade umgeben. Wenn die Hauptgebäude der Burg, wurde

Oben: *Schutzdächer als Verteidigungsmittel der Angreifer bei der Belagerung einer Burg.*

Links: *Einnahme von Rouen 1418-19 durch Heinrich V., unter Großeinsatz von Kanonen* (Vigiles de Charles VII, *15. Jh.).*

Unten: *Wurfmaschine (Renatus, 1529).*

sie Schritt für Schritt aus Stein neu gebaut, zuerst die Wälle und dann die inneren Bauwerke. Mit einem anderen Baustoff als Holz hätte Heinrich unmöglich soviele Burgen in so kurzer Zeit errichten können. Ihre Hauptfunktion war ursprünglich die Verteidigung und Gebietskontrolle. Zunächst waren es keine Fürstenresidenzen. Sie wurden es erst im Lauf der Zeit. Während der Expansion in Nordosteuropa im 13. Jahrhundert, wurden die ersten Burgen des Deutschritterordens in Kulm, Löbau und Thorn aus Holz errichtet und später durch Steinbauten ersetzt.

Nur die Marienburg an der Nogat, schließlich das Ordenszentrum im Osten, wurde von Anfang an aus Stein erbaut, aber erst zu einer Zeit, als der Orden seine Stellung in der Region gefestigt hatte.

Die ersten Burgen der Normannen in England dienten eben jenem Zweck, und weil das Gebiet rasch unter Kontrolle gebracht werden sollte, mußten auch die Burgen schnell entstehen. Deshalb waren es zunächst Holzbauten. Die Burg York wurde im Sommer 1068, als Wilhelm den Widerstand im Norden Englands niederschlug, von 500 Männern gebaut, eine zu kurze Zeit, um eine Steinburg zu errichten. Gleichzeitig begann man mit dem Bau von Steinbefestigungswerken, wie dem Londoner Tower, der so massiv gebaut ist, daß er heute noch steht. Die Haupttürme der Burgen in Colchester und Richmond stammen ebenfalls aus dieser Zeit. Doch das große Burgenbauen in England setzte erst im 12. Jahrhundert ein, wobei die Burgen von Dover und Norwich zu den ersten gehören.

Natürlich war der Burgarchitekt an die Geographie gebunden. Die ideale Lage war eine die Umgebung weit überragende Anhöhe, wie in Südwestdeutschland bei der Burg Hohenzollern nahe Hechingen. Man kann von dort die gesamte Schwäbische Alb überblicken – das heutige Bauwerk ist allerdings eine Rekonstruktion. Auch ein strategisch wichtiger Punkt war als Standort ideal, wie die Feste Ehrenbreitstein zeigt, die sich dort, wo die von Südwesten kommende Mosel in den Rhein mündet, massiv über Koblenz erhebt. Wo jedoch, wie in England und den Niederlanden, das Land flach ist, mußten die Architekten einen künstlichen Hügel aufschütten, so etwa im Yorktal, bei Gent oder Leiden oder in der Poebene bei Mailand. Auf ebener Erde war ein tiefer Burggraben unverzichtbar.

Glasmalerei, die einen knienden deutschen Ritter zeigt.

Als die Burgen nicht mehr nur reinen Verteidigungszwecken dienen sollten, wurden sie größer und so auch die Residenzen des europäischen Ritteradels. Damit wuchs auch der Befestigungsring: zu den Mauern kamen Außenmauern hinzu, um das Festungsvorfeld so weit wie möglich vom Zentrum der Residenz entfernt zu halten. Festungen wurden uneinnehmbar, sehr zum Leid jener Lehensherren, die ihre übermächtigen Untertanen an die Kandare nehmen mußten. Man konnte mit keiner der existierenden Belagerungstechniken den gewaltigen Verteidigungswall einer massiven Burg durchbrechen. Man konnte sie nur aushungern und das Umland verwüsten. Eine gut bevorratete Burg konnte Monate aushalten, wie Heinrich III. vor Kenilworth und Pevensey erlebte, oder wie die ersten Hohenzollern beim aufrührerischen Brandenburger Adel zu spüren bekamen. Belagerungen konnten nicht länger dauern, als das Ritterheer bereit war, den König zu unterstützen. Die Vasallen hatten sich auch um ihre eigenen Angelegenheiten zu kümmern, besonders wenn ihre eigenen Gebiete bedroht waren. Also waren Schildpfennig oder Rittersteuer Hauptquellen für die Soldatenanwerbung. In England gab es die ersten Söldner in den Jahren der auf den Tod von Wilhelms Nachfolger Wilhelm Rufus bis zur umstrittenen Nachfolge Heinrichs I. folgenden Anarchie. Söldner standen wenigstens das ganze Jahr über zur Verfügung, vorausgesetzt, dem Zahlmeister gingen die Mittel nicht aus.

Die Kreuzzüge trieben den Burgbau weiter voran, als die mittelalterlichen Ritter im 12. Jahrhundert erstmals die Festungen der byzantinischen Kaiser und Araber sahen. Konstantinopel war die perfekteste aller Festungen. Sie war von einem dreifachen Verteidigungssystem umgeben, bestehend aus einem etwa 18 m breiten Graben, der mit spitzen Pfählen gespickt und voller anderer Hindernisse war. Natürlich war er nur etwas wert, wenn er Wasser enthielt, was laut einiger Chronisten nicht immer der Fall war. Dahinter folgte eine niedrige, einen Meter achzig hohe Mauer, die den Bogenschützen der Verteidiger perfekte Deckung bot. Doch das Hauptbollwerk lag 18 Meter hinter dieser niedrigen Mauer, eine weitere Außenwand mit Türmen im Abstand von 54 Metern, an allen strategisch wichtigen Stellen. Sie ragten alle nach außen vor, so daß die Angreifer die Mauer nicht zu ihrer Deckung verwenden konnten. Hinter dieser Mauer, der Konstantinmauer, verlief zwischen der Innen- und Außenmauer als Hauptverkehrsader der Festung eine überdachte Straße für den Truppentransport und -nachschub. Erst danach kam die Innenmauer, die eine überdachte Straße 9 Meter überragte und zur Stadt hin 12 Meter abfiel. Auch sie war reichlich mit Türmen ausgestattet, die versetzt zu den Türmen der Außenmauern plaziert und doppelt so hoch wie diese waren. Sie waren so massiv, daß auf ihren Dächern schwere Wurfgeschütze stehen konnten, während ihre Wände viele Schießscharten für die Bogen- und Armbrustschützen aufwiesen. Die Festung war vom Land aus uneinnehmbar, aber vom Meer her ungeschützt. Deshalb war eine starke und schlagkräftige Flotte zu ihrer Verteidigung notwendig. Weil die Kaiser im späten 12. Jahrhundert ihre Kriegsflotte schwer vernachlässigt hatten, konnten die Venezianer 1204 Konstantinopel vom Meer aus angreifen und es erstmals in seiner Geschichte im Sturm nehmen.

Die meisten Festungen, denen die Kreuzfahrer auf ihrem Weg ins Heilige Land begegneten, waren nach ähnlichem Muster gebaut. Einmal eingenommen, setzte man sie sofort wieder für den eigenen Gebrauch instand.

Unausweichlich wurde der byzantinische Einfluß im Festungsbau Mittel- und Westeuropas deutlich. Außenmauern mit jenseits gelegenen Verteidigungsposten kamen auf, das beste Beispiel dafür ist das Schloß Gaillard von Richard Löwenherz, das Rouen vor jedem Angriff schützte, der aus der Seinerichtung kam. Seine Hauptanlagen waren von vier aufeinander folgenden Außenbefestigungen geschützt. Die konzentrische Burg stellt aus militärarchitektonischer Sicht den Abschluß in der Entwicklung des Burgenbaus dar.

Das Belagerungswesen konnte damit nicht Schritt halten. Im 14. Jahrhundert waren die Verteidiger noch eindeutig im Vorteil. Die Belagerungsmaschinen hatten sich seit drei Jahrhunderten kaum geändert. Man verbesserte zwar die Details, aber nicht die grundlegenden Prinzipien. Eine Ausnahme bildete das, wie Oman es nannte, Gegengewicht, eine Wurfmaschine, die ihre Antriebskraft nicht aus der Spannung oder Torsion bezog, sondern aus einer plötzlichen Gewichtfreisetzung. Die sogenannte Trebuchet war im Grunde eine Variante der Magnon mit großer Reichweite, funktionierte aber nach einem anderen Prinzip. Der lange Balken wurde mit dem Ende, auf den das Geschoß gelegt wurde, auf dem Boden befestigt, während er oben auf einer Holzkonstruktion auflag, die fast wie ein Belagerungsturm aussah, aber konisch zulief. Am kurzen oberen Ende hing an Ketten befestigt ein großer Behälter mit einem schweren Stein- oder Metallgewicht. Sobald der Balken losgelassen wurde, schnellte er mit Vehemenz hoch, und schleuderte dabei das Geschoß ins Zielgebiet. Überflüssig zu sagen, daß sie genauso ungenau schoß wie die Magnon. Es wurden mehrere Versionen der Trebuchet gebaut, aber sie unterschieden sich in Funktionsweise und Wirksamkeit – oder deren Mangel – nicht vom Original.

Eine Belagerungstechnik, die offensichtlich weiterentwickelt wurde, war das Minieren (Untergraben), das seine Blütezeit im 13. Jahrhundert hatte. Doch Minieren bedeutete nicht mehr, daß man unter den Schanzpfählen ein Loch grub, es mit Brennmaterial füllte und anzündete, in der Hoffnung die Schanzpfähle niederzubrennen. Mörtel wurde in der Hitze brüchig, doch es war ein hoffnungsloses Unterfangen, wenn die Burg von einem Graben umgeben oder aus massiven Steinen gebaut war. Im 13. Jahrhundert bedeutete Untergraben, daß man einen unterirdischen Zugang unter der Mauer hindurch zur Burg grub. Sobald die

Besatzung dies bemerkte, schickte sie ihre eigenen Sappeure zum Gegengraben los, um die Angreifer niederzumetzeln oder auszuräuchern. Von einer solchen Aktion erfahren wir in einem Bericht über die Belagerung von Carcassonne im Herbst 1240.

'Die Angreifer begannen beim Narbonnetor des Vorwerks einen Stollen zu graben. Wir unterdessen machten, nachdem wir sie unterirdisch arbeiten gehört hatten, einen Gegenstollen und errichteten innen hinter dem Außenwerk sofort eine massive Steinmauer, ohne Mörtel zu verwenden. Als sie das Reisig im Loch anzündeten und es hochbrannte, stürzte ein Teil des Außenwerks ein! Damals bestand die äußere Verteidigungslinie von Carcassonne, die Barbakane, noch aus Holz.

Sie begannen dann einen Stollen zu einem anderen Türmchen des Turnierplatzes zu graben; wir gruben dagegen, und konnten das von ihnen gegrabene Loch einnehmen. Also arbeiteten sie sich unterirdisch zwischen uns und einer bestimmten Mauer vor und zerstörten zwei Leibungen der äußeren Befestigung. Doch wir errichteten dort eine starke Palisade zwischen uns und ihnen.

Sie fingen auch an, einen Gang schräg zur Stadtmauer nahe dem Bischofspalast zu graben, und weil sie weit daneben gruben, kamen sie bei der Sarazenenmauer am Turnierplatz heraus. Aber als wir dies bemerkten, reagierten wir sofort und errichteten weiter eingerückt eine starke Palisade zwischen uns und ihnen. Sie entzündeten darauf ihren Schacht, und es stürzten etwa 20 Meter unserer Außenbefestigung ein. Aber wir errichteten schnell eine weitere Palisade mit Brustwehr und Sehschlitzen; so traute sich keiner, uns von dieser Seite her anzugreifen.

Sie begannen auch, zum Vorwerk des Rodeztores einen Tunnel zu graben, den sie erstaunlich groß anlegten, um ungesehen an unsere Mauer zu kommen. Aber sobald wir dies merkten, errichteten wir eine Palisade drum herum. Wir gruben auch dagegen, und nahmen ihre Minenkammer schließlich ein.'

Carcassonne konnte weder durch Untergraben noch durch Außenangriffe eingenommen werden, und als von Außen Unterstützung kam, gab man die Belagerung auf. Minieren spielte in England ebenso eine Rolle wie in Deutschland und in der Levante während der Kreuzzüge, wo die Ägypter unter Sultan Kelaun Markab zu Fall brachten, das 1285 in den Händen des Johanniterordens war.

Solange es für Belagerungen keine anderen als die oben erwähnten Waffen gab, blieben Festungen fast uneinnehmbar. Für eine erfolgreiche Belagerung brauchte man Zeit, mehr Zeit als die Ritterheere der Belagerungsarmeen hatten, die nur drei Monate im Jahr Heerdienst zu leisten brauchten. Söldner waren zwar vorhanden, aber sehr teuer, und außerdem verhielten sie sich merkwürdig. Deutsche Söldnertruppen im Dienst der französischen Krone ebenso wie französische im Dienst der englischen, neigten dazu, die Bevölkerung ihres Gastlandes nicht anders als ihre Feinde zu behandeln, was Anlaß zu Beschwerden gab und die Magnaten oft zwang, ihren Abzug durchzusetzen. Bis zur Erfindung des Schießpulvers waren bei Belagerungskriegen hauptsächlich die Verteidiger im Vorteil.

Die Eroberung Konstantinopels durch die Venezianer 1204, während des Vierten Kreuzzugs (Gemälde von Tintoretto, jetzt im Dogenpalast, Venedig).

Detailausschnitt eines Reitergefechts
(Histoire du Voyage et Conquête de Jerusalem, *1337*)

DIE KREUZZÜGE

Papst Gregor VII. hatte es als Lebensaufgabe betrachtet, das Christentum unter päpstlicher Oberherrschaft zu einen. Canossa einerseits und sein Tod im Exil andererseits sind sowohl Kennzeichen seines Sieges als auch des Scheiterns seiner Politik. Erst sein zweiter Nachfolger, Papst Urban II., sollte den Aufruf an alle Ritter des Christentums erlassen, die Waffen gegen die Ungläubigen zu erheben, die das Heilige Land okkupierten, und es zurückzuerobern. Doch die ursprüngliche Kreuzzugsidee geht auf Gregor zurück und die Zeit, in der ein Beistandsgesuch von Kaiser Michael VII. von Konstantinopel gegen die Türken und Muslime an ihn erging. Für Gregor muß es die beste Gelegenheit gewesen sein, seine drei größten Ziele zu erreichen: die häretische Ostkirche Rom zu unterwerfen, die christlichen Könige und Fürsten unterm Kreuzzugsbanner zu seinen Vasallen zu machen und das Land, von dem das Christentum ausgegangen war und sich ausgebreitet hatte, wieder seinen rechtmäßigen Besitzern zurückzuerobern. Seine Voreingenommenheit gegenüber Kaiser Heinrich IV. während des Investiturstreits beherrschte alle anderen Handlungen. Zu den eigenen Kreuzzugsmotiven des Papstes kamen andere Faktoren hinzu: das rapide Wachstum einer Feudalaristokratie in Europa – die dazu neigte, in die umliegenden Gebiete einzudringen –, das Wachstum der Städte und das Anwachsen deren Reichtums bei einer Bevölkerung, die darauf erpicht war, ihre Handelsbereiche auszudehnen.

Die Gegenangriffe des Christentums gegen den Islam hatten bereits begonnen. Karl Martell kann als ihr erster Sachwalter gelten. Doch die Pisaner und Genueser hatten schon im 11. Jahrhundert die Muslime aus Sardinien vertrieben und besaßen somit wieder die Oberherrschaft im Tyrrhenischen Meer. Die Normannen hatten in Süditalien begonnen, ihre Stellung auszubauen, und erweiterten sie schnell, um von dort aus im Jahre 1060 Sizilien zu erobern, eine Aufgabe, die bis 1091 nicht zur Ausführung kam. Auch auf der iberischen Halbinsel waren die

Rechts: *Kreuzritter (Westminster Psalter, 12. Jh.)*
Unten: *Ritter vor und während der Schlacht* (Histoire du Voyage et Conquête de Jerusalem, *1337*)

Oben: *Gefecht vor der Stadtmauer (Ägyptische Handschrift, 12. Jh.)*
Unten: *Kreuzfahrer, ca. 1100*

Angriffe im Gange. Das Omniadenkalifat von Cordoba war nach seiner Blütezeit im frühen 10. Jahrhundert zusammengebrochen, und ließ eine Reihe unabhängiger Emirate zurück. Das gab Gelegenheit zu einer christlichen Offensive. Am östlichen Rand der Pyrenäen waren die Marken Karls des Großen zur Grafschaft Barcelona geworden. Im westlichen Bergland hatten es die Basken geschafft, sich gleichermaßen erfolgreich gegen moslemische und fränkische Herrschaft zu verteidigen und im Verlauf dessen ihre eigenen Königreiche von Aragon und Navarra gegründet. Andere Christen hatten in den Bergen von Asturien das Königreich Leon ausgerufen, das sich nach Süden bis zum Fluß Duro erstreckte. Eine Grenzregion im Osten, benannt nach der Burg, die sie verteidigte, wurde zum Königreich Kastilien. Mit Unterstützung fränkischer Ritter im Norden und Westen gelang es im 11. Jahrhundert diesen Königreichen, beachtliche Einfälle auf Kosten moslemischer Landbesitzungen in Spanien zu machen. 1085 eroberte Alfons VI. von Kastilien Toledo, dessen Fall die gesamte islamische Welt erschütterte, während zwei Jahre später eine Truppe aus Pisanern und Genuesern Tunis erbeutete und die gesamte moslemische Flotte verbrannte.

In all der Zeit waren die Länder des Orients, obwohl sie den Europäern seltsam erschienen, niemals völlig fremd geworden. Byzanz, die Ägäischen Inseln und Kleinasien hatten immer wichtige Handelsplätze dargestellt. Die Venezianer, die Genuesen und die Pisaner brachten auf ihren Schiffen die Kostbarkeiten des Ostens nach Westen. Die heiligsten Stätten der Christenheit zogen, besonders seit der cluniazensischen Reformbewegung des 10. Jahrhunderts, jedes Jahr große Pilgerscharen an. Pilger aus Zentral- und Westeuropa waren bei ihrer Ankunft in Byzanz überwältigt von der Architektur, den Basiliken, Palästen, den riesigen Märkten und dem Warenüberfluß, den sie boten, und die in so krassem Gegensatz zur nackten Einfachheit der eigenen Heimatländer stand. Die byzantinische Streitkräfte bestanden zum größten Teil aus germanischen Söldnern. Abkömmlinge der Wikinger dienten Seite an Seite mit denen der Angelsachsen, Franken und Normannen. Griechenland hatte

Links: *Die Wache des Sultans bläst zur Ermunterung der moslemischen Truppen die Trompete* (Séances d'Harari, *arabische Handschrift, 13. Jh.*)
Oben: *Nachzügler des Ersten Kreuzzuges werden von Ungarn angegriffen*

noch nichts von seinem geistigen Einfluß verloren. Doch die Verbindung, die den Okzident eng mit dem Orient verband, war der religiöse Glaube. Das Heilige Land war ultimatives Ziel jeden Pilgers. Seit den Tagen der Großen Völkerwanderung versammelten sich Pilger, die die Apostelgräber in Rom besucht hatten, in den Häfen italienischer Küstenstädte, um nach Konstantinopel zu fahren und von dort aus ins Heilige Land zu gelangen. Das war gefährlich, denn Marodeure konnten überall entlang des Weges im Hinterhalt liegen. Doch die Kalifen selbst behinderten nie die Pilgerfahrten. Bei ihrer Rückkehr verbreiteten die Pilger die Neuigkeiten von Wagnis und Pracht, die sie in Stadt und Land erfahren hatten.

Als Papst Urban II. die Christenheit dazu aufrief, den Heiligen Gral aus den Händen der Ungläubigen zu befreien, kam ein überwältigendes Echo aus einem Klima der Überzeugung heraus, das auf solch ein riesiges Unterfangen psychologisch und praktisch gut vorbereitet worden war. Der Aufruf zum Kreuzzug ging von der römisch-katholischen Kirche, einschließlich der Franzosen, Engländer, Spanier, Dänen, Germanen und Italiener aus, und für die Massen, die folgten, überlagerte die mystische Tendenz des Aufrufs alle anderen Überlegungen und Motivationen. Diese mystische Tendenz ist ein Grund für das Scheitern der Kreuzfahrer, eine vernünftige Strategie zu entwickeln. Doch dies gilt für den größten Teil mittelalterlicher Kriegszüge. Obwohl taktische und strategische Konzepte nie völlig verschwanden, war das Produkt des Feudalsystems, der Rittervasall, viel zu sehr Individualist, um eine Führerschaft anzuerkennen, die fähig gewesen wäre, straffe taktische Pläne durchzusetzen. Und ohne Taktik keine Strategie. Als im Laufe des 14. Jahrhunderts Anfänge einer Transformation der Kriegsführung auftauchte, änderte sich das Bild völlig.

In den zwei Jahren seit Papst Urbans Aufruf, hatten ihn ganze Heerscharen von Pilgern in alle Winkel des Christentums getragen. Urban selbst scheute keine Mühe, persönlich die Botschaft zu verbreiten, reiste von Palast zu Palast, um auf die Bedeutung ewiger Errettung hinzuweisen, die mit einem Kreuzzug erlangt werden konnte, wie auf die Gewinne, die eher auf der weltlichen Seite des ewigen Lebens zu erreichen waren: neues Land für Könige und Vasallen, Gewinne, die von Händlern und Handwerkern bei der Ausrüstung der Kreuzzüge erwirtschaftet werden konnten, den Status eines Freien für Unfreie, wenn sie sich unter das Banner des Kreuzes begaben.

Der Adel Europas, besonders der Franzosen, sammelte sich. Doch als die Kreuzfahrer in Konstantinopel beisammen waren, stellte sich als erstes Defizit heraus, daß es keinen Oberkommandierenden gab. Dies war kein vereinigtes Kreuzfahrerheer, sondern ein Streitkräftebündnis. Zwischen den Streitkräften und ihren Führern bestanden starke Rivalität. Bedeutende Ritter unter den Kreuzfahrern waren Robert Rufus, Sohn von Wilhelm dem Eroberer; Godfrey von Bouillon, Herzog von Lothringen; Hugh, Graf von Vermandois und Bruder Philips I. von Frankreich; Robert II. von Flandern und Raymond, Graf von Toulouse, Anführer des stärksten Kreuzfahrerkontingents.

In Konstantinopel lag die erste Schwierigkeit in der Person Kaiser Alexius', der die Motive der Kreuzfahrer aus dem Westen genauso respektierte wie die Tschechen die Streitkräfte des Warschauer Pakts begrüßten, die 1968 gekommen waren, um sie vor den Gefahren eines imperialistischen Angriffs zu retten. Doch im Gegensatz zu den Tschechen war Alexius noch in einer starken Position. Um seine Stellung zu schützen, nahm er jedem Anführer der Kreuzfahrer einen Treueeid ab. Nur Godfrey von Bouillon leistete ihn.

Die anderen ignorierten. Die Probleme, vor denen man danach stand, waren zum größten Teil hausgemacht. Nur ein großes Problem war nicht Schuld der Kreuzfahrer: die mangelnden geographischen Kenntnisse. Unter den Kreuzfahrern herrschte ein ausgesprochener Informationsmangel über die Geographie der Levante und Kleinasiens.

Die einzigen, die im Westen überhaupt etwas über diese Länder wußten, waren die Genuesen und die Pisaner, doch ihre Kenntnisse beschränkten sich hauptsächlich auf die Seewege. Der Weg von Europa zum Bosporus war gut bekannt, doch was da-

Der erste Kreuzzug 1097: die Christen kämpften bei Konstantinopel gegen die Türken (Stich nach mittelalterlichen Plastiken)

hinter, auf dem Weg ins Heilige Land lag, war *terra incognita.* Nur die Byzantiner wußten es, und die Kreuzfahrer mußten ihre Führung anerkennen oder ignorieren. Da sie den Byzantinern aber nicht trauten, ignorierten sie meist deren Rat. 1101 marschierte Raymond von Toulouse mit seinem Kontingent auf schrecklichen Umwegen von Abcyra nach Gangra und von dort nach Amasia. Es war Raymonds eigener Entschluß gewesen, sich gegen den von Kaiser Alexius vorgeschlagenen Weg zu entscheiden. Raymond wiederholte diesen Fehler noch mehrmals und demonstrierte so, daß die meisten Probleme, die auf die Kreuzfahrer warteten, selbstgeschaffen waren. Dünkel, Selbstsucht, Leichtsinn und regelrechte Unvorsichtigkeit markierten ihren Weg so deutlich, daß es erstaunlich ist, daß sie überhaupt etwas erreichten.

In Kleinasien wurden sie unablässig von den Türken und anderen Stämmen angegriffen. Das Gelände war für die Schlachtformationen der Ritter nicht geeignet. Häufig wurden Kreuzfahrerkontigente angegriffen, wenn sie gerade einen Strom überquerten, der von felsigen Plateaus umgeben war, wie das Kontingent Wilhelms von Poitier. Zu auseinandergezogen, um eine Gefechtslinie zu bilden und von natürlichen Hindernissen gehemmt, wurden sie von den Türken umzingelt, und alle, denen es nicht gelang, sich in die Hügel und Berge durchzuschlagen, wurden abgeschlachtet. Die Fußsoldaten hatten überhaupt keine Chance. Nur mit der taktischen Erfahrung des Ritters, der Überraschungstaktik schwer bewaffneter Kavalleristen ausgestattet, hatten die Kreuzritter die anderen Waffengattungen nur als Hilfkräfte angesehen. Verglichen damit war die Taktik der Byzantiner unendlich gewitzter, etwas, das sie hauptsächlich dem von den Türken und Arabern Gelernten zu verdanken hatten. Wie Sir Charles Oman sagte:

'Sie nahmen 1. immer einen entschlossenen und zahlenmäßig ausreichenden Trupp an Infanteristen mit in die Schlacht, hielten 2. einen ausgeklügelten Abschirmungsring von Kavallerie- und Vorposten um das Heer herum aufrecht, um sich vor Überraschungen zu schützen, vermieden es 3. in unübersichtlichem Gelände zu kämpfen, wo die Bewegungen des Feindes nicht auszumachen waren, 4. hielten sie große Reserven und Flankenbewachung zurück, 5. kämpften sie so, daß Rücken (und nach Möglichkeit auch Flanken) von natürlichen Hindernisse wie Flüssen, Sümpfen oder Klippen gedeckt waren, um die übliche türkische Taktik des Zirkularangriffs auf die Flanken oder die Feldposten zu unterlaufen, 6. befestigten sie immer das Lager, 7. verfolgten sie nach den ersten Erfolgen nie zu schnell den Feind und verhinderten so, daß die Infantrie vom Hauptpulk abgetrennt werden konnte."

Trotz des planvollen Vorgehens hatten die Byzantiner schwere Rückschläge durch die Türken erlitten. Die Kreuzfahrer stolperten in ihr Unglück, weil sie nichts über die Türken wußten, zu arrogant waren, um sich zu beugen und Vorgehensweisen der 'griechischen Affen' aufzugreifen.

Oben: *Kreuzfahrer überqueren den Bosporus, 1097 (Nach einer Zeichnung von Weber)*
Die mächtige östliche Festung in Jordanien, Shaubak

Oben: *Assyrer bei der Belagerung Jerusalems, 1099* (Silos Apokalypse, *1109*)
Links: *Die Reiter der Vier Siegel, wie Sarazenen mit Armbrust und Schwert bewaffnet* (Silos Apokalypse, *1109*)

Zuerst schien dies anders. 1097 belagerten sie Nicäa, das sich nach wenig mehr als einem Monat ergab. Sie zogen weiter nach Antiochia und von dort nach Tripolis. Im Januar 1099 brach das Kreuzfahrerheer schließlich nach Jerusalem auf. Godfreys jüngerer Bruder Balduin wandte sich mit seinen Kräften unter der Vorgabe nach Osten, die Flanken des Hauptheeres schützen zu wollen. Eigentlich suchte er aber Land, das er für sich erobern konnte. Als sich das Heer Palästina näherte, überquerte es ein fast wasser- und nahrungsmittelloses Gebiet. Doch in Palästina änderte sich die Umgebung. Das Land trug reichlich Früchte und Gemüse, die Städte hatten Wein, Brot und Käse im Überfluß.

Drei Jahre nach Beginn des Kreuzzuges erreichten sie Jerusalem, hoch auf seinen Hügeln von starken Mauern und Türmen umgeben. Die Verteidiger hatten alle Viehbestände davongetrieben und die Quellen rings um die Stadt vergiftet. Die Belagerung begann nach traditionellem Muster. Die Kreuzfahrer bauten Belagerungstürme, Sturmleitern, Rammböcke und Pfähle, Weitwurfsteinschleudern (Magnons), Wurfgeschütze (Ballisten) und Trebuchets.

'Bevor wir angriffen, predigten unsere Bischöfe und Priester und befahlen, daß alle Männer in einer Prozession zu Ehren Gottes um die Schanzen von Jerusalem ziehen sollten ... Am frühen Freitag begann der Hauptangriff, aber wir waren nicht in der Lage, etwas auszurichten und fielen voller Furcht zurück. Dann, beim Nahen der Stunde, in der unser Herr Jesus Christus für uns am Kreuz gelitten hat, führten unsere Ritter in einem der hölzernen Türme einen wilden Angriff, unter ihnen Herzog Godfrey und Graf Eustace. Einer unserer Ritter, Letold mit Namen, erklomm die Mauer. Sobald er oben war, flohen die Verteidiger die Mauer entlang und hinunter in die Stadt, und wir folgten ihnen, erschlugen sie und mähten sie dabei nieder, bis hin zum Tempel von Salomon, wo es ein solches Schlachten war, daß unsere Männer knöcheltief im Blut wateten ... Die Kreuzfahrer rannten in der Stadt herum, nahmen Gold, Silber, Pferde, Esel und plünderten die Häuser, die mit Reichtümern angefüllt waren. Dann gingen unsere Männer, glücklich und vor Freude weinend, am Grab Unseres Herrn zu huldigen und gaben alles zurück, was sie besaßen. Am folgenden Morgen stiegen wir auf das Dach des Tempels und trafen auf Sarazenen, die dort waren, Männer und Frauen, und köpften sie mit unseren Schwertern.'

Der Chronist beschreibt sehr deutlich die bei den Rittern herrschenden Prioritäten: zuerst die Beute, die sie als ihnen gehörig betrachteten, untereinander verteilen, und danach Gottesdienst abhalten. Die Stadt war eingenommen worden, doch die Eroberung schuf keine Einigkeit unter den Eroberern, von denen einige nun nach Hause wollten. Godfrey von Bouillon wurde zum König von Jerusalem ausgerufen, eine Ehre, die er nur ein Jahr lang genoß, bevor er an Typhus starb.

Inzwischen festigten die Kreuzfahrer ihren Erfolg indem sie ein ägyptisches Heer besiegten, das ausgesandt worden war, um Jerusalem zurückzuerobern. Im allgemeinen erwiesen sich die nicht-türkischen Muslime als mittelmäßige Streitmacht, weniger fähig geführt als die Türken, und nach der Niederlage der Ägypter in Askalon im August 1099 beherrschten die Kreuzfahrer das Innere Palästinas. Nur Damaskus, Emesa, Hama und Aleppo wurde noch von den Moslems gehalten. Sehr wichtig war die Einnahme der Hafenstadt Jaffa, ohne die eine Versorgung der Kreuzfahrer nicht hätte gewährleistet werden können. Doch die Muslime führten erneut einen Feldzug und eroberten 1144 Edessa zurück, dessen Fall ganz Europa erschütterte und die Verkündung des Zweiten Kreuzzuges durch Bernhard von Clairvaux verursachte. Godfrey von Bouillon hatte vor seinem Tod die Gefahren erkannt, die im Mangel einer formalen Organisation des Kreuzfahrerheeres lagen. Nötig war straffere Ordnung und Disziplin. Als erste Maßahme befahl er, daß es 20 „Kanoniker des Heiligen Grabes“ geben sollte, Mönche, deren

Aufgabe die Bewachung und Verteidigung des Grabes Christi war. Sie hatten dem Prior des Ordens einen Gehorsamseid zu leisten. Bald schon wurden diese Ritter als die 'Ehrwürdigsten' bekannt, sie trugen weiße Mäntel, die mit dem roten Kreuz von Jerusalem geschmückt waren. Dieser Orden wurde gefolgt vom Orden des St. Johannes. Bis zum Ende der Kreuzzüge verkörperten diese Militärorden das Rückgrat der Kreuzzugsbewegung, die Elite der europäischen Ritterschaft.

Bernhard von Clairvaux war eine der treibenden Kräfte bei der Gründung des Templerordens, den er 1125 beschrieb:

„Sie lassen zu Hause oder im Feld keine anständige Führung vermissen, und dem Gehorsam fehlt keine Wertschätzung. Sie kommen und gehen nach der Anordnungen des Meisters; sie ziehen die Kleidung an, die er ihnen gibt und verlangen von niemandem sonst Kleidung oder Essen. Sie gehen bei beidem der Üppigkeit aus dem Weg; nur für das Notwendigste wird gesorgt. Sie leben miteinander glücklich und in Bescheidenheit, ohne Mägde oder Kinder, um keine evangelikale Vollkommenheit vermissen zu lassen, ohne Besitz in einem Haus, in einem Geist, bemüht, die Verpflichtung zu Frieden und Ruhe aufrechtzuerhalten, so daß in allen von ihnen ein Herz und eine Seele zu wohnen scheint. Zu keiner Zeit sind sie müßig oder wandern neugierig herum. Ruhen sie von ihren Kämpfen gegen die Ungläubigen aus, verbessern und reparieren sie Kleidung und Waffen, um ihr Brot nicht umsonst zu essen. Schach und Brettspiele verabscheuen sie; schätzen weder die Hetz- noch die Vogeljagd, hassen die Vagabunden, die Spielleute, alles übermäßige Singen und Schauspielen wie auch exzessive Eitelkeit und Dummheit der Welt. Sie gehen nicht hitzköpfig und ohne zu denken in die Schlacht, sondern mit den nötigen Überlegungen und mit Vorsicht, friedvoll wie die wahren Kinder Israels. Doch wenn die Schlacht begonnen hat, drängen sie sich ohne Furcht in den Feind, sehen im Feind nur ein Schaf. Und sind ihrer wenige, vertrauen sie auf die Hilfe Jehovas. Deshalb hat einer es bewerkstelligt, Tausend vor sich herzutreiben, und zwei Zehntausend. In einer seltsamen Kombination sind sie sanfter als Lämmer und wilder als Löwen, daß man zweifelt, ob man sie Mönche nennen sollte oder Ritter. Jedoch sie verdienen beide Namen, weil sie teilhaben an der Sanftheit der Mönche und der Tapferkeit der Ritter."

Belagerung einer Burg, 1438

So das Ideal, und Bernhard von Clairvaux' Beschreibung ist die Vision des Ideals, das den Kreuzzügen und ihren Verfechtern neue Impulse geben sollte. Sie hatten beträchtlichen Erfolg. Kaiser Konrad III. von Deutschland und König Ludwig VII. von Frankreich nahmen im Frühling 1147 das Kreuz auf sich.

Kreuzfahrer verwenden beim Angriff auf eine Burg eine ballistische Belagerungswaffe: siehe unten links (Histoire du Voyage et Conquête de Jerusalem, *14. Jh.*)

Oben: *Die Sarazenenreiter, links, werden nicht durch schwere Rüstungen behindert und sind deshalb den Christen, rechts, überlegen, was zur Niederlage der Christen bei Hattin führte.*

Rechts: *Die Belagerung von Antiochia* (Histoire de Jerusalem *von William of Tyre, ca. 1250*)

Unten: *Angriff auf die Burg von Emmaus: ein hölzerner Turm wird benutzt, um den Wohnturm anzugreifen, in dem sich nur noch Frauen befinden* (Histoire de Jerusalem *von William of Tyre, ca. 1250*)

Seite 98
Rechts: *Richard I. (1157-99) und die Sarazenen schließen Frieden (Handschrift Corpus Christi, ca. 1240)*

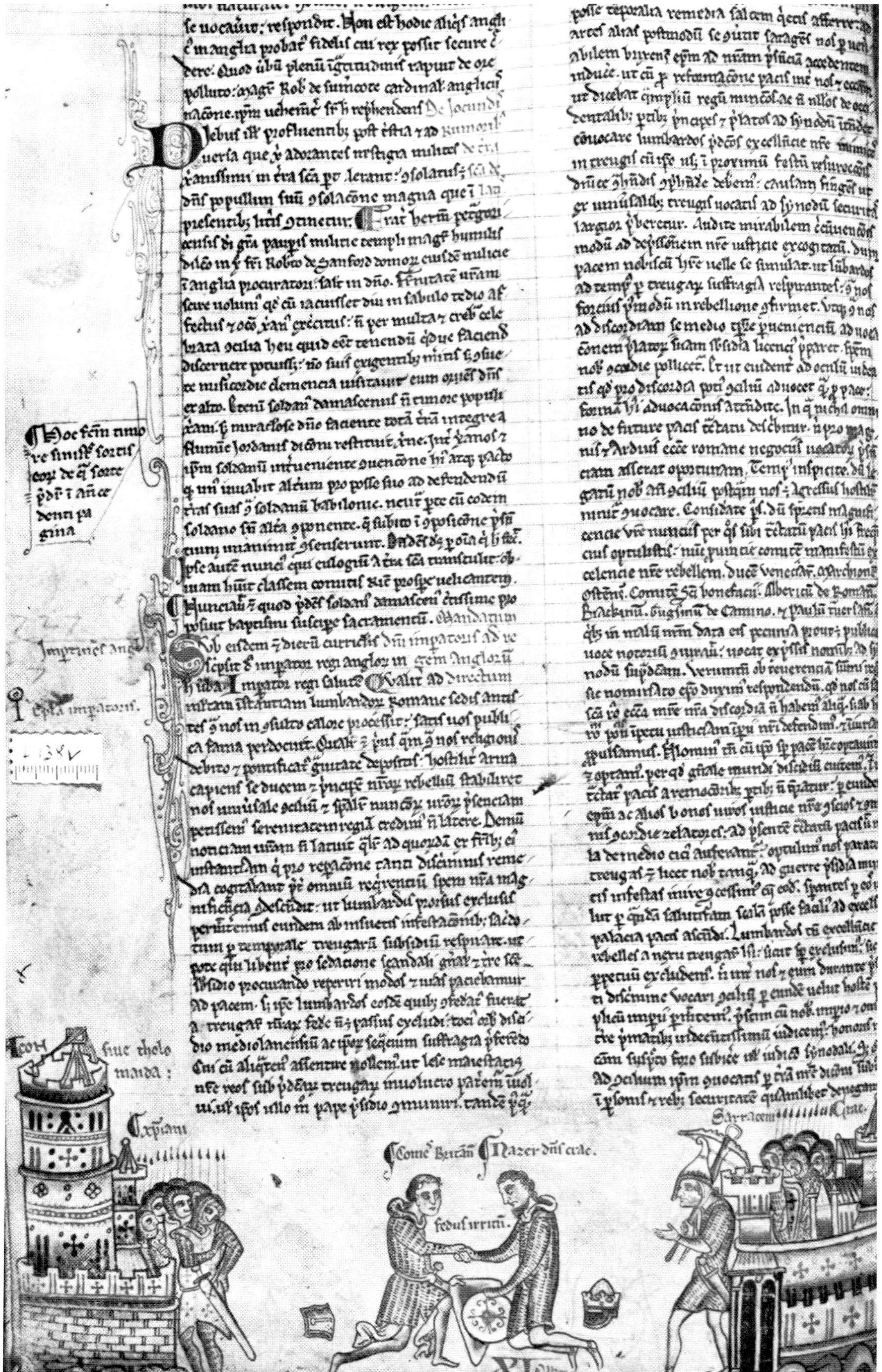

Unten: *Die Flotte der Kreuzfahrer vor der Küste des Heiligen Landes, 1386*

Auf ihrem Weg durch Kleinasien ereilten sie mehrere Unglücke, die Konrad zu der Entscheidung trieben, sein Heer über das Meer ins Heilige Land zu bringen, während sich Ludwig für den Landweg entschied. Im Heiligen Land vereinigten sie sich wieder und trafen mit Balduin, dem Bruder Godfreys von Bouillon, zusammen, der da schon Balduin III., König von Jerusalem, geworden war. In Jerusalem hielten Konrad, Ludwig und Balduin mit den Großmeistern der Templer und des Johanniterordens ein Konzil ab und beschlossen den Angriff auf Damaskus. Es war das größte Heer, das die Kreuzfahrer bisher ins Feld geführt hatten, doch es ist unmöglich, präzise Zahlen zu ermitteln. So spricht eine Quelle von 100.000 Rittern und fast 900.000 anderen Kriegern. Spätere Studien ergaben, daß die höchste Zahl an Rittern, die an Kreuzzugsschlachten beteiligt waren, nicht mehr als 1200 und, wie in Askalon, 9000 Fußsoldaten betragen haben kann; demnach scheint das Rittertroß aus 260 bis 1100 Mann bestanden zu haben, und die Fußsoldatenkontingente aus höchstens 2000 bis 3000.

Während der Belagerung von Damaskus erhob sich die Frage, wer die Stadt nach der Eroberung bekommen sollte. Da es zu keinem Entschluß kam, wurde die Belagerung als gescheitert erklärt, und weil türkische Streitkräfte unterwegs waren, zog das Kreuzfahrerheer ab. Konrad kehrte 1148 nach Deutschland und Ludwig 1149 nach Frankreich zurück. Die Kreuzfahrer wurden von den Muslimen zurückgedrängt. Unter ihnen befand sich ein sechzehnjähriger Knabe namens Saladin. Der hingebungsvolle Moslem und fanatisch gegen die Christen eingestellte Saladin wuchs zu einer der großen Persönlichkeiten der mittelalterlichen Geschichte heran, zu einem Mann, der trotz seiner glühenden innere Überzeugung als Politiker und Heerführer samt seines Lebens ein kühler Kopf behielt. Seit Mohammed hatte es keinen Moslem gegeben, der die Völker der islamischen Welt mehr geeint hat als Saladin. Bis 1169 hatte er sich in Ägypten festgesetzt und war entschlossen, die Kreuzfahrer aus Palästina zu vertreiben, das sie teilweise besetzt hielten und über den Seeweg versorgt wurden, der auch ihre Flanke schützte. Die andere Seite schützte eine Kette mächtiger Burgen. Solange diese Burgen standhalten konnten, solange die Kommunikations- und Versorgungswege im östlichen Mittelmeer aufrechtzuerhalten waren, war ihre Stellung, vom Standpunkt der Verteidigung her gesehen, wenn nicht uneinnehmbar so doch sehr stark. Obwohl die Beziehungen zwischen den Kreuzfahrern und Konstantinopel bestenfalls als schwierig bezeichnet werden konnte, wurden genug Moslems von den Kreuzfahrern abgelenkt, solange Byzanz die Syrer von Norden her bedrohte. Das wendete sich drastisch zum Schlimmeren als

Oben: *Saladins Truppen verwüsten das Heilige Land* (Histoire de Jerusalem *von William of Tyre, ca. 1250-60*)

Links: *Kreuzfahrer bei ihrer Prozession um die Mauern von Jerusalem*

Unten: *Belagerung von Antiochia* (Histoire de Jerusalem *von William of Tyre, ca. 1250-60*)

Saladin besiegt die Christen und erbeutet das Heilige Kreuz, 1187

Kaiser Manuel von Byzanz beschloß, die Offensive gegen die Moslems zu eröffnen, doch er wurde am 17. September 1176 besiegt. Ohne Byzanz konnten die Kreuzfahrer auf lange Sicht Palästina nicht halten. Der Zusammenbruch wurde verzögert, bis Manuels Tod im Jahre 1180 und die Querelen um die Nachfolge Byzanz so schwächten, daß es sich nie wieder erholen sollte.

Inzwischen hatte Saladin 1177 seine Truppen über die ägyptische Grenze geführt und eilte nach Jerusalem. Überraschend wurde sein Heer von den Kreuzfahrern vertrieben. Er erholte sich aber schnell von dem Schlag und setzte im folgenden Jahr seinen Feldzug fort. Dieser blieb jedoch erfolglos und da beide Seiten von dem Kämpfen um Palästina ausgezehrt waren, einigten sie sich auf eine zweijährige Waffenruhe. Diese sicherte christlichen und moslemischen Händlern den Zugangsweg zum Gebiet des jeweils anderen. Der Anblick so vieler prächtiger Karawanen war jedoch für Reynald von Chatillon eine zu große Versuchung. Eines Tages legte er einer Karawane einen Hinterhalt und plünderte sie aus. Saladins Ansicht nach war die Waffenruhe gebrochen worden. Im September 1183 marschierte er in Palästina ein, doch die Ritter wollten keine offene Feldschlacht und blieben in ihren Burgen. Eine neue Waffenruhe wurde ausgehandelt und erneut von Reynald gebrochen.

Wütend sammelte Saladin seine Truppen an der Grenze. Diesmal kamen die Kreuzfahrer unter dem Kommando von Guy à Lusignan, der nach Balduins Tod auf Jerusalems Thron saß. Auf ihrem Marsch zu Saladin, der nahe des Sees Genezareth sein Lager aufgeschlagen hatte, begleitete sie der Bischof von Akka, der angeblich die heiligste Reliquie mit sich führte, das Kreuz Christi. Sie lagerten auf einigen felsigen Höhenzügen, die nach ihren zwei Gipfeln 'Hörner von Hattin' genannt wurden. Wasser war knapp. Durstgepeinigt und erschöpft vom Marsch schauten die Soldaten hinunter auf das Dorf Hattin und die glitzernde Wasserfläche des Sees Genezareth.

Die Moslems ergriffen die Initiative. Nachdem sie das trockene Gras den Hang hinauf in Brand gesetzt hatten, folgte ein Großangriff mit Pfeilen. Viele Ritter sollen vor schierer Erschöpfung von ihren Pferden gefallen sein. Am folgenden Tag verstärkte Saladin seine Bogenschützen mit Bogenschützen zu Pferd und sieben Kamelen, die nichts anderes trugen als Pfeile. Teile des Kreuzfahrerheeres wurden vom Hauptpulk abgeschnitten. Die Sarazenen brachen in die Reihen der Ritter und ihrer Fußtruppen ein, und es fanden, so berichtet ein arabischer Chronist: „... schreckliche Scharmützel statt. Nie in der Geschichte der Vergangenheit wurden solche Meisterstücke erzählt.“ Alle Ordnung war dahin, Angriff auf Angriff der Sarazenen zerstreute ihre Feinde, von denen viele gefangengenommen wurden, darunter auch der König. Schließlich erbeuteten sie das Heilige Kreuz. Saladin ließ Reynald von Chatillon enthaupten. Der König und die anderen Adligen entgingen diesem Schicksal. Saladins buchstäblich gegen das Kreuz errungener Sieg war ein Schlag, von dem sich die Kreuzfahrer nie mehr erholten.

Die Niederlage löste den Dritten Kreuzzug aus, das Signal war Saladins Einnahme von Jerusalem, wo anstelle des Roten

Oben: *Kreuzfahrer beschießen Nicäa mit den Köpfen von Gefangenen* (Les Chroniques d'Outremer)

Links: *Friedrich Barbarossa schifft sich zum Kreuzzug ein* (Chroniques des Rois de Bourgogne, *ca. 1500*)

Außen Links: *Richard Löwenherz und Philip II. von Frankreich während des Dritten Kreuzzuges*

Unten: *Richard I. hebt Saladin, den Sultan von Ägypten, aus dem Sattel*

Kreuzes auf weißem Hintergrund nun das goldene Banner Saladins wehte. Er wurde von Kaiser Friedrich Barbarossa, dem Nachfolger Konrads, angeführt und Philip von Frankreich und Richard Löwenherz, der Barbarossa als Soldat nicht nachstand, begleiteten ihn. Barbarossa genoß das Ansehen eines würdigen Widersachers, des wahren Nachfolgers Karls des Großen und Ottos des Großen. Doch Barbarossas Rolle währte nicht lange. Er kam nie im Heiligen Land an sondern ertrank bei einem ungeklärten Unfall in einem kleinen Fluß in Kilikien. Das Heer versuchte anfangs, zu einer Übereinkunft mit Saladin zu kommen. 1191 hatte es Akka eingenommen, doch dann köpften Richard und der Herzog von Burgund 2600 Gefangene. Im September des gleichen Jahres erzielten die Kreuzfahrer einen glorreichen Sieg in Asouf. Es war hauptsächlich Richards Sieg; er setzte seine Ritter und Fußsoldaten vernünftiger ein als jeder seiner Nachfolger oder Zeitgenossen. Saladin zog sich zurück und griff auf seine alte Überfallstrategie zurück. Daß der Kreuzzug sein Ziel verfehlte, hat mit den selbstsüchtigen Ambitionen der beteiligten Monarchen zu tun. So rief 1198 Papst Innozenz den Vierten Kreuzzug aus. Sein Anführer war der halbblinde achtzigjährige Doge von Venedig, Enrico Dandolo. Im wesentlichen sollte er eine Flotte zusammenzustellen, die die Kreuzfahrer ins Heilige Land bringen sollte. Doch als sie in Venedig ankamen, gab es kein Geld, die Schiffe zu bezahlen. Dies führte sie nach Dalmatien und ins Herz von Byzanz, bis sie vor den Toren Konstantinopels ankamen, wo Prinz Alexius Angelus, Sohn des entthronten Isaak II., die Kreuzfahrer drängte, den Vater wieder in sein Amt einzusetzen. Am 7. April 1203 stürmten die Kreuzfahrer die Stadt von See her und Isaak wurde wieder eingesetzt. Die Kreuzfahrer warteten nun außerhalb der Stadt auf ihre Bezahlung von 200.000 Mark. Doch das Geld kam nicht, und eine erneute Palastrevolution setzte Isaak II. wieder ab. Sich als von allen Verpflichtungen frei betrachtend, rüsteten sich die Kreuzfahrer, die Stadt von See und vom Land her zu stürmen. Die Stadt hielt sich ein paar Tage, doch von inneren Zwistigkeiten geplagt, hatte sie nicht mehr die einstige Stärke. Am 13. April 1204 fiel Konstantinopel und war drei Tage lang Schauplatz von Gemetzeln und Plünderungen. Für die Kreuzfahrer war Byzanz ein häretisches Reich, schlimmer noch für einen Christen als das Reich der Ungläubigen. Doch die Reichtümer, die es barg, übertrafen alles, was das Heilige Land zu bieten hatte. Byzanz, bisher das östliche Bollwerk gegen die Türken und Asien, war zerstört. Mehr als zwei Jahrhunderte blieb es noch bestehen, doch politisch hörte es auf, eine ernsthafte Rolle in der europäischen Politik zu spielen.

Politisch hatten die Kreuzzüge die seit der islamischen Invasion zwischen moslemischer und westlicher Welt existierenden Barrieren zerstört. Ungeachtet kleinlicher Querelen, des Verrats und Betrugs waren sie die letzte große Demonstration christlicher Universalität, die wie eine Klammer die Nachfolgestaaten des Römischen Reiches zusammenhielt. Unter den Franzosen, die die Kreuzzüge immer als vorwiegend französische Angelegenheit betrachtet hatten – was gelegentlich stimmte –, nährten sie den Gedanken an eine Nation, so wie die *Reconquista* diese Idee unter den Völkern Spaniens und Portugals nährte. Die Kirche erreichte unter Innozenz III. ihren Zenit. Der Papst war König der Könige, seine geistige Kontrolle benötigte aber eine ökonomische Grundlage, die letztlich Ablaß und Kirchenzehnt brachte. Der Widerstand dagegen sowie zunehmende Kenntnisse, die aus Byzanz und der arabischen Welt bezogen wurden, führte zu Spekulationen und schließlich zu Zweifel. Das Kreuz von Hattin hatte nicht vermocht, die Eroberungshorden Saladins aufzuhalten. Warf das nicht ein Licht auf alle, die sagten, sie wären die Träger und Bewahrer des Kreuzes? Ketzerei lag in der Luft, Spekulationen, Zweifel, all das nährte den dem Menschen innewohnenden Geist der Hinterfragung. Doch die Fragen waren die große treibende Kraft, die die Welt verändern sollten – besser gesagt das Bild, das der mittelalterliche Mensch von ihr hatte.

Niederlage der Türken vor Antiochia (Bibliothèque Nationale, Handschrift 5594)

Links: *Richard Löwenherz (Kacheltafel aus der Chertsey Abbey)*

Unten: *Ritter des Heiligen Geistes schiffen sich zum Kreuzzug ein. Diese Reise wurde nie wirklich unternommen, doch den Rittern war gesagt worden, sich auf die Abreise vorzubereiten, bis eine abschließende Entscheidung bezüglich ihrer Zukunft in Rom getroffen worden war. (Nach einer französischen Miniatur aus dem 14. Jh.* Die Statuten des Heiligen Geistes in Neapel *heute im Louvre, Paris)*

DER DEUTSCHE RITTERORDEN

Niederlage der Türken bei Dorylaeum (1097) durch Godfrey von Bouillon während des Ersten Kreuzzuges. Die Kreuzzüge gaben die Anregung zur Gründung von Ritterorden wie dem Deutschen Ritterorden. Zu Beginn waren es Hospitalgenossenschaften, wie die Johanniter, doch sie entwickelten schließlich eine rein militärische Funktion. (Saintes Chroniques d'Outremer).

Die Ritterorden, die sich bis zum Unterstützungsaufruf des Heiligen Bernhards für den Ersten Kreuzzug zurückverfolgen lassen, unterschieden sich sehr vom Rittertum des Mittelalters. Bernhard hatte die Regeln der Tempelritter den beiden Rittern Hugo von Payens und Godfrey von St. Omer übermittelt, und rief in einem Traktat zum Beitritt auf:

'Die Krieger sind sanfter als Lämmer und wilder als Löwen, vermählen die Milde des Mönchs mit der Furchtlosigkeit des Ritters, daß es schwierig ist, zu entscheiden, wie man sie nennen soll: Männer, die den Tempel Salomons mit Waffen schmücken statt mit Juwelen, mit Schilden statt Goldkronen, mit Sätteln und Zaumzeug statt mit Kandelabern: begierig nach Sieg und nicht nach Ruhm, nach Kampf, nicht nach Pomp; die unnötiges Gerede, unnötiges Tun, unziemliches Lachen, Klatsch und Geschwätz verabscheuen, wie sie alle eitlen Dinge ablehnen; die, obwohl ihrer viele, in einem Haus beeinander leben, getreu einer Regel: mit einer Seele und einem Herzen.'

Bernhards Ordensgründung setzte dem 'Held des Zeitalters der Ritterlichkeit' und seinem höfischen Streben kein Ende. Dem rastlosen, wankelmütigen, religionslosen fahrenden Ritter aber, der von Abenteuer zu Abenteuer zog oder sich dem Dienst seiner Dame opferte, ein Leben nach seinem Gusto führte, gänzlich destruktiv dem festen Gewebe des Staates, stellte er eine geschlossene, starr disziplinierte Körperschaft gegenüber, die dem Dienst an Christus, dem geistigen Führer der Rittervereinigung, ergeben war. Es waren Mönche und Laienbrüder, die aktiv mit dem Neuen Testament und dem Schwert einem gemeinsamen Zweck dienten, Männer, die sich einem gemeinsamen Meister unterwarfen. In moderner Terminologie waren sie 'Aktivisten des Schwertes und des Wortes', die an einheitlicher Bekleidung, dem Mantel mit dem Kreuz, und einheitlichem Lebensstil erkennbar waren.

Wie der ursprüngliche Idealismus, in dem häufig die Herkunft vieler Institutionen wurzelt, konnte auch der anfängliche Impetus nicht endlos aufrechterhalten werden. Am Ende des 12. Jahrhunderts schien das geistliche Rittertum nahezu am Aussterben zu sein. Die Einrichtungen der Tempelritter, deren Mitglieder hauptsächlich Franzosen waren, und der Ritter des Hl. Johannes, die größtenteils aus Engländern und Italienern bestand, verschwanden oder standen vor der Auflösung. Doch genau zu diesem Zeitpunkt, im Jahre 1190, tauchte ein neuer Orden auf, der sich *Deutschritterorden* nannte. Die Gründungsinitiative kam jedoch weder vom Klerus noch von deutschen Rittern, sondern von deutschen Bürgern, Händlern der Hansestädte Bremen und Lübeck.

Oben: *Unter dem europäischen Kriegeradel, der es als Ehre ansahen, im Deutschen Ritterorden zu dienen, befand sich Henry Bolingbroke*

Links: *Kaiser Friedrich II. (1194-1250), der größte Hohenstaufenkaiser*

Diese Kaufleute im Heiligen Land hatten Mitleid mit ihren Landsleuten im von Krankheiten gebeutelten Belagerungsheer, das am Berg Turon außerhalb Akkas lagerte. Sie gründeten ein Hospital, das sie der heiligen Maria widmeten. Dort versorgten Händler die kranken Ritter. Nach der Einnahme von Akka erhielten sie eine große Landschenkung, auf der eine Kirche und ein Hospital errichtet wurde, und sie bewarben sich um offizielle Anerkennung als 'geistliche Genossenschaft der Brüder zum Hospital der Heiligen Maria deutscher Nation'. Dies wurde ihnen von Papst Zölestin III. im Jahre 1196 gewährt und von Papst Innozenz im Jahre 1199 erneut bestätigt. Letzterer drängte jedoch darauf, daß die Genossenschaft zu einem Ritterorden werden sollte, der seine Regeln von den Tempelrittern übernehmen sollte, während die Regeln des Hospitals vom Johanniterorden abgeleitet werden müßten.

Dieser neue Orden deutscher Ritter zeichnete sich nie im Heiligen Land aus; er focht dort weder bedeutende Schlachten, noch erreichte er jenen ungeheuren Reichtum, der Ursache für Korruption und Zerfall der alten Orden war. Er war, und blieb, eine rein deutsche Bewegung. Sein bedeutendstes Merkmal, besonders im Kontext seiner Langzeitentwicklung bei der Kolonisierung des deutschen Ostens, war die enge Verbindung zum deutschen Bürgertum. Als Gründer von Städten und Gemeinden und als Schutzherr von Handelsunternehmungen in Nordosteuropa (sowie als deren Teilnehmer) machte er sich einen Namen. Doch als die Interessen von Städten und Händlern einerseits, sowie der Deutschritter andererseits auseinanderging, begann der Niedergang des Ordens. Während seiner gesamten Geschichte setzte sich der Deutschritterorden aus drei Hauptzweigen zusammen. Vorwiegend in Süd- und Südwestdeutschland beheimatet, sowie im Elsaß und mit Besitzungen in Burgund, gab es den Deutschen Zweig, den Livländischen Zweig und den Preußischen Zweig mit Marienburg als Zentrum. Nachdem die Residenz des Hochmeisters dorthin verlegt worden war, wurde es zum Zentrum des gesamten Ordens.

Den Kern des Ordens bildeten Kleriker und Laien. Ihr Leben wurde von strikten Regeln bestimmt: persönlicher Besitz mußte aufgegeben werden. Jedes Ordenshaus bestand aus zwölf Brüdern, nach der Zahl der zwölf Apostel Christi. Ihr Oberhaupt war ein Kommandeur, der *Komtur*. Ein Ordensbruder durfte weder sein eigenes Siegel noch ein Wappen führen. Nur der weiße Mantel mit dem schwarzen Kreuz gehörte ihm.

Starb ein Ordensmeister, rief sein Vertreter alle *Komtureien* von Deutschland, Preußen und Livland, sowie Apulien, zusammen. Sie hatten dreizehn Mitglieder zu wählen, die ihrerseits den neuen Meister wählten. Die Qualifikation für dieses Amt, sowie für die Mitgliedschaft allgemein, war nicht adelige Herkunft, sondern der Status eines ehelich geborenen, freien Mannes.

Während seines Bestehens war der Deutschritterorden niemals eine aristokratische Körperschaft, auch keine, die nur Menschen ritterlicher Herkunft oder jene akzeptierte, die ihre Ritterwürde durch den Hochmeister verliehen bekommen hatten. Die ersten Meister des Ordens waren Bürger der Stadt Bremen. Doch der Hochmeister, dessen Persönlichkeit in großem Maß schon früh die Geschicke des Ordens bestimmten, Hermann von Salza, war möglicherweise vom Rang eines *Ministerialen* am Hof Kaiser Heinrichs VI. und seines Sohnes Friedrich II. zu diesem hohen Rang aufgestiegen. Erst 1216 bestand Papst Honorius III. darauf, daß der Hochmeister des Ordens von ritterlicher oder ehrenwerter Geburt sei, damit er zum Ritter geschlagen werden könne. Damit wollte man verhindern, daß illegitime Söhne von Fürsten oder vom Großmeister selbst das Amt in einen Erbhof verwandeln konnten.

Dennoch bestimmte die ritterliche Ethik Institutionen, Geisteshaltung und Verhalten des Ordens, dessen höchstes Amt das Amt des Großmeisters war. Obwohl gehalten, in allen wichtigen Angelegenheiten den Rat erfahrenerer Brüder, der Großgebietigen, zu suchen und die Entscheidungen des Generalkapitels zu berücksichtigen, war er zur Blütezeit des Ordens ein sehr machtvoller Mann. Erst im Endstadium der Ordensauflösung degenerierte die Regierungsmacht des Großmeisters zu einer Regierung, an der die anderen Offiziere des Ordens teilhatten.

Unter dem Großmeister bestanden die Ämter der Hauptverwaltung: der *Großkomtur*, der *Ordens- oder Hochmarschall*, der *Spittler* (Vorsteher des Spitalwesens), der *Treßler* (Schatzmeister) und der *Trapier* (Quartiermeister). Folge der Besetzung Preußens war, daß das Amt des *Großschaeffers* an Bedeutung gewann, weil es als Handelsministerium fungierte, die ständig wachsenden Handelsbeziehungen des Deutschritterordens verwaltete und leitete. Das Gebiet des Ordens war in *Komtureien* aufgegliedert, an deren Spitze jeweils ein *Komtur* stand; kleinere Unterabteilungen im Ordensgebiet wurden von *Vögten* geführt. Ungeachtet der Tatsache daß der Orden eine speziell deutsche

Deutschordensburg Marienburg, die Hauptfeste des Deutschritterordens

Institution war, akzeptierte er Ausländer in seinen Reihen, insbesondere Polen und andere Slawen.

Der Aufstieg des Ordens war eng mit der Regierungszeit Kaiser Friedrichs II. verbunden. Er erkannte das Potential dieses relativ neuen und unbekannten Ordens schnell. Im Gegensatz zu den anderen Orden konnte dieser immer noch in eine Elitegemeinschaft für die Zwecke des Kaiser umgewandelt werden, weil er frei von feudalen Bindungen und dem Einfluß zeitweiliger und geistiger Herren war. Der engste Vertraute des Kaisers war Hermann von Salza, der erste bedeutende Hochmeister. Über zwei Jahrzehnte lang war Hermann aufgrund seiner persönlichen Qualitäten, die standhafte Loyalität mit sicherem Urteilsvermögen und politischem Gespür verbanden, sein Berater und Freund. Diese Qualitäten ermöglichten ihm hin und wieder die Vermittlerrolle zwischen Friedrich und dem Papsttum, ohne dabei den Respekt und das Wohlwollen beider zu verlieren.

Die herausragendste Periodes des Ordens begann, als es Konrad von Masowien, Herzog von Polen, nicht gelang, die heidnischen Pruzzen zurückzuschlagen. Deshalb wandte er sich an den Deutschritterorden und gab die mündlichen Bürgschaft, ihm als Gegenleistung für seine Hilfsdienste das Kulmer Land entlang der Weichsel zu geben.

Hermann von Salza erhielt sofort Rückendeckung von Friedrich II. und dem Papsttum, das 1226 die Goldene Bulle von Rimini erließ. Diese legte zum einen die zukünftige Aufgabe des Deutschritterordens, zum anderen detailliert die Verfassung eines zukünftigen Staates in Nordosteuropa fest. Die Privilegien, die dem Orden gegeben wurden, beinhalteten, daß 'alle Geschenke und eroberten Gebiete in den freien Besitz des Ordens

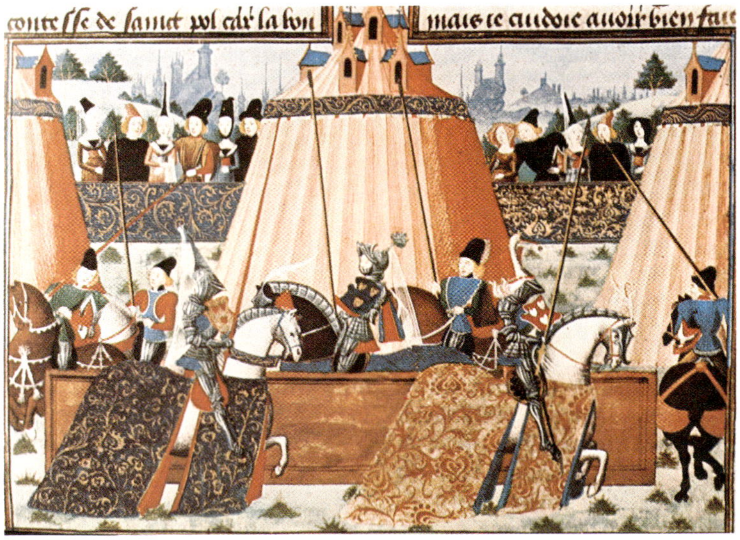

Oben: *Mittelalterliche Turniere waren öffentliche Vorstellungen, in denen Ritter ihr militärisches Können zeigen konnten* (Chroniques de Froissart, 14. Jh.)

Links: *Ein deutsches Turnier des 15. Jahrhunderts; Ziel des Turniers war, den Gegner aus dem Sattel zu heben und eine Lanze an seiner Rüstung zu zerbrechen.*

Unten: *Der Tjost (Zweikampf zu Pferde) war eine gute Gelegenheit, die Wappen zu zeigen.*

Oben: *Bei diesem Angriff auf eine mittelalterliche Stadt beteiligen sich im Vordergrund Lanzenreiter am Kampf, während Soldaten mit Handwaffen die Mauern erklimmen (Genter Handschrift, 15. Jahrhundert)*

Links: *Deutscher Ritter durchstößt den Halspanzer seines Gegners*

Unten: *Saladin und seine Sarazenenreiter* (Histoire du Voyage et Conquête de Jerusalem, *14. Jahrhundert*)

übergehen, der die volle Territorialhoheit hat und niemand verantwortlich ist. Der Hochmeister soll alle Privilegien eines Reichsfürsten sowie alle königlichen Privilegien besitzen, und in Preußen soll der Orden frei von allen Steuern, Belastungen und Diensten sein.' Das zukünftige Gebiet des Deutschritterordens sollte „integraler Bestandteil der Reichsmonarchie" werden.

Offensichtlich war die Bedeutung, die diese Bürgschaft annehmen sollte, 1226 nicht vorauszusehen, doch die Position des Ordens und seiner Zukunft waren durch diese Urkunde gesichert. Neben den Deutschrittern war noch ein anderer Orden bei der Bekehrung der Heiden im Nordosten tätig, die Zisterzienser. Auch diese zog Hermann von Salza auf seine Seite, sie wurden zu seinen Verbündeten, und beide Orden bildeten gemeinsam die beiden Säulen missionarischer Tätigkeit im Nordosten.

Die Heiden, die in den Küstenebenen der Ostsee von der Weichsel bis zur Memel siedelten, waren schon früher erfolglosen Missionierungsversuchen ausgesetzt gewesen. Die Flüsse, die in die Ostsee mündeten, waren der Zugang zum Landesinneren, und zu Lande wurde das Gebiet von Händlern auf ihrem Weg nach Polen bis nach Nowgorod durchquert. Das Gebiet rund um Kulm und Löbau war polnisch geworden, doch wie die gesamte Region zwischen Weichsel und Memel nicht ausschließlich von Pruzzen bewohnt, sondern auch von zahlreichen anderen Stämmen. Selbst vor der Ankunft der Deutschritter stellten deutsche Kolonisten, die der Bischof von Kulm ins Land gebracht hatte, aus westlicher und südlicher Richtung eine Gefahr für sie dar, desweiteren hatten sich Deutsche unter dem Schutz des Bischofs von Livland entlang der Ostseeküste niedergelassen. Hauptsächlich trieben sie mit dem Landesinneren Han-

Oben: *Herolde rufen zum Turnier*

Links: *Der Stich aus dem 18. Jahrhundert zeigt mittelalterliche Belagerungsgeräte*

del, geschützt von einem Ritterorden, den der Bischof von Riga gegründet hatte und der schließlich mit dem Deutschritterorden fusionierte. Sie wirkten an der Verbreitung deutscher Gesetzgebung und Sprache sowie okzidentaler Kultur über Kurland, Livland und Estland mit.

Eigentlich erschienen die Deutschritter ziemlich spät auf der Bildfläche. Im Kontext des 13. Jahrhunderts können sie tatsächlich als Anachronismus in Zeiten des beginnenden Untergangs mittelalterlichen Rittertums angesehen werden. Immer wieder verweigerten Adelige ihren Herren die Unterstützung. Ritterdichtung war im Niedergang begriffen, keine weiteren Epen wurden geschaffen. Kein *Rolandslied*, kein *Nibelungenlied*. Ludwig IX. von Frankreich steht für den Schwanengesang des europäische Rittertums; eine neue Ordnung stand an der Schwelle der Macht, ob in Frankreich repräsentiert durch Philipp IV., den Schönen, und seine *Realpolitik*, oder in England in Form des Unterhauses.

Während dieser Epoche begann der Deutschritterorden, seinen eigenen Staat aufzubauen und so den letzte Akt der Kolonisationsbewegung zu vollenden, die mit der Unterwerfung der Sachsen durch Karl den Großen begonnen hatte, und die im Verlauf der nächsten zwei Jahrhunderte über die Elbe bis zur Weichsel gewandert war. Ohne sich dessen bewußt zu sein, lebten die Deutschritter von geborgter Zeit. Sie machten sich rasch an die Umwandlung des Landes um Kulm und Löbau, und 1230 übergab Konrad von Masowien die Gebiete formell dem Orden. Doch die Errichtung eines deutschen Staates mußte für die polnischen Adeligen wie eine potentielle Bedrohung ausgesehen haben. Das gemeinsame Interesse an der religiösen Sache erlag an dem Punkt, an dem handfeste politische Interessenkonflikte aufzutauchen begannen.

Doch anfänglich, um 1230 herum, zeigte der Deutschritterorden wenig Neigung, seine missionarische Aktivität mit Waffengewalt auszuüben, denn zahlenmäßig war er zu der Zeit eher schwach, genauso wie seine ökonomische Grundlage. Erst nach 1230 setzte durch zusätzliche anderweitige Landschenkungen an den Orden und durch die zunehmende Landkultivierung in Preußen das Wachstum ein. In einem Bericht war die Zahl der Ordensmitglieder in Preußen zur Zeit Hermann von Salzas mit durchschnittlich 600 angegeben, während Ende der siebziger Jahren die Mitgliedschaft auf 2000 angestiegen war. Nicht nur die Brüder des Deutschritterordens eroberten und besetzten Land, sondern auch das bis über die Reichsgrenzen hinaus von den Brüdern angeworbene Kreuzfahrervolk. Wer am Kreuzzug in Preußen teilnahm, würde für vergangene Untaten Straffreiheit erhalten. 1231 führte der Meister Hermann Balk, mit sieben anderen Brüdern von Hermann von Salza ausgesandt, ein Kreuzfahrerheer und überquerte die Weichsel. Deutsche Schiffe segelten mit Proviant und Baumaterial die Weichsel hinauf, und die ersten Ordensburgen des Deutschritterordens erhoben mächtige und arrogante Silhouetten in den östlichen Himmel: Thorn, Kulm und Marienwerder, Ausgangsbasen für zukünftige Expansionen und Zentren, auf die sich die Angriffe der Einheimischen konzentrierten.

Doch die Pruzzen und die anderen Stämme der Region waren sich anfangs der Bedrohung, der sie gegenüberstanden, überhaupt nicht bewußt. Sie behinderten nicht einmal den Burgenbau. Obwohl zweifellos in der Mehrheit gegenüber den einwandernden Deutschen, waren sie politisch untereinander zu sehr zerstritten, um sich zu sammeln und die neue Bedrohung effektiv auszurotten. Als sie die ersten Schritte in diese Richtung unternahmen, mußten sie einer deutschen Minderheit weichen, die militärisch viel effizienter organisiert war. Die Deutschen vertrieben sie rücksichtslos, sicherten die Weichsel durch den Bau einer Festung bei Elbing, zerstörten die heidnischen Schreine und unterwarfen und bekehrten die Einheimischen mit vorgehaltenem Schwert. Als Hermann von Salza 1239 starb, kontrollierte der Orden fast 200 Kilometer Ostseeküste; weniger als zwei Jahrzehnte später schloß sich Ottokar, König von Böhmen, 1255 dem Kreuzzug in Preußen an, und in Samland wurde ihm zu Ehren eine neue Festung gebaut, die den Namen Königsberg erhielt.

Es wäre jedoch ein schwerer Fehler, die Kreuzzüge im Heiligen Land mit jenen in Nordosteuropa zu vergleichen. Bei ersteren wurde das eroberte Gebiet ausgeplündert; die Mehrzahl der Kreuzfahrer kehrte nach einem oder mehreren Dienstjahren im Heiligen Land nach Hause zurück. Im wesentlichen waren es Unternehmungen der Ritter. In Preußen waren die Bande zwischen Rittern und Bürger untrennbar, und eine neu gegründete Siedlung wurde mit Blick auf Dauerhaftigkeit aufgebaut. Die Siedler kamen aus allen Teilen Deutschlands sowie aus den Niederlanden. Wieder einmal erfreute sich dieses flämische Lied allgemeiner Beliebtheit:

Naer Oostland wille wij rijden,
Daer isser en better steen.

[Nach Ostland wolln wir reiten,
da ist es besser sein.]

Die anfänglich geringe Zahl von Ordensbrüdern und Kreuzfahrervolk bestimmte natürlich die Art der Kriegführung ebenso wie die Beziehung zwischen dem Orden und der Bevölkerung. Aus der Minderheitenposition heraus war es nicht ratsam, die Mehrheit zu Feindseligkeiten zu provozieren. Doch die steigende Zahl der Kreuzfahrer und die zunehmende Zahl an Burgen und ihrer stetigen Ausbreitung nach Osten, konnten schließlich die Intentionen nicht länger verbergen. Zusätzlich tauchte der innere Widerspruch zwischen der religiösen Motivation der Kreuzzüge und den politischen Gegebenheiten auf. Die Deutschen, die die Pruzzen unterworfen hatten, waren zwar in der Minderheit, doch entschlossen, ihre Vormachtstellung zu behalten. Folglich betrachteten sie es als politisch unklug, die Pruzzen in großer Zahl zu bekehren, denn dies hätte ihnen fast die gleichen Rechte wie den Deutschen eingeräumt, und infolgedessen ihre politische Stellung bedroht. Noch bis 1241 ging der Aufstieg des Deutschritterordens relativ unbehindert vonstatten, doch dann fanden elf Jahre lang unkoordinierte Aufstände gegen die fremden Invasoren statt. Die Deutschen behielten die Oberhand und 1260 schien es, als hätte der Orden Preußen fest im Griff.

Doch das Bild trog. Kaum ein Ordensmitglied machte sich die Mühe, die Sprache der Einheimischen zu lernen. Die Priester zerstörten überheblich die alten Schreine, setzten die Symbole der neuen Religion eher mit Gewalt als mit Überzeugungskraft durch. Ein Volk von Bauern und Schäfern war gezwungen, die schwere Last, die der Orden ihm auferlegte, zu tragen, Burgen zu bauen und andere Dienste zu verrichten. Gegenseitiges Mißtrauen nahm in solchem Ausmaß zu, daß kein Pruzze einem Deutschen einen Krug Met anbieten konnte, ohne den ersten Schluck selbst genommen zu haben.

Überdies wiederholte sich 1261 fast, was in Deutschland zu Beginn unserer Zeitskala geschah, als Hermann der Cherusker, ausgebildet und gedrillt in Rom, die römischen Legionen auslöschte. In deutschen Klöstern ausgebildete pruzzische Adlige waren entschlossen, ihre Herren mit ihren eigenen Waffen zu schlagen. Die unmittelbare Gefahr wurde von einem deutschen Ritter erkannt, der sie in seine Burg einlud, die er dann über ihren Köpfen in Flammen aufgehen ließ. Die Flammen der Burg Lenzenberg wurden zum Signal für eine allgemeine Erhebung gegen die Deutschen, die zehn schreckliche Jahre lang dauerte und in denen die deutsche Herrschaft in Preußen fast ausgelöscht wurde. Erst unter Landmarschall Konrad von Thierberg wendete sich 1271 das Schicksal wieder zugunsten der Deutschritter. Doch es mußten noch weitere zehn Jahre vergehen, bevor die deutsche Herrschaft wieder aufgebaut und fest verankert war.

Der Aufstand markiert einen Wendepunkt im Verhalten der Deutschritter gegenüber den Einheimischen. Während sie bisher, trotz ihrer Arroganz und gelegentlicher Übergriffe mit den einzelnen Stämmen verhandelten, Verträge schlossen und Fehden durch ausgefeilte Friedensvereinbarungen beendeten, verlangten sie jetzt totale Unterwerfung. Eine große Zahl pruzzischer Edelleute wurde zu Leibeigenen, während potentiell gefährliche Gemeinden aus ihren Heimatdörfern vertrieben und in Regionen umgesiedelt wurden, wo sie weniger Schaden anrichten konnten. Lehnspflichten wurden ihnen in ihrer ganzen Strenge auferlegt. Das zentrale Verwaltungssystem, das Kaiser Friedrich II. erstmals in Europa eingeführt hatte, wurde von den Deutschrittern übernommen und in ganz Preußen in Kraft gesetzt. Den Einheimischen wurden nur Pachtrechte gewährt, nicht aber die Rechte des Eigentümers. Diese waren den Kolonisten vorbehalten.

Auf lange Sicht führte diese Politik zu Komplikationen mit Preußens mächtigem Nachbarn Polen, besonders nachdem der Orden seine Herrschaft über Danzig gefestigt hatte. Der erste Hochmeister, der in der Marienburg bei Elbing residieren sollte, Siegfried von Feuchtwangen, beschloß 1309, größeren Wert auf die zukünftige Konsolidierung der Ordensgebiete zu legen: seiner Ansicht nach waren die Grenzen der Expansion erreicht. Doch die preußische Bedrohung war zu schwerwiegend für die Polen, um sie zu ignorieren. Sie griffen die Ritter in typisch mittelalterlichem Kampfstil an und wurden besiegt. Danach nahm der Orden seine aggressive Expansionspolitik wieder auf. Zwischen 1329 und 1382, als der Orden den Höhepunkt seiner weltlichen Macht erreichte, war es nicht nur für Deutsche, sondern für viele Mitglieder des europäischen Kriegeradels eine besonderer Ehre, als Ritter in Preußen zu dienen, so auch für Henry Bolingbroke oder Jean Bousicaut.

Kriegsähnliche Handlungen und die Verbreitung des Wort Gottes waren nicht die einzigen Tätigkeiten des Ordens. Steigende Getreidepreise machten die Ernten der Region höchst lukrativ und boten so einen überaus guten Grund für eine zunehmende Kultivierung des Landes und territoriale Ausdehnung.

In dieser Zeit gelangten die Ämter des *Treßlers* und des *Großschaeffers* zu großem Einfluß. Der Orden führte ein Prinzip ein, das in der Finanzpraktik der europäischen Staaten bisher unbekannt gewesen war, nämlich die Trennung des Staatshaushalts von dem des Ordens. Der *Ordensstaat* blühte in einer Zeit, als die Ritter des kaiserlichen Deutschlands dazu übergingen, die Landwege der Händler unsicher zu machen. Mit der wachsenden Bedeutung des Bargeldes war der Orden gut darauf vorbereitet, Dienstleistungen in Geldzahlungen umzuwandeln.

Kaum erwähnenswert ist die intellektuelle Entwicklung des Ordens im 14. Jahrhundert. Es gab Hochmeister, die weder lesen noch schreiben konnten. Eine Rechtsschule in Marienburg verschwand bald wieder von der Bildfläche. Der Vorschlag, in Kulm

Krähenfuß und Rammbock

eine Universität zu gründen, wurde nie weiterverfolgt. Tatsächlich wurden Mönche, die zu intellektuell herausragenden Orden wie den Benediktinern gehörten, auf dem Ordensgebiet überhaupt nicht zugelassen. Die Zisterzienser wurden nur aufgrund ihrer in der Vergangenheit gespielten Rolle toleriert. Im Allgemeinen bevorzugte der Orden Mönche aus Bettelorden. Einzig dauerhafter Ausdruck künstlerischen Schaffens war die Architektur des Ordens, die Burgen, die unter Hochmeister Winrich von Kniprode gebaut worden waren. Ganz besonders die Marienburg, dieser riesige gotische Ziegelbau, der für die gesamte Architektur des Ordens symbolisch ist. Sein wuchtiger Stil atmet den Geist des Militärstaates, gotische Architektur ohne die ausgefeilten Feinheiten, der Gotik Frankreichs und Englands.

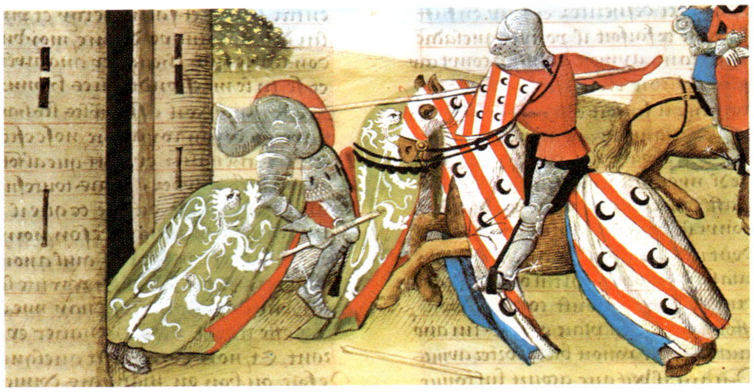

Oben: *Zwei kämpfende Ritter* (Tristan und Isolde *von Maître Lucès, 15. Jahrhundert*)

Links: *Turnierrüstung für Mann und Pferd*

Unten: *Turnierhelme und -visiere* (Traité de la Forme et Devis comme on fait les Tournois *von René d'Anjou, 15. Jahrhundert*)

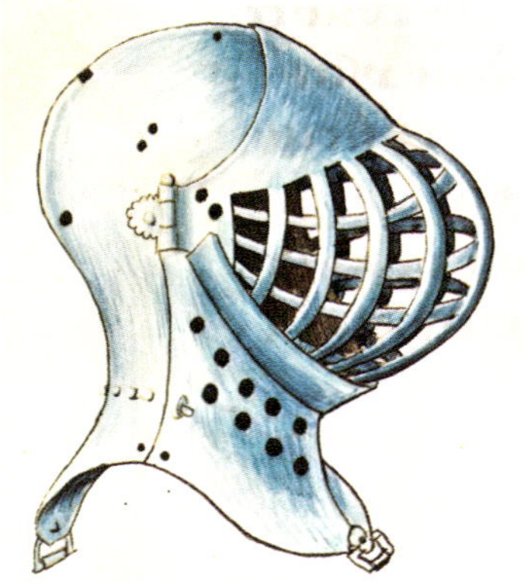

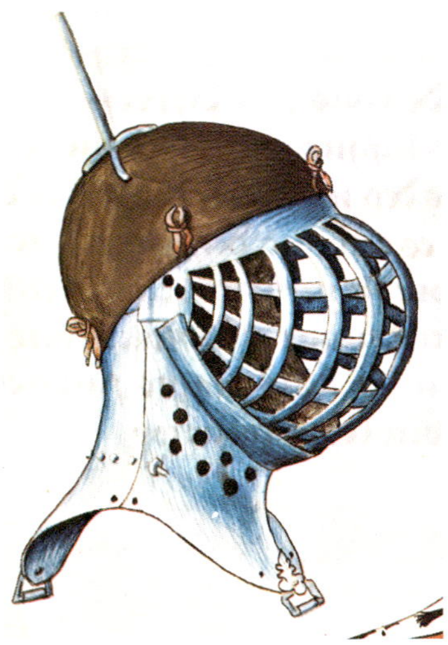

Ritter beim Lanzenkampf

Wenn irgend etwas sie damals charakterisierte, dann war es der Geist der Funktionalität. Wenn Gegensätze in der Haltung in architektonischem Stil auszudrücken sind, braucht man nur die Hermannsburg am Westufer der Narva anzuschauen, und gegenüber Iwangorod, bei Nowgorod am Ostufer: die eine ist herausfordernd, aggressiv und symbolisch für das Vorrücken der okzidental-christlichen Kultur; die andere ist niedrig, im wesentlichen defensiv, schmiegt sich eher ins Land, statt es zu beherrschen.

Der Deutschritterorden hatte gesiegt, doch nun begann er, sich auf seinen Lorbeeren auszuruhen. Er pflegte die Interessen nicht mehr, die einst zwischen dem Orden und den Immigranten bestanden, die sich niedergelassen hatten und das Land kultivierten. Der Orden, der aus zölibatären Mönchen bestand, hatte keine persönlichen Wurzeln in diesem Land. Die Mitglieder entfremdeten sich ihrem eigenen Volk, besonders der Stadtbevölkerung. Selbst Mitglieder des grundbesitzenden Adels, die nicht dem Orden angehörten, glaubten sich unter einem harten zentralistischen Regime. Bauern sahen ihr ökonomisches Fortkommen durch die restriktive Politik des Ordens behindert. Nach und nach suchten sie bei denen Hilfe, die sie früher bedroht hatten, bei den Polen und Litauern. Auch Pommern, das ebenfalls die Dominanz des Ordens fürchtete, schaute nach Polen. Das Ordensgebiet lief Gefahr, von seinem Hinterland, und somit von seinen Kommunikationswegen mit dem Reich, abgeschnitten zu werden.

Das Reich allerdings kümmerten die Probleme des Ordens nicht allzusehr. Preußen war weit weg; ohnehin gab es Probleme genug. Doch nachdem Polen und Litauen eine Allianz eingegangen waren, setzte der Hochmeister Ulrich von Jungingen alles auf eine Karte. Mit einem Heer von fast 50.000 Männern – ein Drittel davon beritten und von einer Artillerie unterstützt, die schließlich die grundlegende Funktion des Rittertums überflüssig machte – konfrontierte er am 15. Juli 1410 Polen und Litauer. Der Hochmeister überließ die Initiative dem Feind und entschied sich für eine Defensiv-Offensivschlacht. Als die Deutschritter ihre Schlachtformation in Sichtweite der Polen eingenommen hatten, blieben sie, wo sie waren und warteten ab. Die Deutschen hatten ein starkes Armbrustkontingent sowie eine starke Artillerie, die vor der Kavallerie plaziert war. Als die Polen angriffen, erzielte die deutsche Artillerie, die mit Armbrust und Bogen bewaffnet war, sofort einen Erfolg über den linken Flügel der Litauer, der sich rasch zurückzog. Doch im Zentrum, wo die Hauptkräfte aufeinanderstießen, zahlten die Deutschen einen katastrophalen Preis. Ein plötzlich einsetzender, längerer Regenschauer machte die Wirkung der Artillerie zunichte, weil sich das Schießpulver nicht entzündete. Zusätzlich griffen die Deutschritter auf traditionelle, überholte Taktiken zurück, während die Polen ihre Angriffe auf eine Stelle der deutschen Front konzentrierten, durchbrachen und dann mit einer zahlenmäßigen Überlegenheit von 3:1 die Armee der Deutschritter umschloß und besiegte. Unter den Gefallenen befand sich der Hochmeister.

Tannenberg war nicht das Ende des ostpreußischen Staates des Deutschritterordens, sondern der Anfang vom Ende. Es folgten noch mehrere Scharmützel, bis der gemeinsame Druck von militärischer Niederlage, interne Uneinigkeit im Orden und mit den deutschen Siedlern in Stadt und Land den Orden dazu zwang, sich zu unterwerfen. Mit dem Friedensschluß von Thorn wurde Ostpreußen 1466 zu einem Vasallenstaat Polens.

Die militärische Katastrophe setzte sich im ökonomischen Bereich fort. Die Landwirtschaftskrise, die in der Mitte des 14. Jahrhunderts in Deutschland anfing und mehr als hundert Jahre anhielt, verursachte einen schwerwiegenden Preisverfall bei Getreide, während gleichzeitig Löhne und Preise von gefertigten Produkten stiegen. Die Adligen waren ernstlich von der Krise betroffen, weil diese Klasse ihr Einkommen aus den Miet- und Pachtzahlungen der Bauern bezog. Einerseits machten es stark inflationäre Tendenzen den Bauern einfach, ihren Zahlungsverpflichtungen nachzukommen, während es für die Adligen andererseits schwieriger war, von Festmieten zu leben. Der ganze Deutschritterorden wurde davon ernstlich betroffen, und in Preußen, dessen ökonomische Grundlage der Getreideexport war, setzte eine Verarmung ein. Aus dem gleichen Grund waren andere Zweige des Ordens nicht in der Lage, dem ostpreußischen Ordenszweig eine Finanzspritze zu geben.

Die östliche Expansion des deutschen und europäischen Rittertums war zu Ende. Es waren die letzten der wirklich mittelalterlichen Ritter. Ein Jahrhundert später, während der Reformation, als der letzte Hochmeister beschloß, das Ordensland zu säkularisieren, war auch der Deutschritterorden in Preußen am Ende. Was blieb, war der Staat Preußen.

HERALDIK

Wappen sind Anordnungen von Bildern oder Sinnbildern in der Mitte eines Schildes. Ein echtes Wappen wird über Generationen weitervererbt. Der Gedanke entstand in der Feudalgesellschaft des Hochmittelalters in Westeuropa.

Es gibt zwar viele triftige Argumente und kategorische Behauptungen bezüglich der genauen Herkunft der Heraldik, doch bleibt trotzdem unklar, wozu sie diente. Oft wird argumentiert, die Heraldik sei entstanden, weil man in der Schlacht ein Erkennungszeichen brauchte, und dies ist sicherlich mit ein Grund. Aber man sollte nicht vergessen, daß lange vor dem Aufkommen der eigentlichen Heraldik im 12. Jahrhundert die Fahne schon in unterschiedlichster Form existierte. Auf dem Schlachtfeld aufgepflanzte weithin sichtbare Banner waren und blieben als Erkennungszeichen bei weitem effizienter als ein aufgemaltes Sinnbild auf einem knapp über der Erde getragenen Schild. Außerdem verwendeten Zivilisten schon seit Jahrhunderten heraldische Symbole auf persönlichem Eigentum, besonders auf Siegeln, und dies darf nicht übersehen werden. Die Annahme, Heraldik wäre

Oben: *Das Thomson-Wappen; Die Farbe Grün wurde im Mittelalter selten verwendet. Grund dafür war zweifellos, daß sie sich wenig von der Umgebung abhob (im Besitz von Herrn J. C. Thomson).*

Links: *Der Dauphin und spätere König Ludwig XI., gemalt circa 1450; er führt in Anspielung auf seinen Titel den Delphin im Wappen, auf dem Schild und als Helmzier. Wortspiele sind seit jeher in der Heraldik beliebt* (Die Hyghalmen Schriftrolle, *Heralds' College Manuskript).*

Oben: *Das Wappen des Hauses Devonshire von St. Leger zeigt beispielhaft die Teilung des Wappenschilds und den Wappenhalter. Der 'finstere' Wappenhalter ist ein Greif, ein in englischen Wappen häufig vorkommendes Vogelungeheuer (Heralds' College Manuskript).*

Links: *Das Wappen der Medici: die Helmdecke ist mit Eisenhutmuster besetzt, einem blausilbernen Pelzwerk, das aus dem Rücken- und Bauchfell einer europäischen Eichhörnchenart abwechselnd genäht wurde. Im Französischen hat die Verwechslung der Worte vair und verre, Glas, zu Aschenputtels Glasschuhen geführt (aus* Pompeo Litta*).*

allein militärischen Ursprungs, ließe ihren Niedergang mit dem Verschwinden des mittelalterlichen Heereswesens vermuten. Dies war jedoch nicht der Fall; mit der Schlacht von Bosworth 1485 und dem Beginn der Tudorzeit setzte die vielleicht reichste und kreativste Periode englischer Wappenkunde ein. So müssen also andere Faktoren als nur die militärische Verwendung gesucht werden.

König Heinrich I. von England verlieh 1127 seinem Schwiegersohn Geoffrey Plantagenet einen blauen, mit kleinen Goldlöwen versehenen Wappenschild. Diesen verwendete Geoffreys Enkel, Graf Wilhelm von Salisbury, ein Hinweis darauf, daß die Vererbung von Wappen bereits üblich war. Die Wappenurkunde Geoffrey Plantagenets gilt als erstes *schriftliches*, heraldisches Zeugnis Europas. Dies ist deshalb so bedeutsam, weil es mit einem schlagartig auftauchenden zivilisatorischen Fortschritt in Europa zusammenfällt, der sogenannten Renaissance des Zwölften Jahrhunderts. Einfallsreichtum und Selbstbewußtsein, die mit dieser Bewegung einhergingen, äußerten sich in einer Dekorationsfreude, die sich optisch auf den Schilden einzelner Ritter niederschlug. Vielleicht sollte man den Ursprung der Wappen eher in diesem Zeitgeist als in militärischen Taktiken suchen.

In dem halben Jahrhundert zwischen dem Ersten und dem Zweiten Kreuzzug tauchen in mehreren Ländern Westeuropas beinahe gleichzeitig Anzeichen für Wappen auf. Die Kreuzfahrer trugen zweifellos wesentlich zur späteren Weiterentwicklung der Wappen bei, aber erst das Turnier bot den entsprechenden Rahmen für das Zusammentreffen und den daraus resultierenden Ideenaustausch. Turniere boten hervorragende Gelegenheiten zu selbstbewußten, prunkvollen Auftritten, die für die Renaissance des Zwölften Jahrhunderts so typisch sind, und waren so der Entwicklung der Wappenkunst äußerst förderlich.

Sir Thomas de Montacute, Graf von Salisbury, Ritter des Hosenbandordens, gestorben 1428, und seine Gemahlin Eleanor Holand. Sir Thomas zeichnete sich in den englisch-französischen Kriegen des frühen 15. Jahrhunderts aus (Wrythe Garter Book, *Buccleugh Handschrift).*

Links: *Der englische Herold William De Thick, erster Wappenherold Englands, verleiht 1597 Karl Hewet ein Wappen. Er trägt seinen Wappenrock des Royal Coat of Arms, seit dem Mittelalter bis zum heutigen Tag die offizielle Heroldskleidung (Heralds' College Manuskript).*

Unten: *Deutsche Wappen aus dem 15. Jahrhundert; das erste zeigt eine deutsche Form des gehörnten Panthers und veranschaulicht, wie man in der deutschen Heraldik oft auf den Helmschmuck mit Kranz oder kleiner Krone verzichtete, und dieser stattdessen direkt in die Helmdecke übergeht (Nach Conrad Grunenbergs* Wappenbuch).

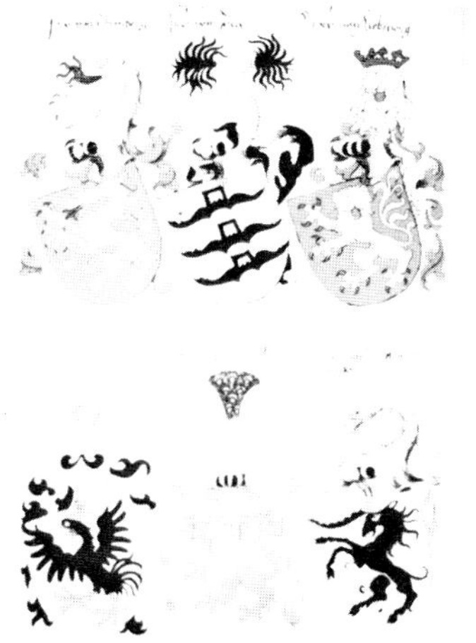

Die ersten Wappenschilder waren sehr einfach gestaltet. Viele Ritter übernahmen Streifen oder Kreuze, bei denen es sich ursprünglich um Verstärkungsbänder für Holzschilde aus Metall oder gekochtem Leder handelte, die sich zum Bemalen anboten. Manche begnügten sich nicht mit abstrakten Mustern und wählten konkrete Motive, etwa einen Löwen. So soll König Richard I., der erste englische König mit einem eigenen Wappen, zwei einander zugewandte wütende Löwen auf seinen Schild plaziert haben. Diese Löwen tauchten auf seinem ersten Großsiegel wieder auf, das er bei seiner Gefangennahme in Deutschland verlor. Richard ersetzte um 1195 diese beiden Löwen durch drei goldene Löwen auf rotem Grund, die seither Königliches Wappen von England geblieben sind.

Als der Ritterstand Westeuropas immer mehr Wappen hervorbrachte, begannen durch Bluts- oder Lehensbande zusammengehörige Familiengruppen dieselben Zeichen oder Symbole in ihre Wappen aufzunehmen. Diese Symbole erschienen bei jeder Familie der Gruppe in anderer Farbe, Anordnung oder neu kombiniert mit anderen Symbolen, daß sie sich intern unterschieden. Ein bekanntes Beispiel dafür ist die goldene Weizengarbe des Hauses Meschines of Cheshire, die auch in den Wappen vieler anderer Cheshire-Familien auftaucht.

In der zweiten Hälfte des 13. Jahrhunderts kamen einzelne Ritter in den Besitz mehrerer Wappen. Die zusätzlichen Wappen waren fast alle auf günstige Heiraten zurückzuführen. Den Wert des Familienwappens verband man weniger mit der Frau selbst, als vielmehr mit den Ländereien, die sie mit in die Ehe brachte. Die Wappen bekamen eine Bedeutung als *Territorialzeichen*.

Diese neue Entwicklung führte zu mehreren Versuchen, verschiedene Wappen miteinander zu verbinden. Bei Siegeln war eine Gruppierung einzelner Wappenschilde angemessen und gefällig, doch auf einem *Schild* war dies ästhetisch nicht mehr so befriedigend. Man löste die Schwierigkeit, indem man aus den jeweiligen Wappen Elemente herausnahm und sie zu einem neuen Wappen arrangierte, das dann beispielsweise auf einen Schild plaziert wurde. Diesen Vorgang nannte man Komposition. So erscheinen auf dem Wappen der Grafen Bohun von Hereford schließlich zwischen den Schrägbalken der früheren Grafen von Hereford die sechs Löwen aus dem Wappen von GeoffreyPlantagenet. Dies ging mit zwei Familienwappen aus-

gezeichnet, aber ab einer größeren Anzahl ergaben sich Gestaltungsprobleme. Außerdem bestand die Gefahr, daß einige erkennbare, vererbte Wappenelemente völlig verschwanden. So kam es zur Viertelung des Wappenschilds.

Die Viertelung wurde am Ende des 13. Jahrhunderts entworfen und verdrängte langsam alle anderen Lösungen. Beim Vierteln werden die Wappen auf einem in vier Felder aufgeteilten einzigen Schild plaziert. Geht es um zwei Familienwappen kommt das wichtigste, gewöhnlich väterliche Wappen ins erste *oder* vierte Viertel und die weniger wichtigen Wappen ins zweite und dritte. Bei drei oder vier Familienwappen kommt das väterliche Wappen in das erste und vierte Feld und die zwei anderen in das zweite und dritte, in der Reihenfolge ihrer Erwerbung. Bei zusätzlichem Bedarf an 'Vierteln' kann der Schild weiter unterteilt werden, um vielen Wappen Platz zu bieten.

Wie man sich denken kann, waren der Wappengestaltung zunächst so gut wie keine Grenzen gesetzt. Ritter übernahmen ganz nach ihrem Geschmack Sinnbilder; eine gewisse Regelung wurde notwendig. Darüberhinaus manifestierten Wappen eine vornehme Herkunft, und so war eine Art Aufsicht nötig, damit Gemeine sich kein Wappen aneigneten. Ein weiteres Problem bestand darin, daß mit der verstärkten Übernahme einfacher geometrischer und gegenständlicher Sinnbilder die Zusammenstellungen immer komplexer wurden. Einige gestalterische Grundregeln wurden wünschenswert, um generell die Gestaltung zu steuern und dem Betrachter das Entziffern der Wappen zu erleichtern.

Heraldik ist nach dem Herold benannt. Und so wie die Wappenkunde selbst liegt auch der Ursprung des Herolds im Dunkeln. In den ersten Zeugnissen aus dem 12. Jahrhundert stehen die Herolde fast immer mit Turnieren in Verbindung, die sie

verkünden und bei denen sie als Zeremonienmeister auftreten und die aufgelisteten Namen der Wettkämpfer aufrufen. In dieser Funktion mußten sie versierte Wappenkenner sein. So waren es wahrscheinlich die Herolde, die im 13. Jahrhundert die Regeln und Vorschriften herausbrachten. Die frühesten bekannten Abhandlungen über Heraldik stammen aus dem 14. Jahrhundert, und viele Verfasser dieser Abhandlungen waren Herolde. Aus dem 14. Jahrhundert sind auch die ersten vor das Rittergericht gebrachten Fälle bezeugt, in denen nicht verwandte Personen identische Wappen trugen. Dieses Gericht gibt es noch heute.

Frühe Beispiele der Wappenverleihung durch einen englischen König stammen aus der Regierungszeit König Richards II. Ende des 14. Jahrhunderts war die Selbstaneignung eines Wappens nicht mehr standesgemäß. 1417 verkündete König Heinrich V., Wappen dürften nur diejenigen tragen, die sie geerbt oder von einer dazu autorisierten Person verliehen bekommen haben. Über dieses Recht verfügten hohe Wappenherolde.

Als sich das Feudalsystem im Spätmittelalter auflöste, erfuhr die Heraldik durch die vielen Wappenverleihungen an die neuen Adeligen der Tudors einen Aufschwung. Gleichzeitig entfaltete sie im Geist der neuen Renaissance eine bisher nie dagewesene Gestaltungsvielfalt. Dieser Trend wurde in der späteren Tudorzeit vom plötzlichen Bemühen um Einfachheit unterbrochen, nur um etwa 150 Jahre später in der Komplexität hannoveraner Heraldik wiederzukehren. Die Wappengestaltung der Viktorianer erreichte einen Grad, den man heute oft nur noch als überflüssigen Klimbim empfindet. Die Heraldik des 20. Jahrhunderts orientiert sich wieder stärker an der Einfachheit und viele neu zugeteilte Wappen muten erstaunlich mittelalterlich an.

Für eine genaue Beschreibung der Heraldik mit all ihren Regeln und Fachausdrücken reicht hier der Platz nicht aus, aber

Links: *Frühe Tudorwappen; die komplexen Muster kontrastieren mit der Einfachheit frühmittelalterlicher Wappen (Heralds' College Manuskript).*

Links: *Damen schauen einem Turnier zu. Das Turnier war im Mittelalter eine beliebte Form der Unterhaltung und wurde oft zu besonderen Anlässen veranstaltet* (Traité de la Forme et Devis comme on fait les Tournois, *von René d'Anjou, 15. Jahrhundert).*

Oben: *Die mittelalterlichen Wappen wurden in Wappenverzeichnisse eingetragen. Es sind wenige Originale erhalten; häufiger sind Kopien aus dem sechzehnten und 17. Jahrhundert. (Fenwick's Wappenrolle Tafel HV and HVI, Heralds' College Handschrift).*

ihre Grundzüge sind rasch dargelegt und genügen zum Verständnis der hier abgebildeten Beispiele.

Wappenschilde bestehen aus mehreren zusammengesetzten Teilen - Hauptmerkmal ist die Anordnung von Bildern oder Sinnbildern auf einem Schild, das sich Wappen nennt. Im 13. Jahrhundert wurde es Mode, die Wappen auf einem Überwurf zu plazieren, daher die Bezeichnung *Wappenrock*, die umgangssprachlich zu einem Synonym für das Wappen allgemein wurde.

Während des 14. Jahrhunderts entwickelte sich der Brauch, ein aus Holz oder gekochtem Leder gearbeitetes Objekt als Schmuck auf dem Helm zu befestigen. Die Schnallen oder Riemen, mit denen die Helmzierde befestigt war, verdeckte man entweder mit einer kleinen Krone oder einem Seidenschal, der den Helm umwickelte. Aus diesem Material bestand auch der Überwurf, der ursprünglich ein Sonnenschutz war. Die flankierenden Wappen- oder Schildhalter kamen im 15. Jahrhundert auf. Da sie erst relativ spät in die Heraldik Einzug hielten, erscheinen sie meist in zweidimensionaler Form. Ganz selten sind sie vollständig ausmodelliert oder als verkleidete Menschen in Tierkostümen dargestellt. Die Verwendung der Wappenhalter war von Anfang an begrenzt; heute dürfen sie nur Peers (Mitglieder des Oberhauses), Ritter des Großkreuzes und wichtige Körperschaften führen. Zur Heraldik gehören auch Mottos, die aus Schlachtrufen hervorgingen, und von Erben nachträglich ins Wappen aufgenommene Sinnbilder.

Die auf den Wappen am häufigsten vorkommenden geometrischen Zeichen werden manchmal 'einfache Heroldsstücke' genannt. Obwohl man sich nie ganz einigte, welche Zeichen so genannt werden dürfen, ist doch weitgehend unbestritten, daß das *Schildhaupt* (ein breiter horizontaler, am oberen Ende des

Schildes verlaufender Streifen), der *Pfahl* (ein das Schild halbierender vertikaler Streifen), der *Schrägbalken* (ein das Schild halbierender, diagonaler Streifen), der *Sparren* (einem Uniformwinkel ähnlich), das *Kreuz* und das *Schrägkreuz* (Andreaskreuz) dazugehören.

Zu den in der Heraldik verwendeten Farben gehören: Rot (*gules*), Blau (*azure*), Schwarz (*sable*), Grün (*vert*), außerdem die drei Varianten Purpur (*purple*), Orange (*tenne*) und Braunrot (*murrey*) und die Metalle Gold (*or*) und Silber (*argent*, gewöhnlich durch Weiß dargestellt). Es ist eine der Hauptregeln der Heraldik, daß Metall niemals auf Metall und Farbe niemals auf Farbe gesetzt werden darf. Auch verschiedene Arten von Pelzwerk und andere Exotika gab es.

Der Vielfalt an Symbolen oder Sinnbildern ist keine Grenzen gesetzt. Im Mittelalter orientierte man sich sehr an der Tierwelt und ließ, von ein paar Ausnahmen wie der Rose, der Lilie und der Fünfblattrosette abgesehen, die Flora links liegen. Später verwendete man Symbole, die mit dem Turnier oder dem Schlachtfeld zusammenhingen, wie Schwerter, Pfeile, Hufeisen, Sporen und den Ärmel.

Hat man die obigen Begriffe einmal verstanden, kann mit der Beschreibung oder Erklärung der Wappenschilde begonnen werden. Einige Fachbegriffe darf man nicht verwechseln; ein guter Wappenkundiger ist um größtmögliche Kürze und Prägnanz bei der Beschreibung der betreffenden Wappensymbole bemüht.

Oben: *Ein Turnier (Cotton Nero Handschrift).*

Unten: *Viertelung der Wappen Frankreichs und Englands.*

VERÄNDERUNG DER KRIEGFÜHRUNG

Schlacht von Crécy, 1346: mit wehenden Fahnen kämpfen Franzosen und Engländer (Chronique de Froissart, *14. Jahrhundert*).

Vor allem die Kreuzzüge brachten tiefgreifende militärische Veränderungen mit sich. Sie führten in West- und Mitteleuropa zu einem Boom im Burgenbau, bis im 14. Jahrhundert Ritterburgen jede Region beherrschten. Und sie erschlossen auch wieder das Mittelmeer und damit die alten Handelsrouten. Dies spiegelte sich im wachsenden Reichtum der Städte wider, der diesen zu größerem politischem Bewußtsein verhalf. Ihre Darlehen hatten zum Teil die Kreuzzüge ermöglicht und sie begannen, ihre eigenen Bürgerwehren aufzustellen. Wie effektiv sie gegen das Ritterheer eingesetzt werden konnten, zeigte die Sporenschlacht in aller Deutlichkeit. Doch wirkte sich der zunehmende Reichtum von Stadt und Land durch Wiederbelebung des Handels und Preisanstieg im 14. Jahrhundert negativ auf das Feudalsystem aus, das wirtschaftlich auf festgelegten Lehenspflichten, hauptsächlich in Form von Dienstleistungen und Naturalabgaben, beruhte. Der wachsende Bedarf an Münzgeld beim Adel veranlaßte diesen, viele Pflichten und Frondienste in Geldzahlungen umzuwandeln. Aber selbst damit kam nur ein bestimmter Betrag zusammen, der sich den Teuerungen nicht anpaßte und von den reicher werdenden Bauern immer leichter bezahlt werden konnte, während König, Vasallen und Ritter immer weniger von ihrem festen Einkommen hatten. So blieben den europäischen Monarchien nur zwei Möglichkeiten. Erstens konnten sie sich die zusätzlich benötigten Summen durch weitere Steuern und über Darlehen von Städten und Handelsgesellschaften oder Privatbankiers besorgen. Solche Darlehen hatten nicht nur auf finanzieller sondern auch auf politischer Ebene ihren Preis. Die Geldgeber konnten eigene Forderungen stellen und taten dies auch. Auf diese Weise erhielt der Deutsche Hanse-Bund beachtliche Privilegien in England, als Eduard III. für die Eroberung Frankreichs möglichst viel Geld auftreiben mußte. Doch wichtiger war, daß es die Macht zugunsten des Unterhauses stärker als im 14. Jahrhundert verschob. In Frankreich stärkte es die Macht des Parlaments bis zum Herrschaftsantritt Franz' I. Zweitens konnten die Monarchen ihr Einkommen durch die Zentralisierung ihrer Regierung erhöhen. In Deutschland profitierte von diesem Prozeß weniger der *Reichstag* als die Landesfürsten, die ihre Fürstentümer durch verschiedene Reformen im Sinne einer Zentralisierung von Verwaltung und Wirtschaft an die veränderten Umstände anpassen konnten. Der Deutschritterorden war dafür ein glänzendes Beispiel. Aber während die erste Möglichkeit die Krone enorm schwächte, ohne daß der Machtentzug nachließ, implizierte die zweite das Entstehen eines modernen Staats, Ergebnis des Konflikts der Fürsten mit zwei Mächten.

Die Fürsten mußten sich einen ungehinderten Zugang zu Geldmitteln beschaffen. Sie konnten es sich schließlich nicht leisten, nur auf die Mittel privater Geldgeber angewiesen zu sein. Diese privaten Geldgeber waren Familien wie die Fugger oder die Welser, die Ende des 15. Anfang des 16. Jahrhunderts die Wirtschaftsmacht in ihren Händen hielten. Sie hatten genug Kapital, um die ständige Kluft zwischen dem sinkenden Ein-

Oben: *Eduard III. (1312-77). Denkmal in Westminster Abbey, London.*

Links: *Eduard III. trifft bei Amiens auf Philipp VI., den zweiten französischen Thronanwärter (Cotton Nero Handschrift).*

kommen des Fürsten und seinem tatsächlichen Bedarf zu überbrücken, wenn es in ihrem Interesse lag. Jakob Fugger wagte unverfroren, Kaiser Karl V. zu schreiben: „Ohne meine Hilfe hätten Eure kaiserliche Majestät kaum die Römische Krone erhalten." Die Mehrheit der europäischen Fürsten war auf Dauer nicht bereit, sich in die Abhängigkeit von Wirtschaftsmonopolisten oder Handelsgesellschaften zu begeben, und beschritten stattdessen den Weg zur Zentralisierung, zum absolutistischen Fürstenstaat.

Die zweite Macht, mit der sie konfrontiert waren und die sie unter Kontrolle bekommen mußten, war die politische und soziale Struktur des Reichs, die traditionellen Stände Adel, Kirche und Städte. Die Stände hatten vielfach mittelalterliche Feudaltraditionen zu einer Art Demokratie gemacht und bestanden darauf, daß die Reichsverwaltung in den Händen der Gesellschaftsschichten lag, die de facto die Hauptsäulen des Staates ausmachten. Der Fürst mußte also nun die Staatsgewalt ganz konkret in seine Hände bekommen, indem er die öffentliche Gewalt in persönlichen Privatbesitz verwandelte, Privatbesitz, der zuvor mehr oder weniger gemeinsam oder gegeneinander von den Ständen, den Kapitalmonopolisten und den Fürsten verwaltet worden war.

Zu diesem Machttransfer waren bestimmte Veränderungen nötig, von denen eine unser Thema direkt betrifft, nämlich die Veränderung der Kriegführung durch eine „Nationalisierung" der Streitkräfte. Dies war jedoch ein Prozeß, der sich über Jahrhunderte erstreckte, und jeder diesbezügliche Fortschritt markierte zugleich den weiteren Verfall des Feudalsystems. Eines der ersten Zeichen war der Bedarf an Söldnern, die nicht nur deshalb angeworben wurden, um das Ritterheer zu vergrößern,

Rechts: *Die Schlacht von Sluis, 1340; Eduard III. errang einen glänzenden Flottensieg.*

Unten: *England und die englischen Besitzungen in Frankreich, 1154.*

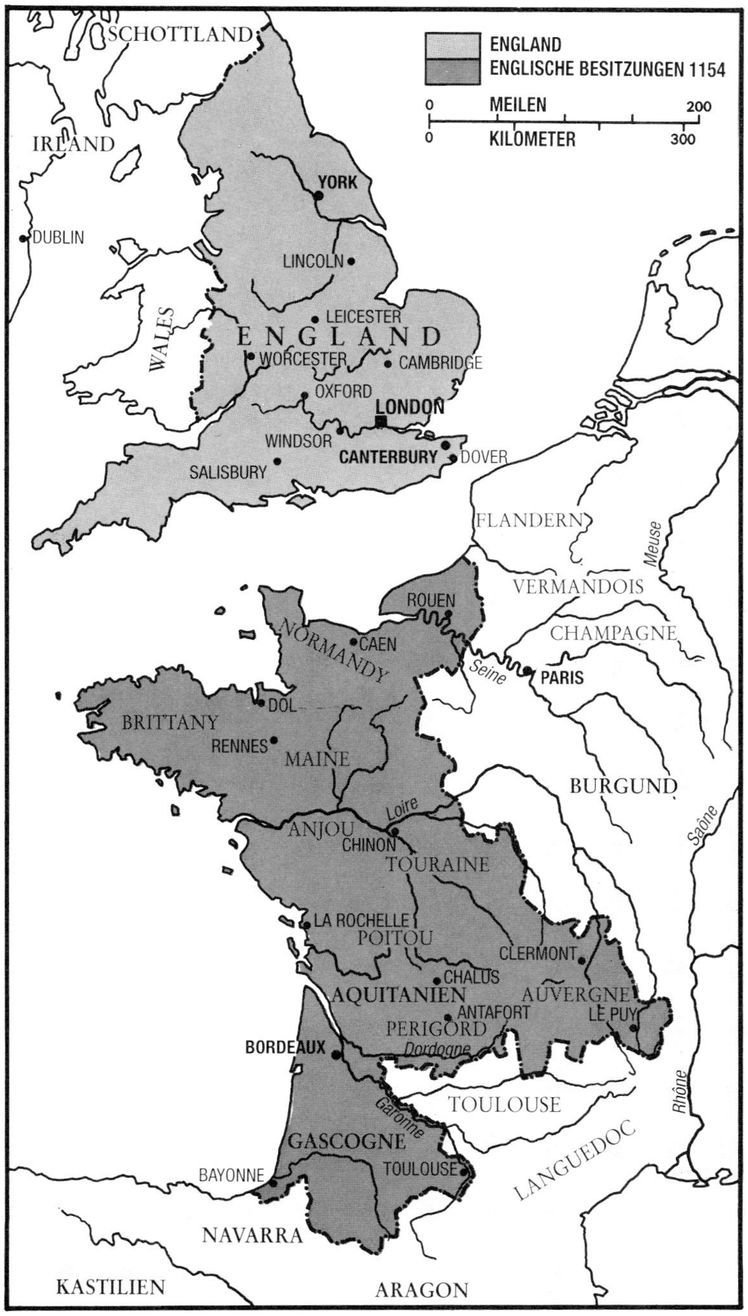

Szene aus der Schlacht von Crécy, 1346 (Cotton Nero Handschrift).

Oben: *Dem Schwarzen Prinzen (1330-76) wird 1363 das Herzogtum Aquitanien verliehen (Cotton Nero Handschrift).*

Rechts: *Der Hunderjährige Krieg: Schlachtenbaum.*

Rechts außen: *Die Krönung Heinrich IV. im Jahr 1399.*

Unten: *Das Begräbnis von Richard II. im Jahr 1400; er war der Sohn des Schwarzen Prinzen, der von Heinrich dem IV. entthront wurde (1367-1413).*

sondern weil das Ritterheer den Anforderungen länger währender Kriege nicht mehr genügte; zum Beispiel im Hunderjährigen Krieg zwischen England und Frankreich.

In Frankreich waren die Kapetinger ausgestorben. Als Neffe des letzten Königs erhob König Eduard III. gegen Philipp von Valois Anspruch auf die französische Krone. Daß der Feldzug in einer Größenordnung stattfinden mußte, die Englands Mittel überstiegen, lag auf der Hand. Er schloß mehrere Verträge mit deutschen Fürsten, darunter Kaiser Ludwig IV., der Bayer. Außer den vom Parlament erhaltenen Summen und den Darlehen von der Hanse, erteilte er anstelle einer Bezahlung für das Verschiffen von Wolle nach England vielen rheinischen Fürsten

Unten: *Die Belagerung von Calais, 1347.*

Rechts: *Die Gefangennahme von Guy de Greville vor* Chateau d'Evreux.

Oben: *Leichenhemd des Schwarzen Prinzen (gest. 1376) in der Kathedrale von Canterbury.*

Exportlizenzen. Die Abteien mußten ebenfalls ihren Beitrag leisten. Trotzdem war das Heer, mit dem er 1339 in Frankreich einfiel, nicht überwältigend groß, und dieses Jahr brachte keine Entscheidung. Die englisch-deutsche Armee brach rasch auseinander, und Eduard mußte nach England zurück. Die erneute Einberufung eines reinen Ritterheers schien jetzt nicht mehr möglich. Er mußte zusätzlich zu seiner eigenen Kerntruppe Söldner anwerben, denen erlaubt wurde, das eroberte Gebiet zu plündern, weil Bargeld fehlte. Man warb scharenweise erfahrene Söldner an, die auf „Vertragsbasis" englischen und ausländischen Berufsoffizieren unterstellt wurden. Unter den Söldnern gab es auch Spezialisten, für die im Ritterheer kein Platz war, wie Sappeure, Mineure und diejenigen, die Sturmmaschinen bauten und bedienten. Die Söldner sorgten selbst für ihre Ausrüstung, ein wichtiger Faktor im 14. Jahrhundert, als Rüstungen extrem aufwendig und somit teuer waren. Und die Söldner konnten endlos lange im Feld bleiben, verglichen mit den Rittern, die lediglich vierzig Tage, in Ausnahmefällen drei Monate, zur Verfügung standen.

Als Eduard mit seinem Sieg über die französische Flotte 1340 die Seemacht gewann, konnte er überall ankern. Er entschied sich 1346 für die Normandie. Unterdessen waren die Franzosen auf Eduards Besitzungen in Frankreich, wie die Gascogne, zumarschiert. Fast ungehindert konnte er die normannischen Städte einnehmen und plündern. Als sich die französischen Truppen in seine Richtung aufmachten, beschloß Eduard, nach Flandern zu ziehen, das mit ihm verbündet war. Er überquerte eilig die Seine, da sich seine Flotte auf den Rückweg gemacht hatte, was ihn von seiner englischen Basis abschnitt und es umso notwendiger machte Flandern und damit die Unterstützung seines Alliierten zu erreichen. Bei Crécy stieß er auf die französische Armee unter Philipp IV.

Auch hier ist die zahlenmäßige Stärke des englischen Heeres strittig, die Schätzungen liegen bei 14.000 bis 20.000 Mann. Sicher ist, daß das französische Heer, das aus der Gascogne herbeieilte, zahlenmäßig unterlegen war. Doch für den Ausgang der Schlacht war Eduards großes Truppenkontingent an Langbogenschützen bedeutender. Man weiß wenig über die Entwicklung des Langbogens.

Rechts: *Johannes von Gaunt (1340-99), vierter Sohn von Eduard III., auf der Rückkehr von einem seiner zahllosen Kriegszüge in Frankreich im Jahr 1373.*

Unten: *Helm eines Pikeniers.*

Links: *Schlachtenbild vom Hundertjährigen Krieg: Ritter gegen Fußsoldaten* (Vigiles de Charles VII., *15. Jahrhundert*).
Unten: *Nach kurzer Friedenszeit, die der Belagerung von Calais folgte, brach 1355 wieder der Krieg aus; und bei der Schlacht von Poitiers, 1356, trug der Schwarze Prinz seinen zweiten großen Sieg über die Franzosen davon.* (Chroniques de Froissart, *14. Jahrhundert*).
Unten: *Szene aus der Schlacht bei Azincourt, am 25. Oktober 1415, in der König Heinrich V. von England die Franzosen vernichtend schlug.* (Vigiles de Charles VII, *15. Jahrhundert*).

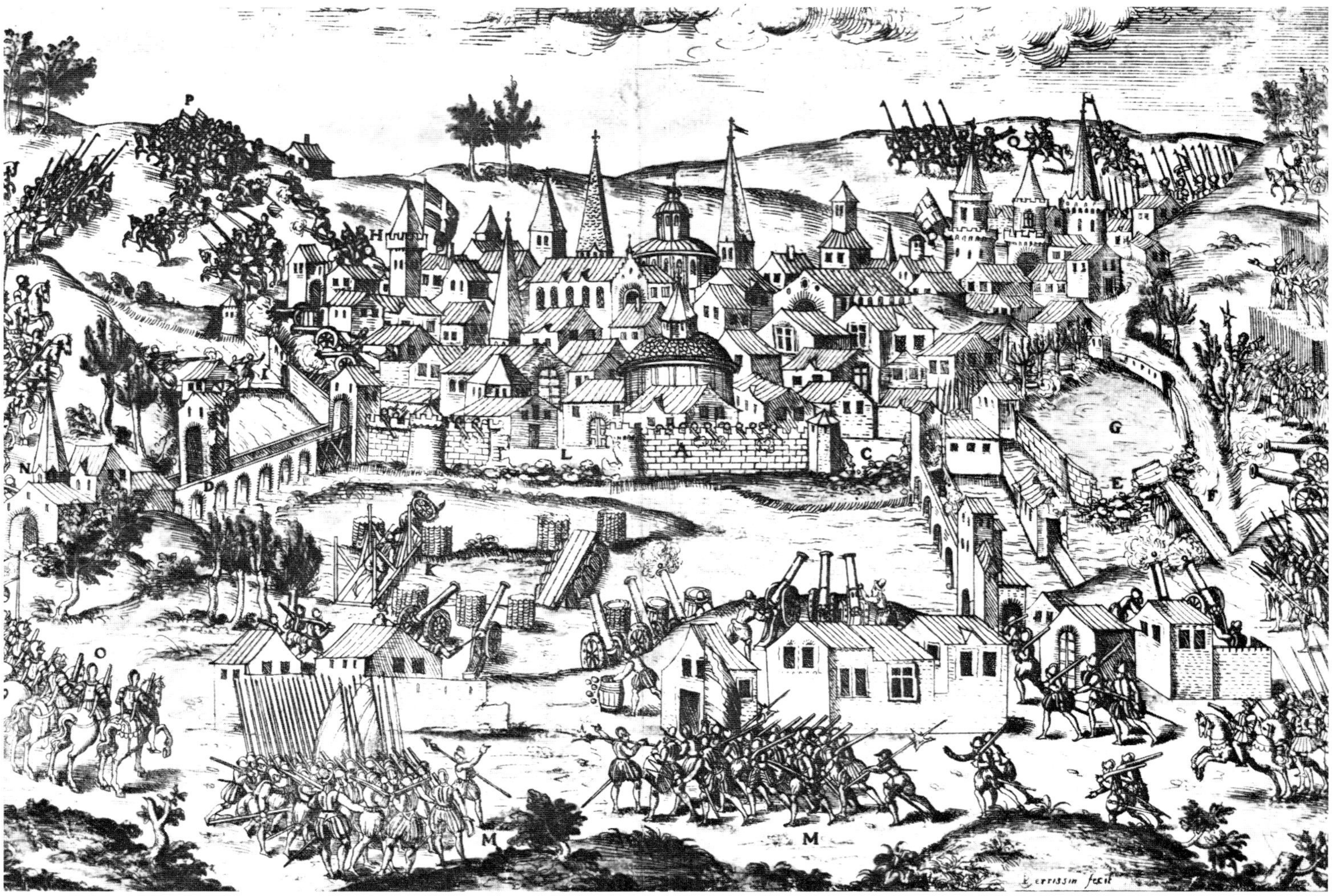

Oben: *Typisch für diese Zeit – aus Piken wurden Hellebarden. Links das Ritterheer und die Artillerie.*

Links: *Kriegszug des Herzogs von Bourbon* (Chroniques de Froissart, *14. Jahrhundert*).

Rechts: *Rüstung aus dem 14. Jahrhundert.*

Der Bogen als solcher war seit Jahrhunderten in Gebrauch. Als Waffe sind wir ihm häufig begegnet. Daß man ihn in England nicht allzu sehr schätzte, beweist das Waffenedikt von 1181, in dem er keine Erwähnung findet. Vielleicht war es nicht die Waffe eines „Gentleman". Von der Armbrust, die direkt vom Kurzbogen abgeleitet war, hielt Richard Löwenherz sehr viel, und er stürzte sich in enorme Ausgaben, um Sölder anzuwerben, die mit dieser Waffe gut umgehen konnten. Das läßt darauf schließen, daß der Umgang mit dieser Waffe Neuland für ihn war. Der Langbogen scheint zuerst von den Walisern verwendet worden zu sein; der Unterschied zum Kurzbogen ist, daß dieser bis zur Brust, der Langbogen bis zum Ohr gespannt wird und der Pfeil sowohl eine größere Reichweite als auch eine größere Geschwindigkeit erzielt. Das Laden der Armbrust war schwieriger und damit langwieriger; dieses Problem bestand beim Langbogen nicht. Während der Kriege Eduards I. gegen Wales setzte sich der Langbogen in der englischen Armee durch.

Bei Crécy stand einer traditionellen Ritterschlacht eigentlich nichts im Wege, doch Eduard III. entschied sich zu einem Waffeneinsatz, wie ihn das Mittelalter noch nicht kannte. Die mit Pfeil und Bogen, Spießen und Schwertern bewaffneten Fußsoldaten hatten bislang nur eine untergeordnete Rolle als Hilfskräfte des Ritterheers gespielt. Eduard beschloß, dies zu ändern. Damit seine Langbogenschützen vom Anfang bis zum Ende der Schlacht die Feuerlinie halten konnten, befahl er seiner Reiterei abzusitzen und zwischen den Langbogenschützen, Pikenieren und anderen Infantristen Stellung zu beziehen. Er wollte seiner Infanterie den moralischen Rückhalt geben, der ihr im Mittelalter bislang gefehlt hatte, und es gab keinen besseren Rückhalt als die Ritter selbst, wenn man bedenkt, daß es der ewige Groll der Infanterie war, daß sie abgeschlachtet wurden, während die Herren zu Pferde einfach davonreiten konnten.

Philipp unterstützte Eduards Plan unabsichtlich, da er seine Ritter in kleinen Trupps und nicht *geschlossen* angreifen ließ.

Links: *Heinrich V. von England (1387-1422).*

Unten: *Schlacht von Crécy, 1346.*

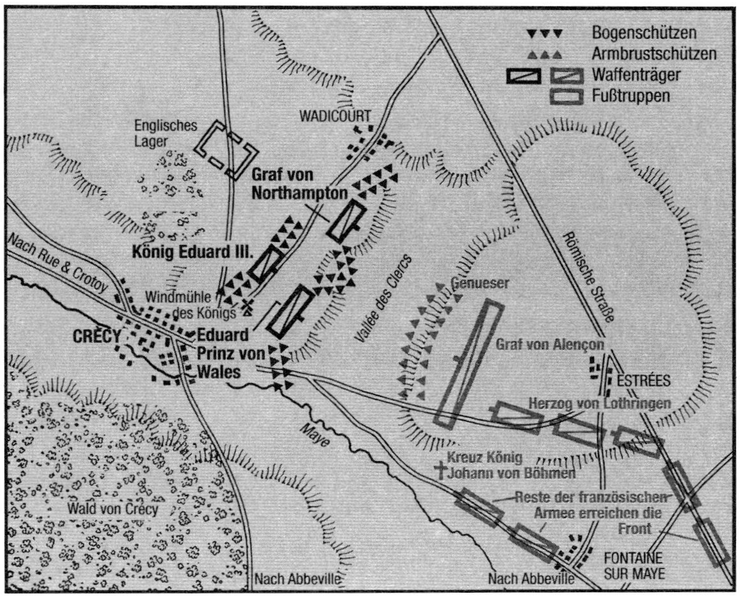

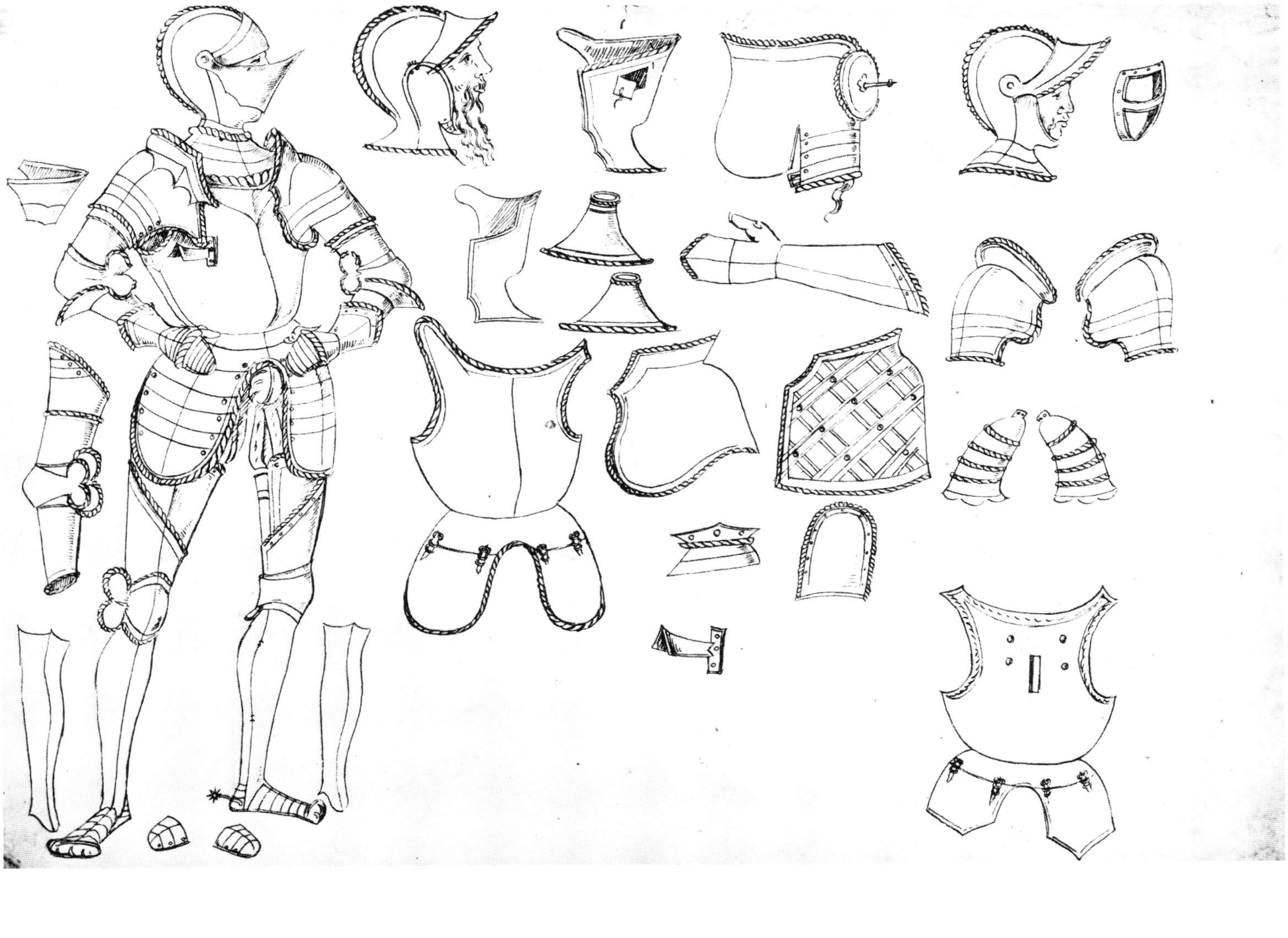

Oben und links:
Die Belagerung von Orleans, 1428 (Vigiles de Charles VII., *15. Jahrhundert*).

Rechts: *Schlacht von Azincourt, 1415: vorne Bogenschützen, hinter diesen die Kavallerie* (Chroniques d'Enguerrand de Monstrelet, *frühes 15. Jahrhundert*).

Unten: *Jeanne d'Arc (circa 1412-1431), die Jungfrau von Orleans, führt im Jahr 1430 den Angriff auf Compiègne, bei dem sie in Gefangenschaft geriet. Sie wurde daraufhin wegen Hexerei verbrannt* (Vigiles de Charles VII., *15. Jahrhundert*).

Rechts unten: *Der Hundertjährige Krieg: die Schlacht von Patay, 1429* (Chroniques de Charles VII., *15. Jahrhundert*).

Eduards Armee, die auf einer kleinen Anhöhe in Stellung gegangen war, konnte sie kommen sehen, während die kurze Steigung die angreifenden Franzosen langsamer werden ließ. Viele von ihnen wurden von den Langbogenschützen getötet oder zu Fall gebracht, bevor sie die Kampflinie überhaupt erreichten und diejenigen, die durchkamen, waren rasch von den zu Fuß kämpfenden Rittern und Pikenieren erledigt. Nur einmal geriet der rechte englische Flügel in Bedrängnis, der von Eduards Sohn, dem damals sechzehnjährigen Schwarzen Prinzen, kommandiert wurde. Die von seinem Vater aus der Mitte herausgeschickten Verstärkungen klärte die Situation. Als das Pferd unter Philipp weggeschossen wurde, erkannte er seine Unterlegenheit und verließ das Schlachtfeld. Unter den Getöteten waren viele hohe Adelige und über 1200 Ritter.

Es war einer der sehr seltenen Fälle, in denen der Sieg aus einer reinen Verteidigungsstellung heraus errungen wurde. Nicht der Langbogen brachte den Sieg, sondern der Entschluß Eduard III., die Schlacht anders zu führen, als es für ein Ritterheer Sitte war, nämlich als gemeinschaftlichen Einsatz. Den Franzosen fehlte es nicht an Tapferkeit, sondern an der bisher in Schlachten unbekannten Disziplin eines straff organisierten, unter einem Oberbefehl stehenden Truppenkörpers.

Fast siebzig Jahre später sollte sich Crécy mit einem Unterschied wiederholen. Heinrich V. war 1415 in der Normandie gelandet und marschierte nach Flandern. Anders als Eduard III. konnte er die Somme nicht überqueren. Die Franzosen verhinderten dies, indem sie fünf Tage parallel zur englischen Armee zogen, diese dann überholten und sich ihr schließlich in den Weg stellten, so daß Heinrich gezwungen war, anzugreifen. In anderen Worten: die Lage war im Vergleich zu Crécy nun umgekehrt. Taktisch gesehen begünstigte die Landschaft die Engländer etwa viereinhalb Kilometer von Azincourt. Zu beiden Seiten des Schlachtfelds erstreckten sich Wälder. Heinrich hatte eigentlich keinen Angriff geplant; sein Ziel war Calais, das ihm damals gehörte. Die Franzosen erzwangen seine Offensive. 9000 Engländer standen den Franzosen, deren Zahl auf 4000 bis 6000 geschätzt wird, gegenüber. Die Franzosen ließen einige Ritter zu Fuß kämpfen und sich, wie die Engländer in Crécy, unter die

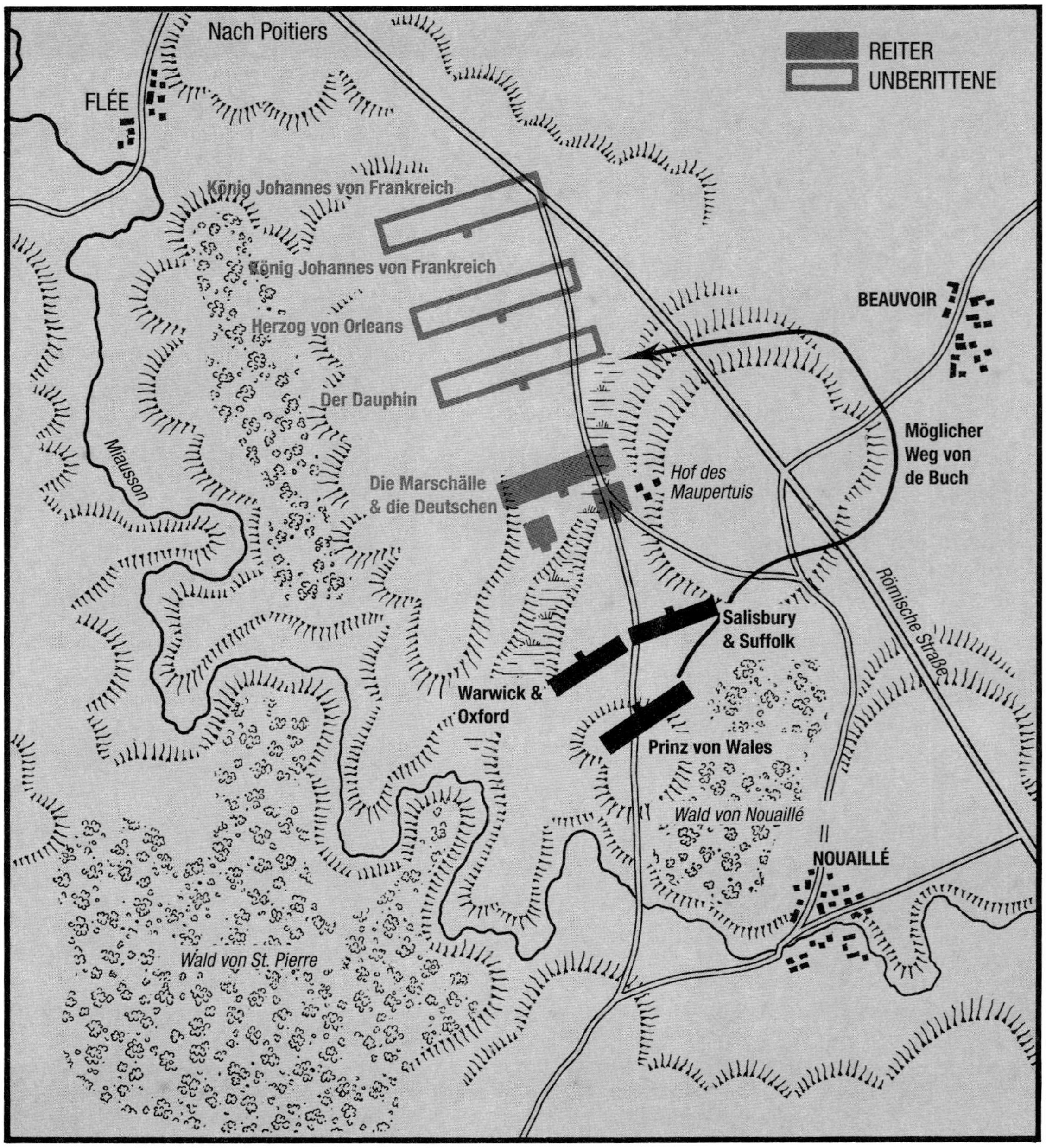

Links: *Die Schlacht von Poitiers, 1356.*

Unten: *Sir Robert Knollys (circa 1317-1407) in Begleitung seiner Freien.*

Infanterie und Armbrustschützen mischen. Zwei berittene Kontingente blieben an den Flügeln.

Heinrichs Armee bestand größtenteils aus Langbogenschützen, zwischen denen er seine Ritter plazierte, unberitten wie in Crécy, aber diesmal mußten sie angreifen. Den Franzosen fehlten leider die Bogenschützen, und die Armbrustschützen konnten nicht mit der Geschwindigkeit mithalten, in der die englischen Langbogenschützen ihre Pfeile abfeuerten. Heinrichs Armee rückte im geschlossener Einheit von Rittern und Fußsoldaten bis zu einem bestimmten Punkt vor, an dem die Bogenschützen Schanzpfähle in den Boden rammten, was verwundert, denn die französische Kavallerie hätte jederzeit angreifen können, und damit wären die Palisaden für die Engländer selbst zum Hindernis geworden. Die Franzosen jedenfalls ließen die Zeit ungenutzt verstreichen. Wahrscheinlich wurden die Pfähle nicht über die ganze Front, sondern nur an den Flügeln aufgestellt, genau gegenüber den französischen Ritterkontingenten zu Pferd. Als dies erledigt war, rückten die Engländer zu Fuß vor, wobei sie die französische Kavallerie mit einem Pfeilehagel zum Angriff reizten. Die Angreifer wurden blutig zurückgeschlagen oder liefen in die Palisaden, hinter denen die Langbogenschützen ihre tötlichen Pfeile abschossen. Dann fielen die englischen Fußsoldaten und Ritter mit gezücktem Schwert über sie her und überwältigten sie. Die von schweren Rüstungen behinderten französischen Ritter waren den englischen Rittern in leichter Rüstung zu Fuß unterlegen.

In Azincourt war die von Eduard III. bei Crécy erstmals angewendete Taktik zur Offensive umgewandelt worden. Es wäre jedoch maßlos übertrieben, wollte man daran die Veränderung der Kriegführung im 14. und 15. Jahrhundert festmachen. Trotz aller Bedeutsamkeit stellen diese Schlachten nur Schritte zu einer Veränderung dar, die am Ende des 16. Jahrhunderts stattfand. Wie die Schlacht von Courtrai gehören sie zu den Geburtswehen der modernen Infanterie. Die alte Ordnung ließ sich nicht so leicht umstoßen. Es gab Schlachten, in denen sich

Belagerungsszene, auf der Brandgeschosse abgebildet sind (Detail aus dem Feuerwerkbuch, *circa 1450).*

Rechts: *Ritter, Tod und Teufel (Gemälde von Albrecht Dürer (1471-1528)*

Unten: *Helm, Schwert, Schild und Sattel von Heinrich V. Der Helm rechts gehörte Heinrich VII:*

die Ritter weigerten, vom Pferd zu steigen, und unter Androhung der Todesstrafe dazu gezwungen werden mußten. Die englische Ritterschaft erwies sich im Hunderjährigen Krieg deshalb als ihren Gegnern überlegen, weil sie militärisch gesehen disziplinierter auftrat. Und das schaffte sie nur, weil sie viele von der mittelalterlichen Ritterschaft für sakrosankt gehaltene Prinzipien aufgab und sich trotzdem weiterhin als Ritterheer verstand. Die Ausnahme, erst einmal eingeführt, wurde langsam zur Regel. Es wurde für den Ritter sogar zum Inbegriff der Galanterie, vom Pferd zu steigen und seine Männer zu Fuß anzuführen – eine Mode, die möglicherweise den Grundstein für das moderne Offizierkorps gelegt hat.

Zu einer Zeit, da es mit dem Heiligen Römischen Reich in jeder Hinsicht rapide bergab ging, und nur der Niedergang des Papsttums damit Schritt hielt, ging aus dem Hundertjährigen Krieg das Nationalbewußtsein zweier europäischer Staaten hervor, in Frankreich symbolisiert durch Jeanne d'Arc und die Belagerung von Orleans und in England durch die Schlachten von Crécy und Azincourt, die England in Europa als Militärnation bekanntmachten. Die Kriege gegen die Waliser und Schotten waren aus europäischer Sicht Randerscheinungen, die wenig Beachtung fanden. Aber was in Frankreich geschah, ließ sich nicht übersehen. Und was England betrifft, so hatten sich endlich die Angelsachsen und Normannen vereinigt.

Die Veränderung der Kriegführung ist auf viele Einflüsse und Ursachen zurückzuführen. Die Städte entwickelten sich bald dahingehend, daß sie eine eigene Verteidigung in architektonischer und personeller Hinsicht brauchten. Söldner beherrschten bis ins 17. Jahrhundert hinein die militärische Szene in ganz Europa. In Italien schlossen sich die Söldner zu Zünften zusammen, die ihre eigenen Führer oder *condottieri* wählten. Anderswo bildeten sie Räuberbanden, die auf möglichst lukrative Angebote warteten. Das Soldatentum wurde schließlich besser organisiert und professionalisiert (wie sich bei den deutschen *Landsknechten* zeigt), aber bis dahin vergingen noch viele Jahre.

Die alte Feudalordnung brach Stück für Stück auseinander, und an ihre Stelle traten neue militärische Organisationsformen, die den sich ändernden politischen und ökonomischen Umständen anpaßten. Das Deutsche Reich versuchte dieser Entwicklung durch die Anwerbung städtischer Söldnertruppen gerecht

Oben: *Mit zum Kampf gesenkten Lanzen setzen der Baron der Normandie und seine Truppen zum Angriff an.* (Vigiles de Charles VII, *15. Jahrhundert*)

Rechts: *Der Hunderjährige Krieg: Heinrich V. greift während der Belagerung von 1419 die befestigte Stadt Rouen mit Kanonen an* (Vigiles de Charles VII, *15. Jahrhundert*).

zu werden. Aber diesen Truppen fehlte der Zusammenhalt der Schweizer Truppen; sie hatten nicht deren Kampfmoral. Außerdem mangelte es ihnen an Erfahrung sowie an der Fähigkeit, innerhalb eines großen Truppenverbands unabhängige, taktische Entscheidungen zu treffen. Gegen Ende des 15. Jahrhunderts bemühte man sich mehr um die Nachahmung des Schweizer Modells als um die Anpassung dessen, was bereits veraltet war.

Das Militärsystem des Feudalzeitalters war überholt, eine Tatsache, die vom Knall der ersten, mit Schießpulver abgefeuerten Kanone unterstrichen wurde. Bis heute ist unbekannt, von wem und wann das Schießpulver erfunden wurde. Gewiß ist nur, daß es lange vor der ersten Kanone auftauchte. Das erste Dokument datiert vom Februar 1326 und berechtigt die Prioren, Gonfalonier und zwölf andere, zur Verteidigung der Stadt Florenz die Herstellung von Bronzekanonen und Eisenkugeln in Auftrag zu geben. Doch waren Kanonen in England 1327 schon gut bekannt, und ein Chronist der Belagerung von Metz im Jahr 1324 berichtet, daß Kanonen benutzt wurden. Genauso wie die Druckerpresse verbreitete sich die Kanone rapide, sobald sie erfunden war. Sogar die Schotten verwendeten sie 1339 bei der Belagerung von Stirling. Die Deutschen setzten sie 1331 bei der Belagerung von Cividale im Friaul ein, und 1342 nutzte König Alfons von Kastilien die Artillerie bei der Belagerung von Algeciras. Kanonen sollen schon von König Eduard III. im Hundertjährigen Krieg eingesetzt worden sein, aber es gibt keine genauen Informationen darüber. Sie waren weder in der Schlacht von Crécy noch siebzig Jahre später in Azincourt präsent. Obwohl Kanonen damals einen vielseitigeren Einsatz erlaubt hätten, scheinen man sie hauptsächlich bei Belagerungen verwendet zu haben, zunächst ohne viel Erfolg wie vor Rouen und Meaux. Eine Belagerung, bei der Heinrich V. im Hundertjährigen Krieg die Artillerie erfolgreich eingesetzte, war die von Harfleur. Ihren Triumphzug begann die neue Waffe jedoch erst in der Mitte des 15. Jahrhunderts.

Oben: *Bei einem Angriff wird die Stadtmauer erklommen* (Chroniques de Charles VII, *15. Jahrhundert*).

Unten: *Langbogenschützen und Kavallerie belagern eine Festung.*

KRIEGFÜHRUNG DER STÄDTE

Schlachtszene (Chroniques de Froissart, *14. Jahrhundert*).

In den Nachfolgestaaten des Römischen Reiches waren im frühen Mittelalter die Städte nur noch Schatten ihrer selbst. Der Rückgang des Handels, teils Folge der Islamischen Invasionen, teils nicht vorhandener Handelsgepflogenheiten unter den Germanenstämmen, ließ viele Städte verfallen. Nachdem sich die Römer zurückgezogen hatten, regredierte die Gesellschaft in England wie auch in Gallien, den früheren Besitztümern der Römer entlang des Rheins und südlich des Mains. Die freie Reichsstadt Trier wurde, wie viele andere Städte, zur Geisterstadt, nachdem sie von der römischen Lebensader abgeschnitten war. Die städtische Kultur verfiel, die wirtschaftliche Grundlage der europäischen Gesellschaft war bis Ende des 11. Jahrhunderts rein landwirtschaftlich, und ihr einziges Ziel war Deckung des Eigenbedarfs. Handel gab es überwiegend in Form von Tauschgeschäften, denn keine Domäne konnte ausschließlich von ihrem eigenen Ertrag leben. Wein wurde aus dem Süden importiert, Getreide aus dem Norden exportiert. Überdies gab es für den Warenaustausch wöchentliche Märkte, auf denen auch Handwerker ihre Erzeugnisse gegen Nahrungsmittel verkauften. War ein Handwerk besonders hochentwickelt, beispielsweise die Weberei in den Küstenregionen Flanderns, reichte die Nachfrage auch weiter, bis nach England und in das Innere Europas.

Die einzigen Ausnahmen in Europa waren Süditalien und Venedig. Die Häfen von Kampanien, Apulien, Kalabrien und Sizilien unterhielten immer noch regelmäßige Verbindungen zu Konstantinopel. Im Austauch gegen Wein und Getreide kehrten die italienischen Schiffe mit den Erzeugnissen des Ostens zurück. Bald jedoch hatte Venedig sie alle überholt. Die Stadt, ursprünglich eine Langobardensiedlung auf einigen Inseln, begründete ihren Handel zunächst auf Fisch und Salz. Die nahe Venedig gelegenen Städte hatten selbst eine den Eigenbedarf deckende Wirtschaft und konnten die Überschußproduktion Venedigs nicht gebrauchen. Der Hauptmarkt war Konstantinopel, und Venedigs Handel überstieg rasch den der süditalienischen Konkurrenten. Ohne tatsächlich mit Konstantinopel zu brechen, wurde Venedig eine von byzantinischer Oberhoheit freie Stadt. Unter ihrem *Dogen* oder „Herzog" wurde sie zu einer Handelsrepublik. Seit dem 10. Jahrhundert bestimmten ausschließlich Handelsinteressen Venedigs Politik.

Es erlangte die Seehoheit auf der Adria, indem es die dalmatinische Küste von Piraten säuberte. Und nachdem die Norman-

Unten. *Luftaufnahme der Wallanlagen der mittelalterlichen Stadt Naarden.*

nen Süditalien und Sizilien erobert hatten, verhinderte es deren weitere Ausbreitung und Niederlassung entlang der griechischen Küsten. 1082 erhielt die Stadt die Privilegien, alle benötigten Güter im byzantinischen Reich kaufen und seine Produkte dort verkaufen zu dürfen. Die diese Entwicklung begünstigenden Faktoren kamen von außerhalb Europas, aber dennoch fand diese Entwicklung in kleinerem Maßstab auch an den Küsten von Nord- und Ostsee statt, besonders in den skandinavischen Ländern, die mit Fellen und Getreide handelten und eine Handelsroute quer durch Rußland zum Schwarzen Meer und von dort nach Konstantinopel ausbauten. Was als bewaffnete Überfälle begann, wurde zu von Bewaffneten geschützten Handelszügen. Städte entlang dieser Route, wie Kiew, blühten auf. Venedig führte seine Handelsrouten zu Lande über den Brennerpaß nach Süddeutschland und von dort auf zwei Hauptwegen weiter nach Nordwesteuropa und über die Höhen des Schwarzwaldes nach Westen in die Rheinebene und nach Frankreich. Diese Entwicklung erstreckte sich über drei Jahrhunderte, in denen die an den Handelsrouten liegenden Städte wiederbelebt wurden, während andere zurückblieben.

Daß tatsächlich viele Städte überlebten und zusätzlich neue gegründet wurden, ist nicht zuletzt auch einem alten Kirchenerlaß zu verdanken, demzufolge Bistümer nur in Städten eingerichtet werden konnten. Wo sich die Türme einer Bistumskathedrale in den Himmel erhoben, war die Umgebung dicht besiedelt. Alles mußte vor den außerhalb der Stadtmauern lauernden Gefahren geschützt werden. Bistümer und Klöster, die großen Förderer mittelalterlicher Kultur, lockten Handwerker an ihren Standort, denn wer in einer Stadt wohnte, verlor innerhalb des Kontrollgebietes der Stadt die Last der Leibeigenschaft. Die Reliquien von Heiligen verhalfen der Kirche, die sie aufbewahrte, zu Ansehen. So wurde die Stadt zu einem Anziehungspunkt. Pilger kamen aus nah und fern und gaben dem Wirtschaftsleben der Stadt weiteren Auftrieb. Städtische Märkte wurden von Kaufleuten, die innerhalb einer Stadt den besten Schutz fanden, gut besucht und schließlich von ihnen beherrscht.

Das gleiche geschah, wo ein König oder ein wichtiger Vasall seine Residenz errichtet hatte, wie in Aix-La-Chapelle, Nancy, Goslar oder Ingelheim. Goslar beispielsweise, ursprünglich ein

Oben. *Eine Interpretation der Geschichte von David und Goliath aus dem 10. Jahrhundert. Sie zeigt byzantinische Krieger, die wie römische Legionäre bewaffnet sind.*

Unten. *Bewaffnete Reiter* (Histoire du Graal, *13. Jahrhundert).*

Oben. *Das Leben des Heiligen Guthlac, Manuskript aus dem 12. Jahrhundert. Es zeigt Krieger mit Kettenpanzern und Helmen mit Nasenschutz.*
Unten. *Katalanisches Manuskript aus dem 11. Jahrhundert, das zeitgenössische Krieger wie Sarazenen kämpfend zeigt.*

Wehrbau an Deutschlands Ostgrenze, wurde durch die sächsischen und salischen Könige und Kaiser zu einer Reichsresidenz mit der ganzen Pracht spätromanischer und frühgotischer Architektur. Eine direkte Reaktion auf die Invasionen der Norweger und Ungarn war das Ummauern der Städte. Selbst entlegene Gebäude und Einrichtungen wie Klöster wurden von schützenden Mauern umgeben. Doch hatte die Bistums- oder Residenzstadt eines mächtigen Magnaten im frühen 12. Jahrhundert wenig Ähnlichkeit mit den Städten späterer Zeiten. Das Gebiet innerhalb der Mauern umfaßte Ackerbauflächen und große Gärten. Die Bewohner waren größtenteils unfreie Bauern, die dem Bischof, Abt, König oder Adeligen ihren Dienst schuldeten. Dazu kamen die Freien, überwiegend Kaufleute, Handwerker, Landbesitzer und das Gefolge des Magnaten. Sie alle genossen jedoch den Schutz eines mächtigen Herrn, der die Gemeinde regierte. Gemeinsame Interessen und täglicher Kontakt verwischten die Unterschiede zwischen Freien und Unfreien bald.

Ein Reisender, der in Deutschland von Köln nach Hamburg reiste, kümmerte sich wenig darum, daß die eine Stadt tausend Jahre älter war als die andere. Was er bemerkte, war der Unterschied in Erscheinungsbild und Reichtum, der die älteren Städte des Reiches von den jüngeren abhob, nachdem das Wirtschaftsleben wieder in Schwung gekommen war.

In den östlichen und westlichen Provinzen des ehemals Römischen Reichs fand gegen Ende des 10. und während des gesamten 11. Jahrhunderts ein Prozeß innerer Kolonisierung statt, der von einer tiefgreifenden demographischen Bewegung begleitet war, in deren Verlauf große Teile der Landbevölkerung in die Städte zogen, die dadurch größer wurden. Mauern wurden erweitert; Siedlungen außerhalb der alten Mauern wurden von neuen Mauern geschützt; der alte Stadtkern erhielt Vororte. Dabei hatte der Landbesitzer in der Stadt den größten Vorteil. Er konnte seine Felder an den künftigen Bauherrn verkaufen oder den Grund einfach verpachten. Ein fähiger Arbeiter konnte in der Stadt mehr für seine Anstrengungen erhalten als auf den Land und genügend verdienen, um sich die Freiheit zu kaufen, falls er unfrei war. War die Verteidigung ein Grund gewesen, die Häuser dicht nebeneinander zu bauen, so war die wachsende Knappheit an Bauland ein weiterer – ein Aspekt, der viele Parallelen in der heutigen Gesellschaft hat. Bald überstieg das Ausmaß der Städte die Möglichkeit, die Einwohner wirksam vor Angriffen zu schützen. Die Bürger hoben eigene Truppen aus und wurden zu Soldaten in Notzeiten.

Sie waren zwangsläufig eine bourgeoise Gegenmacht für das feudale Aufgebot des Magnaten, was praktisch spürbar wurde, wenn Magnat und Bürger in Streit gerieten. Als im Verlauf des Investiturstreits des 11. Jahrhunderts König Heinrich IV. von

Unten. *Schlacht im 13. Jahrhundert.*

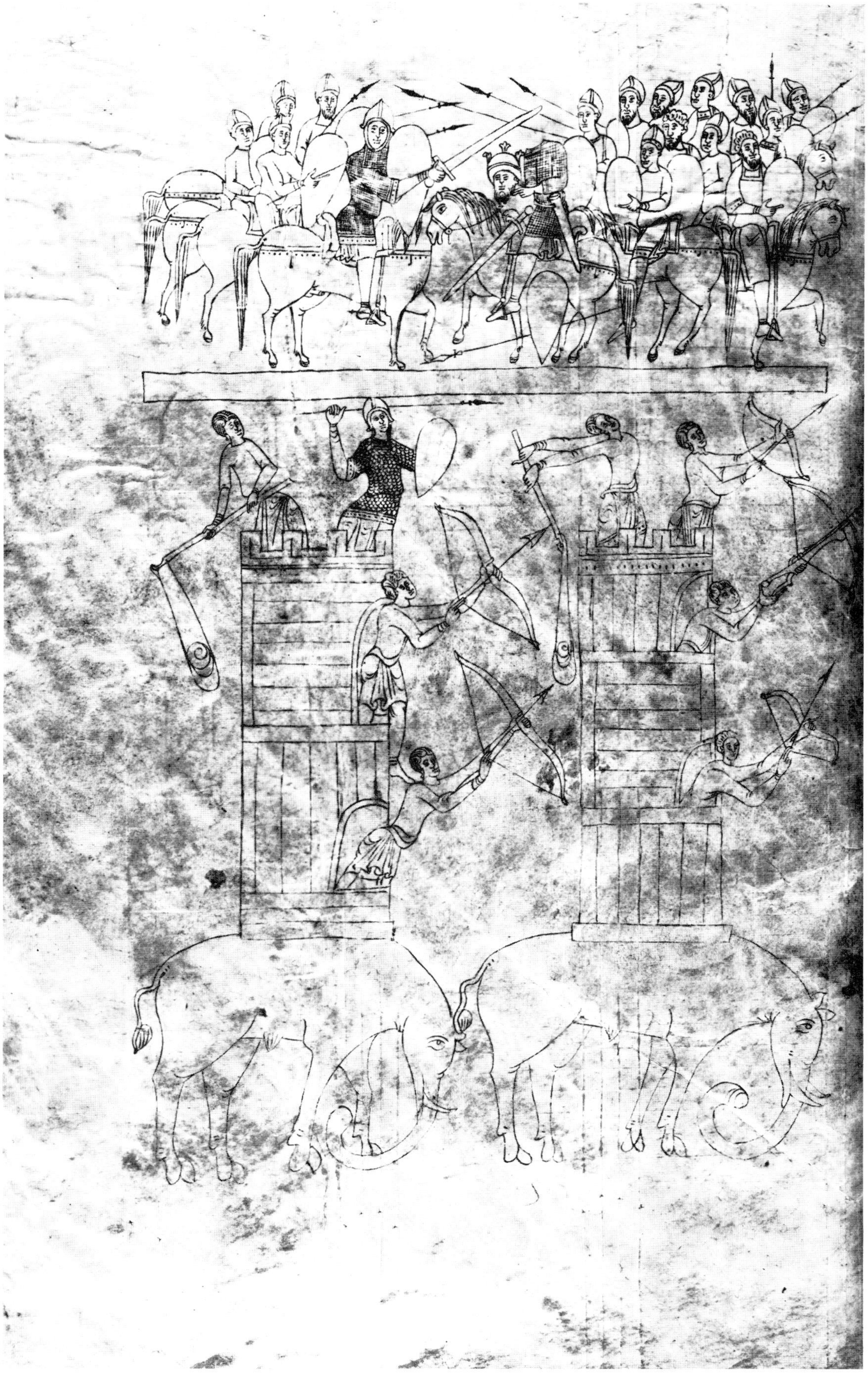

Von Elefanten getragene Angriffstürme (Bibel von Rhodos, katalanisch, 10. oder 11. Jahrhundert)

Papst Gregor VII. verbannt und exkommuniziert wurde, nutzten seine Söhne und die Mehrzahl seiner Vasallen die Gelegenheit, ihre eigenen Interessen auf Kosten des Reichs voranzutreiben. Was sie bei ihren Kalkulationen übersehen hatten, war die inzwischen erlangte politische, wirtschaftliche und militärische Macht der Städte.

Die meisten erhoben sich gegen ihre Magnaten und ergriffen Partei für den Kaiser. Mit der Zeit wurde die Bürde der Leibeigenschaft verringert. Die Unfreien in den Städten erhielten das Recht, ihren Besitz ihren Kindern zu schenken und dem Herrn, dessen Leibeigener in die Stadt geflohen war, wurde verwehrt, dessen Rückkehr zu verlangen. *Stadtluft macht frei* war die Parole.

Natürlich ging es nicht immer so, wie die Städte wollten, ebensowenig wie die Interessen der Bewohner immer ungeteilt waren. Flandern war im Mittelalter Schauplatz vieler städtischer Unruhen, die eng mit der Politik der französischen Krone und ihrer Vasallen verknüpft waren. Jahrhundertelang war es Hauptziel der französischen Krone gewesen, die an die Nordsee

Links. *Zwei Fußsoldaten in Rüstung (Grandes Chroniques de France, 15. Jahrhundert).*

Unten. *Kampfepisode* (Tristan et Yseult *von Maître Lucès, 15. Jahrhundert).*

Rechts. *Die farbenprächtigen mittelalterlichen Turniere wurden sowohl zur Unterhaltung der Zuschauer wie zur Ausbildung der Ritter für das Schlachtfeld veranstaltet* (Chroniques de Froissart, *14. Jahrhundert).*

Links. *Ritter verlassen ihre Burg auf dem Weg zu militärischer Ausbildung (Bodleyanische Handschrift 264).*

Unten. *Handgemenge auf dem Turnierplatz.*

lance luy avoit faute et pala. & chalveret
le suiuirent & iousta Trist[an] contre les
dits pala et chalveret Et tous deux
les abati lun empres lautre

En ceste partie dit li
compte que apres ce
que Pal. se fu parti
de ses compaignons
Ainsi comme ie vous ay compte devant

Seite 147
Links außen. *Tristan läßt sich auf ein Hauen und Stechen mit seinem Gegner ein.*

Links. *Eine Zuschauerin trennt die beiden Kämpfenden Tristan und Sir Galahad* (Tristan et Yseult *von Maître Lucès, 15. Jahrhundert).*

Unten links. *Ritter zu Pferde, in ein gefüttertes, reich mit Wappenmotiven verziertes Wams gehüllt.*

grenzenden Gebiete ihrer Domäne einzuverleiben und einen strategisch günstigen Standort für die französischen Angriffsunternehmungen gegen England zu gewinnen. Philipp von Elsaß war der Graf von Flandern, der sich König Philipp II. August von Frankreich entgegenstellte. Zu Beginn war es nur ein Wettstreit zwischen diesen beiden Männern. Doch bis zum 12. Jahrhundert hatten die flämischen Städte soviel Macht und ihren Handel soweit ausgedehnt, daß ihre Interessen eng mit denen ihres Landesfürsten verknüpft waren. Doch auch die französische Krone übte besondere Anziehungskraft auf die städtische Oberklasse aus meist französisch geborenen Kaufleuten aus, da sie Machteinschränkungen befürchteten. Andererseits fürchteten Handwerker und Arbeiter der flämischen Städte, eine französische Vorherrschaft werde ihre Freiheiten einschränken, wenn nicht gar abschaffen. Die Herrschaft Gräfin Margarets von Flandern begünstigte ab 1244 die Handwerker, besonders die Wollsticker. Der Patrizierrat von Gent, der die Stadt regierte, bis seine Macht von der Gräfin gebrochen wurde, legte dagegen beim Parlament von Paris Beschwerde ein. Als die Gräfin 1278 starb und Guy von Dampierre die Nachfolge antrat, schloß die herrschende Oligarchie eine formale Allianz mit dem französischen König. Dieser Schritt verärgerte Dampierre, der nun bei den niederen Ständen der Stadt Unterstützung suchte. Doch Dampierre war sowohl Vasall des französischen Königs Philipp IV. (des Schönen) als auch des deutschen Kaisers. Die Anwälte Philipps des Schönen argumentierten, die Allianz sei ein völlig legales Instrument, auf dessen Grundlage Frankreich nun seinen eigenen königlichen Vertreter in Flandern ernennen könne, was auch umgehend geschah. In Frankreich hatte Philipp der Schöne die Privilegien der Kommunen fast völlig unterdrückt. In Flandern gab er vor, sie zu unterstützen – zumindest bis er Dampierre besiegt hatte.

Die niederen Stände, die Bürgerlichen der flämischen Städte, waren enttäuscht, denn ihr Ziel, die Abschaffung der oligarchischen Regierung, war fast in Reichweite gewesen. Philipps des Schönen Einmischung festigte deren Vormachtstellung erneut und veranlaßte die Bürgerlichen, den Kampf gegen die Oligarchie und zusätzlich gegen die französische Krone wieder aufzunehmen. Die Anhänger Frankreichs, die Feinde der Volksfreiheit, wurden *Leliaerts,* 'Männer der Lilie' genannt, da die Schwertlilie Symbol der französischen Monarchie war. Der Kampf zwischen mehr und weniger Privilegierten, zwischen reich und arm, erhielt bald eine nationale Perspektive, insofern als er rasch ein flämisches Nationalbewußtsein förderte, ähnlich wie der Hundertjährige Krieg in Frankreich und England. Noch treffender ist der Vergleich mit Böhmen, wo die Hussiten-Kriege Grundlage des tschechischen Nationalismus wurden.

Der Löwe von Flandern, Symbol des gräflichen Banners, wurde zum Zeichen der Bürgerlichen. Als im Jahr 1300 schließlich zwischen Guy von Dampierre und Philipp dem Schönen der Krieg ausbrach, wurde Dampierre besiegt und eingekerkert. Flandern fiel an Frankreich, und der französische Gouverneur Châtillon wurde entsandt. Der hatte bei seiner Ankunft nichts Dringenderes zu tun, als den Städten Steuern aufzuerlegen, um die König Philipp II. entstandenen Kriegskosten zu begleichen. Der Aufschrei des flämischen Volkes war gewaltig. Schlimm genug, daß ihr Fürsprecher besiegt worden war. Für die eigene Unterdrückung jedoch auch noch zahlen zu sollen, brachte das Faß zum Überlaufen. Verbittert griffen die Bürgerlichen zu den Waffen. Es gelang den französischen Soldaten nicht, die Ordnung wiederherzustellen.

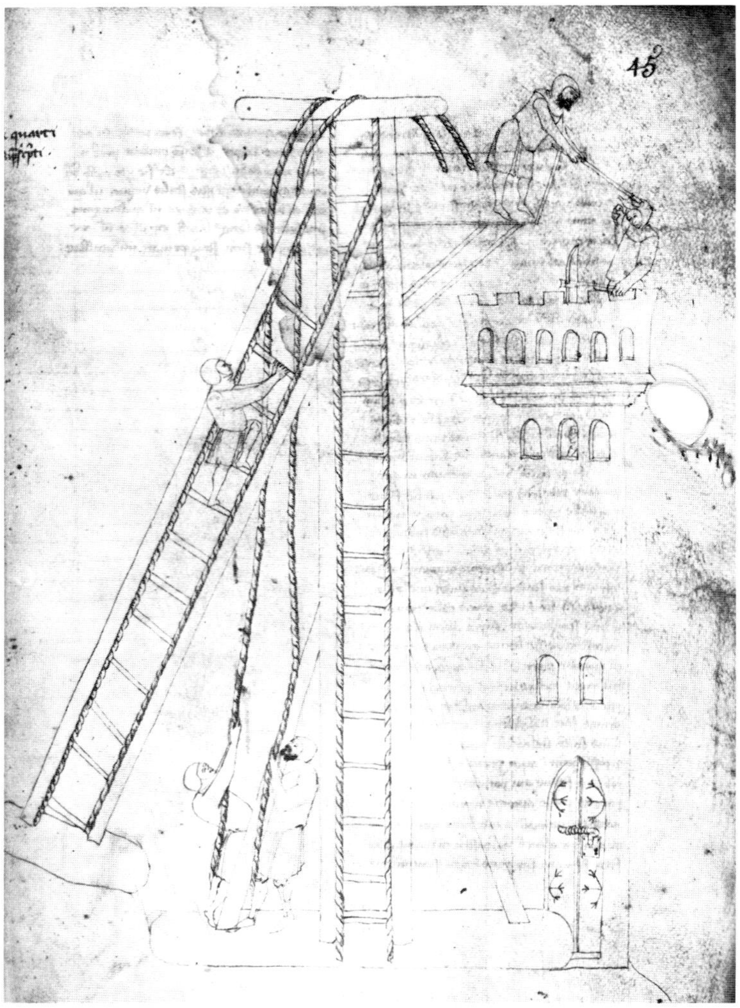

Rechts. *Aus Seil und Leitern konstruierter beweglicher Turm.*

Unten. *Angriff auf eine ummauerte Stadt (frühes 14. Jahrhundert).*

In Brügge stellte sich Peter de Coninc, ein bislang unbekannter Weber, an die Spitze einer Verschwörung, die für die Franzosen ziemlich unerwartet in der Nacht des 17. Mai 1302 zuschlug. *Schild en vriendt,* Schild und Freund, lautete die Parole, und wer sie nicht mit reinem flämischen Akzent aussprechen konnte, einschließlich der Patrizier, wurde erschlagen. In ganz Flandern wurde die patrizische Regierung gestürzt und Revolutionsregierungen wurden eingesetzt.

Nachdem die Macht ergriffen war, mußte sie gegen ein Heer aufrechterhalten werden, das Philipp der Schöne unter dem Befehl Robert von Artois entsandte. Die Söhne Guy von Dampierres, John und Guy von Namur, sowie sein Enkel, Wilhelm von Jülich, eilten nach Flandern, denn die einzige Möglichkeit, das Erbe wiederzuerlangen, schien die Unterstützung der städtischen Kräfte in Flandern. Obwohl sie nur Französisch sprachen, rief ihre Ankunft große Freude hervor. Mit ihnen an der Spitze marschierten die Männer Flanderns in die Schlacht gegen Robert von Artois, den die Herren von Hainault, Brabant und Luxemburg unterstützten. Das Heer kann nicht, wie behauptet, 7.500 Pferde und Fußtruppen von 40.000 Mann umfaßt haben, war aber ein beachtliches Ritterheer mit viel Kavallerie und Genueser Söldnern als Armbrustschützen. Dem flandrischen Heer fehlte die Kavallerie: Guy von Namur und Wilhelm von Jülich führten ein Infanterieaufgebot von Bürgern an. Die wenigen Ritter dienten als Unterbefehlshaber. Die Adeligen Flanderns glaubten, sie hätten mehr zu verlieren als die Bürger und warteten daher lieber ab oder schlossen sich den Franzosen an.

Am zweiten Juli überschritt Robert von Artois die Grenze und traf bei Courtrai (Kortrijk) auf die Flamen. Diese positionierten sich, von Marschland und Bächen gut geschützt, hinter dem Groeninghebeke, einem zum Fluß Leie führenden Wasserlauf. Die Leie und ein Franziskanerkloster schützten ihre linke Flanke, Sumpfland und Gräben die rechte. Es war eine gute Position, jedoch nur, wenn sie gehalten werden konnte,

Befestigte Stadt, mit Mauern umgeben, um sie vor marodierenden Truppen zu schützen.

denn hinter den Flamen lag Courtrai, das sich noch in französischer Hand befand. Der Rückzugsweg war buchstäblich abgeschnitten. Für die Schlacht stellten sie sich in Phalanxformation auf und hielten eine Reserve hinter der Mitte. Eine kleine Anzahl Soldaten war mit Armbrust ausgerüstet, die Mehrheit trug Eisenhelme und Brustpanzer und war mit Piken und Schwertern bewaffnet. Die Pike glich eher einem Knüppel mit Spitze und konnte als Schlag- und Stoßwaffe benutzt werden.

Überzeugt, daß hundert Berittene tausend Fußsoldaten aufwogen, beschloß Robert von Artois den Angriff. Seine Armbrustschützen rückten gegen die flämischen vor, die zum Rückzug gezwungen wurden und damit die Front ihrer Phalanx freilegten.

Links. *Von mit Armbrust, Katapulten und einer frühen Kanone bewaffneten Kriegern angegriffene Stadt (Bodleyanische Handschrift Manuskript 264, 14. Jahrhundert).*

Unten. *In Kriegszeiten war Brieftaubenpost ein rasches und praktisches Postsystem. Hier bereitet der Absender die Freilassung des Vogels vor. (Holzschnitt aus dem 15. Jahrhundert, aus:* „Der Soldat in der deutschen Vergangenheit“, 1899).

Das wiederum zwang diese, sich ein Stück zurückzuziehen, um außer Reichweite der Genueser Geschosse zu gelangen. Artois hielt dies für einen allgemeinen Rückzug und befahl seinem Ritterheer den Angriff. Es entstand Verwirrung, und Artois' Kavallerie kam ziemlich unorganisiert am Groeninghebeke an. Noch dazu war der Wasserlauf tiefer und sumpfiger als erwartet, und das andere Ufer zwar stabil genug für Fußtruppen, nicht aber für schwere Kavallerie. Viele Berittene waren im Morast gefangen. Als schließlich eine gewisse Ordnung hergestellt war, sahen sich die Franzosen den Waffen der vorrückenden flämischen Phalanx gegenüber. Nun waren die Ritter in der Defensive, die Schlagkraft ihres Angriffs war durch das schwierige Gelände gebrochen. Die Schlacht begann und die Franzosen wurden zum Groeninghebeke zurückgeschlagen. Nun führte Robert von Artois das von ihm kommandierte Gros vorwärts und dasselbe Spektakel ereignete sich von neuem. Gnadenlos erschlug die flämische Infanterie die französischen Ritter. Artois selbst flehte auf Knien um Gnade. Sie wurde nicht gewährt. 'Wir verstehen kein Französisch' sollen die Flamen auf derartige Bitten geant-

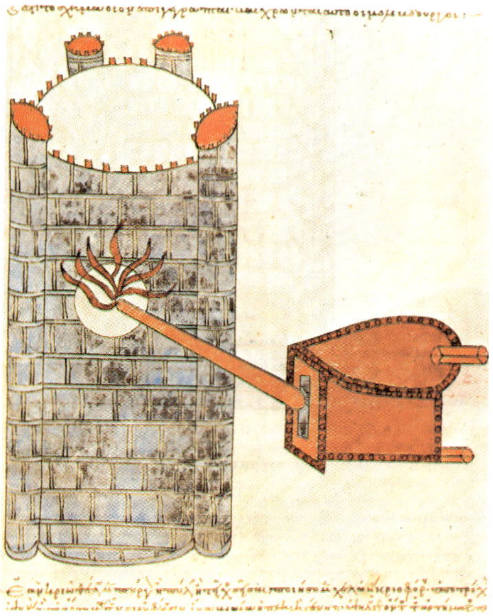

Oben. *Die Bürger von Calais übergeben die Schlüssel der Stadt* (Chroniques de Froissart, *14. Jahrhundert).*

Links. *Byzantinisches Gerät aus dem 11. Jahrhundert, um Festungen mit heißem Öl anzugreifen.*

wortet haben. Die verwirrten französischen Ritter wurden in den Wasserlauf gedrängt. Die von Artois zurückgehaltene Reserve erwiderte den Angriff nicht. Dreiundsechzig französische Grafen, Barone, Baronets und viele andere Ritter waren erschlagen worden. Die Flamen nahmen den Opfern die goldenen Sporen ab, von denen 700 Paar als Dankesgabe in der Kirche von Courtrai aufgehängt wurden. Für die Ritterschaft Europas war die Sporenschlacht ein Schock; zum erstenmal hatte ein fast ausschließlich aus Fußtruppen bestehendes Heer das berittene Ritterheer geschlagen. Aus militärischer Sicht ist die Schlacht fast eine Kopie der Schlacht von Bannockburn, in der Eduard II., König von England, von Robert the Bruce geschlagen wurde, jedoch fehlt hier der soziale Aspekt. In der Sporenschlacht hatte das Aufgebot der flämischen Städte nicht nur die Entscheidung herbeigeführt; es hatte selbst sowohl die politische als auch die militärische Initiative in Händen gehalten. Mit anderen Worten, die mittelalterliche Stadt hatte die Muskeln spielen lassen sowie Entscheidungskraft bewiesen und ihren politischen Willen ausgeführt. Die Franzosen fanden bald ihre eigenen Erklärungen für die Niederlage. Sie umfaßten alle Faktoren außer der Tapferkeit und der strategisch-taktischen Klugheit der Flamen. Die grundlegende Lektion jedoch – daß Infanterie unter den richtigen Umständen bei richtiger Taktik Kavallerie schlagen konnte – wurde mißachtet.

In Flandern wurde das Haus Dampierre wiedereingesetzt und eine für alle Bürger der Städte akzeptable Regierungsform errichtet. Obwohl die Franzosen noch mehrmals angriffen, wurden sie jedesmal von den Bürgerheeren geschlagen, bis 1320 der Friede dem französischen Trachten nach Flandern vorerst ein Ende setzte. Die Franzosen hatten nur einen kleinen Teil des französischsprachigen Flanderns gewonnen.

Bistümer und Burgen waren Ausgangspunkt der mittelalterlichen Stadt gewesen, einer Gemeinschaft mit anderen sozialen Schichten als auf dem Land und schließlich auch mit anderem politischen Bewußtsein. In ihr hatte sich eine Struktur entwickelt, die – wenn auch nicht immer unversehrt – bis zur Französischen Revolution bestehen blieb. Neben der Geistlichkeit und der Aristokratie war die Bourgeoisie als politisch relevante Gesellschaftsklasse entstanden, obwohl diese politische Bedeutung oft nicht erkannt wurde, bis eben diese Bedeutung ihre Anerkennung erzwang.

In Italien wie auch in Deutschland unterschied sich die Entwicklung neuer Städte im Mittelalter von der früher römischer Siedlungen. Die älteren römischen Städte wurden vom 10. Jahrhundert an entweder durch die schrittweise Wiederbelebung des Handels zu neuem Leben erweckt oder weil sie sich zur Errichtung eines Bistums oder einer Befestigungsanlage eigneten. Die neueren Städte wurden von ihren Rittern unterhalten, zu denen mit der Zeit die Kaufleute hinzukamen. Während deren Wohlstand wuchs, wurden die gesellschaftlichen Trennlinien verwischt und verschwanden schließlich ganz. Doch sagt Reichtum allein noch nichts über die militärischen Fähigkeiten seines Besitzers aus. Folglich wurden viele für den Militärdienst geeignete Kaufleute zu Rittern geschlagen. Sie wurden *Konstabler* in der ursprünglichen Bedeutung als Mitglied der Schwadron. Die wachsende militärische Leistungsfähigkeit der Bürger machte sich gegenüber Raubrittern oder gar dem Landesherrn bemerkbar, wenn die Forderungen an eine Stadt als überzogen angesehen wurden. Wenn gemeinsame Interessen mehrere Städte vereinten, sammelten sie sich zu gemeinsamem Vorgehen, wie das Beispiel Flanderns bereits gezeigt hat. Dabei wurden in manchen Fällen institutionelle Bündnisse für die Verfolgung, Erweiterung und Verteidigung der Interessen gebildet.

Unten. *Krieger erklimmen die Mauern einer belagerten Stadt mit Leitern (Bodleyanische Handschrift, 14. Jh.).*

Rechts. *Standartenträger (Gemälde von Albrecht Dürer).*

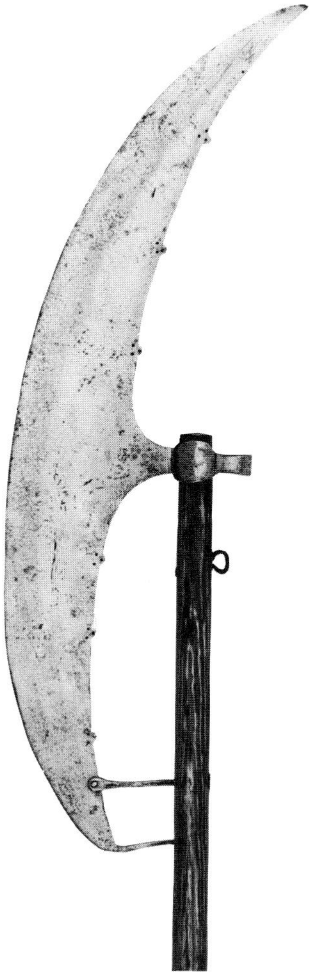

Bardiche (Hellebarde) *(14. Jahrhundert).*

Rechts. *Von den Flamen bevorzugte Phalanxformation aus einer Miniatur des 15. Jahrhunderts, die Kyros II., den Großen, und seine Truppen auf dem Marsch darstellt.*

Das berühmteste dieser im Mittelalter entstandenen Bündnisse war die Hanse, welche die Städte Lübeck, Wismar, Rostock, Stralsund, Hamburg, Lüneburg, Danzig und Riga umfaßte. Ihr Interesse galt dem Handel, und ihre Schiffe beherrschten sowohl die Nord- als auch die Ostsee; ihre Einflußsphäre breitete sich über ganz Nordeuropa aus. Während der letzten vier Jahrhunderte des Mittelalters übte keine andere ausländische Macht im Wirtschaftsleben Nordeuropas, besonders Englands, eine so starke, weitreichende und dauerhafte Wirkung aus. Wie Carus Wilson berichtet, sollen die Kais der Themse im frühen 12. Jahrhundert von Gütern aus allen Ländern, aber vorwiegend aus Deutschland, beladen gewesen sein. Die Schiffe der Hanse waren ausgesprochen beliebt, da sie nicht Luxusgüter für die Reichen brachten, sondern Gebrauchsgüter für alle, besonders Getreide. Nachdem die Deutschritter das Landesinnere Preußens erschlossen und in eine Kornkammer Europas verwandelt hatten, half das preußische Getreide, von den Schiffen der Hanse von Danzig nach London und in andere englische Häfen befördert, manche Hungersnot in England abzuwehren. In London gründete die Hanse, wie auch in anderen Ländern, ihr eigenes Handelskontor, den *Stalhof,* dessen Mitglieder dafür verantwortlich waren, Londons Bishop Gate zu bewachen und instandzuhalten. Einmal war eine Geldstrafe zu zahlen, weil diese Aufgabe vernachlässigt wurde. Man zahlte prompt und ließ die notwendigen Reparaturarbeiten ausführen. Diese mittelalterliche 'angelsächsisch-deutsche' Beziehung wurde erst ab dem 14. Jahrhundert gestört, als englische Schiffe begannen, der Hanse die Fischgrün-

Unten. *Staff* (Lanze) *(14. Jahrhundert).*

de um Island streitig zu machen und England vom Tuchimporteur zum -exporteur wurde.

Erfolgreich stellten die englischen Handelsabenteurer die Privilegien in Frage, welche die englische Krone der Hanse in vorangegangenen Jahrhunderten gewährt hatte. Auch der Handel selbst blieb nicht ungeschoren, besonders im 13. Jahrhundert, als die *Vitalienbrüder*, eine Gruppe deutscher und skandinavischer Freibeuter, die Schiffe der Hanse systematisch eroberten. Notgedrungen führte die Hanse Krieg und beendete die Piraterie auf Nord- und Ostsee mit Hilfe von Schiffen des Königs von Dänemark und des Deutschritterordens.

Im Inneren Deutschlands waren die Stadtbündnisse weniger dauerhaft und mehr darauf ausgerichtet, bestimmte Drohungen abzuwenden. War dies geschehen, wurden sie wieder aufgelöst. Die von ihnen aufgestellten Heere waren immer gut ausgerüstet und oft auch gut geführt. Landesfürsten und Vasallen fanden in ihnen Gegner, die man besser nicht provozierte. Als das Rittertum auf das Niveau der Straßenräuberei absank, zeichneten allein die deutschen Städte für die Zerstörung von über einhundert Burgen der Räuberbarone verantwortlich. Eine kriegslustige Macht waren sie jedoch während des gesamten Mittelalters nicht, denn die Bürger zu den Waffen zu rufen und in die Schlacht zu führen kostete Geld und unterbrach den Handel. Sie kämpften nur zur Selbstverteidigung.

In Italien standen während der Regierungszeit der Hohenstaufen-Kaiser die Städte häufig mit diesen im Krieg. Doch brachte dies keine Bourgeoisie hervor, die hinter dem Schild gleichermaßen effektiv war wie hinter dem Ladentisch. Man verließ sich lieber auf Söldner, was den Nachteil hatte, daß diese ihre Arbeitgeber gern plünderten, wenn nach einem Feldzug die finanziellen Forderungen nicht erfüllt wurden. Organisierten sich die Bürger italienischer Städte militärisch, dann nur als Hilfskräfte für Ritter, Söldner oder andere. Auch in Deutschland konnte man Söldner finden, jedoch auf einer verbindlicheren Grundlage. 1263 schloß die Stadt Köln einen Vertrag mit Graf

Adolf von Berg, die Stadt zu schützen. Durch diesen Vertrag wurde der Graf formal Bürger der Stadt und verpflichtete sich, der Stadt mit neun Rittern und fünfzehn Knappen auf gepanzerten Pferden zu helfen. Im Gegenzug erhielt er täglich fünf Mark in Kölner Pfennigen. Köln selbst verpflichtete sich, ebenfalls 25 vollständig ausgerüstete Männer patrizischer Herkunft auf 25 gepanzerten Pferden, bereitzustellen. Der Vertrag muß den Bedürfnissen der Partner entsprochen haben, denn er wurde einhundert Jahre später fast wörtlich erneuert. Er ist nur einer von vielen; die Praxis war entlang des Rheins recht verbreitet. Die Haltung vieler Bürger zum Krieg ist mit Lokalpatriotismus gut geschrieben. Sie rückten vor, wenn sie mußten, aber möglichst nicht allzuweit. In einem Beschluß rheinischer und schwäbischer Städte von 1388 stand als besonderer Passus, daß die Bürger bei Sonnenuntergang nach Hause zurückzukehren wünschten.

Oben. *Belagerung aus dem 12. Jahrhundert zeigt die Krieger mit frühen, drachenförmigen Schildern.*

Unten. *Detail aus einer Illustration von Cäsars* Gallischen Kriegen *aus dem 15. Jahrhundert zeigt die Soldaten in zeitgenössischer Rüstung* (Bemerkungen von Caesar, *Lille 1473).*

Des nouvelles dalbyon
Sil vous en plaist escouter
Mon frere & mon compaignon
Sachiez qua mon retorner
Ay este deca la mer
Receu a ioyeuse chiere

TECHNIKEN DES BURGENBAUS

Links. *Der Tower of London. Die Bauarbeiten am Tower begannen 1067. Bischof Gundulf weihte den Bau des White Tower für Wilhelm I. ein. Der Bell Tower wurde 1190 errichtet und 1354 wurde der Wakefield Tower hinzugefügt, in dem heute die Kronjuwelen aufbewahrt werden (Roy Manuskript).*
Unten. *Turmhügelburg (Motte) mit Außenhof. Diese einfache Art einer Festung war bei den Normannen beliebt und verbreitete sich rasch in Europa. Aus Holz auf einem Erdhügel erbaut, war sie höchst anfällig für Feuerangriffe* (Bayeux-Gobelin).

Im frühen Mittelalter war der Festungsbau in Europa eine tote Kunst. Die vorhandenen Mauern und Verteidigungsanlagen waren beinah ausschließlich Reste aus der römischen Besatzungszeit. Sie wurden so wenig geschätzt, daß Karl der Große seinen Bischöfen gestattete, ihre Stadtmauern einzureißen, um Baumaterial für Kirchen und Kathedralen zu erhalten. Erst im neunten Jahrhundert, als die Verwüstungen angreifender Normannen eine ernste Bedrohung wurden, erließ Karl I. (der Kahle) ein Edikt zur Errichtung von Burgen an strategischen Punkten. Überdies begannen viele Barone, eigene Burgen zu bauen und mehrere Stadtmauern wurden repariert und nutzbar gemacht.

Wie diese frühen Burgen ausgesehen haben mögen, wissen wir nicht, da keine verläßlichen Aufzeichnungen erhalten geblieben sind. Bis Mitte des 11. Jahrhunderts jedoch hatte sich ein Schema entwickelt. Zweifellos war bis dahin eine Vielzahl an Ideen ausprobiert und abgewandelt, zurückgewiesen oder übernommen worden. Schließlich wurde *Turmhügelburg mit Außenhof* zum üblichen normannischen Bauwerk und breitete sich als Prototyp für den Burgenbau in Europa aus.

Oben. *Eine geniale Methode zum Erklimmen von Burgmauern wurde von Konrad Kyeser in seiner militärischen Abhandlung* Bellifortis, *1405, entworfen.*

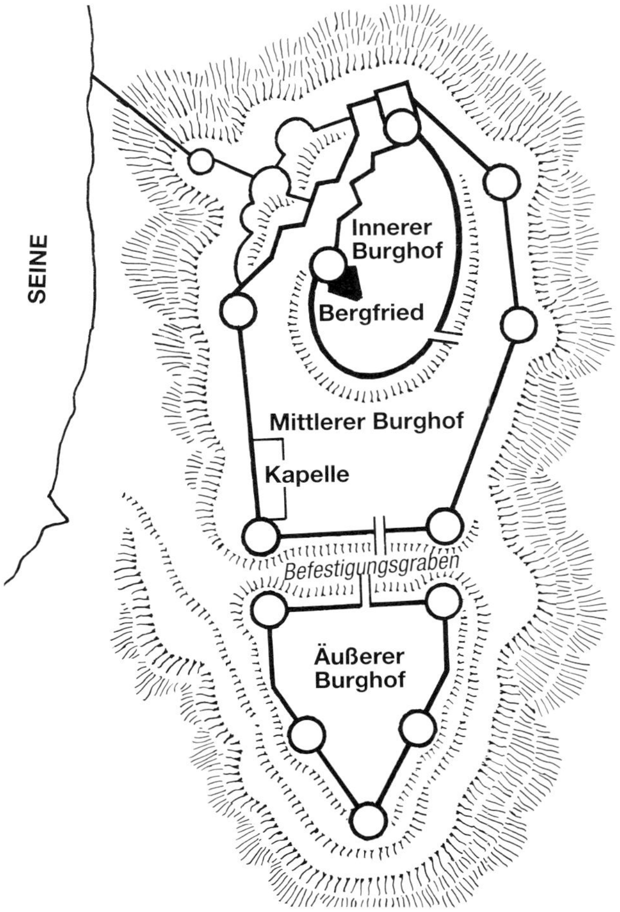

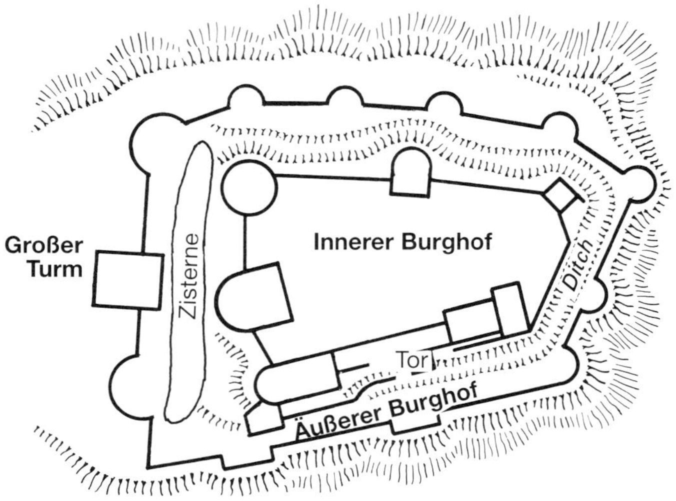

Oben links. *Grundriß von* Château Gaillard, *1196.*

Oben rechts. *Grundriß von* Krak des Chevaliers, *1205.*

Die Turmhügelburg mit Außenhof bestand aus einem Erdhügel, der konischen *Motte* mit abgeflachter Spitze, die von einem Graben umgeben und aus den Aushebungen dieses Grabens errichtet war. Um die Hügelspitze verlief eine Palisade aus Baumstämmen, häufig mit Dornbüschen und Hürden verstärkt, und innerhalb des so gebildeten Bereichs wurde ein Holzturm errichtet. Die *Wallmauer* war eine zweite Einfriedung am Fuß der Motte und an der Außenseite des Grabens, gewöhnlich halbmondförmig und groß genug, um Pferde- und Kuhställe, Schmiede, Molkerei, Lagerräume und anderes aufzunehmen. Dieser Bereich war ebenfalls von einem Befestigungsgraben umgeben, dessen ausgegrabenes Erdreich nach innen zu einem Erdwall aufgeworfen, auf dem wiederum eine Holzpalisade errichtet wurde. Eine leichte Brücke verband die Motte mit der Wallmauer, eine zweite Brücke führte von der Wallmauer über den äußeren Befestigungsgraben hinaus ins Freie.

Dies wurde der Verteidigungsbereich. Bei kleineren Angriffen bemannte man die Palisade um die Wallmauer mit Bogenschützen aus dem Gefolge des Magnaten. Drang der Angreifer ins Innere vor, zogen sich die Verteidiger in die Motte zurück, zerstörten dabei die Brücke über den Befestigungsgraben und nahmen ihre Positionen auf der oberen Palisade ein. Wurde auch diese durchbrochen, war der Holzturm letzter Standort. Diese Verteidigungsform war vermutlich wirksamer als es klingt; die Steilheit von Wall und Motte machten den Angriff schwierig, die Holzpalisaden waren nicht leicht zu überwinden und Beschädigungen schnell und leicht auszubessern.

Hauptgefahr stellte natürlich ein Feuer dar. So wurden, um diese Gefahr zu beseitigen, um den Erhaltungsaufwand für die Holzkonstruktion zu verringern und wahrscheinlich auch, um der Eitelkeit des Besitzers Genüge zu tun, mit der Zeit die Holzwände von Steinmauern verdrängt. Die Struktur allerdings blieb gleich. Ausgrabungen an einer Reihe früher Burgstandorte haben häufig Spuren früherer Holzbauten unter den Steinmauern zu Tage gefördert.

Steingebäude auf einen künstlichen Hügel zu bauen war jedoch ein gefährliches Unterfangen: befand sich ein natürlicher Hügel in geeigneter strategischer Position, wurde dieser oft als

Unten. *Kupferstich eines Ritters in Rüstung, 1480.*

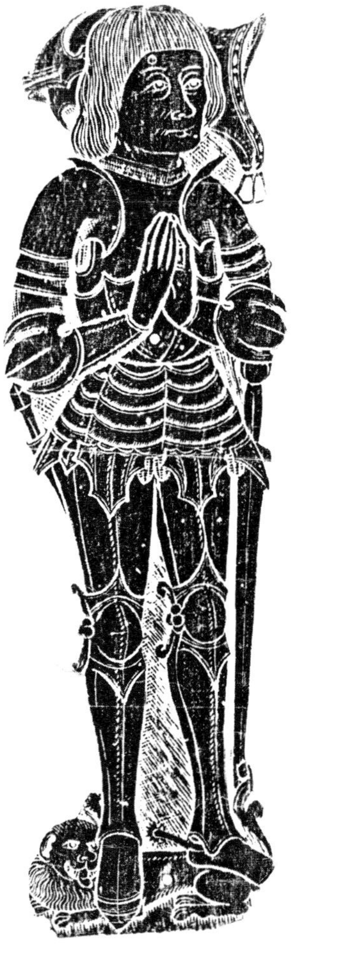

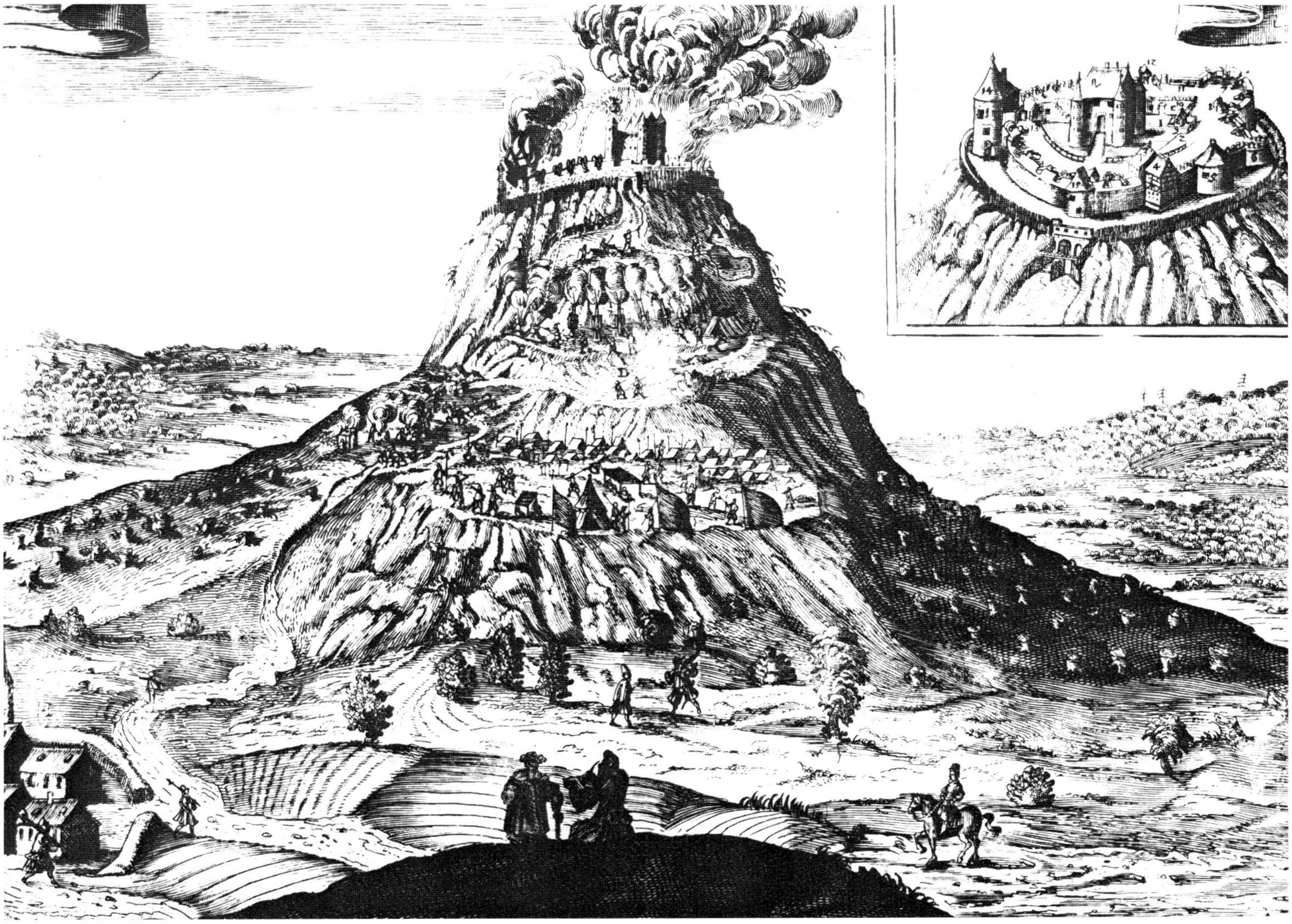

Bauplatz für einen steinernen Turm oder Bergfried genutzt. Befestigungsgraben und Außenmauer wurden dann passend dazu erbaut. Bei einem künstlichen Hügel mußte man das Fundament für Steinbauarbeiten so tief legen, bis entweder ein gewachsener Untergrund erreicht wurde oder eine Tiefe, in der sich die Erde mit den Jahren genügend verdichtet hatte, um das Gewicht des neuen Baus zu tragen. Auf diese Weise entstand vermutlich die Ringburg, eine Steinmauer, die den Hügel derart umgab, daß sie einen Großteil der Hügelspitze einschloß. Die Hügelseiten wurden entfernt, damit die Mauer mit einer Verstärkung aus Erde gebaut werden konnte. Der Boden innerhalb der Mauer lag beträchtlich höher als außerhalb. Diese Anordnung hatte mehrere Vorzüge für die Verteidigung: Ein Angriff mit Ramme oder durch Minieren war nutzlos, da eine Bresche in der Mauer nur ins Erdreich führte. Der Eingang, der im Inneren auf Bodenhöhe lag, war außen erheblich höher, konnte nur über Stufen oder Leitern erreicht werden und war somit leicht gegen Angriffe zu verteidigen. Der Hügelabhang außerhalb der Mauer verhinderte große Ansammlungen von Angreifern dicht an der Mauer.

Links. *Burg Rochester: der von Wilhelm von Corbeuil erbaute Bergfried aus dem 11. Jahrhundert steht noch heute. Der steinerne Bergfried war die logische Weiterentwicklung der Turmhügelburg mit Außenhof und außer durch Minieren praktisch uneinnehmbar.*

Oben. *Belagerung einer Stadt: Burgen und Städte wurden im Mittelalter auf natürlich befestigte Bauplätze gebaut wie auf diesen Hügel, der ausgezeichneten Überblick auf die Umgebung gewährte. Eine derart erhöhte Lage stellte gegenüber möglichen Angreifern einen Vorteil dar.*

Im Innern war die Ringburg einfach eine starke Mauer mit Gebäuden an der Innenseite, die um einen Hof herumstanden. Manche kleinere Bergfriede waren völlig überdacht, doch am häufigsten war die offene Ringburg. Sie war allerdings nicht die einzige Variante. Wo die Hügelstruktur ein massives Bauwerk tragen konnte, wurden Wohntürme bevorzugt, da sie kompakter, leichter zu verteidigen und wahrscheinlich auch angenehmer zu bewohnen waren.

Stand der steinerne Bergfried, folgte die Einfriedung des Burghofs, wobei eine steinerne Kurtine, der Mittelwall, die Holzpalisade auf dem Wall ersetzte. Diese Kurtine wurde über den Befestigungsgraben und den Hügel hinauf weitergeführt, um sich mit dem Bergfried zu verbinden. Bei geeignetem Gelände verlief sie um die Motte herum und diente als zweite Verteidigungslinie, indem sie einen inneren Burghof bildete.

Nachdem diese Grundstruktur feststand, folgten weitere Verbesserungen, um mit bestimmten Bedrohungen, speziellen Angriffstechniken, fertigzuwerden.

Zuerst mußte die Kurtine verteidigt, die Bogenschützen auf ihr geschützt werden, und so entstanden die Zinnen, dieses typischste Merkmal der mittelalterlichen Burg, bei denen die Brüstung am oberen Ende der Mauer stellenweise ausgespart blieb. Das gab dem Schützen Zinnenlücken zum Schießen und Zinnenzähne, den soliden Teil der Brüstung, um sich vor feindlichen Schüssen zu schützen.

Es genügte nicht, einfach nur Männer oben auf der Mauer zu plazieren, da sie den Fuß der Mauer nur schützen konnten, wenn sie sich selbst den Schüssen aussetzten, während sie sich hinausbeugten, um direkt nach unten zu zielen. So kam der von der Kurtine vorspringende Turm auf, in und auf dem die Männer direkt an der Mauer entlang schießen und Minieren und ähnliche Aktivitäten unterbinden konnten. Als zusätzlicher Vorteil stärkten diese Türme in regelmäßigen Abständen die Mauern.

Links. *Bogenschützen verteidigen eine Burg von den Zinnen aus: vorstehende Türme und mit Zinnen versehenen Brüstungen sind zur zusätzlichen Verteidigung bestimmt* (Chroniques d'Angleterre, *spätes 15. Jahrhundert).*

Unten. *Ruinen der Burg Karls VII. in Méhun-sur-Yèvres.*

Um die Maueraußenseite noch mehr zu befestigen, wurde als nächstes von der Brüstung aus nach außen gebaut. Ursprünglich hieß das, Steine aus den oberen Mauerschichten zu entfernen und starke Holzbalken einzufügen, die über die Außenwand hinausragten und einen Plankengang mit äußerer Holzwand trugen, damit sich die Verteidiger geschützt auf dem Gang bewegen und durch hier und da entfernte Planken Pfeile nach unten schießen, Steine, Feuer, kochendes Wasser (Öl war zu teuer), Müll oder andere geeignete Wurfgeschosse auf die Angreifer unten fallenlassen konnten. Diese Konstruktion war als hölzerne Brustwehr oder Wehrgang bekannt. Ihre größte Schwäche war die Angreifbarkeit durch Feuer, weshalb diese Konstruktion nach und nach durch Pechnasen verdrängt wurde, das heißt, die oberen Mauerschichten wurden zu einem Überhang mit Löchern an der Unterseite herausgebaut.

Da das Minieren eine der größten Gefahren darstellte, wurden als nächstes die Fundamente von Mauern und Türmen tiefergelegt und die Mauersockel verbreitert. Das erschwerte den Grabenden die Aufgabe, weil sie nun tiefer und durch die Verstärkung der Mauer auch viel weiter unter dem Mauerwerk hindurchgraben mußten. Türme wurden durch Rundbauweise verstärkt, da die Ecken eines quadratischen Turms die schwächsten Punkte waren.

Nach dem Sichern der Mauern verlagerte sich der Angriffsschwerpunkt auf das Tor. Da dieses in normalen Zeiten natürlich geöffnet werden mußte, war es der schwächste Punkt der Kurtine, weshalb die Verteidigung des Torwegs erstrangige Bedeutung erlangte und ein bestimmtes Verteidigungssystem allmählich Gestalt annahm. Der Befestigungsgraben wurde zum ersten Hindernis.

Unten. *Burg Harlech, eine der von Eduard I. erbauten walisischen Burgen, deren Bau 1183 begonnen wurde. Auffällig die flankierenden Türme zum Schutz der Mauern vor Wurfgeschützen, Sturmböcken und anderen Belagerungswaffen der Plünderer.*

Oben. *Schloß Neuenburg im 12. und 13. Jahrhundert, eine der vielen von deutschen Rittern erbauten Festungen und Teil eines eindrucksvollen Burgenbauprogramms, zu denen auch die Marienburg und die Herrmannsburg gehörten.*

Da sich vor dem Tor gewöhnlich eine Brücke befand, mußte diese entfernt werden, um den Angreifern erstmals Einhalt zu gebieten. Dadurch entstand die Zugbrücke, die nach Bedarf rasch entfernt und wieder zurückgebracht werden konnte. Frühe Brükken scheinen einfach über den Graben geworfen und wieder zum Torweg zurückgezogen worden zu sein, doch wurden diese bald durch Brücken mit Scharnieren ersetzt. Bei einem in England beliebten System wurde die Brücke auf halber Länge gekippt. Ein Teil überbrückte den Graben und lag auf der entgegengesetzten Seite auf. Der kürzere Innenteil deckte eine große, tiefe Grube ab. Das innere Blatt war mit Gegengewichten versehen und das äußere konnte durch Ketten und Flaschenzüge rasch hochgezogen werden, bis es vertikal vor dem Tor stand und dem Feind seine eisenbewehrte Unterseite zeigte. Der Innenteil senkte sich in die Grube, daß die Angreifer, falls sie den Außenteil durchbrachen, durch die offene Grube direkt hinter der Schwelle aufgehalten wurden. Eine Abwandlung sah vor, die Brücke so zu kippen, daß das äußere Blatt nach unten in den Graben sank, während das innere sich hob, den Eingang versperrte, wobei es mit schweren Balken verschlossen und versteift wurde, die in Schlitze im umgebenden Mauerwerk geschoben wurden.

Um diese Brücken und ihren Mechanismus zu schützen, wurde der einfache Torweg zu einem komplexeren Torhaus vergrößert. Auf beiden Seiten des Tors wurden für Wächter Türme hinzugefügt. Damit das Torhaus besser verteidigt werden konnte, wurde es in die Wallmauer hinein ausgedehnt und entwickelte sich zu einem rechteckigen Gebilde mit weiteren Türmen auf der Burghofseite. Im Eingang wurden Gewölbe geschaffen, in die Brücke und andere Maschinerien eingebaut werden konnten. Sollten Brücke und Grube überwunden werden, sah sich der Angreifer als nächstem Hindernis einem Fallgatter gegenüber, einem schweren eisenbeschlagenen Eichengitter, das mit einer Winde in einer darüberliegenden Kammer hinaufgezogen und heruntergelassen werden konnte.

Schnell abgesenkt war es dank der eisenbeschlagenen Spitzen und des großen Gewichts eine gefährliche Vorrichtung, die Kampfeslust beim Angreifer rasch schwinden ließ. Das Fallgatter schützte das Haupttor, und der Raum zwischen Zugbrücke und Fallgatter war mit Bogenscharten in den Wänden, vielleicht auch Fallen oder Gruben im Boden und sicherlich mit Gießlöchern in der Decke versehen, von wo aus die üblichen Wurfgeschosse auf die unglücklichen Eingeschlossenen abgefeuert werden konnten. Bei Versuchen, das Tor niederzubrennen, konnte durch diese Gießlöcher außerdem Wasser in den Torbereich geschüttet werden.

Sollte es einem kühnen Angreifer gelingen, all das zu überwinden und das Tor einzunehmen, war noch längst nicht alles verloren. In einer gut gerüsteten Burg mußte er wahrscheinlich alles nochmals durchmachen und einen zweiten Befestigungsgraben und ein zweites Torhaus einnehmen, um Zutritt zum inneren Burghof und Bergfried zu erlangen, in anderen wurde der Zugangsweg verwinkelt zwischen einengende Mauern geführt, die großzügig mit Bogenscharten und Pechnasen versehen waren, so daß der Angreifer unter intensivem Beschuß Spießruten laufen mußte. Als wäre das noch nicht genug, tauchte im 13. Jahrhundert die Idee der *Barbakane* auf, eines zusätzlichen Torwegs an der Außenseite des Befestigungsgrabens, bevor die Brücke erreicht werden konnte. Darin konnte man alle Verteidigungsmaßnahmen des Torhauses wiederholen.

Eine Folge dieser Vielseitigkeit des Torhauses war, daß es den Bergfried als Hauptstützpunkt der Burg allmählich ablöste. Ein gutgebautes Torhaus konnte natürlich besser verteidigt werden als ein einfacher Turm. So wandelte sich langsam die allgemeine Gestalt der Burg von der Turmhügelburg mit Außenhof zum konzentrischen Typ, die man heute wohl am besten an den walisischen Burgen Eduards I. erkennen kann, die aber auch in Frankreich weitverbreitet ist. Hier gibt es zwei Kurtinen, von denen die äußere die weit höhere innere vollständig umringt, so daß man von beiden Mauern aus gleichzeitig kämpfen konnte. Das Torhaus des inneren Burghofs wurde zum Hauptstützpunkt, da dem Burgherrn hier die gesamte Verteidigungsmaschinerie unter seiner direkten Kontrolle zur Verfügung stand – Fallgatter, Zugbrücke, Tore und Garnison.

Dieses Bergfried-Torhaus stellte den Höhepunkt der mittelalterlichen Burgbaukunst dar. Als die Feudalkämpfe der Landesherren nachließen und nationalistische Ideen aufkamen, als die Baukosten im Verhältnis zur wachsenden Komplexität zunahmen, als die ritterliche Kriegsführung durch das Berufssoldatentum verdrängt wurde und das Schießpulver auf dem Schlachtfeld Einzug hielt, verloren die Burgen langsam ihren grundlegend militärischen Charakter und wurden zu schmucken Wohngebäuden mit Verteidigungszusätzen. Die Burg war nicht tot, ebensowenig wie die Wissenschaft des Festungsbaus, doch entstand nun eine Atempause, in der die Konstrukteure die neuen Taktiken und politischen Veränderungen einschätzten, bevor sie in eine andere Richtung weiter voranschritten.

Links unten. *Burg Bamborough. Burgen wurden an geeigneten strategischen Punkten errichtet, die Verteidigungszwecken angepaßt werden konnten. Hier wurde die Burg auf einem Hügel erbaut und ist an drei Seiten vom Meer umgeben.*

Unten. *Burg Almourel, Portugal. Die isolierte Lage inmitten von Felsenzungen wird durch das Wasser des Flusses Tagus noch unzugänglicher.*

Wagenburg: Mit Bewaffneten besetzte Wagen bilden einen dichten Verteidigungsring (Faksimileausgabe von Das Mittelalterliche Hausbuch, *spätes 15. Jahrhundert).*

DIE HUSSITEN

Die Hussitenbewegung verdient einige Aufmerksamkeit, da im Böhmen des 15. Jahrhunderts das erste Beispiel in der modernen europäischen Geschichte dafür zu finden ist, wie nicht der Staat seine Bewohner zu einer Nation formt, sondern wie die Menschen einer bestimmten Sprachgemeinschaft durch soziale und religiöse Revolution versuchen, sich konträr zu ihrem Staat zu einer Nation zu formieren.

Im frühen Mittelalter hatte sich in dem von Mittelgebirgen umgebenen Land ein Staat herausgebildet. Die Gegend war von verschiedenen Stämmen bewohnt, die früh eine Lehnsbeziehung zur deutschen Krone eingingen. Während das Kernland Böhmens überwiegend von Slawen besiedelt worden war, die in die verlassenen Gebiete der Markomannen geströmt waren, fielen die Grenzgebiete unter den Einfluß der deutschen Ostexpansion. Durch diese Ostbewegung kam es im Landesinneren auch zur Gründung von Städten, was zu deutsch-dominierten Städten führte, die von slawisch-dominiertem Land umgeben waren. Böhmen besaß einen deutsch-assimilierten einheimischen Adel, eine städtische, größtenteils deutsche Bourgeoisie und eine slawische, genauer tschechische, Kleinbauernschaft und städtische Unterschicht.

Die ersten Anzeichen für Konflikte zwischen den Sprachgruppen reichen in das frühe 12. Jahrhundert zurück. Der verarmte tschechische Landadel befehdete sich immer öfter mit den wohlhabenden deutschen Städten. So kam zum Sprachunterschied das Element des Sozialkonflikts hinzu. 1310 lobte ein Chronist einen böhmischen Herzog, weil er allen Deutschen die Nasen hatte abschneiden lassen und sie aus seinem Gebiet verjagte. Dennoch deutet alles darauf hin, daß sich die Deutschen in Böhmen der auf sie zukommenden Probleme nicht bewußt waren, da ihnen jegliches Nationalbewußtsein fehlte. Doch unter den Tschechen hielt der soziale Konflikt das Nationalbewußtsein und damit die eigene Sprache lebendig.

Als Kaiser Karl IV. 1348 die Prager Universität gründete, hatten sowohl Tschechen als auch Deutsche Anteil. Doch gab es viele Gründe für Streitereien. Welche Nationalität welches Amt der Universität besetzen sollte sowie der Repräsentationsmodus an der Universität waren zwei davon. Überdies schlossen sich beide Seiten dem beginnenden Geschrei nach einer Reform der römisch-katholischen Kirche an.

Nationalitätsunterschiede beeinflußten schleichend die Haltungen in den theologischen Streitfragen. Die Krise der Papstautorität spielte eine bedeutende Rolle beim Verfall des mittelalterlichen Universalismus. Jeder Fürst und König verfolgte gegenüber dem Heiligen Stuhl seine eigene Politik. Unter derartigen Bedingungen konnten auch Universitäten kaum übernationale Einrichtungen zur Erziehung einer christlichen Elite sein. Die Neigung, ausländische Universitätsdozenten auszuweisen, zeigte sich erstmals 1381, als die Pariser Universität deutsche Fakultätsmitglieder verbannte. In Deutschland führte diese Entwicklung in Verbindung mit dem offensichtlichen Erfolg der Prager Universität dazu, daß Landesfürsten ihre eigenen Universitäten gründeten.

Innerhalb von dreißig Jahren nach Gründung brachen die Unterschiede zwischen den Deutschen und Tschechen der Universität Prag auf. Die Tschechen waren verbittert über die Unterstützung, welche die Deutschen der Papstpolitik ihres Königs und Kaisers gaben. Die Meinungsverschiedenheiten gipfelten darin, daß man die deutschen Universitätsmitglieder, Lehrer wie Studenten, zu Ausländern erklärte.

Der Märtyrer Jan Hus (1373-1415).

Die Rosenkriege in England waren ein weiteres Beispiel für den Niedergang des Feudalismus in Europa.

Oben: *Kavalleriegeplänkel mit Langbogenschützen in der Schlacht von Tewkesbury, 1471.* Rechts: *Mit Speeren und Lanzen vorrückende Kavallerie in der Schlacht von Barnet, 1471.*

Von den Tschechen in eine Minderheitenposition gedrängt, verließen die meisten von ihnen Prag und gründeten die Universität von Leipzig in Sachsen. Rektor der Universität von Prag war zu jener Zeit Jan Hus.

Hus war, beeinflußt durch die Traktate John Wycliffes, vom Wunsch nach religiöser Reform erfüllt. Er kannte alle Argumente gegen die römisch-katholische Kirche wie auch gegen die Deutschen. Letztere unterstützten den Reformkurs zwar ebenfalls, jedoch in gemäßigter Form, da Radikalismus ihrer Überzeugung nach Kirche und Gesellschaft eher schaden würde als nützen. Zu Sprachunterschieden und sozialen Konflikten kam nun noch ein religiöser Konflikt, bei dem die tschechische ländliche Unterschicht unter Führung verarmter tschechischer Ritter auf der einen und die deutschen Bürger der böhmischen Städte auf der anderen Seite standen. Als Hus auf dem Konstanzer Konzil 1415 als Ketzer auf dem Scheiterhaufen verbrannt wurde, war das Signal für den Aufstand gegeben. Von wütendem Nationalismus motiviert, ihren zum Märtyrer gewordenen Helden und Propheten zu rächen, machte sich die Hussitenbewegung unter der Führung Jan Žižkas daran, die Ausländer zu vertreiben, sich ihrem Eindringen zu widersetzen und ihrerseits Terror in die an Böhmen grenzenden deutschen Provinzen zu tragen. Jan Žižka (Johann Ziska) war ein Mann mit beachtlicher Militärerfahrung. Er war in polnischem Dienst gegen die Deutschritter gewesen. Seine Anfangsschwierigkeit war, in Kriegsdingen unerfahrene Bauern zu einer Kampftruppe mit gewisser Ordnung zu formieren. Ein Heer ohne taktisches Wissen und mit nur wenig Kavallerie in eine offene Schlacht zu führen, wäre Wahnsinn gewesen. Nationaler und religiöser Eifer hätten gegen den gut ausgebildeten Feind nichts genützt. Folglich war Žižkas Politik auf Verteidigung gerichtet, bis das Hussitenheer reif war, um in die Offensive zu gehen. Da Žižka städtische Stützpunkte fehlten, von denen aus er seine Unternehmungen hätte durchführen können, mußte er in Bewegung und dennoch geschützt bleiben.

Diesen Schutz bot ein Mittel, dessen Ursprung vermutlich auf die russischen Feldzüge gegen die Tartaren zurückgeht:

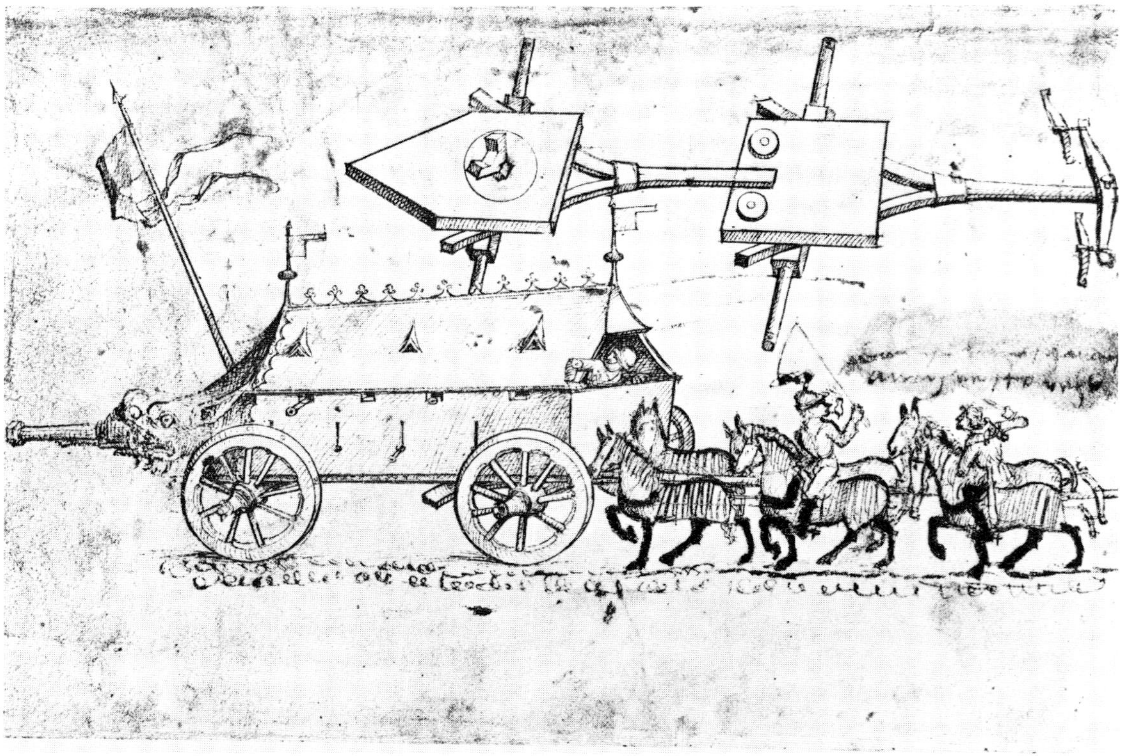

Links. *Wagenburg; ursprünglich einfache Alltagskarren, entwickelten sie sich zu beweglichen bewaffneten Festungen (Faksimileausgabe von* Das mittelalterliche Hausbuch, *spätes 15. Jahrhundert).*

Rechts. *Jan Žižka gewann die Waffenschmiede für seine Sache und rüstete seine Männer mit kleinen Handwaffen aus (Nach einem frühen Holzschnitt, reproduziert in* Der Soldat in der deutschen Vergangenheit *von Georg Lieber, 1899).*

Unten. *Armbrustschützen. (Faksimileausgabe von* Das mittelalterliche Hausbuch, *spätes 15. Jahrhundert).*

Die *Wagenburg.* Die Polen wie auch die Deutschritter in der Schlacht von Tannenberg nutzten sie. Die Wagenburg war eine bewegliche Festung. Zu Anfang hatte Žižka nur gewöhnliche Bauernkarren, die zusammengeschoben wurden. Später wurden spezielle Wagen mit schweren Bretterwänden zum Schutz der Verteidiger entwickelt. Jeder der Wagen wurde von vier kräftigen Pferden gezogen, und in offener Landschaft konnten sie rasch zur quadratischen oder runden Form eines Lagers zusammengefahren werden. Ursprünglich war die Wagenburg ein aus der Not entstandenes Provisorium und nicht Teil einer wohldurchdachten Taktik. Unterwegs fuhren die Hussiten in einer taktischen Formation, die augenblicklich eine Verteidigungsstellung einnehmen konnte. Wenn das Gelände es zuließ, bewegten sie ihre Wagen in Form der Buchstaben V, C oder E. Wenn sie eine Burg bildeten, wurden die Pferde ausgespannt und die Wagenstangen über den davorstehenden Wagen geschoben oder ganz abgenommen. Die Pferde blieben innerhalb des Lagers und wurden als Kavalleriepferde zu plötzlichen Ausfällen genutzt. Jeder Wagen war mit Männern besetzt, die Stangen, Dreschflegel und ähnliche Waffen zwanzig- bis dreißigmal pro Minute schwingen konnten. Die Krieger waren mit Hellebarden oder Stangen mit langen, scharfen Haken bewaffnet, mit denen Berittene von den Pferden gezogen werden konnten, bevor sie nahe genug kamen, um ihr Schwert zu schwingen. Hinzu kamen noch Bogen- und Armbrustschützen sowie mit kleinen Handfeuerwaffen Bewaffnete. Laut Sir Charles Oman war Žižka der erste General in Europa, der sich auf kleinere Schußwaffen für größere Infanteriegruppen spezialisierte, obwohl sie bereits seit Ende des 13. Jahrhunderts bekannt waren. Hinter jedem Wagen wartete eine Reserve, während in der Mitte des Lagers eine Reserve darauf wartete, den Feind auf offenem Feld anzugreifen, sobald er sich eine Blöße gab.

Ein Zeitgenosse der Hussiten-Kriege hat ein lebhaftes Bild der Kampfmethoden gezeichnet:
'Sie kampierten gemeinsam mit Frauen und Kindern auf offenem Feld, mit vielen befestigten Wagen. Wenn sie in die Schlacht zogen, bildeten sie zwei parallele Kolonnen, zwischen denen die Infanterie marschierte, während Reiter sie von außen aus geringer Entfernung schützten. Kam es zur Schlacht, fuhr eine Kolonne auf ein Zeichen des Führers hin um den Feind herum, bis sie auf das Ende der anderen Kolonne stieß. Der Feind war damit umringt und von den Kameraden getrennt und wurde Opfer der Infanterie oder der von Männern wie Frauen abgefeuerten Geschosse. Die Kavallerie kämpfte außerhalb der Wagenburg, zog sich jedoch in die Burg zurück, wenn sie bedrängt wurde und kämpfte dort wie von den Mauern einer belagerten Stadt herab. Auf diese Weise gewannen sie viele Schlachten und feierten viele Siege. Da diese Art der Kriegsführung den benachbarten Völkern unbekannt war und Böhmen mit seinen ausgedehnten Feldern gute Voraussetzungen bot, Karren und Wagen einzusetzen, verteilten die Hussiten sie schnell und zogen sie auch rasch wieder zusammen ...

Sobald das Zeichen für die Schlacht gegeben war, arrangierten die Wagenlenker ihre Wagen ... nach einem zuvor verabredeten Zeichen zu einem bestimmten Muster, zu Gassen, die für die Angreifer zu einem Labyrinth und Irrgarten wurden, aus dem sie nicht mehr herausfinden konnten. Gefangen und von den Kameraden abgeschnitten, vervollständigte das Fußvolk die völlige Niederlage mit Schwertern und Dreschflegeln, oder sie wurden Opfer derer, die aus den Wagen ihre Geschosse abfeuerten. Žižkas Heer kann man mit vielarmigen Ungeheuern vergleichen, die ihre Opfer schnell und unerwartet packen, überwältigen und dann die Teile verschlingen. Selbst wenn es Einzelnen gelang, dem Wagenlabyrinth zu entkommen, fielen sie draußen den Reitern in die Hände und fanden den Tod.'

Die Effektivität der Hussiten ist noch überraschender, wenn man sie mit anderen Bauern- und Bürgeraufgeboten vergleicht, die mit wenigen Ausnahmen von Berittenen in alle Richtungen zerstreut wurden. Selbst nationaler und religiöser Eifer konnte eine mangelnde Militärausbildung nicht wettmachen. Daher wagte Žižka in der Anfangsphase keine größeren Konfrontationen mit den deutschen Heeren, die Kaiser Sigismund zur Unterdrückung des Aufstands 1420 nach Böhmen führte.

Im ersten Feldzug gegen das Kreuzzugsheer Sigismunds blieben die Hussiten im wesentlichen in der Defensive. Sigismund belagerte Prag, konnte es jedoch nicht erobern, da Uneinigkeit im kaiserlichen Lager größere Anstrengungen verhinderte und Sigismund die Belagerung schließlich aufheben mußte. Das soll nicht heißen, daß sich die Hussiten nicht ausgezeichnet hätten. Sie verteidigten sich zäh, und als sie einen kleinen deutschen Trupp besiegen konnten, der eine halbe Meile östlich der Stadt eine Feldschanze einzunehmen versuchte, feierten sie dies als großen Sieg.

Sigismunds Feldzug hatte für die Hussiten bedeutende Folgen. In vielen Städten Böhmens gewannen die Tschechen die Oberhand, und selbst Verfechter eines gemäßigten Kurses in der Religionsfrage eilten nun an Žižkas Seite. Das bedeutete, daß Žižka nun die Produktionsstätten der Städte offenstanden. Er hatte Zugang zu Waffenschmieden und verlor keine Zeit dabei, seine Truppen mit kleinen Handfeuerwaffen sowie mit einfachen, auf Bretter montierten Kanonen, denen jegliche Zieleinrichtung und ein Höhenrichtmechanismus fehlte, auszustatten. Während dieser Zeit war der Krieg von einem gewissen Gleichgewicht der gegnerischen Kräfte geprägt.

Erst nach 1427 wurde eine größere Offensivkraft erreicht, als die Hussiten in die Nachbarprovinzen Deutschlands, vor allem Sachsen, Thüringen, Franken und Schlesien, einzufallen begannen. Schlesien hatte den ersten Hussitenüberfall bereits 1425 erlebt, und davon berichtet ein Chronist:

'Als wir das Jahr 1425 nach Christi Geburt schrieben, kamen die Hussiten eines Samstags abends vor die Stadt Wünschelburg und durchbrachen am Sonntag zur Vesperzeit die Mauern. Die Menschen flüchteten in das befestigte Haus des Vogts. Bevor sie gingen, legten die Männer und Frauen Feuer in der Stadt in der Hoffnung, das würde sie vor den Hussiten retten. Aber die Böhmen warteten, bis das Feuer niedergebrannt war und machten sich dann daran, das Haus zu stürmen und zu untergraben. Es kam jedoch zu Verhandlungen und der Vogt wurde zu ihnen hinausgelassen, um mit den Hussiten zu reden und zu verhandeln. Mehr als lang genug war er unten in der Stadt, und die Menschen begannen sich zu fürchten, besonders der Priester, der Onkel des Vogts war. Sie riefen hinunter, ob der Vogt noch dort sei, er solle sich zeigen und zu ihnen zurückkommen. Nach einer Weile kehrte der Vogt zurück. Bei seinem Eintreffen fragte ihn sein Onkel, der Priester, wie es ihm ergangen sei und ob er und seine Kapläne ebenfalls freigelassen würden. Der Vogt sagte: „Nein, Onkel, einem Priester werden sie keine Gnade erweisen." Darauf waren der Priester und die Kapläne sehr traurig, und er sagte: „Wie feige ihr mich verlaßt und verachtet. Der Allmächtige wird es sich merken. Als ich euch vor einiger Zeit verlassen wollte, habt ihr mich alle gebeten, zu bleiben. Ihr wart bereit, Gutes und Böses mit mir zu teilen, mit mir zu sterben oder gemeinsam das Heil zu finden, und ihr sagtet: Wie kann der Hirte seine Schafe verlassen?" Daraufhin weinten die Frauen und die Weiber der Bürger und sagten zu ihm: „Oh, lieber Gott, weint nicht und seid nicht traurig, wir werden Euch und auch den Kaplänen Frauenkleider anziehen und euch alle herausbekommen." Der Priester, Herr Megerlein, entgegnete: „Es ist nicht Gottes Wille, daß ich mein Amt und meine Würde verleugne, denn ich bin ein Priester und kein Weib. Eure Männer werden erkennen, wie demütigend sie mich dem Tod ausgeliefert haben, um sich selbst zu retten." Diese Klage wurde wenig beachtet. Zwei Kapläne hatten sich als Frauen verkleidet und nahmen Kinder auf die Schultern. Nicht jedoch der Priester.

In der Zwischenzeit hatte der Vogt mit den Bürgern gesprochen und vereinbart, daß man sich ergeben wolle, und sie ergaben sich auch. Einer nach dem anderen gingen sie hinab. Und dort standen die Böhmen und die Hussiten und nahmen alle gefangen. Nur die Frauen und Kinder ließen sie frei. Doch ein großer Teil der Frauen, Jungfrauen und Kinder hatten sich aus Furcht im Keller verborgen; als man das Haus nun in Flammen setzte, erstickten sie alle und kamen um. Alle im Haus hatten sich ergeben bis auf den Priester und einzelne Männer, hauptsächlich Handwerker, die nichts besaßen, um sich freizukaufen. Der Priester tadelte sie: „Liebe Kameraden, nun verteidigt eure Köpfe und haltet stand, denn wenn sie euch bekommen, werden sie euch Folterqualen unterwerfen." Sie sagten, daß sie das tun wollten. Doch als sie sahen, daß alle Bürger sich ergeben hatten, bekamen sie Angst und gingen ebenfalls hinab. Der Priester blieb jedoch zusammen mit einem Dorfpfarrer. Dann kamen die Hussiten herauf und holten sie und brachten sie zum Heer und zum Mob. Man führte sie Meister Ambrosius, dem Ketzer von Grätz, vor, der zu dem Priester auf Lateinisch sprach: „Priester, wenn Ihr nun widerruft, was Ihr gepredigt habt, könnt Ihr Euer Leben behalten, wenn nicht, werdet Ihr ins Feuer gehen." Dann sprach Herr Megerlein, der Priester: „Gott will nicht, daß ich die Wahr-

heit unseres heiligen christlichen Glaubens widerrufe wegen einer kurzen Leidenszeit. Ich habe die Wahrheit in Prag, in Görlitz und in Grätz gelehrt und gepredigt und werde um dieser Wahrheit willen lieber sterben.“ Da eilte einer von ihnen davon, um Stroh zu holen, das sie ihm um den Leib banden, so daß man ihn nicht mehr sehen konnte. Dann zündeten sie das Stroh an und tanzten um ihn herum, bis er erstickt war. Dann nahmen sie an er sei tot und warfen ihn in einen Braubottich voll mit kochendem Wasser und nahmen den alten Priester, den Dorfpfarrer und warfen ihn ebenfalls hinein und ließen sie kochen. Da kam einer der anderen beiden Kapläne, die sich als Frauen verkleidet hatten, heraus und das Kind, das er trug, begann nach seiner Mutter zu weinen. Der Kaplan versuchte es zu beruhigen, aber wurde an seiner Stimme erkannt. Sie rissen ihm den Schleier fort, er ließ das Kind fallen und rannte mit aller Kraft; sie folgten ihm und knüppelten ihn zu Tode. Der andere Kaplan entkam mit der Frau.‘

Links. *Rosenkriege: Der Herzog von Somerset wird in Tewkesbury geköpft, 1471.*

Unten links: *Verbrennung der Templer* (Des cas de nobles hommes et femmes malheureux *von Johan Boccace, Brügge, 1470-83).*

Rechts: *Truppen plündern ein Haus, um ihren Sold aufzubessern.*

Unten. *Kniender Ritter in Rüstung (bemaltes Glasfenster, Burg Kreuzgarten, 15. Jahrhundert).*

Während der Kampfpause, die den Hussiten zwischen 1421 und 1427 vergönnt war, rüstete Žižka seine Truppen neu aus. Obwohl man Pfeil und Bogen nicht abschaffte, waren Handfeuerwaffen in seinem Heer weitverbreitet. Eine Metallkugel oder eine Ladung Schrot waren weit wirkungsvoller als ein Pfeil, ob man diesen nun mit dem Bogen oder der Armbrust abschoß. Die psychologische Wirkung auf die Moral der Angreifer war enorm. Allein der Lärm, der beim massenhaften Abfeuern dieser unvertrauten Waffe entstand, schreckte vor zu großer Annäherung ab. In diesem Stadium konnten sowohl die Handfeuerwaffen als auch die frühen Wurfgeschütze nur zu Verteidigungszwecken verwendet werden. Folglich legten Žižka und, nach dessen Tod 1424 Prokop Holy, großen Wert darauf, ihre Taktik des Gegenangriffs zu perfektionieren. War der Feind erst einmal zurückgeschlagen und zeigte Erschöpfungsanzeichen, stürmte die bislang im Innern der Wagenburg Zurückgehaltene, mit Schwertern und Speeren bewaffnete Kavallerie durch eine Lücke und nahm die Verfolgung auf. Böhmen war für diese Taktiken ideal, aber als die Hussiten die Berge überquerten, änderte sich das Gelände. Nun zog jeder Wagenburg ein Spähtrupp voran, der sowohl den Feind auskundschaftete als auch geeignete Standorte für die Wagen suchte. Außerdem bemühte man sich, die Kavallerie zu verbessern, indem man unter den Hussiten jene suchte, die einmal Ritter begleitet hatten und somit Kavallerieerfahrung besaßen und indem man zu leichteren Pferden überging, die in Ungarn erworben oder gefangen wurden. Die Verwendung der Zugpferde hatte ernste Nachteile gezeigt: Ein Zugpferd gab nicht unbedingt ein auch nur mäßiges Reitpferd ab. Nachdem es den schweren Wagen gezogen hatte, war es kaum für einen beherzten berittenen Angriff geeignet. Und jedes bei einem Angriff verlorene Pferd dezimierte den Bestand der notwendigen Zugtiere.

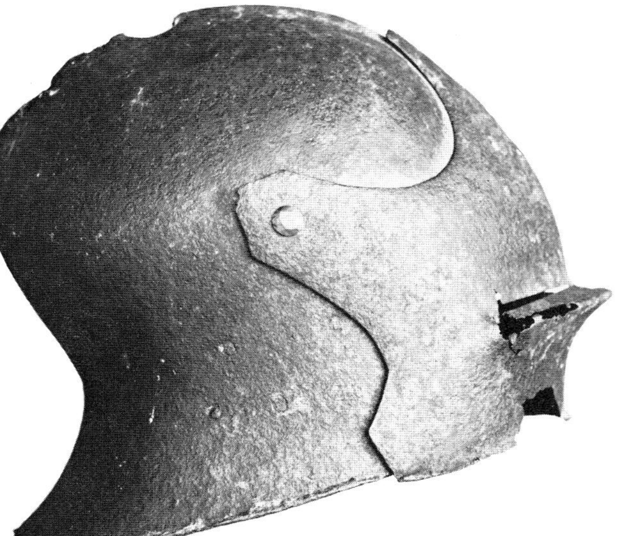

Schallern, ca. 1460.

Wie ihre schweizer Zeitgenossen und auch die alten Germanenstämme, war das Hussitenheer eine Verwandtschafts- und Versorgungsgemeinschaft. Es gab zwei hussitische Hauptheere, da sich spätere dauerhafte religiöse Uneinigkeiten unter den Hussiten bereits zu Žižkas Lebzeiten abzeichneten. Nach seinem Tod nannte sich sein Heer 'Die Waisenkinder', während das zweite unter Prokop Holy, einem ehemaligen Priester, den ursprünglichen Namen 'Taboriten' behielt. Zu diesen zählten das Prager Aufgebot sowie die Aufgebote aus Regionen, in denen die Hussiten besonders große Unterstützung fanden. Insgesamt gab es fünf Hussitenheere, die jedoch nie alle gemeinsam operiert haben. Nur zweimal, 1426 in Aussig und 1428 in Glatz, operierten drei Heere gemeinsam. Jedes Heer soll maximal 5.000 bis 6.000 Mann umfaßt haben, oft auch weniger.

Wie weit das Feudalsystem in Deutschland bereits verfallen war, zeigt sich deutlich an seiner Reaktion auf die hussitische Bedrohung. Die 1422 ergangene Aufforderung des Kaisers an die Stände des Reiches, Heere für einen Feldzug gegen die Hussiten aufzustellen, berücksichtigte einige der Veränderungen. So appellierte er nicht an seine Vasallen und deren Ritter, sondern verlangte *Gleven* und Fußtruppen. Eine *Gleve* bestand aus einer kleinen Gruppe berittener und unberittener Männer, die im Waffenumgang erfahren waren – oft Diener eines schwerbewaffneten Ritters. Die Mitgliederzahl der *Gleves* schwankte beträchtlich. Die *Gleve* stellte keine taktische Formation dar, sondern war einfach ein Mittel, um die Anzahl waffenfähiger Männer zu ermitteln. Das Lehen war nicht länger Grundlage für die Aufstellung einer Militärmacht, sondern der tatsächliche Reichtum. Das spiegelt wider, wie tiefgreifend sich die wirtschaftliche Lage Europas in den vorangegangenen Jahrhunderten verändert hatte. Weltliche und geistliche Feudalherren mußten *Gleven* bereitstellen. Die Kurfürsten des Reiches wurden am höchsten bewertet, sie stellten zwischen vierzig und fünfzig *Gleven.* Die Herzöge von Bayern brauchten nur acht zu stellen, während die freie Stadt Nürnberg, die zu jener Zeit an den europäischen Haupthandelswegen reich wurde, dreißig stellen mußte. Tatsächlich war das System der *Gleven* bereits bei den Städten eingeführt worden, bevor Kaiser Sigismund es nutzte, um ein Reichsheer aufzustellen. Die Patrizier der Stadt sowie reiche Handwerker übernahmen die Ausstattung, Führer war oft ein Ritter, der seine Dienste an die Stadt verkauft hatte. Der einzige Unterschied zwischen ihm und dem Söldner war die beträchtlich längere Vertragsdauer für den Dienst des Letzteren. Der Vertrag mußte hin und wieder erneuert werden und lief hauptsächlich auf ein Aushandeln des Preises hinaus. Sigismund erneuerte seinen Ruf zu den Waffen 1426 und 1431, wobei er den Dienst jedes 20. bzw. 25. Mannes befahl. Militärisch erwies sich die *Gleve* sowohl den Hussiten als auch Söldnern unterlegen. Sie waren weder wie die Hussiten von nationalem und religiösem Eifer beflügelt, noch hatten sie den finanziellen Anreiz der Söldner. 1467 mußte das *Gleve*-System abgeschafft werden, doch waren andere Hilfsmittel gleichermaßen wirkungslos.

Neben dem Bürgeraufgebot stellten die Städte eigene Söldnerheere auf, was einige Zeit lang funktioniert zu haben scheint, jedoch auch Risiken barg. In diesen Söldnerheeren versammelte sich der Abschaum der Gesellschaft, deren Kampfmoral selten hoch war. Da sie von überall her kamen, fehlte ihnen die Erfahrung gemeinsamen Vorgehens. Deshalb konnten diese Söldnerheere keine unabhängigen Unternehmungen durchführen. Wenn Schwierigkeiten mit der Bezahlung auftraten, wandten sie sich vehementer gegen ihre Vertragspartner als zuvor gegen den Feind. Und wenn man den Trupp auflöste, wurden die arbeitslosen Söldner zu Briganten, um überleben zu können. Dies galt

Das Massaker der Hussiten (Holzschnitt in einer Chronik von Bonée, 1545).

Rosenkriege: Schlacht von Tewkesbury, 1471.

für das Deutschland des 14. Jahrhunderts ebenso wie für den Hundertjährigen Krieg, als ein Friede oder Waffenstillstand durch Plünderungen und Massaker von arbeitslosen Söldnern abgerundet wurde.

Während die Städte ihre eigenen militärischen Erfordernisse noch erfüllen konnten, gelang dies dem Kaiser nicht, was deutlich eine Behinderung für die Durchführung militärischer Operationen war. Noch ernster war jedoch sein dadurch bedingter Autoritätsverlust zu Hause und im Ausland. Erst gegen Ende des 15. Jahrhunderts, nachdem ein Aufschwung bei den Edelmetallen und die Möglichkeit der Geldbeschaffung durch höhere Besteuerung und Kreditaufnahme entstanden war, wurde das Schweizer Modell des Söldnerheeres innerhalb des Reichs allgemein verwandt.

Als Kaiser Sigismund 1426 den Reichstag zu Nürnberg um ein Heer von 6.000 *Gleven* zum Kampf gegen die Hussiten bat, entgegneten seine angeblichen Vasallen einfach, es sei unmöglich, in Deutschland ein Heer dieser Größe aufzustellen. Und wenn man es aufstellen könne, ließe es sich in Böhmen von den dort verfügbaren Mitteln nicht ernähren. 3.000 bis 4.000 *Gleven* wollten sie stellen, wenn die Städte weitere 1.000 beisteuerten. Doch die Städte widersprachen, diese Zahl übersteige ihre Möglichkeiten. So marschierte Kaiser Sigismund mit einem kleineren Heer als erwartet, dessen Kampfmoral überdies zweifelhaft war, nach Böhmen auf Aussig an der Elbe zu, das dem Kaiser treu geblieben war und von den Hussiten belagert wurde. Die Belagerung aufzuheben war das vorrangige Ziel des kaiserlichen Heers. Bemerkenswert ist, daß Sigismunds Heer fast ausschließlich aus Thüringern und Sachsen sowie ein paar Schlesiern bestand, also Männern aus Provinzen, die direkte Erfahrung mit Hussitenüberfällen hatten. Die *Gleven* des Reichs glänzten durch Abwesenheit. Mit 8.000 Mann an der Zahl waren ihnen die Hussiten (aus den beiden hussitischen Hauptheeren und dem Prager Aufgebot bestehend) mehr als doppelt überlegen.

Die Sachsen griffen die hussitische Wagenburg an; teilweise gelang es ihnen sogar, die Verteidigung zu durchdringen. Doch Prokop Holy erkannte die Möglichkeit eines Gegenangriffs. Die hussitische Kavallerie stürmte aus der Wagenburg und schlug die Sachsen, die in der Schlacht mindestens 3.000 Mann verloren. Manche Schätzungen setzen die Zahl der Gefallenen bei 4.000 an. Nach dem Verlust beinah seiner halben Kampfkraft hatte Sigismund keine andere Wahl, als aufzugeben und nach Deutschland zurückzukehren. Ein Jahr später führte eine kaiserliche Armee unter der Führung Friedrichs I., Kurfürst von Brandenburg, einen weiteren Feldzug durch, doch sobald seine Soldaten die Hussiten bei der Stadt Mies erblickten und die ersten Salven ihrer Feuerwaffen und Geschütze hörten, waren sie nicht mehr zu halten. Sie brachten sich in Sicherheit.

Vier Jahre später beschloß der Reichstag 8.200 *Gleven* aufzustellen, was 1426 als unmöglich angesehen worden war. Den Fürsten muß klargewesen sein, daß ihr Vorschlag im Reich der Phantasie angesiedelt war. Nicht nur der Deutschritterorden in Preußen sollte Truppen ausheben, sondern auch Burgund und Savoyen, obwohl bekannt war, daß der Deutschritterorden in ökonomischen Schwierigkeiten steckte und daß so weit entfernte Gebiete wie Burgund und Savoyen einen Befehl, Truppen für einen Krieg zu entsenden, der keinerlei Auswirkungen auf ihre eigenen Interessen hatte, wahrscheinlich nicht einmal beachten würden. Tatsächlich entsandten nicht einmal die Pfalz und Hessen Kontingente. Über die Anzahl der Soldaten des kaiserlichen Heers, das schließlich versammelt war, läßt sich nichts aussagen. Doch als sie den Hussiten bei Tauss begegneten, rannten sie genauso schnell davon wie zuvor bei Mies. Spätere Bemühungen mißglückten ebenso kläglich.

Während neue kaiserliche Heere aufgestellt wurden, hatten die Vasallen des Reichs Wichtigeres zu tun als die Ostprovinzen gegen die zerstörerischen Überfälle zu verteidigen, die von den Hussiten immer unverschämter durchgeführt wurden, da sie fast ohne Widerstand operieren konnten. Die Kurfürsten von Mainz und Köln verkündeten die Fehde gegen den Landgraf von Hessen. Eine Steuer, die erhoben werden sollte, um Truppen gegen die Hussiten aufzustellen, konnte nicht eingetrieben werden. Es wurde mehr Geld für Mahnungen ausgegeben als tatsächlich an Steuern eingenommen wurde. Versuche, die Taktiken der Hussiten wie beispielsweise die Wagenburg nachzuahmen, erwiesen sich als sinnlos. Die Hussiten wurden nie von den Deutschen besiegt. Ihr Ende wurde durch innere Streitereien herbeigeführt. Als sich Gemäßigte und Radikale 1434 bei Lipen gegenseitig bekämpften – Prokop Holy fand in dieser Schlacht den Tod – gewannen die Gemäßigten. Diese waren bereit, die vom Deutschen Reich nun angebotene Duldung zu akzeptieren.

Wie in England die Rosenkriege die letzten Verirrungen des Feudalsystems und sein Ende demonstrierten, so unterstrichen die Hussitenkriege in Mitteleuropa, was geschehen war – das Zeitalter des mittelalterlichen Rittertums und der Mythos der Ritterlichkeit hatten ein Ende gefunden.

Schlachtszene (Chroniques de Froissart, *14. Jahrhundert*).

DIE KONDOTTIERI: SÖLDNER- UND FREISCHARTRUPPEN

Die Grundlagen mittelalterlicher Armeen waren das feudale Vasallentum, Volksaushebungen und in wachsendem Maße der Einsatz von Söldnern. Ende des 15. Jahrhunderts hörte das Vasallenwesen unter militärischen Gesichtspunkten auf zu funktionieren. Ebenso waren Soldatenaushebungen militärisch uneffektiv geworden, auch wenn sie nicht aufhörten: was blieb, waren Söldnertruppen, die das militärische Geschehen bis zum 17. Jahrhundert dominieren sollten. Die Englische Krone hatte sie im Hundertjährigen Krieg eingesetzt. Als dieser Krieg sich ausdehnte, wuchs auch die Anzahl der Söldnerheere.

In Italien war das Söldnerwesen schon seit dem 13. Jahrhundert auf dem Vormarsch. Lombardischer Bund und Papsttum hatten schließlich die Hohenstaufenkaiser besiegt, die ganz Italien zu unterwerfen suchten. Doch als die Hohenstaufen vertrieben, ihre Bedrohung gebannt war, verfeindeten sich alsbald die italienischen Stadtstaaten untereinander. Es folgten zwei Jahrhunderte interner Konflikte zwischen Venedig, Genua und Mailand, die erst endeten, als eine fremde Macht unter Kaiser Karl V. und der spanischen Linie des Hauses Habsburg die italienische Halbinsel zurückgewann. Zunächst wurden diese italienischen Bürgerkriege mit dem Einsatz von Kräften aus der eigenen Bevölkerung geführt, doch schließlich erschöpften diese andauernden Kriegszüge die Bürger, so daß die Städte gezwungen waren, Söldner einzustellen. Die Städte lagen aber nicht nur miteinander im Krieg, auch innerhalb ihrer Mauern gab es bewaffnete Auseinandersetzungen: Mit dem Ende der Hohenstaufen in Italien kämpften die Anhänger des Kaisertums, die Ghibellinen, mit ihren Opponenten, den Welfen, um die Herrschaft in den Städten. Als die alten Konflikte in den Hintergrund gerieten, traten die Rivalitäten zwischen den führenden Familien hervor. Kleinstaaterei und Familienfehden überschlugen sich. Man griff in solchem Ausmaß auf Söldnertruppen zurück, daß diese sich von den politischen Mächten, die sie angestellt hatten, zu emanzipieren begannen. Anders als die Lohnsoldaten nördlich der Alpen, bildeten sie geschlossene Einheiten, die ihre eigenen Führer wählten oder ihrem Kondottiere folgten, und operierten als unabhängige Macht. Im Lauf

Links: *Francesco Sforza (1401-1466); er zog für und gegen viele Herren ins Feld, nicht zuletzt gegen den Papst, gegen Mailand, Venedig und Florenz.*

Rechts: *Englischer Waffenrock (1580)*

Rechts außen: *Darstellung zeitgenössischer Waffen. Ausschnitt aus einem religiösen Gemälde*

des 14. Jahrhunderts findet man viele Namen von Kondottieri aus berühmten Familien, sowie einige, die sich erst einen Namen zu machen suchten: die Visconti in Mailand, die Mastino della Scala in Verona, die Medici in Florenz und Ludovico Gonzaga in Mantua, oder fremde militärische Abenteurer wie Francesco Sforza in Mailand oder der schwäbische Ritter Werner von Urslingen (der sich selbst Herzog nannte und behauptete, seine Vorfahren seien unter den Hohenstaufenkaisern Herzöge von Spoleto gewesen). Werner von Urslingen war von der Stadt Pisa im Krieg gegen Florenz in Dienst genommen worden. Als zwischen den beiden Städten Frieden geschlossen wurde, hielten es die Patrizier von Pisa für unklug und gefährlich, Werners Truppen umgehend zu entlassen. Stattdessen zahlten sie ihnen eine ansehnliche Summe als Abfindung und trugen ihnen auf, in das Territorium der ehemaligen Feindesstadt weiterzuziehen. Den Söldnern erschien dieser Auftrag reizvoll, denn sie nahmen ihn an. Sie beschlossen, als Armee zusammenzubleiben, sich mit Konstablern und Korporälen als Kommandeuren und unter dem Oberbefehl Werner von Urslingens zu organisieren. Im September 1342 gaben sie sich den Namen *la gran Compagna*, marschierten sechs Monate von Provinz zu Provinz und forderten überall Geld und Versorgung. Wurden dies verwehrt, brandschatzten und plünderten sie das Gebiet, nahmen Einwohner gefangen und folterten sie, um zu erfahren, wo diese ihre Schätze versteckt hielten. Jeglicher Appell an Urslingen war vergebens, er bezeichnete sich als „Feind Gottes, des Mitleids und der Gnade". Die Beute mußte dem Führer ausgehändigt werden und wurde dann unter den Männern nach festgelegten Sätzen verteilt. Als diese grausame *Compagna* sich schließlich auflöste, hatte jedes ihrer Mitglieder ansehnlichen Reichtum gesammelt.

Die Anstellung von Söldnerheerführern oder Grund für ein Mitglied einer führenden Familie, sich selbst an die Spitze einer bezahlten Armee zu stellen, war natürlich die Machterhaltung der Familie über die Stadt. Meist bedeutete das die Aufrechterhaltung einer Diktatur. Die Viscontis und die Scalas warben ganze Armeen an, die verläßlich waren, solange diesen Familien das Glück hold blieb. Doch jede Stadt war von Verschwörungen und Gegenverschwörungen unterwandert, wie sie von Friedrich von Schiller Jahrhunderte später in seinem Drama *Fiesko* in dramatischer Form dargestellt wurden: Loyalität war ein Gut von recht geringem Gewicht. Häufig gehörten die Kondottieri selbst zu den Verschwörern.

Links unten: *Schweizer Truppen belagern eine Burg (Diebold Schilling, Amtliche Chronik, Mitte 15. Jahrhundert).*

Rechts unten: *Porträt des Francesco Sforza, Medaille von Vittore Pisano (etwa 1395-1455)*

Männer wie Sir John Hawkwood oder Bartolommeo Colleone, die für ihre Loyalität zu ihren Auftraggebern bekannt waren, kamen selten vor. Doch waren sie entlassen oder lief ihr Vertrag aus, gab es für sie keinen Grund, sich nicht auch den ehemaligen Feinden zu verdingen. Schließlich ging es um loyalen Militärdienst für eine festgelegte Zeitspanne und nicht um Loyalität an sich.

Die Heere der Kondottieri in Italien hatten einen großen Vorzug gegenüber den Söldnern in Mitteleuropa. Sie blieben eine Streitmacht und zerstreuten sich nicht in alle Richtungen, sobald ein Vertrag abgelaufen war. Damit erwarben sie als militärische Formation eine Professionalität, die andere Söldnertruppen nicht erreichten. Offensichtlich waren sie auch den Soldaten überlegen, die aus der Bevölkerung der italienischen Städte ausgehoben wurden – eine Praxis, die nie offiziell abgeschafft wurde, sondern nach und nach verschwand. Ein Stadtstaat, der territoriale Ausdehnung anstrebte, benötigte eine umfangreiche Armee, größer als Städte wie Venedig oder Genua durch Aufgebot ihrer Einwohner hätten aufbringen können. Solche Menschenmassen standen nicht zur Verfügung, und die Bevölkerung hatte keine entsprechende militärische Ausbildung. Venedig und Genua waren alte Feinde, die um die Handelsstraßen im Mittelmeer rivalisierten. Die Anfänge des Konflikts lagen hier. Die Venezianer errangen die Seemacht, doch das genügte ihnen nicht, und sie verfolgten bald auch eine Politik der territorialen Expansion und drangen in die Nachbarprovinzen ein: in die Mark von

Treviso sowie die Patriziate von Aquileia, Padua, Verona und Mailand. Die Venezianer waren geübt im Seekrieg, aber nicht in der Kriegführung zu Lande. So bestellten sie Söldnerheere und vollbrachten das Unwahrscheinliche: die Eroberung und Regierung eines Landimperiums mithilfe fremder Armeen, befehligt von fremden Kommandeuren. Doch es gab viele Gelegenheiten, bei denen mancher Kondottiere versuchte, seine eigene politische Macht zu Ungunsten seiner Dienstherren auszubauen. Aber die Venezianer wandten schnelle und drastische Mittel an, um solche Versuche zu vereiteln. Da sie die Kondottieri von eigenen Spionen bewachen ließen, waren sie meist gut informiert. Als Francesco Carmagnola, einer der größten Söldnerkommandeure seiner Zeit, im Jahr 1432 unter Verratsverdacht geriet, wurde er unter einem Vorwand nach Venedig gelockt und bei seiner Ankunft hingerichtet. Die Venezianer genossen den Ruf, mit ihren eigenen Leuten ebenso unerbittlich zu verfahren: Sie scheuten sich nicht, sogar einen ihrer *Dogen* zu köpfen.

Die größten Widersacher Venedigs zu Lande waren die Mailänder Viscontis und Sforzas, die beide Söldnertruppen anstellten und kommandierten und genauso fähig waren wie die Venezianer. Sie konterten Vendigs Vorstoß in die Lombardei, und erst die Invasion Karls VIII. von Frankreich im Jahr 1494 setzte diesen internen Scharmützeln ein Ende. Die zum Papsttum gehörigen Staaten, die Venedig und Mailand zur Allianz zwangen, bekämpften den französischen Eindringling mit der Hilfe von König Ferdinand und Isabella von Spanien.

Die Kondottieri hatten inzwischen einen bedeutenden Wandel durchgemacht. Sie beschlossen, nicht länger für Auftraggeber zu arbeiten, sondern für sich selbst. Der Initiator dieser neuen Entwicklung war der abtrünnige Tempelritter Roger de Flor, einer der Heerführer, die von Friedrich von Aragon nach Beilegung seines Konflikts mit Karl II. von Anjou um die Krone von Sizilien im Jahr 1302 entlassen wurden. 18.000 deutsche, französische, italienische und katalanische Freischärler wurden

Oben: *Italienischer Kondottiere. Die Söldnerführer boten ihre Dienste jedem an, der sie in Anspruch nehmen wollte.*

Links: *Ein Ritter trifft seinen Gegner tödlich mit dem Schwert. Wie Skelette aus mittelalterlichen Gräbern zeigten, konnte ein Schwerthieb einen Mann von der Schulter bis zum Becken spalten (*Histoire de Roland, *13. Jahrhundert).*

Rechts: *Berittener italienischer Kondottiere, ausgerüstet im Stil des 15. Jahrhunderts.*

von Roger dazu überredet, zusammenzubleiben und sich zu einer Expedition in die Levante einzuschiffen, um die Türken aus Konstantinopel zu vertreiben. Dieses Ziel wurde nie erreicht, stattdessen artete das Unternehmen zur unkontrollierten Plünderung der christlichen Länder im Nahen Osten aus. Roger selbst wurde Opfer eines Mordanschlags, die Männer unter seinem Kommando bemächtigten sich des fränkischen Herzogtums von Athen und setzten einen eigenen Herzog ein. Dies könnte das Vorbild gewesen sein, nach dem Werner von Urslingen mit offensichtlichem Erfolg handelte. Er kehrte in seine schwäbische Heimat zurück und lebte dort friedlich und im Wohlstand bis zu seinem Tod 1354.

Werners Nachfolger Walter von Montreal, in Italien *Fra Moriale* genannt, war ein aus dem Johanniterorden ausgeschlossener Ritter und wurde zum Urbild des ungebundenen Freischärlers, der nur den unterstützte, der ihm behagte, der Vereinbarungen nach eigenem Gutdünken brach und keinerlei vertragliche Bindungen achtete. Aufbauend auf das, was Werner von Urslingen angelegt hatte, schuf er eine Kommando- und

Rechts: *Soldaten laden Kanonen. Die weiterentwickelten Feuerwaffen und Kanonen veränderten schließlich die mittelalterliche Kriegführung.*

Oben und links: *Soldaten im Kampf* (Histoire des Nobles Princes de Hainault, *15. Jahrhundert)*

Rechts: *Zwei feindliche schweizer Armeen treffen 1443 bei Freienbach aufeinander.*

Verwaltungsstruktur, die für ihre Zeit und für eine Freischar recht differenziert waren. Er kommandierte seine Armee mithilfe eines Rates (dessen Oberhaupt er selbstverständlich war). Es gab Sekretäre und Rechnungsführer sowie eine Gerichtsbarkeit in Form von Feldgerichten, einem Profoß und einem Galgen. Im Jahr 1353 brach er zu einer Rundreise durch Mittelitalien auf, in deren Verlauf er von Rimini 50.000 Florint, von Siena 16.000 Florint, von Florenz 25.000 und von Pisa 16.000 Florint erpreßte. Mit diesem Geld konnte er es sich leisten, seine Armee von 8.000 Mann zu halten. Ein Jahr nach seiner großen Expedition verdingte er sich dem Städtebund von Padua, Ferrara und Mantua gegen Mailand. Daß er ein Mann von gewissem Wohlstand gewesen sein mußte, zeigt sich daran, daß er dem römischen Senator Cola di Rienzo Geld lieh. Mit seiner Truppe auf dem Weg in die Lombardei, machte er persönlich einen Abstecher nach Rom, um das Geliehene zurückzufordern, und er erhielt seinen fälligen Lohn: Rienzo ließ ihn verhaften und köpfen.

Eine neue Welle von Söldnern überschwemmte Italien nach dem Frieden von Bretigny zwischen Eduard III. von England und König Johann II. von Frankreich. Die größten arbeitslosen Söldnerhaufen, die Europa bis dahin erlebt hatte, wurden freigesetzt. Viele blieben in festen Einheiten zusammen, zogen in den Süden Frankreichs, wo sie die Gegend um Avignon unsicher machten, und von dort aus weiter nach Spanien oder über die Alpen nach Italien. Dieser Soldatenüberschuß belagerte Italien, veränderte aber auch dessen Kriegführung. Die in Crécy gelernten Lektionen wandten diese Männer nun im Süden Europas an.

Fra Moriales Armee bestand aus 6.000 Reitern und 2.000 mit Armbrust bewaffneten Fußsoldaten. Seine Taktik entsprach noch der mittelalterlichen Kriegführung, in der die Fußsoldaten nur eine der Kavallerie untergeordnete Rolle spielten. Dies sollte sich innerhalb nur weniger Jahre ändern. Initiator dieses Wandels war der Engländer Sir John Hawkwood, der 1361 nach Italien kam, dort in der „Weißen Garde" diente, die weitgehend aus entlassenen englischen Söldnern bestand, und sie schließlich befehligte. Sie umfaßte 2.500 Reiter und 2.000 Bogenschützen, und das Verhältnis verschob sich weiterhin zugunsten der Infanterie. 1387 stand Hawkwood als Kondottiere in Diensten des Herzogs von Padua, Franceso de Carrara, der zu diesem Zeitpunkt die Veroneser und Venezianer bekämpfte. Hawkwood blockierte zwei Monate die Zufahrtswege nach Verona, aber als seine eigenen Vorräte zur Neige gingen und ihm die Verbindung nach Padua abgeschnitten wurde, war er gezwungen, die Blockade aufzugeben. Bei dem Versuch, sich nach Castelbaldo durchzuschlagen, wo Vorräte lagerten, wurde er von den Veronesern verfolgt und, noch bevor er sein Versorgungslager erreichen konnte, bei Castagnaro zum offenen Kampf gezwungen. Glücklicherweise befand er sich in einer taktisch günstigen Lage; die Flanken seiner Truppe waren auf der einen Seite von einem Kanal und auf der anderen von sumpfigen Wiesen geschützt. Seine Gefechtslinie bestand aus Rittern zu Fuß in der Mitte und Bogenschützen, die sich am Kanal aufreihten. Hinter der Frontlinie hielt er eine berittene Reserve. Beide Seiten verfügten über eine gewisse primitive Artillerie, die aber nicht eingesetzt wurde – wahrscheinlich wegen des Sumpfs, der die schweren Geräte nicht getragen hätte. Hawkwood überließ den Angriff den Veronesern, aber die hatten aus unbekannten Gründen Schwierigkeiten mit ihrer Aufstellung und waren erst am Mittag gefechtsbereit. Der erste Ausfall zielte auf Hawkwoods Flanke, die von Kanal und Bogenschützen gedeckt war. Dieser Angriff wurde zurückgeschlagen, einige weitere auch, die an Kraft zugenom-

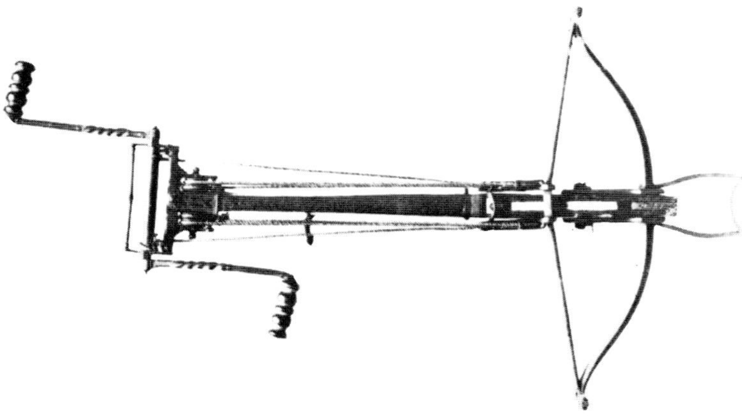

men hatten, so daß Hawkwoods Truppen ein Stück zurückweichen mußten. Die Veroneser hatten bereits alle Kräfte aufgebracht, während Hawkwood noch über seine Reserve verfügte, die er dann einsetzte. Seine berittenen Schützen überquerten mehrfach den Kanal und griffen die Veroneser an ihrer offenen Flanke an. Die Veroneser schwankten, aber als Hawkwoods Ausfall von einem Frontalangriff seiner bereits im Zentrum aktiven Kräfte verstärkt wurde, ergriffen sie die Flucht. Es war ein taktisch bedeutsamer Sieg für Hawkwood, denn hier hatten all seine Männer unberitten gekämpft.

Es kann nicht behauptet werden, daß dieser Wechsel von bewaffneter Reiterei zur Infanterie sich bei den Kondottieri Italiens durchgesetzt hätte. Um schlagkräftig zu sein, mußte eine zahlenmäßig große Infanterie operieren. Die Kondottieri und ihre Truppen blieben hinsichtlich ihrer Taktik der militärischen Tradition der Feudalzeit verhaftet. Doch veränderten sich die Söldner, oder besser, ihre Herkunftsländer änderten sich. Im 14. Jahrhundert kamen sie vor allem aus Deutschland oder auch aus England. Im 15. Jahrhundert waren sie meist französischer Herkunft. Obwohl die Lektionen von Crécy und später die von Azincourt nicht ganz in Vergessenheit gerieten, so bezogen sie sich in den Augen der Franzosen nur auf Auseinandersetzungen mit den Engländern und auf keinen anderen Kriegsschauplatz. Sie hielten zu wenig von ihren eigenen Fußsoldaten, um versucht zu sein, die feudale Kriegspraxis aufzugeben. Wieso sollte man, vom französischen Standpunkt aus betrachtet, aus dem Sattel steigen, wenn die Italiener keine eigenständige Infanterie hatten? Geographische und topographische Gegebenheiten wurden außer Acht gelassen. Die Lombardei und das südliche Venezien mit seinen sumpfigen Ebenen waren kaum das passende Gelände für eine Kavallerie. Auch wurde die Kriegführung immer teurer. Ein guter Heerführer hatte mit seinen Kräften sorgsam zu haushalten und ernste Verluste zu vermeiden, da die Städte ihm nicht unbegrenzt hohe Summen zahlen konnten. Entsprechend setzte man militärisch mehr auf die Zermürbungsstrategie; Manöver und Gegenmanöver wurden gegenüber offenen, harten Gefechten bevorzugt. Söldner waren daran interessiert, solange wie möglich im Feld zu bleiben, um solange wie möglich bezahlt zu werden. Daher diktierte das finanzielle Eigeninteresse, einen Feldzug solange wie möglich zu führen. Anders als die Schweizer hatten Söldner kein Zuhause.

Die Kriegszüge der Kondottieri wurden zu hochentwickelten taktischen Scharmützeln, in die erst wieder Bewegung kam, wenn eine unerwartete Neuheit auf dem Kriegsschauplatz erschien. So setzten die Bologneser 1439 gegen die venezianischen Ritter einen Trupp Männer mit Handfeuerwaffen ein, deren Kugeln Panzer und Kettenhemden durchschlugen und viele Ritter töteten. Als die Venezianer schließlich gewannen, töteten sie alle Bologneser Gefangenen, weil sie solche gemeinen Waffen benutzt hatten. Der Einsatz von U-Booten wurde von den Verfechtern einer großen Kriegsmarine im Ersten Weltkrieg ähnlich beurteilt. Dies nur zur Erläuterung dafür, daß auch in Italien die mittelalterliche Kriegführung zu Ende ging. Die Kondottieri des 14. und 15. Jahrhunderts repräsentierten weniger den Schwanengesang mittelalterlicher Kriegstaktik sowie des Rittertums, als vielmehr deren Todesröcheln.

Allerdings trifft dies nicht auf den Söldner als solchen zu. Er sollte das Schlachtfeld noch lange Zeit beherrschen. Im Hundertjährigen Krieg war Frankreich das heimgesuchteste Gebiet. Dort brandschatzten und plünderten Freischaren willkürlich ganze Städte und Provinzen. Nach dem Frieden von Bretigny wurde ernsthaft darüber nachgedacht, wie Frankreich sich dieser ausufernden Plage entledigen könnte. Papst Urban V., der im Exil in Avignon selbst von marodierenden Freischärlerbanden bedroht war, schlug ernstlich vor, diese umherschweifende Soldateska zu sammeln und auf einen neuen Kreuzzug ins Heilige

Links unten: *Schweizer Infanterie mit Piken und anderen Stichwaffen beim Angriff auf die Kavallerie*
(Diebold Schilling, Amtliche Chronik, *15. Jahrhundert*).

Links oben: *Armbrust, 15. Jahrhundert*
Rechts: *Belagerung der Burg der Montague (Montecchi) 1487*
Unten: *Sir John Hawkwood († 1394), ein ehrenhafter Mann von untadeliger Loyalität, gilt als einer der größten Söldnerheerführer.*

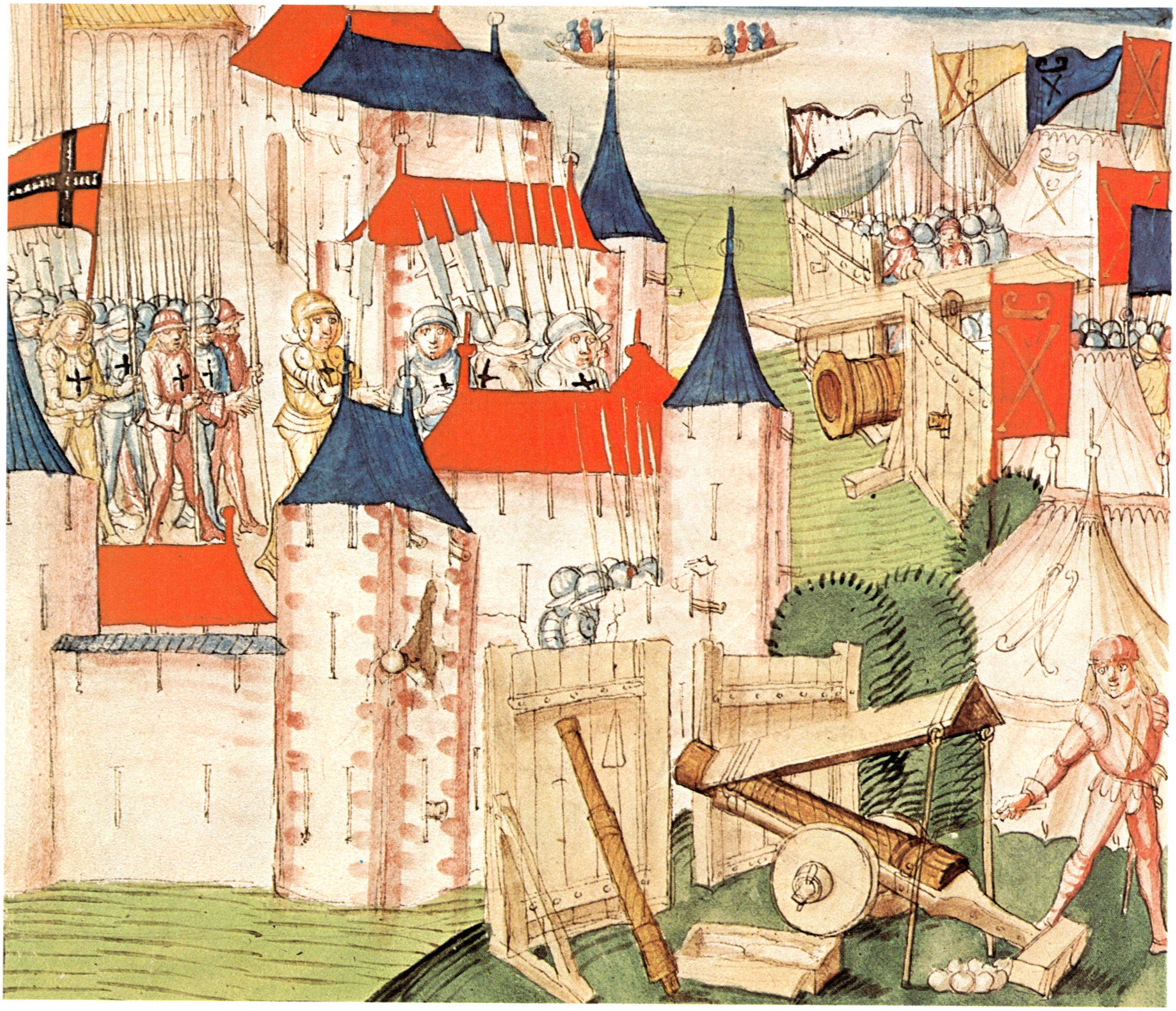

Unten: *Infanterie im Nahkampf* (Chroniques de Froissart, *14. Jahrhundert*)
Oben: *Belagerung einer befestigten Stadt mit Kanonen*

Land zu schicken, um die Getreuen vor den Ungläubigen zu bewahren. Kein Chronist hat die Reaktion der Söldner festgehalten, aber sie ist wohl leicht vorstellbar.

Man versuchte, sie aus den zum deutschen Reichsgebiet gehörenden Provinzen Elsaß und Lothringen nach Spanien und in die Schweiz abzudrängen. Es gab Anzeichen dafür, daß die Zahl dieser räuberischen Freischaren langsam abnahm, als der erneut ausbrechende Konflikt zwischen England und Frankreich ihnen kurzzeitig Auftrieb gab und ein entsprechendes Nachspiel bewirkte, das in einigen verheerenden Überfällen in die westlichen deutschen Provinzen gipfelte.

Der erste wirklich praktikable Vorschlag zur Lösung dieses Problems kam von König Karl VII. von Frankreich, der nach seinen Erfolgen gegen England im Jahr 1439 eine Ständeversammlung nach Orléans einberief und dort die Einrichtung eines stehenden Heeres erörterte. Die Versammlung bewilligte ihm das Geld für ein stehendes Heer von 15 Kompanien, jede mit 600 Mann und 9.000 Reitern. Ein enger Vertrauter des Königs, der reiche und patriotische Jacques Coeur, gab die ersten Gelder dafür. Gleichzeitig beschloß die Versammlung, den Lehnsherren eigene Truppen zu verbieten. Erlaubt war nur noch eine kleine Garnison für ihre Burgen. Nur der König sollte Truppen haben, Offiziere ernennen und Steuern für deren Unterhaltung erheben dürfen. Die Heerführer waren ab sofort voll verantwortlich für die allgemeine Führung ihrer Männer. Bewaffnete Männer oder

Rechts: *Handschrift aus dem 16. Jahrhundert, die in stilisierter Form den Kampf zwischen Christen und Tartaren zeigt* (Yates-Thomson MS 5)

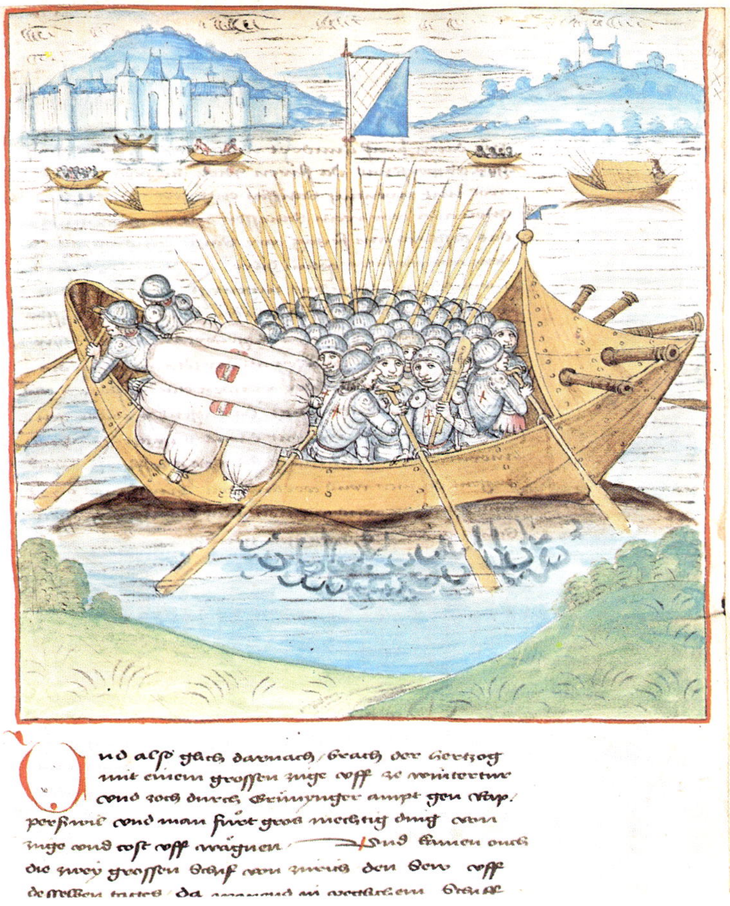

Rechts unten: *Züricher Soldaten schiffen sich zu einem Feldzug ein (Diebold Schilling, Amtliche Chronik, Mitte 15. Jahrhundert)*

Freischaren sollten verfolgt, gefangen und den Gerichten überantwortet werden.

Diese Beschlüsse trafen auf unmittelbare Opposition bei den Fürsten, die eine Schwächung ihrer eigenen Stellung befürchteten, wenn die Macht in Händen des Königs konzentriert würde. Allerdings ergriffen die Provinzstände auf Anstoß der Versammlung von Orléans die Initiative und rekrutierten die zuverlässigsten Söldnertruppen, um die umherschweifenden Freischaren zu verjagen und die Feudalherren zu zwingen, ihren Widerstand aufzugeben. Manche Freischärler gaben nicht so schnell auf. Karl VII. erachtete es als notwendig, einen Feldzug gegen sie zu führen. Damit war er erfolgreich; mehrere Söldnerführer wurden hingerichtet, während ihren Männern Straffreiheit eingeräumt wurde, unter der Bedingung, daß sie in ihre Herkunftsorte zurückkehrten und einem zivilen Beruf nachgingen.

Die erste, dieses stehende Heer betreffende Verordnung geht auf das Jahr 1445 zurück, sechs Jahre nach der Ständeversammlung von Orléans. Sie enthält Vorausverfügungen für das erste permanente Besteuerungssystem. Damals war das eine vollkommene Neuheit, denn Entsprechendes war im Mittelalter unbekannt. Bis dahin war eine Besteuerung an eine Zielsetzung oder die Erfüllung bestimmter Erfordernisse gebunden, die nach Ausführung der Unternehmungen wieder entfielen.

Natürlich versuchten alle Könige des Mittelalters, diese Einschränkung durch Rittersteuer oder Abwandlung der Steuerverordnung zu umgehen und somit eigene Streitkräfte aufzustellen, doch solche Ressourcen blieben viel begrenzter als Einkünfte aus regelmäßiger Besteuerung. Die Einrichtung der französischen „Verordnungs"-Truppen auf der festen Basis einer gesetzlichen Steuer war ein großer Schritt nach vorn in der Geschichte des Militärs. Damit war dauernde Bezahlung gewährleistet, und, wichtig für die Zukunft, eine Basis geschaffen, die eine weitere Entwicklung gestattete.

Der Kern zu einem Verwaltungsapparat war schon im 13. Jahrhundert, zu Zeiten Ludwigs IX., vorhanden gewesen. Um seine Söldnerarmee zu lenken, hatte dieser einen Adligen zu seinem verantwortlichen Abgeordneten für Kriegsangelegenheiten berufen, dem Marschälle, ein Großmeister für die Fußsoldaten und ein Generalzahlmeister untergeordnet waren. Für die Organisation seines stehenden Heeres paßte König Karl VII. die Struktur der Söldnertruppen an. Die Feudalheere waren in einzelne Banner unterteilt gewesen, und unter dem Banner eines jeden Lehnsherren waren alle vorhandenen Waffengattungen vertreten. Der Umfang eines Banners differierte je nach Interesse und Geldmitteln eines Lehnsherren. Als die Söldnertruppen auf der Bildfläche erschienen, trat an die Stelle des Bannerführers der Söldnerkommandeur. Bei den Söldnern Eduards I. hatte jede Hundertschaft ihren eigenen Heerführer, und als im 13. Jahrhundert die Einheit von 1.000 Mann aufkam, gab es den Millenarius als Oberhaupt.

Form und Struktur der Truppen Karls VII. entwickelten sich langsam. Eine Vereinbarung aus der Frühphase ist typisch: Es war erwünscht, daß der Kompanieführer über einen gewissen Wohlstand verfügte. Zuallererst war er verantwortlich für das Benehmen seiner Männer, und wenn er eigene Mittel besaß, hatte eine schwere Geldstrafe größere Wirkung als ein Verweis. Zweitens stellte dies auf lange Zeit sicher, daß der Rang des Kompaniechefs sowie die Ränge im Offizierscorps (obwohl noch unentwickelt) der sozialen Oberschicht verliehen wurden. Über die damalige Größe einer Kompanie gibt es keine zuverlässigen Zahlen. Wie überall schien dies von den Gegebenheiten abgehängt zu haben. Doch wichtiger als die Größe, war überhaupt die Existenz einer stehenden Streitmacht, die direkt ihrem Heerführer und dadurch dem König untergeordnet war. Es entstand eine permanente Truppe, die als ganze ausgebildet wurde und kämpfte und letztlich eine nicht auf die Einzelnen beschränkte, sondern die ganze Einheit und damit die ganze Armee umfassende massierte Kampferfahrung darstellte.

Dennoch wäre es falsch anzunehmen, daß diese Neuerung alle Probleme gelöst hätte. Die Armee war viel zu klein, um den Erfordernissen der Französischen Krone zu genügen, die für mehr Soldaten auf ihre Vasallen zurückgreifen mußte. Im Fall ihrer Mobilisierung wurden sie in Kompanien eingeteilt und erhielten regulären Sold wie die Berufssoldaten des Königs. Weitere Veränderungen sollten folgen. König Karl V. hatte im 14. Jahrhundert einmal durchzusetzen versucht, daß die gesamte männliche Bevölkerung seines Königreichs sich im Bogen- und Armbrustschießen übte. Aber die Angehörigen seines Adels, die keine bewaffnete und geübte Bauernschaft wollten, insistierten mit Erfolg auf Widerruf dieser Anordnung. Karl VII. verlangte dann, daß jeder 15. Haushalt einen körperlich geeigneten und im Bogenschießen geübten Mann zur Verfügung stellte. Diese Männer sollten an jedem Festtag zum gemeinsamen Exerzieren zusammenkommen und einen Eid schwören, daß sie dem Ruf des Königs jederzeit Folge leisteten. Wie das Heer wurden sie in Kompanien eingeteilt, im Kriegsfall regulär bezahlt und erhielten für ihre Übung in Friedenszeiten gewisse Steuererleichterungen.

Im Prinzip war dies eine vernünftige Maßnahme, in der Praxis stellte sie sich jedoch als Fehlschlag heraus, denn wie nützlich das Bogenschießen auch sein mochte, es verlieh den Männern weder die für eine Schlacht erforderliche Erfahrung, noch das nötige Durchhaltevermögen. Der Sohn Karls VII., Ludwig XI., ließ daher diese Kompanien auflösen, von denen es hieß, sie seien bestenfalls zum Hühnertöten in der Lage gewesen. Was blieb, waren die neuen Kompanien, die durch Einberufung der Vasallen zustandegekommen waren, und diese wurden ebenfalls der neuen Struktur angepaßt. Alles in allem hatten sich die aus der Bevölkerung ausgehobenen Soldaten in Frankreich als eben-

Karl VIII. von Frankreich (1470-98) beim Einzug in Neapel

Fußtruppen belagern eine Stadt mit Kanonen.

so unzuverlässig, unpünktlich und unfähig beim richtigen Exerzieren erwiesen wie ihre Pendants in England, Deutschland oder Italien.

Natürlich waren den feudalen oder städtischen Volksaushebungen zwischen dem 9. und 13. Jahrhundert viele solcher widrigen Merkmale eigen. Doch sie waren Teil eines politischen, sozialen und ökonomischen Systems, das zu dieser Zeit nicht verändert werden konnte und den Rahmen für alle vorgab. Als sich die Sozioökonomie im späten Mittelalter jedoch gewandelt hatte und der Geldwert den Landwert zu ersetzen begann, konnte auch das alte Armeesystem durch ein neues ersetzt werden, das den veränderten sozialen und wirtschaftlichen Gegebenheiten entsprach. Bezahlter Militärdienst auf der Basis permanenter Besteuerung trat an die Stelle des Vasallendienstes, der sich vom Lehen ableitete.

Andere Neuerungen Karls VII. besagten, daß jede Kompanie ihr eigenes Banner trug, während ihre Unterabteilungen Wimpel hatten. Jedes Banner war in einer anderen Farbe, um sich im Feld gut zu unterscheiden, während die Wimpel Nummern in der Farbe ihres Kompaniebanners zeigten. Außerdem teilte Karl VII. seine Armee neu ein. Im Unterschied zu den gemischten mittelalterlichen Kompanien trennte er nach Waffengattungen und stellte dazu Regeln für das koordinierte Vorgehen aller Waffenabteilungen in der Schlacht auf. Diese Anweisungen klingen sehr modern und waren zweifellos Produkt einer militärstrategisch fruchtbaren Vorstellungskraft, doch waren sie im wesentlichen eher visionär als zur damaligen Zeit praktikabel. Man kann den Menschen nicht innerhalb einiger Wochen, Monate oder Jahre mit einem einzigen Federstrich in ein anderes Zeitalter versetzen. Jahrhundertelange Gewohnheiten und Mentalitäten brauchten lange, um die Veränderungen, die in der Welt vorgingen, zu akzeptieren und sich ihnen anzupassen. Wie wir gesehen haben, verfielen die Kondottieri immer wieder in mittelalterliche Taktiken und Methoden, noch dazu in einer Region, in der es sehr vorteilhaft für sie gewesen wäre, die neuen Strategien anzuwenden, die viele von ihnen aus erster Hand kennengelernt hatten.

Karls VII. Methode, seine Streitkräfte nach Waffengattungen zu unterteilen, war dennoch ein Präzedenzfall, der bestehen blieb. Er wurde von einer ganz neuartigen Kraft, die auf der Bildfläche erschien, aufgegriffen und angewandt: von den Landsknechten.

Hippe (14. Jahrhundert)

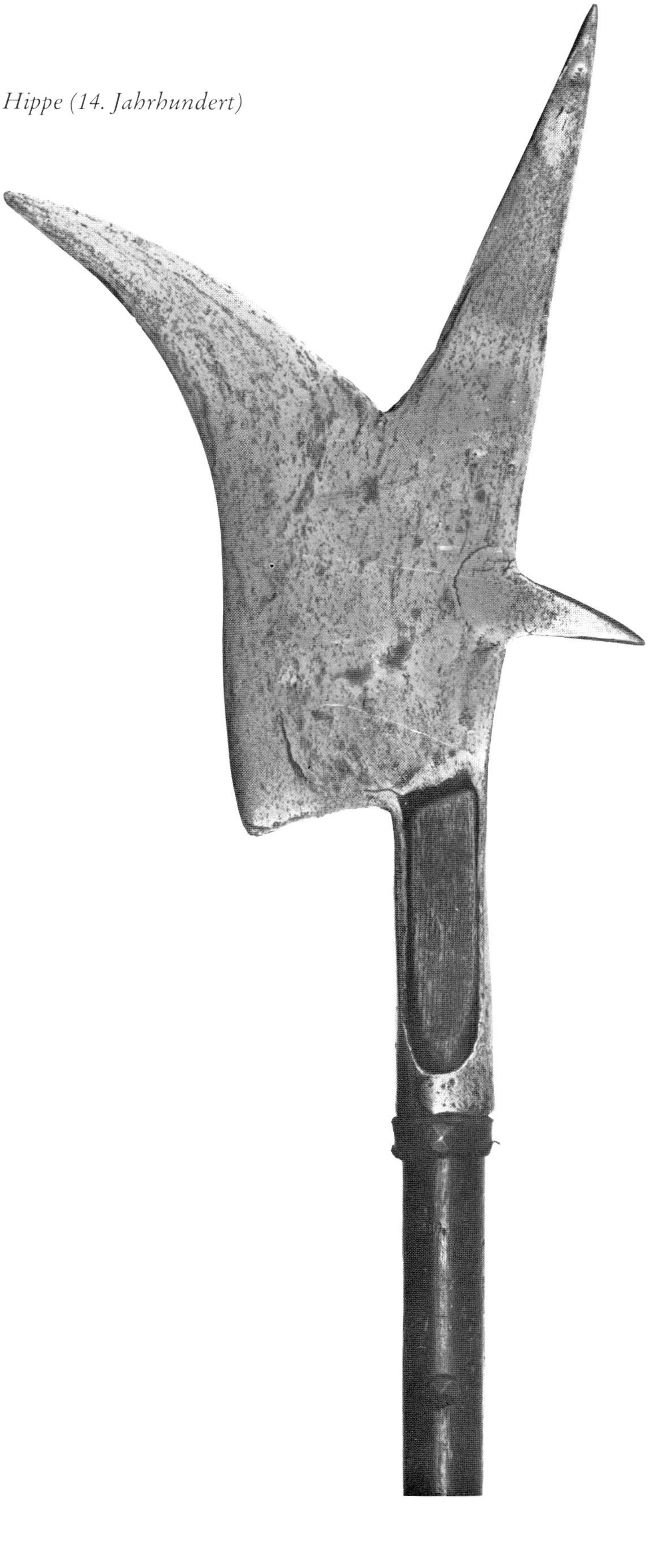

PROFESSIONALI-
SIERUNG

Schlacht von Cadore (Kopie eines Tiziangemäldes, *Uffizien, Florenz*)

Das ausgehende 14. Jahrhundert bereicherte die Kriegführung um eine weitere Neuheit: die erste nationale Armee, oder die erste Volksarmee, die Schweizer Garde. Sie setzte sich aus freien Bauern und städtischen Bürgern zusammen. Für alle männlichen, körperlich fähigen Schweizer galt Wehrpflicht und das Privileg, Waffen zu tragen. In der Praxis wurden allerdings nur Freiwillige einberufen und die Anzahl der Soldaten pro Kanton im Verhältnis zur jeweiligen Gesamteinwohnerzahl bestimmt. Zudem wurden besonders kräftige und robuste junge Männer zum Dienst mit der Pike eingezogen, zu deren Handhabung nicht jeder geeignet war. Es war möglich, einen persönlichen Vertreter für den Kriegsdienst aufzubieten, doch diese Gepflogenheit scheint vor Mitte des 15. Jahrhunderts kaum verbreitet gewesen zu sein.

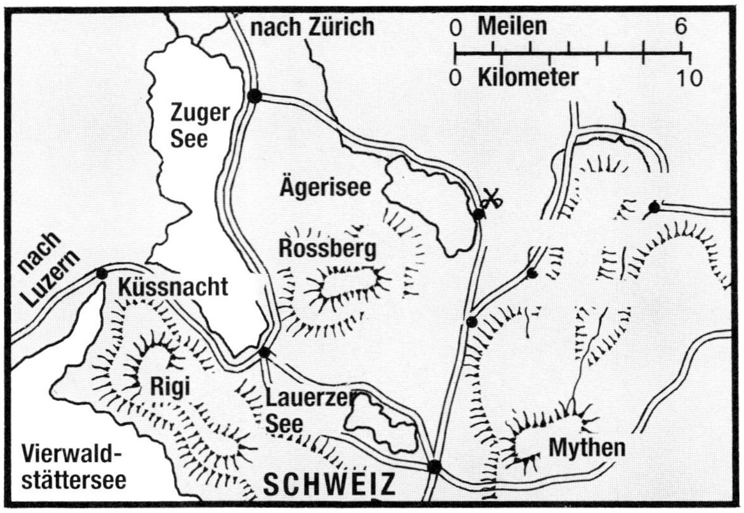

Das Prinzip der allgemeinen Wehrpflicht in einem Land, das fast ausschließlich auf landwirtschaftlicher Basis lebte und kaum mehr als 500.000 Einwohner zählte, konnte nicht ohne Konsequenzen für Strategie und Taktik der Kriegführung bleiben. Selbst nur vier oder fünf Prozent der männlichen Bevölkerung über längere Zeit unter Waffen zu halten, konnte ein Land wie die Schweiz kaum verkraften. Die Äcker mußten bestellt, das Vieh versorgt werden, deshalb konnten die Männer nur für relativ kurze Zeit dienen. Infolgedessen wandten Schweizer Heere nie Zermürbungsstrategien an, ihnen blieb nur, ihre Gegner zu vernichten. Ihre taktische Einheit war das alte germanische Karree, das auf Verwandschaft und Gemeinschaft gründete. Wenn sie in die Schlacht zogen, hätte die bloße Überwältigung und Vertreibung des Gegners den militärischen Erfordernissen, die sich von der ökonomischen und sozialen Struktur der Schweiz ableiteten, nicht Genüge getan. Ein lediglich besiegter Gegner konnte erneut zum Kampf herausfordern. Ihm dies unmöglich zu machen, war das strategische Ziel der Schweizer Aufgebote. Gefangennahme war streng verboten. Der einzig gute Feind war ein toter Feind, denn nur er wurde nie mehr zum Angreifer. Wer auch immer in schweizer Hände fiel, wurde kaltblütig niedergemetzelt. Doch obwohl die schweizer Soldaten aufs Plündern erpicht waren, mußten sie einen Eid darauf schwören, erst nach erfolgreich beendetem Kampf Gefallene zu plündern. Gefangennahmen und Plünderungen konnten eine Schlacht verlängern. Wer sich solcher Vergehen schuldig machte, kam vor ein Kriegsgericht, und das mildeste Urteil war Abschlagen eines Arms mit dem Schwert. Aber auch Erhängen oder Köpfen waren für diese Übergriffe üblich. Wenn im Burgundischen Krieg eine Stadt den Schweizern nur den geringsten Widerstand leistete, wurde ihre Einwohnerschaft – Männer, Frauen, Kinder – gnadenlos getötet. Die Besatzung einer Burg wurde vom Burgfried gestürzt, und die sich versteckt gehalten hatten, wurden zusammengebunden in einen nahegelegenen See geworfen.

Der Kern des Schweizer Karrees bestand aus leicht bewaffneten Männern, ausgerüstet mit langen und kurzen Äxten und Kurzschwertern. Sie waren einige Reihen stark von Pikenieren umgeben, deren Aufgabe darin bestand, die Reiterangriffe aufzubrechen. Armbruste, und später Feuerwaffen, spielten eine untergeordnete Rolle, weil die Schweizer darauf abzielten, den Feind so schnell wie möglich zum Nahkampf zu zwingen, bei dem Schwerter, Piken und Äxte eindeutig im Vorteil waren. Mit der hervorragenden Koordination ihres Nahkampfes gewannen die Schweizer Fußtruppen auf dem Schlachtfeld jene Stärke und Standhaftigkeit, die ihnen Jahrhunderte zuvor gefehlt hatten. Ihre Rolle im Ritterheer war nie als entscheidend angesehen worden. Berittene Attacken auf ein Schweizer Karree kamen vor

Unten: *Man beachte die Karree-Formation der Landsknechte mit offenbar niedergemetzelter Front.*

Links: *Schlacht bei Morgarten, 15. November 1315, eine der frühen Schweizer Schlachten.*

Rechts: *Deutscher Stich im Holzschnittstil von Hans Burgkmair 1577: Maximilians Ritter im Triumphzug nach einem siegreichen Turnier. Diese Holzschnitt-Serie, bekannt als* Maximilians Triumphe, *ist eine der genauesten und wertvollsten Informationsquellen zur Waffenkunde jener Zeit.*

den Piken zum Stillstand und hielten die nachfolgenden Reihen auf, sofern die Piken ihnen standhielten. Mit den Schweizern wurde das, was im frühen Mittelalter von den Rittern *„fanti"*, die Jungen, genannt wurde, zu einer voll entwickelten Infanterie, die von da an auf den Schlachtfeldern Europas so entscheidend wirkte wie jede andere Waffengattung.

Noch bedeutender für die Schweizer selbst war: Sie errichteten ihre Unabhängigkeit. 1231 und 1240 nahm Kaiser Friedrich die Kantone Uri und Schwyz von allen feudalen Pflichten aus, die nicht direkt der kaiserlichen Krone zu leisten waren. Unterwalden kam hinzu, und im Jahr 1291 schlossen sie den „Ewigen Bund", mit dem sie sich zu gegenseitiger Unterstützung verpflichteten. Nach dem Ende der Hohenstaufen und dem Durcheinander des Interregnums wurde Rudolf von Habsburg zum Deutschen König gewählt und zum Heiligen Römischen Kaiser gekrönt. Mit dem Aufstieg des Hauses Habsburg sah sich die Schweiz einer starken Bedrohung ausgesetzt. Der Kaiser verfolgte eine Politik der vorrangigen Sicherung seiner Familiendomänen und versuchte, seine Kronpfründe so weit wie möglich auszudehnen. Da er Besitzungen in der Nähe der Schweiz hatte, befürchtete er natürlich, daß die Kantone sie im Südwesten abschneiden könnten. Man war bestrebt, die Habsburger abzuhalten. 1315 wurde Herzog Leopold von Habsburg bei Morgarten am Ägerisee, unweit des Vierwaldstättersees, in einen Hinterhalt manövriert. Er war mit seinen Rittern auf einer schmalen Straße mit Felsüberhängen auf beiden Seiten eingezwängt, als die Schweizer Felslawinen auf sie hinabrollen ließen. Leopold war so leichtsinnig gewesen, keine Vorhut vorauszuschicken, so daß er geradewegs in die Falle ritt. Erst als die Steinhagel ihren Zoll gefordert hatten, stürmten die Schweizer von den Höhen herunter und töteten die Überlebenden. Morgarten war ein erfolgreicher Hinterhalt, kein Sieg im offenen Feld. Doch er reichte, um Zürich, Zug, Glarus und Bern zum Anschluß an den Ewigen Bund zu bewegen. Systematisch gingen sie nun daran, die Habsburger zu vertreiben.

Ein anderer Leopold, der Neffe des bei Morgarten Geschlagenen, nahm es auf sich, das Blatt wenden zu wollen. Mit einer Armee von 4.000 Mann ging er gegen die Schweizer, die etwa 6.000 Mann zählten, in die Offensive. Anstatt wie erwartet gegen Zürich oder Luzern zu Felde zu ziehen, wandte er sich nach Sempach, etwa drei Kilometer nördlich von Luzern. Es hatte einst zum Besitz seiner Familie gehört, war aber wie Luzern ebenfalls der Schweizer Konföderation beigetreten. Er sammelte seine Kräfte am Sempacher See, an dessen südöstlichem Ende die Stadt Sempach liegt. Nachdem er einen Belagerungsring um die Stadt gezogen hatte, wandte er sich nach Osten, um die Schweizer anzugreifen, die sich an einer Brücke über die Reuss bei Gislikon gesammelt hatten. Weder die Österreicher noch die Schweizer waren sich über die genaue Position des Gegners im Klaren. Doch auf halbem Weg zur Reuss trafen die Österreicher auf die Schweizer. Das steil ansteigende Gebiet im Osten hielten die Schweizer besetzt, und die ankommenden Ritter stiegen ab und versuchten, zu Fuß die Höhen zu erstürmen. Ihre Armbrustschützen machten den Schweizern erheblich zu schaffen. Herzog Leopold griff an dieser Stelle selbst in die Schlacht ein – im Glauben, er hätte den Kern der Schweizer vor sich. Aber es war nur deren Vorhut. Zur Überraschung der Österreicher tauchten von Norden her die Schweizer Kampfformationen auf, und ihre Karrees zerteilten die Flanken von Leopolds Streitkräften. Die Attacke war so machtvoll, daß die zu Fuß kämpfenden Ritter einfach hinweggefegt wurden. Leopold und sehr viele seiner Ritter wurden auf dem Schlachtfeld erschlagen. Was Courtrai schon angedeutet hatte, vollendete Sempach. Die Schweizer Truppen hatten bei Morgarten vorgeführt, daß sie die Ritter mittels Hinterhalt besiegen konnten, bei Laupen, daß ihre Karrees fähig waren, die Reiterei zurückzuschlagen, und auf offenem Gelände, daß sie erfolgreiche Angriffe gegen die Ritter führen konnten. Die Tage des mittelalterlichen Ritters waren gezählt. Ein neues Zeitalter dämmerte herauf, aber nur Wenige schienen es wahrzunehmen.

Die Schweizer gingen dann gegen Schwaben in die Offensive und zeigten ein weiteres Mal, daß ihre Infanterie scheinbar unschlagbar war.

Rechts: *Georg von Frundsberg (1475 – 1523), der herausragendste Landsknecht-Kommandant seiner Zeit (Gemälde von Amberger).*

Unten: *Landsknechte. Kriegsrat vor einer belagerten Stadt*

Das war der Wendepunkt in der Militärgeschichte des Mittelalters. Bedenkt man das Ansehen der Schweizer Truppen, verwundert es nicht, daß der Bund schon bald Angebote erhielt, seine Streitkräfte anderen kriegführenden Parteien zur Verfügung zu stellen. Die erste schweizerische Einberufung, die auf ausländische Anfrage hin erfolgte, bezog sich auf ein Angebot aus Florenz im Jahr 1424. Man war bereit, den Schweizern für 10.000 Mann, die drei Monate zu dienen hatten, 8.000 Rheinische Gulden zu zahlen. Bis zum Ende des Jahrhunderts nahmen die Offerten derart zu, daß die Armee zu einem profitablen Unternehmen für die Schweizer Kantone wurde und sich von einer Volksarmee zu einem Söldnerheer wandelte. Doch blieb der Unterschied, daß die Schweizer Abteilungen nicht aus Glücksrittern bestanden. Sie kamen aus ihren Kantonen und Gemeinden. Langfristige Konsequenz dessen war, daß für die Schweizer Verluste über längere Zeit nicht tragbar waren.

Aber sie behielten ihre Überlegenheit auf den Schlachtfeldern Norditaliens und Burgunds für mehr als ein Jahrhundert. Von dem Augenblick an, als die Kantone ihre Truppen an fremde Magnaten verliehen, war der Niedergang des schweizerischen Militärapparates besiegelt. Eifersüchte und Rivalitäten schwächten den Bund und schadeten dem Ruf seiner Soldaten. Sie versäumten neue Waffenentwicklungen und Kampfmethoden. So blieben das Aufkommen leichter Kavallerie, verbesserte Handfeuerwaffenführung und die wachsende Beweglichkeit der Feldartillerie beinahe unbemerkt. Mit 10 bis 15.000 Pikenieren waren die Schweizer bereit, es mit beliebig vielen Reitern aufzunehmen, und hatten Erfolg damit. Bis sie in den Landsknechten ihre Meister fanden, die schweizer Techniken mit den neuesten, von den Schweizern verschlafenen Erfindungen kombinierten. Die Landsknechte hatten nichts gegen die Zermürbungstaktik ihrer Kommandanten. In den Kämpfen zwischen Kaiser Karl V. und Franz I. von Frankreich um die Lombardei, hatten die Schweizer Kontingente schlicht das Schlachtfeld verlassen, weil sie die andauernden Marschmanöver leid waren. Ihren Gepflogenheiten gemäß erwarteten sie eine entscheidende Auseinandersetzung und wollten sie so schnell wie möglich hinter sich bringen.

Als im Jahr 1522 der französische Kommandant Marschall Lautrec wieder 16.000 Schweizer angestellt hatte, verlangten diese, daß der Feind mittels eines massierten Angriffs mit Piken und Schwertern vernichtet werden sollte. Das Heer Karls V. wurde von dem italienischen Hauptmann Prospero Colonna kommandiert. Es bestand aus 19.000 Mann spanischen Infanteristen unter der Führung von Pescara und deutschen Landsknechten mit Georg von Frundsberg an der Spitze. Im April hatten die kaiserlichen Streitkräfte ihr Lager im Jagdschloß Bicocca, nordöstlich von Mailand aufgeschlagen. Colonna hatte ein ausgeklügeltes Netz an Feldbefestigungen anlegen lassen, das Gräben und Wälle miteinander verband. Ein Angriff, obwohl nicht unmöglich, war riskant. Lautrec hatte nicht die Absicht anzugreifen. Er hatte mit 32.000 Männern die zahlenmäßige Übermacht und beabsichtigte, Colonna aus seinen Stellungen auszumanövrieren. Dies bewirkte die offene Meuterei der Schweizer, die heimkehren wollten, wenn nicht das Zeichen zum Angriff gegeben würde. Aufgrund seiner Erfahrung des Vorjahrs lenkte Lautrec ein. Er hatte einen weiteren Grund: Es gab eine Rivalität zwischen den schweizer Befehlshabern Albrecht von Stein und Arnold von Winkelried. Sie waren sich nie wohlgesonnen gewesen und übertrugen die Rivalitäten Ihrer Heimatkantone, des Kantons Bern zu den drei Urkantonen, auf das Schlachtfeld. Winkelried hatte einen internationalen Ruf und war ausschlaggebend beim Versuch der Schweiz, das Herzogtum Mailand zu stürzen und dessen Gebiete der Schweizer Konföderation einzuverleiben. Bei der Schlacht von Marignano, in der die Schweizer geschlagen wurden, hatte Winkelried Stein bezichtigt, das Schlachtfeld vorzeitig verlassen und damit die Niederlage verursacht zu haben. Dies konnte er nicht beweisen und mußte seine Anklage zurückziehen. In Bicocca gaben sich die beiden Kommandeure den Anschein von Einigkeit, doch Stein war die treibende Kraft, die die Führung zum Angriff zu bewegen suchte. Lautrec stellte dementsprechend einen Schlachtplan auf: 16.000 Schweizer sollten frontal angreifen, die andere Hälfte, Venezianer und Franzosen, sollten Colonnas Truppen an den Flanken nehmen. Die beiden Flankenattacken sollten die Schlacht eröffnen, und wenn der Feind an seinen beiden Seiten beschäftigt wäre, sollten die Schweizer ihren Frontalangriff beginnen. Die Schweizer durchkreuzten diesen Plan. Über Wochen hatten sie sich am Rande der offenen Meuterei befunden, jetzt fürchteten sie, daß der Sieg denen zugesprochen werden könnte, die den Feind zuerst angriffen. Deshalb stürmten sie ohne Befehl auf eigene Initiative auf das Schlachtfeld. Unter schweren Verlusten nahmen sie den ersten Graben und erstürmten einen Teil der Erdwälle, wo sie sich einem Wald aus deutschen Landsknechts-Hellebarden gegenübersahen, während spanische Musketiere sie unter Beschuß nahmen. Die Schweizer kämpften wacker, und Winkelried forderte von der Höhe des Walls Frundsberg zum Zweikampf heraus, was dieser jedoch in seiner Erfolgsgewißheit ignorierte. Winkelried versuchte einen Ausfall in die Phalanx der Piken und wurde umgehend getötet. Ein furchtbares Schlachten brach los, bei dem die Schweizer 3.000 Mann und auch ihren anderen Heerführer, von Stein, verloren. Nach dieser Schlacht sank der Stern der Schweizer Konföderierten Streitkräfte, und der Aufstieg der deutschen Landsknechte begann.

Arsenal Kaiser Maximilians (1459-1519) in Innsbruck

Die Hussitenkriege und die demütigenden Niederlagen, die von den Streitkräfte des Deutschen Kaisers dabei auszuhalten waren, machte eine Reform des Militärwesens absolut notwendig - um so mehr, als die französischen Neuerungen nicht unbemerkt geblieben waren. Der Wendepunkt war die Schlacht von Guingate am 7. August 1479, als die burgundische Armee, bestehend aus flämischer Infanterie, die Franzosen zurückschlug. Die burgundischen Truppen standen unter dem Befehl von Erzherzog Maximilian von Habsburg, dem Schwiegersohn des Herzogs von Burgund, der zwei Jahre zuvor in der Schlacht von Nancy gefallen war. Maximilian, künftig Kaiser Maximilian I., stellte unter dem Eindruck dieses Verlusts flämische Truppen auf und bildete sie in der Schweizer Kriegstaktik aus. So errang er zwei Jahre darauf den Sieg. Bei der Anstellung hatte er großen Wert darauf gelegt, daß die Rekruten aus einer einzigen Gegend kamen – eine weitere Übernahme des Schweizer Systems, das eine gemeinsame Herkunft der Soldaten und damit soziale

Rechts: *Deutsche Söldnerrüstung um 1550/1560*

Unten: *Hellebarde, 1488*

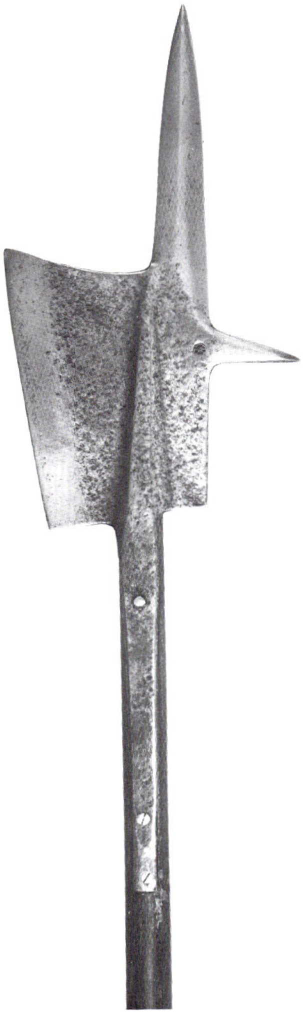

Geschütz Maximilians I.

Homogenität und Gemeinsinn der Truppe garantierte. Der Sieg von Guingate hatte aber weder strategische noch politische Konsequenzen, da Maximilian den Feind nicht verfolgen konnte, um seine Bedingungen zu oktroyieren. Ihm ging das Geld aus – die Truppen, die er angestellt hatte, zogen ab. Daraufhin wandte er sich anderen Gebieten zu, um von neuem Männer zu rekrutieren, die er Landsknechte nannte.

Landsknechte einfach als Söldner zu bezeichnen, würde in die Irre führen, denn in ihrer ursprünglichen Zusammensetzung und Verfassung unterschieden sie sich in einigen wichtigen Punkten von einer Söldnertruppe. Wie Maximilians Anweisungen sehr deutlich machten, mußten die Truppen aus einer Region stammen. Sie kamen aus ein- und derselben Gegend, dienten als Einheit jedoch nicht immer unter denselben Kommandanten. Die Landsknechte können bis zu den Volksaufgeboten der Merowingerzeit zurückverfolgt werden, die seit Karl dem Großen und dem Aufkommen des Lehnssystems vom Ritterheer in den Hintergrund gedrängt und immer seltener geworden waren. Es gab aber Gelegenheiten, bei denen wieder ausgehoben wurden – mit Fußsoldaten aus der gleichen Gegend, die unter einem gemeinsamen Führer ins Feld zogen, dem sie Treue gelobt oder den sie sogar selbst gewählt hatten. Sie unterstanden einer eigenen Feldgerichtsbarkeit und waren Freie. Ein Vorläufer der Landsknechtseinheit kämpfte 1276 für Rudolf von Habsburg. Nach der Schlacht köpften Ritter Gefangene, die von der Einheit ohne Erlaubnis gemacht worden waren. Daraufhin verweigerte die Einheit den weiteren Dienst. Hundert Jahre später rekrutierten die Stadt Ulm und der Schwäbische Städtebund eine Einheit freier Knechte, die sich den Namen 'Freiheitsbund' gaben. Seitdem hatten diese Truppen – unter wechselnden Namen und mit wechselndem Siegesglück – eine wichtige Rolle bei deutschen Fehden gespielt. In Holstein waren sie als ‚Schwarze Garden' bekannt und dienten als „Marineinfanterie" der Hanse. Zu dieser Zeit war ihre Zusammensetzung erwartungsgemäß sehr gemischt und schloß den Abschaum der Gesellschaft, selbst Mörder, ein. Doch nach dem Disziplinarkodex wurden Plünderer von ihren Führern strengstens bestraft, was vom Aufhängen an den Gliedmaßen bis zum Verbrennen reichte.

Die Schlacht von Laupen 1339

Zu den seltenen Anlässen, bei denen eine Reichsstadt ihr Kontingent zum Kaiser entsandte, wurde dieses farbenprächtig ausstaffiert, damit es im Feld zu erkennen war, aber auch, um den Status der Stadt zu demonstrieren. Landsknecht war Maximilian als Bezeichnung willkommen. Die Länder des Reichs wollten ebenso wie Frankreich und andere Länder die Plage der Freischaren loswerden. Maximilians Rekrutierungsdrang rief sofort Mißtrauen wach, immerhin war Friedenszeit. Worauf Maximilian erwiderte, sie seien Diener ihres Landes, was mit der Bezeichnung Landsknechte ausgedrückt wurde und sich in der Rekrutierungsmethode nach Herkunftsbereich spiegelte, sowie in der strengen Disziplin, die ihnen auferlegt war.

Zwischen 1482 und 1486 zog er Soldaten im Rheinland und am Niederrhein ein und bildete sie in diesem Sinne oder nach Schweizer Vorbild aus, wie er es mit den flämischen Truppen schon getan hatte. Um 1486 war Landsknecht ein allgemein anerkannter Begriff geworden. Es erübrigt sich zu betonen, daß es eine Zeitlang dauerte, bis sie Schweizer Standard erreichten, doch als es soweit war, begegneten sich Schweizer Kontingente und Landsknechte in tiefer Feindschaft. Die Schweizer verspotteten sie aufgrund ihres Überlegenheitsgefühls, während die Landsknechtskommandeure ihre Leute moralisch aufbauten. Unter Herzog Sigismund von Tirol und ihrem Hauptmann Friedrich Kappler, schlugen sie 1487 die venezianischen Kondottieri in der Schlacht von Calliano. Ein Jahr später, als sie mit dem Reichsheer auf dem Weg in die Niederlande waren, nahmen sie Quartier in Köln. Als an den Stadttoren auch Schweizer Garden auftauchten, verwehrte der Kölner Erzbischof ihnen den Zutritt, weil er Ausschreitungen zwischen Landsknechten und Schweizern befürchtete. Als Maximilian 1490 gegen die Ungarn zog, stürmten Landsknechte Stuhlweissenburg. Damit war ihr Renommee, den Schweizern ebenbürtig zu sein, in Europa begründet. Zu dieser Zeit verfügte Maximilian über zwei jeweils 3.000 bis 4.000 Mann starke Landsknechtsregimenter.

Sie waren Maximilian treu ergeben, und genau das hatte er vermißt. Er sorgte dafür, daß die Kontingente aus den Städten das Selbstbewußtsein einer militärischen Elite gewannen. Dennoch zeigten sie sich von Anfang an als eine ganz eigene politische Institution, die schwierig zu handhaben war. Sie waren eine Berufsbruderschaft, und Krieg war ihr Lebensinhalt. Sie waren oft trotzig und halsstarrig, im Kampf jedoch unübertroffen an Tapferkeit und Durchhaltevermögen.

Maximilian erkannte, daß das Lehenssystem, besonders unter ökonomischen Aspekten, ersetzt werden mußte. Die Rekrutierung von Landsknechten wurde auf einer völlig neuen Grundlage vorgenommen. Einem Oberst, normalerweise ein angesehener Krieger, wurde ein kaiserliches Patent zur Rekrutierung von Männern verliehen, und dazu erhielt er vorab eine Pauschalsumme. Allerdings behielt er oft einen großen Teil dieser Summe für sich und versprach den Angeworbenen lieber zukünftige große Beute. Viele Landsknechte hatten ihre Ausrüstung selbst zu finanzieren. Der Oberst war *de facto* ein militärischer Unternehmer. Anders als Karl VII. von Frankreich, der sein kleines stehendes Heer mithilfe von Steuern, die ihm seine Ständeversammlung garantierte, zu finanzieren verstand, gelang es Maximilian I. und seinen Nachfolgern nie, den Reichstag davon zu überzeugen, genauso zu verfahren. So blieb die Methode, einen Oberst zur Rekrutierung eines Aufgebots zu ermächtigen, ein riskantes Unternehmen. Bargeld war immer knapp, und die einzige Chance der Landsknechte, ihren Lohn zu bekommen, bestand in der Beute, die sie bei Feldzügen machten. Überdies legte der Reichstag dem Kaiser geographische Beschränkungen für seine Rekrutierungskampagnen auf. Der Reichstag zu Worms sicherte ihm 1495 das Recht zu, im ganzen Reich Soldaten zu werben, jedoch nur für den anstehenden Feldzug in Italien. Ansonsten war er auf seine eigenen Kronbesitzungen angewiesen.

Es ist eindeutig belegt, daß in den anfänglichen Kampagnen die rekrutierenden Offiziere nur Männer mit gutem Charakter annahmen. Sobald diese ihr Handgeld empfangen hatten, gehörten sie zur Armee. Die Waffen mußte der Angeworbene selbst bereitstellen. Unehrlichkeit der Werber war gang und gäbe und entwickelte sich zu einem Unternehmen großen Stils. Sie verlangten Geld für mehr Landsknechte, als sie tatsächlich rekrutiert hatten. Waffen von Soldaten, die doppelten Sold erhielten – meist kampferprobte Männer, die in den Frontstaffeln kämpften –, wurden an einfache Landsknechte mit einfachem Lohn gegeben. Der Werber behielt einen Sold für sich. Auf der Regimentsliste blieb aber die Person als Empfänger von doppeltem Sold eingetragen, so daß sowohl der Kaiser als auch die Geworbenen betrogen wurden.

Der Oberst wählte kraft seines Patents seine Hauptmänner aus, die widerum ihre Leutnants, Fähnriche und Feldwebel sowie ihre Korporale und Proviantmeister bestimmten. Der Korporal konnte auch durch Wahl bestimmt werden. Was für das Ritterheer das „Banner“ war, wurde für die Landsknechtstruppe das „Fähnlein“. Etwa 400 Männer dienten unter einer Fahne, und 10 bis 18 Fähnlein bildeten ein Regiment. Doch sowohl Regiment als auch Fähnlein waren eher Verwaltungseinheiten. Kriegstaktische Einheit war wie bei den Schweizern das Karree, auch Battaillon genannt.

Die Stärke der Landsknechte lag in ihrer Binnenstruktur und deren innerer Ordnung. Wie jeder andere Berufsstand bildeten auch die Landsknechte ihre Körperschaft, ähnlich den Gilden der Handwerker und Händler. Vor der Schlacht hatte ein Hauptmann sich mit dem Rat oder „Ring“ seiner Einheit zu besprechen, ihn von seinem Schlachtplan zu unterrichten und dazu anzuhören. Jede Einheit wählte ihren Abgeordneten, der als ihr Sprecher vor dem Hauptmann auftrat. Die Rechts- und Disziplinargewalt lag in der Hand des obersten Feldhauptmanns, der sie mithilfe eines Beigeordneten und dessen Helfern ausübte. Die Helfer gehörten immer zu einem Fähnlein, waren also selbst Landsknechte. In manchen Fällen hatten aber auch die Landsknechte selbst das Recht, über ein Mitglied zu richten und die Strafe selbst auszuführen. Der Angeklagte wurde zuerst vor den Ring zitiert, wo er verhört wurde und sich verteidigen mußte. Wurde er für schuldig befunden, vollstreckten die Landsknechte das Urteil umgehend und ließen den Verurteilten Spießrutenlaufen. Dies sollte den inneren Zusammenhalt der Landsknechte festigen, durch den die Schweizer sich ausgezeichnet hatten. Es gab eine eigene Verfassung, den Artikelbrief, auf den jeder Angeworbene schwören mußte. An und für sich waren sie nicht neu, ähnliche Losungen hatten Kaiser Friedrich Barbarossa und die Schweizer schon benutzt, doch die Deutschen hatten sie ihren eigenen Erfordernissen angepaßt.

Georg von Frundsberg, berühmt als „Vater der Landsknechte“, befahl, daß der Schwur in kleinen Gruppen zu leisten

Kaiser Maximilian I. (Gemälde von P. Rubens, 1577 - 1640)

war, denn „...wenn sie in einer großen, nicht eingeschworenen Truppe zusammenkommen, werden sie den Eid auf den Artikelbrief nicht ablegen, sondern nach Belieben mit ihren eigenen Forderungen ankommen, die man dann einräumen muß. Und danach ist man nicht mehr sicher. Man kann Krieger nicht fortwährend bezwingen, deshalb muß man ihnen das Gesetz, auf das sie geschworen haben, zeigen können.“

Inhalt und Form der einzelnen Artikel sahen sehr unterschiedlich aus, aber die Grundlage war immer die gleiche: die vertragliche Verpflichtung zwischen Landsknecht und dem, der ihn bezahlt. Sie schworen, ihre Pflichten zu erfüllen, und der Kaiser verpflichtete sich, seinen Teil des Handels beizutragen – sie wie vereinbart zu entlohnen – als gewissenhafter Herr seiner Männer.

Sie schworen Gehorsam gegenüber allen Befehlen. Das Prinzip des Gehorsams war unmißverständlich, es wurde ausdrücklich festgehalten, daß es für alle galt – unabhängig vom Rang. Im

Miliz in Karreeformation zieht in die Schlacht (Zeichnung von Dürer, 1471 – 1528)

16. Jahrhundert betrug der monatliche Lohn eines Landsknechts 4 Gulden. Darüber gab es oft Auseinandersetzungen, und die Landsknechte forderten, daß jeweils zu Monatsbeginn oder -ende eine Schlacht oder eine Stadterstürmung sein sollte. König Franz I. von Frankreich mußte einmal am Tag vor einer Schlacht einwilligen, den Landsknechten einen zusätzlichen Monatssold auszuzahlen, um sie für weitere 10 Monate in Dienst zu halten. Phillip von Hessen – jener deutsche Prinz, der berühmt wurde, weil seine Bigamie sowohl von Melanchthon als auch von Luther verurteilt wurde – riet seinen Söhnen, nur Verteidigungskriege zu führen, sonst seien die Forderungen der Landsknechte nicht erfüllbar.

Die Landsknechte mußten darauf verzichten, eigene Interessenverbände zu bilden. Beschwerden konnten an ihren Abge-

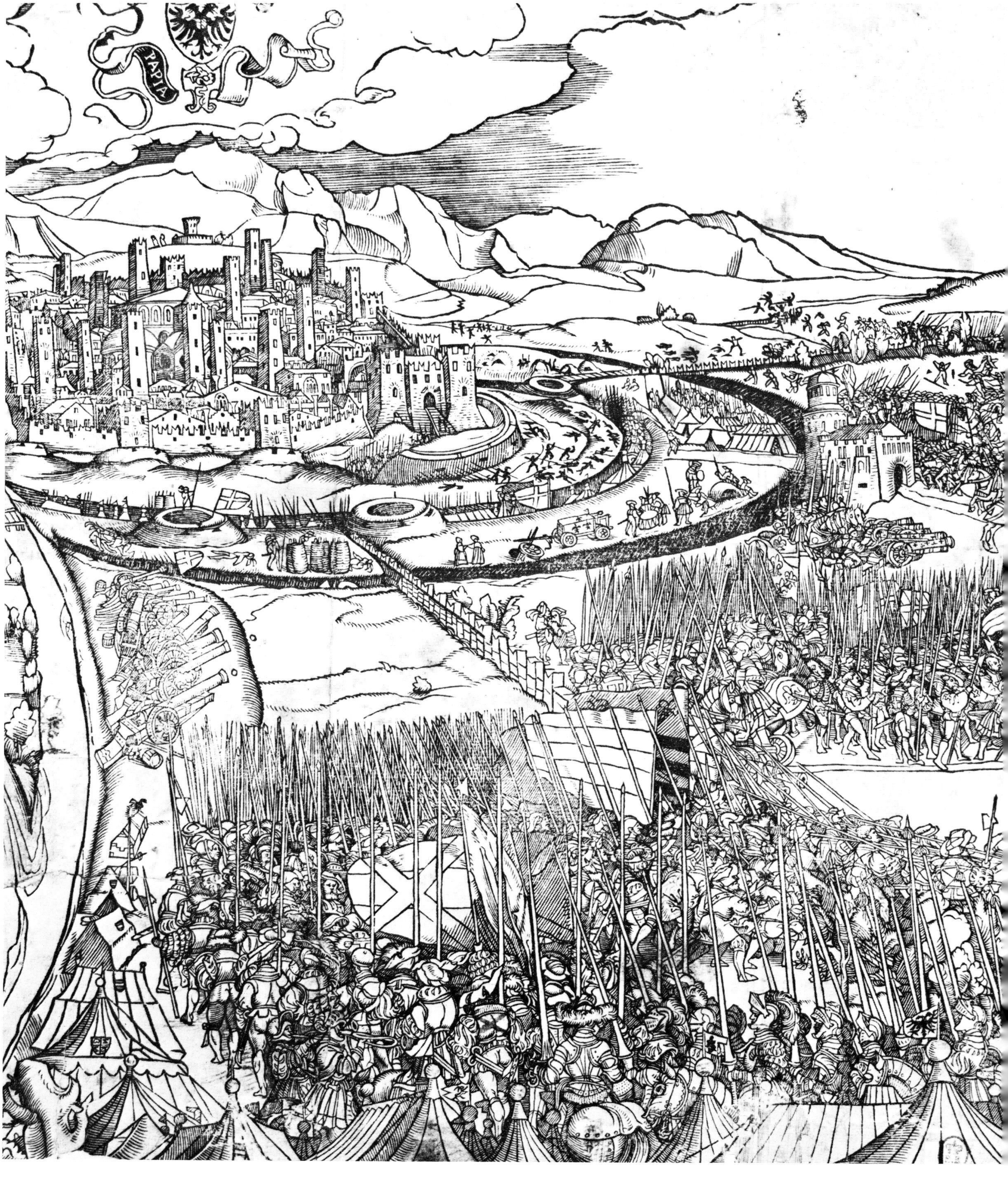

Rechts: *Die Schlacht bei Sempach, 9. Juli 1386*

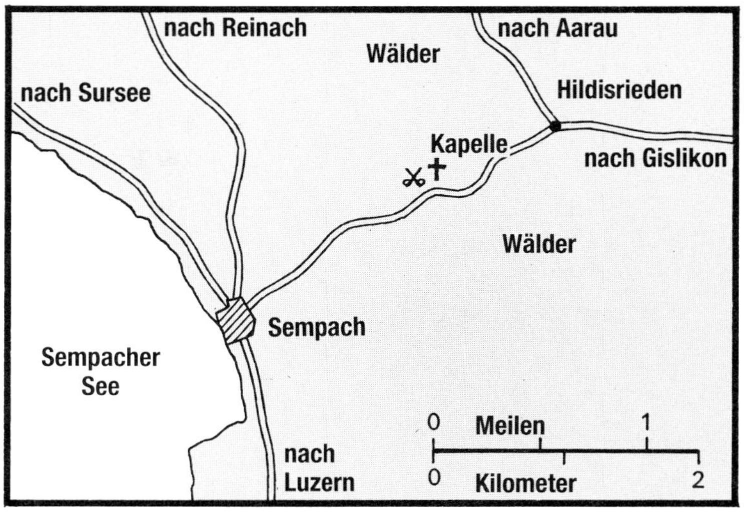

Unten: *Bemerkenswert die Überzahl der Fußtruppen in der Schlacht von Pavia 1525, in der Franz I. von Frankreich von Karl V. gefangengenommen wurde. Dies markierte den Niedergang des Hauses Habsburg und seiner Vorherrschaft in Europa.*

ordneten gerichtet werden oder in manchen Fällen an einen Doppelsöldner, damit er sie vor den Hauptmann brachte. Die mittelalterliche Ritterzeit endete nicht abrupt, ihre Spuren finden sich noch im Artikelbrief. Reiter wurden nicht einzeln rekrutiert, sondern in kleinen Einheiten: der Ritter mit seinen berittenen Knappen. Sie erfreuten sich gewisser Privilegien wie andere Spezialisten – Artilleristen, Techniker und Pioniere.

Jeder Soldat war verpflichtet, Waffen, Kleidung und gegebenenfalls Pferde selbst zu warten, die allesamt bei Quartiermeistern gekauft werden mußten. Auch sein Essen mußte er selbst bezahlen, das von der Marketenderin, die jedes Fähnlein im Gefolge hatte, verkauft wurde. Da die Landsknechte kaum die Vorräte für eine ganze Armee mitführen konnten, versorgten sie sich zwangsläufig aus der Umgebung und waren in dieser Hinsicht eine ebensolche Plage wie die Söldner und Freischaren, die sie ersetzt hatten. In einigen Artikelbriefen war daher ausdrücklich festgehalten, daß nur Futter für die Pferde, Brot, Gemüse und ähnliche Nahrungsmittel in befreundetem oder

Schweizer Streitkräfte begegenen dem Habsburger Ritterheer 1499.

Oben: *Die Schlacht von Novara, 6. Juni 1513. Siegreiche Schweizer messen ihre Kräfte mit der Armee der französischen Allianz.*
Unten: *Die Schlacht von Pavia 1525. Frundsberg schlägt die Streitkräfte von Franz I.*

neutralem Land genommen werden durften, während das Entwenden von Vieh, Haustieren, Haushaltsgütern oder das Aufbrechen von Schränken und Laden strikt verboten war. Manche Briefe fordern Gehorsam gegenüber allen Hauptleuten der Armee, andere beschränken den Gehorsam auf den Hauptmann des Fähnleins, zu dem der Soldat gehört.

Sobald eine Siedlung oder Stadt eingenommen worden war, hatten die Befehle des Armeekommandanten von allen Landsknechten strikt befolgt zu werden, selbst wenn die Bezahlung noch ausstand. Die Besatzungskräfte waren dann gehalten, Befestigungen anzulegen, eine Vertragsklausel, die häufig Konflikte hervorrief, denn die Landsknechte hielten es für unter ihrer Würde, manuelle Arbeiten zu verrichten. Im Fall von Auseinandersetzungen unter den Soldaten selbst, war es ausdrücklich verboten, auf nationale Herkunft zu pochen, denn wenn die Gefährten, die in der Einheit meist aus derselben Gegend stammten, zu Hilfe gekommen wären, hätten sich ausufernde Gefechte entwickeln können. Solche Kämpfe kamen häufig vor, vor allem wegen Frauen, Vorräten oder Beute. Duelle waren nicht verboten, doch hatte man den Streit mit stumpfen Waffen und in deutlicher Entfernung vom Hauptlager auszutragen. Die Beute eines Landsknechts gehörte ihm, lediglich Schießpulver und alles, was zur Artillerie zählte, hatte er dem Hauptmann zu übergeben.

Die Artikelbriefe wirkten – zumindest nach den Maßstäben des Mittelalters – wie eine Verordnung und ein rudimentärer Disziplinkodex, mit dem Großarmeen gehandhabt werden konnten. Sie stellten einen Teil des Zusammenhalts her, durch den die Anstrengung schwächerer einzelner im Rahmen einer großen Einheit maximiert wurden. Und groß mußte sie sein, denn wer das größte Aufgebot in die Schlacht schicken konnte, errang den Sieg. Kein mittelalterlicher Staat war ökonomisch stark genug, solche Großheere aufzustellen, doch dies änderte sich mit dem Aufkommen des französischen Nationalstaates,

Kaiser Maximilian beim Besuch einer Waffenschmiede

mit der Konsolidierung der englischen Krone unter den Tudor, dem Aufstieg Spaniens und der territorialen Vergrößerung der Habsburg-Dynastie. Allerdings änderte es sich nicht dergestalt, daß Gelder, die bis dahin gefehlt hatten, nun plötzlich vorhanden gewesen wären. Sie waren zwar eher verfügbar, doch nie in ausreichender Menge, um die Feldzüge des 15. und 16. Jahrhunderts zu finanzieren. Daher war betreffs der Landsknechte das Finanzproblem größer geworden. Maximilian hatte versucht, eine loyale Elitetruppe aufzustellen, doch wie wollten er und seine Nachfolger diese Loyalität aufrechterhalten, wenn sie Vertragsverpflichtungen nicht einhalten konnten? In Mitteleuropa wurde die Antwort auf dieses grundsätzliche Problem erst im 17. Jahrhundert von Wallenstein gefunden.

Mangelnde Bezahlung wurde durch Beutemachen ausgeglichen, womit Ausschreitungen unvermeidlich waren. Die zeitgenössischen Landsknechtslieder geben in drastischer Sprache wieder, welches Elend sie über die Länder brachten, in denen sie Kriege führten. Übermäßige Grausamkeit war aber kein Charakteristikum der Landsknechte oder Söldnerarmeen, das sogenannte Zeitalter der Ritterlichkeit ist voll von entsprechenden Beispielen. Der Unterschied liegt in den Zahlenverhältnissen. Sehr viel mehr Krieger wurden nun aufgeboten. Wenn eine Stadt von Landsknechten erobert wurde, dann waren es ein paar Tausend, die vergewaltigten und plünderten – und nicht wie vordem ein paar hundert Ritter. Häufig gingen die Beutezüge erst richtig los, wenn eine Stadt kapituliert hatte, wenn versprochen worden war, daß Leben und Eigentum unangetastet blieben und daraufhin die Stadttore geöffnet worden waren. Ein Feldhauptmann oder Oberst mochte in der Lage sein, mit einzelnen Gesetzesbrechern fertig zu werden, aber wie wollte er seine ganze Armee vor Gericht bringen? Und wenn er versuchte, bestimmte zu bestrafen, um ein Exempel zu statuieren, hätte der Betreffende auf die Hilfe seiner Kameraden rechnen können. Der Profos, der ihn hätte verhaften sollen, hätte sich mit der ganzen Einheit konfrontiert gesehen. Doch unabhängig davon wußten die Landsknechte nur zu gut, daß ihre Obersten mindestens genauso an Beute interessiert waren und zum Nachteil ihrer Leute Profit machten. Wozu sie in großem Maße aufgrund der Geldknappheit ihres obersten Dienstherren auch gezwungen waren.

Die Landsknechte führten bei ihren Feldzügen einen umfangreichen Troß mit. Jeder wollte eine Frau bei sich haben oder mindestens einen Jungen als Diener. Frauen waren natürlich unverzichtbar, schon um die Verwundeten und Kranken zu pflegen. Doch das war nicht ihre einzige Verwendung. Als der Herzog von Alba 1567 von Italien nach Flandern zog, fanden sich im Gefolge seiner Truppe 400 Kurtisanen. Solcher Luxus behinderte das Vorankommen einer Armee. Bei den deutschen Landsknechten trugen Frauen das Gepäck und die Habe der Männer, dessen Durchschnittsgewicht auf 50 bis 60 Pfund geschätzt wird. Betrachtet man die Kriegstaktik der Landsknechte, muß man diesen Ballast, den ein solcher Troß darstellte, miteinbeziehen.

Ihre Hauptwaffe war die Pike und Hellebarde. Wenn der Befehl kam, eine Schlange zu bilden, wurde das Kommando gegeben, die Piken zu fällen.

Eine Schlange war die Marschordnung, in der eine Kolonne sich zu einem Angriffskarree formierte. Dieses Manöver erforderte einige Übung, um erfolgreich ausgeführt zu werden. Es scheint im späten 15. Jahrhundert mit größerer Genauigkeit stattgefunden zu haben, als später, als die Landsknechtstruppen mit ihrem Troß zogen. In Schlachten mit fester Aufstellung waren sie gut, aber sobald sie unerwartet auf den Feind stießen, wurde es sehr schwierig.

Ebenso schwierig war die Handhabung der Pike und Hellebarde. Ein Zeitgenosse schrieb:

„Das Unerfreulichste ist das Zittern des Schafts. Ich selbst habe beim Kampf mit der langen Pike erfahren, daß es fast unmöglich ist, das Ziel zu treffen, weil die Spitze so stark schwankt, besonders bei einem kräftigen Stoß, aber meistens, wenn man bei gestrecktem Arm die ganze Länge einsetzt. Die Pike erfordert einen sicheren, langsamen Stoß, ausgeführt mit Überlegung und Geduld für den richtigen Moment, um im Kampf einen gepanzerten Doppelsöldner an den besten Stellen zu treffen, am Hals oder Unterleib, und dabei genau in die Gelenke seiner Rüstung zu dringen."

Größere Massen schlagen kleinere Massen, doch oft waren die Kräfte gleich verteilt. Um das Problem gleichgroßer Heere zu lösen, mußte der Angreifer eine Bresche in die andere Truppe schlagen. Vor dem Aufkommen von Musketen und Kanonen war dies die Aufgabe einer speziell ausgesuchten Truppe. Zunächst mußten diese Männer besonders stark sein, denn sie mußten ein langes zweischneidiges Schwert mit zwei Händen führen. Dieses Schwert war so schwer, daß man sein Ziel mit dem ersten Streich

Franz I. wird bei Pavia gefangengenommen. Bemerkenswert der ausgearbeitete Pferdeharnisch, besonders das „crinet", das über dem Halsrücken verläuft.

treffen mußte. Schlug dies fehl, wurde sein Träger von den Piken der Feinde durchbohrt. Kurz bevor zwei Armeen aufeinandertrafen, kam diese besondere Truppe aus der zweiten Reihe hervor und setzte sich direkt vor die erste, was das Überraschungsmoment des Angriffs bildete. Wegen des hohen Risikos, war Stärke allein nicht ausreichend. Selbst besondere Geldanreize genügten nicht, so daß meist zum Tod verurteilte Männer genommen wurden, die sich mit diesem Einsatz ihre Freiheit erkämpfen konnten. So waren es Männer mit größtem Mut oder tiefster Verzweiflung, die diese Gruppe ausmachten

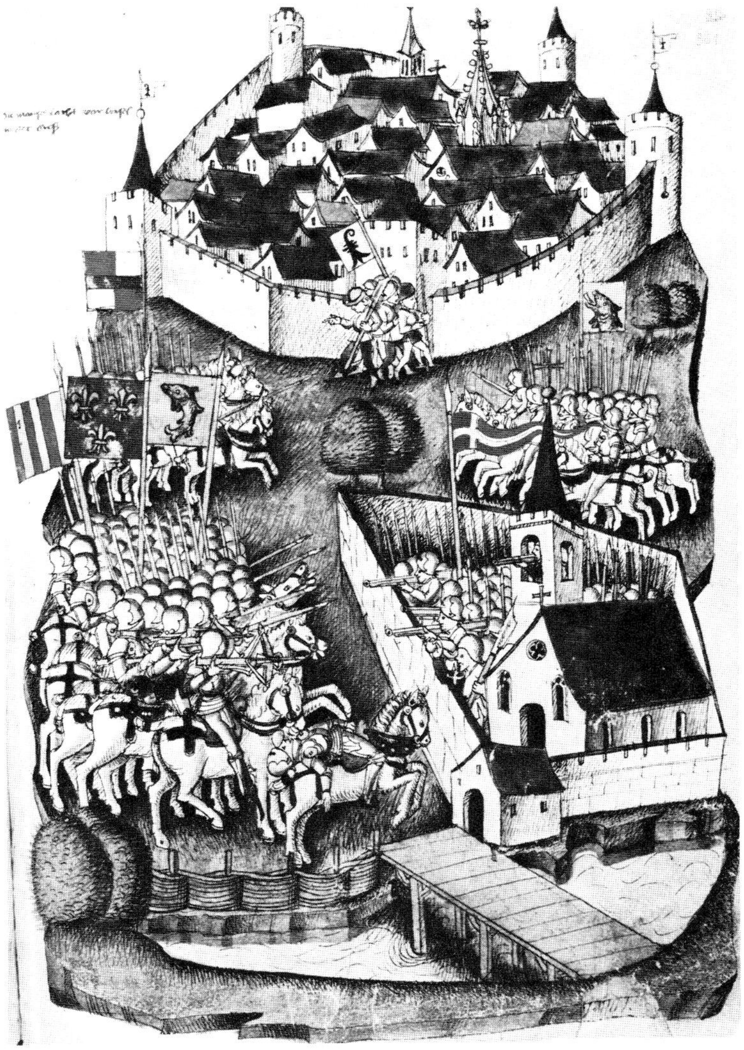

Landsknechtsmanöver. Die mit Pike und Armbrust bewaffnete Kavallerie geht zum Angriff auf die Stadtbesatzung über.

und bei den Landsknechten „der verlorene Haufe" genannt wurden. Sie mußten sich ihren Weg in ein Karree hineinhacken, das hundert Mann breit und hundert tief war.

Als bei den Landsknechten weithin Feuerwaffen eingesetzt wurden, bedurfte man ihrer nicht mehr. Schon 1507 hatte Kaiser Maximilian die Armbrust verworfen. Das Beispiel der Schweizer und Deutschen fand mit unterschiedlichem Erfolg Nachahmer in Europa. In Frankreich versuchte Ludwig XI. nach seiner Niederlage bei Guingate seine Infanterie nach denselben Prinzipien aufzubauen, aber erreichte nie – mit Ausnahme von Genua, 1507 – deren Niveau. Franz I. versuchte es ebenfalls ohne Erfolg. Seine Infanterie wurde bekannt für die Massendesertion, wie 1543, als die französischen Fußtruppen Luxemburg verteidigen sollten, aber die Festung den Deutschen überließen. Von Spanien wurde behauptet, daß König Ferdinand von Aragon sich auf die Schweizer als Modell für seine Infanterie bezog. Wie dem auch sei, als die spanischen Fußsoldaten in Italien kämpften, setzten sie genau dieselbe Taktik und Verfahrensweise ein wie die Schweizer und die Landsknechte. Bei der Schlacht von Ravenna im Jahr 1512 gewann die spanische Infanterie ein hohes Renommee, das sie über anderthalb Jahrhunderte behielt. Einzigartig an den Spaniern war, daß sie von Anfang an ihren Nationalcharakter herausstellten und hochhielten. Die Zeit, da das spanische Imperium die Reserven der Neuen Welt hinter sich hatte, war noch nicht angebrochen. Kastilien und Aragon waren zu arm, um Söldner anzuwerben; die Not zwang sie, als militärische Ressource auf die eigene Bevölkerung zurückzugreifen. Die Spanier und die deutschen Landsknechte blieben bis zur Mitte des 17. Jahrhunderts die beherrschende Streitkraft auf den Schlachtfeldern Europas.

KANONEN UND GESCHÜTZE

Links: *Der König von Frankreich belagert Arras* (Chroniques d'E de Monstrelet, *15. Jahrhundert*)

Die Herkunft der Kanone liegt im Dunkeln. Grund hierfür ist die unglückliche Verwendung des Begriffs „Artillerie" durch frühere Autoren, die damit alle Arten von Geschosse schleudernden Geräten bezeichneten. Das Wort war allgemein üblich für mechanische Apparate wie Ballisten und Katapulte. Es wurde anscheinend übernommen, um die neue Erfindung der Kanone zu benennen und führte so zu Unklarheiten. In Graftons *Chroniken* gibt es beispielsweise eine Notiz, daß 1267, während des Aufstandes des Herzogs von Gloucester, Heinrich III. mit seiner Armee auf London marschierte und „tägliche Ausfälle machte, bei denen mit Kanonen und anderem Wehrmaterial in die Stadt geschossen wurde". Es gibt sonst keine Hinweise, die diese Beschreibung erhärten könnten, so daß sie zweifellos einem Mißverständnis Graftons hinsichtlich der Bedeutung des Begriffs „Artillerie" zu verdanken ist.

Die erste zuverlässige Referenz findet sich 1326, als die Herstellung von Bronzekanonen und Eisenkugeln zur Verteidigung der Stadt und des Gebiets von Florenz genehmigt wurde. Eine frühere, vielzitierte Quelle in den Archiven von Gent, die besagt, daß 1313: „Der Gebrauch der [Kanone] in Deutschland von einem Mönch entdeckt wurde", hat sich inzwischen als Fälschung erwiesen, die mehrere Jahre nach dem genannten Datum

Rechts: *Angreifer bombardieren eine von Gräben umgebene Stadt mit Belagerungsartillerie. Sie verwenden frühe Feuerwaffen* (Chroniques de Alexandre le Grand, *15. Jahrhundert*).

Oben: *Frühe Kanone auf Rädern im Einsatz gegen eine Festung, um 1450*

Rechts: *Mittelalterlicher Mörser zum Abfeuern von Geschossen in einem bestimmten Abschußwinkel* (Bellifortis *von Conrad Kyeser, um 1405*)

Rechtes außen: *Handgeschütz*

niedergelegt wurde. Für das Jahr 1340 ist in den Rechnungsbüchern der Stadt Lille eine Summe an *Jehan Piet de Fur* ausgewiesen: *„pour III tuaiux de tonnaire et pour cent garros, VI livres XVI sous“* ... „für drei Donnerrohre und hundert Pfeile ...“

Die ersten Kanonen wurden wohl gegossen (wahrscheinlich unter Verwendung von Glockengußtechniken) und waren nicht sehr groß. Glücklicherweise gibt es die Zeichnung einer frühen Kanone in einer Handschrift von Walter de Millimete aus dem Jahr 1325. Sie hat vasenartige Form mit wulstiger Mündung und bauchigem Boden, was schon früh die Berücksichtigung der Notwendigkeit erkennen läßt, bestimmte Stellen mit mehr Metall gegen die Explosion im Innern zu verstärken. Diese Waffe wurde von der Mündung her geladen mit einem Pfeil als Geschoß, dessen Schaft mit Leder umwickelt war, damit es im Lauf dicht saß. Man feuerte ab, indem man ein heißes Eisen an die Zündschnur am Zündloch über der Pulverkammer hielt, so daß das Schießpulver im Innern zündete. Der Abbildung nach zu urteilen, war dieses Gewehr knapp einen Meter lang und hatte ein Kaliber von etwa fünf Zentimeter. Für unseren heutigen Blick bemerkenswert ist das Fehlen jeglichen Transportuntersatzes. Es scheint beim Einsatz auf einen Bock gelegt worden zu sein, ohne jegliche Vorrichtung zur Dämpfung von Ausschlag oder Rückstoß.

In diesem Entwicklungsstadium der Feuerwaffen mag ein solcher Mangel aber entschuldbar sein: Es war schon viel, daß das Geschütz überhaupt zündete, ein Geschoss ausstieß und einen zufriedenstellenden Knall erzeugte. Wenn das Geschoss auch noch Schaden anrichtete, um so besser.

Mezerays Bericht über die Schlacht von Crécy vermerkt, daß König Eduard „... mit fünf oder sechs Kanonen das französische Heer in Angst und Schrecken versetzte, da es das erste Mal war, daß sie solche donnernden Apparate zu sehen bekamen.“

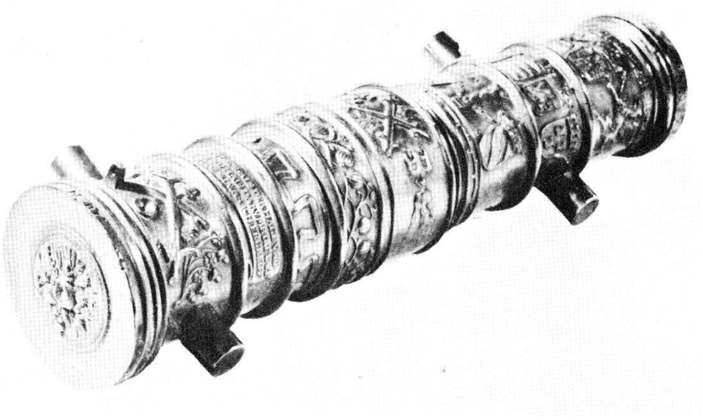

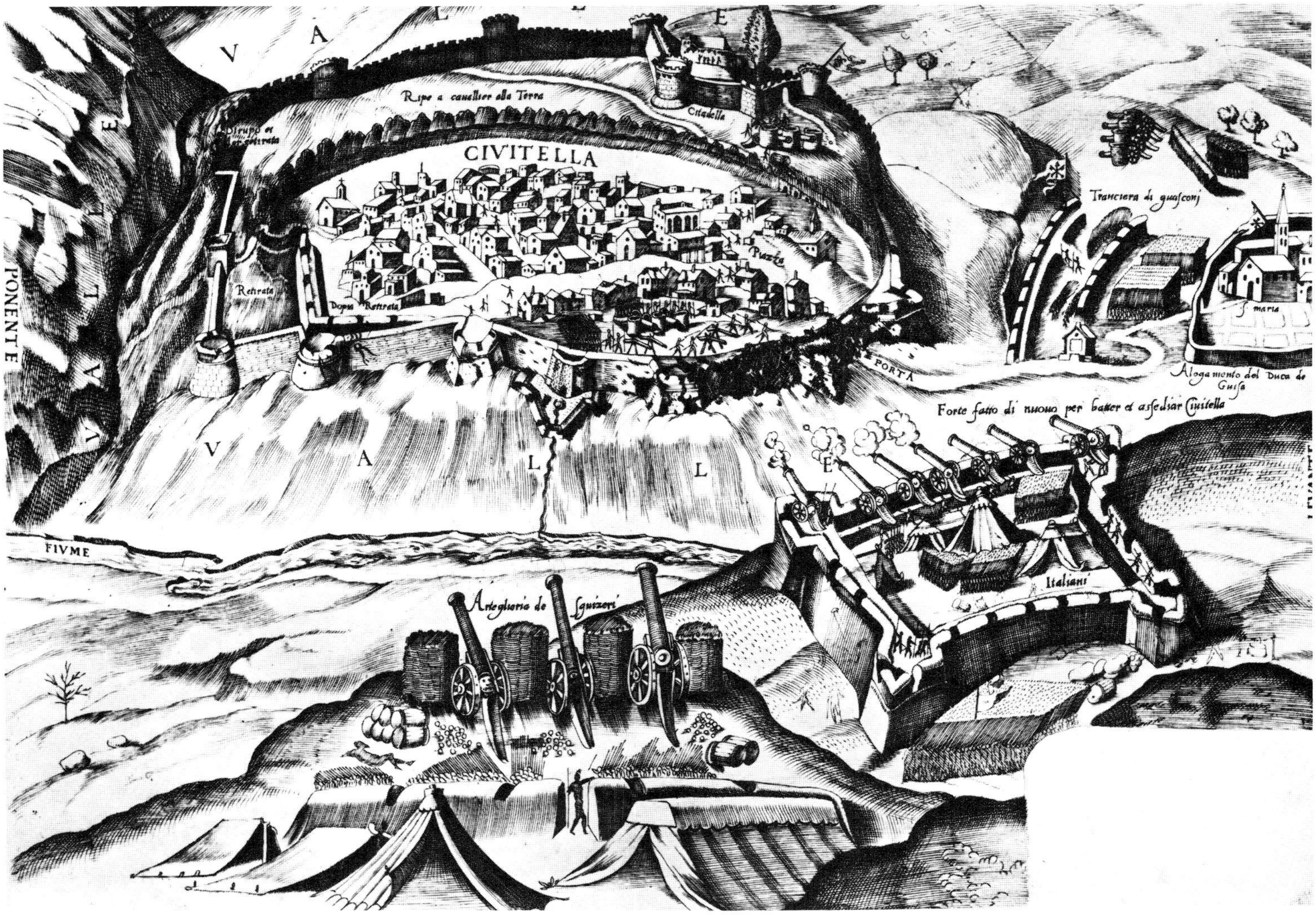

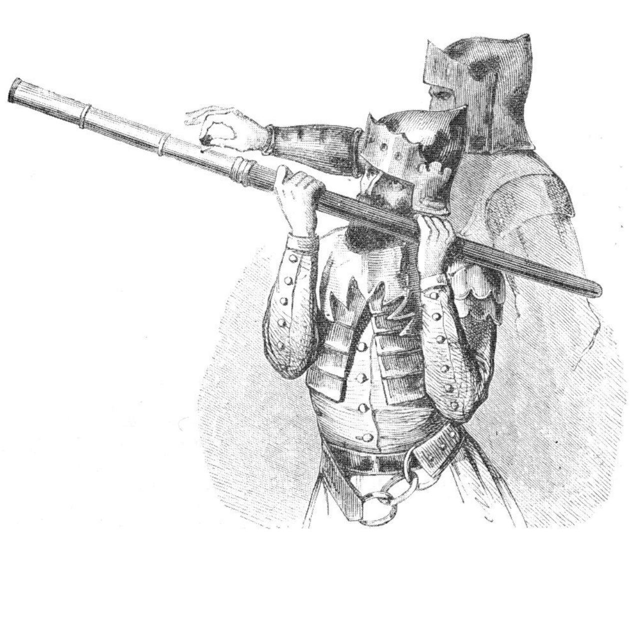

Oben: *Bemerkenswert die geflochtenen Körbe als Schutz für die Kanoniere. Die Kanonen rechts sind auf die Stadtmauern gerichtet.*

Ganz oben: *Deutsche Belagerungskanone, 1507*

Diese frühen Kanonen, die unter verschiedenen Bezeichnungen wie *pots-de-fer* (Eisenbüchsen), *vasili* oder *sclopi* bekannt waren, wurden bald verdrängt, vor allem weil das Gießen ein komplizierter Prozess war, der hervorragende Handwerker erforderte, und weil die weiche Glockenbronze schnell von der Hitze und Gewalt der Explosionen abgenutzt wurde. Eine einfachere und billigere Form, leichter herzustellen und haltbarer im Einsatz, wurde gebraucht. Hinsichtlich der äußeren Form, die sich an der simplen Tonne oder dem Faß orientieren sollte, wurde bald die Fertigungstechnik der Faßbinder oder Böttcher

Oben: *Deutsches Geschütz*
Links: *Bombardierung einer Stadt*

übernommen: ein Hohlzylinder wurde aus einzelnen Metallstreifen zusammengesetzt und mit Reifen gebunden.

Im März 1375 wurde Jehan le Mercier, einer der Berater des Königs von Frankreich, angewiesen, die Herstellung einer *grand canon de fer* – einer großen Eisenkanone – zu organisieren. Vom gesamten Herstellungsprozess ist damals ein hervorragender Bericht erstellt worden, der eine der frühesten Beschreibungen der Kanonenfertigung ist. Drei Schmiedemeister, ein Geselle, acht Gehilfen und ein Arbeiter errichteten drei Schmieden auf dem Marktplatz von Caen und gingen daran, 2.300 Pfund Eisen zu schmieden.

Unten: *Kanonen als neuartige Waffe*

Das Kanonenrohr wurde aus langen Eisenstreifen formgeschmiedet und dann durch Hitze und Hämmern zusammengefügt. Anschließend wurden schmiedeeiserne Ringe erhitzt und über das Rohr gezogen, um es in Form zu halten. Schließlich wurde die ganze Kanone mit insgesamt 90 Pfund Tauwerk eng umwickelt und mit fest zusammengenähten Häuten überzogen, um das Schmiedeeisen vor Regen und Feuchtigkeit zu schützen.

Als diese Technik sich durchgesetzt hatte, wurden die Kanonen größer. Für die Belagerung von Odruik durch den Herzog von Burgund im Jahr 1377 sind Kanonen verzeichnet, die 200 Pfund schwere Steinkugeln ausstießen. Im selben Jahr orderte der Herzog eine Kanone für 450 Pfund schwere Kugeln, was einem Kaliber von ungefähr einem halben Meter entsprochen haben muß. Die Verwendung von Steingeschossen war der Art des Kanonenbaus und des damals verwendeten Schießpulvers zuzuschreiben. Ein Eisengeschoß für ein Halb-Meter Kaliber hätte 1.400 Pfund gewogen, und die zur Beschleunigung einer solchen Masse nötige Kraft wäre so groß gewesen, daß eine aus Eisenstreifen gefügte und mit Reifen gebundene Kanone mit Sicherheit auseinandergeflogen wäre, noch bevor die Kugel sich bewegt hätte.

Das damalige Schießpulver setzte sich aus 41% Salpeter, 29,5% Schwefel und 29,5% Holzkohle zusammen. Das heutige Verhältnis beträgt 75:10:15. Außerdem dürfte der Reinheitsgrad der einzelnen Bestandteile im 14. Jahrhundert kaum so hoch wie heute gewesen sein. Diese drei Substanzen wurden getrennt zu feinem Pulver zermahlen und dann mit der Hand im Verhältnis zusammengemischt. Das Ergebnis war ein feines Pulver, das zusammenbuk, sobald es in die Kanone gestopft war, so daß die Zündflamme nur sehr schwer bis ins Zentrum der Zündmasse vordringen konnte. Dies bewirkte eine unregelmäßige Entzündung. Die Oberfläche der Ladung entzündete sich, was zur Aufspaltung der Zündmasse führte, die Flamme konnte eindringen und weiterzünden. Das Endergebnis war, daß viel Schießpulver verschwendet wurde, da es immer noch brannte, wenn das Geschoss die Mündung bereits verließ. Das war ein gravierender Nachteil, denn Schießpulver war die teuerste Komponente des ganzen Systems. Kostete 1375 ein Pfund Eisen 2,50 Pence (in moderner Preisentsprechung) und ein Pfund Blei 5 Pence, dann kostete Schießpulver 60 Pence das Pfund, weil Salpeter knapp war.

Obwohl die ersten Kanonen von der Mündung her geladen wurden, gab es doch sehr schnell Ansätze zum Hinterlader. Die Bücher der Rechnungsprüfer von Saint Omer enthalten im Jahr 1342 eine Inventarliste des Schlosses Rihoult en Artois, wo von Kanonen mit separaten Pulverkammern die Rede ist. Das Hinterende des Rohrs war weggeschnitten, es blieb ein muldenartiger Abschnitt hinter dem Bodenende. In diese Vertiefung wurde die einem Bierhumpen ähnliche Pulverkammer geschoben, die mit Pulver und Geschoss gefüllt war und in einer Linie mit dem Geschützrohr stand. Sie wurde dann mit Keilen gesichert und gezündet. Nachladen hieß, die Keile herausschlagen, die leere Kammer durch eine geladene ersetzen und erneut verkeilen. So attraktiv die Idee auch war, sie wurde wieder verworfen, da das akurate Einpassen der Geschützkammern in das Hinterende der Kanone die handwerklichen Fertigkeiten der damaligen Zeit überstieg. Als Folge traten Feuer und Gas an den Verbindungsteilen aus, was äußerst gefährlich war, und zerfraßen die Außenseiten der Gelenke, wodurch die Undichtigkeit mit jedem Schuß zunahm.

Der erste große technische Fortschritt lag in der Herstellung von körnigem Schießpulver. Das ursprüngliche feine Gemisch, das *Serpentin* hieß, neigte dazu, sich während des Transports in Fässern in seine Bestandteile zu trennen. Der schwerere Salpeter und der Schwefel setzten sich am Boden ab, die leichtere Holzkohle blieb obenauf. Bei der Ankunft an den Geschützen mußte also von neuem gemischt werden. Diese Arbeit war wegen der

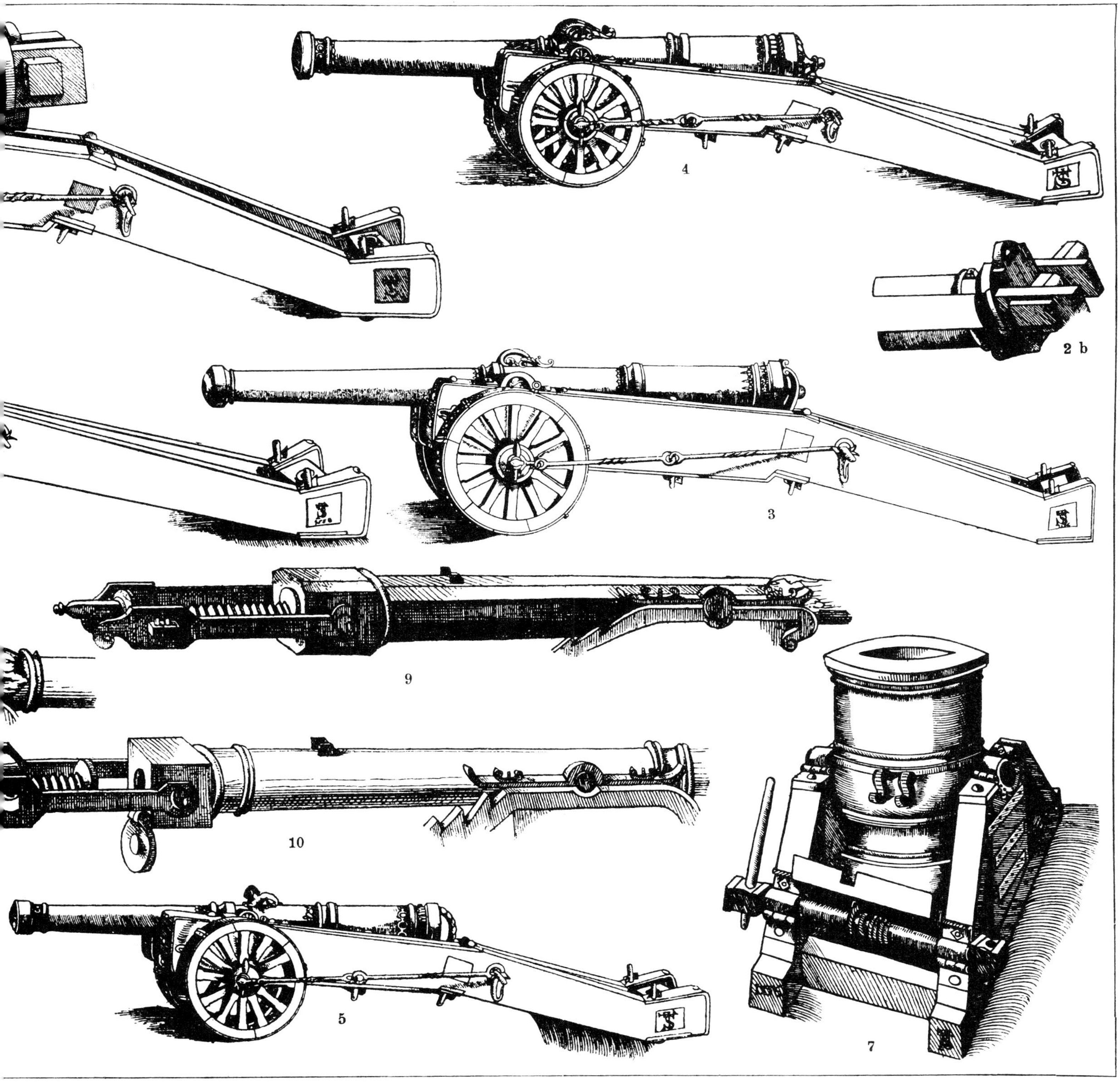

Linke Seite oben: *Richten einer Kanone (16. Jahrhundert)*

Oben: *Deutsche Geschütze des 16. Jahrhunderts*

Rechts: *Mörser*

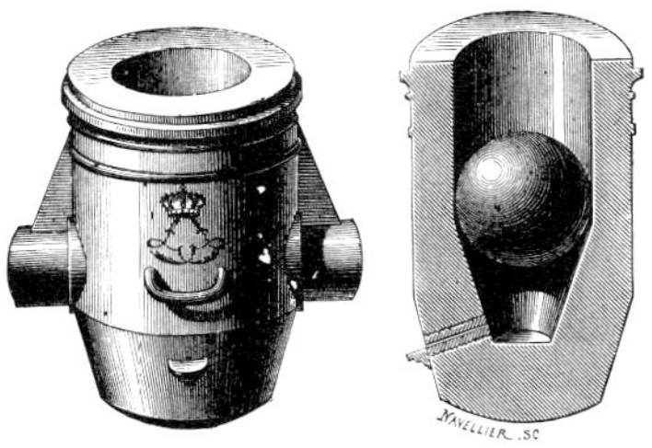

reibungsbedingten Entzündbarkeit des Schießpulvers gefährlich. Die Verbesserung, bekannt als Körnung, scheint im frühen 15. Jahrhundert aus Frankreich zu kommen. Die drei Bestandteile wurden in feuchtem Zustand gemischt, die so gewonnene Paste dünn ausgestrichen und zu einem Fladen getrocknet. Dieser wurde dann zerbröselt, und jeder Krümel enthielt die richtige Proportion der Zutaten. Diese neue Form des Schießpulvers hatte große Vorteile gegenüber dem alten. Beim Transport zerfiel es nicht in seine Bestandteile, es war nässeunempfindlicher, und aufgrund seiner Körnigkeit buk es in der Kanone nicht so zusammen. Das ließ den Zündfunken leichter eindringen, sicherer zünden, so daß eine schnelle und effektive Explosion erfolgte. Es war tatsächlich so wirkungsvoll, daß man mit 1/3 weniger Pulververbrauch als bei Serpentin rechnen konnte.

Der einzige Nachteil war, daß die Stärke und Effektivität der Pulverkörner oft zuviel war für die Kanonen. Da das Pulver jedoch zu gut war, um wieder aufgegeben zu werden, beschleunigte es den nächsten technischen Schritt: die Rückkehr zum Kanonenguß und die Aufgabe der Bindereif-Methode. Mitte des 15. Jahrhunderts wurden in Frankreich wieder Bronzekanonen gegossen, und als Gußeisen allgemein Verbreitung fand, übernahm man auch das.

Zu guter Letzt mußten die Feuerwaffen noch beweglicher werden. Man setzte die Kanonen auf Räderkarren, damit sie in die Schlacht und wieder zurück transportiert werden konnten. Die relative Unbeweglichkeit der ersten Kanonen hatte deren taktischen Einsatz stark beeinträchtigt. Sie waren einfach auf geeigneten Wagen oder Karren ins Feld gefahren, dort abgeladen und auf grobe Holzgerüste oder den nackten Boden gelegt worden. Dementsprechend beschränkte sich ihre Verwendung darauf, einen oder zwei Schüsse zur Eröffnung der Konfrontation abzugeben, bevor die Schlacht über sie hinwegging und sie entweder nutzlos weit hinter den eigenen Linien liegenblieben oder als Beute dem Feind zufielen. Gegen Ende des 14. Jahrhunderts tauchten die ersten fahrbaren Geschütze auf: leichte, zweirädrige Karren, *ribauldequins* genannt, mit mehreren kleinkalibrigen Kanonen, über deren Mündungen zum Schutz gegen feindliche Reiter Eisenstacheln hinausragten.

Daran ist erkennbar, daß am Ende des Mittelalters die grundlegenden Erfordernisse der Artillerie erfüllt waren: gegossene Geschütze, Räderkarren und ein zuverlässiges, effektives Schußmittel. Für die kommenden vier Jahrhunderte sollten eher graduelle als wirklich innovative Verbesserungen stattfinden. Es gab tatsächlich nur geringe Unterschiede zwischen den Kanonen der Belagerung von Konstantinopel und denen, die bei Waterloo feuerten.

Deutsche Belagerungsgeschütze des 16. Jahrhunderts

Rechts: *Schmiedeeisernes Feldgeschütz*

Oben: *Richten einer Kanone*

Königlicher Gobelin aus Spanien: Abbildung spanischer Galeeren vor Tunis

ENTWICKLUNGEN IN DER RENAISSANCE

Phillip II. von Spanien (1527 – 1598) und Mary I. Er heiratete die unglückliche Mary Tudor 1554 (Stich von Joseph Brown).

Nachdem Konstantinopel 1453 von den Türken erobert worden war, zerfiel das Byzantinische Reich nach 1.000 Jahren seines Bestehens. In einer kurzen Belagerung hatten 250.000 Türken mit hervorragender Artillerie die scheinbar undurchdringlichen Mauern der Stadt und ihre 9.000 Verteidiger überwältigt. Das Rom des Ostens war zusammengebrochen. Auf seinen Trümmern erhob sich das Osmanische Reich, das für Mittel- und Westeuropa wegen seiner expansionistischen Politik wichtig wurde. Sie führte innerhalb von zwei Jahrhunderten bis vor die Tore Wiens. Als Machtfaktor begann das Osmanische Reich, eine gewichtige Rolle in der Auseinandersetzung zwischen Kaiser Karl V. und Ludwig XII. sowie dessen Sohn Franz I. von Frankreich zu spielen. Franz I. schuf einen Präzedenzfall, der in den folgenden Jahrhunderten ein Schwerpunkt französischer Außenpolitik werden sollte: Er versuchte, Osteuropa unter Kontrolle zu halten, indem er Bündnisse mit den stärksten Mächten an dessen Ostgrenzen schloß.

Der Fall Konstantinopels bewirkte einen Exodus der Künstler, Wissenschaftler und Handwerker, von dem sowohl der Westen als auch der Osten profitierte. Als in Rußland Iwan III. die Konsolidierung und Ausweitung des Moskowiter Reichs initiierte, waren es byzantinische Architekten, die wesentlich zum Bau des Herzogspalastes im Kreml beitrugen. Er symbolisierte den moskowitischen Anspruch, der Kreml trete die rechtmäßige Nachfolge Konstantinopels an – als Drittes Rom.

In den Kämpfen zwischen Karl V. und Franz I. blieb der Kaiser überlegen, doch blieb sein Sieg so hohl wie sein Anspruch auf Fortführung des Universalismus des Heiligen Römischen Reiches. Das Ganze war nur ein letztes Nachhutgefecht des mittelalterlichen Kaiserreiches. Es überstieg seine Kräfte, ein Reich zu regieren, in dem die Sonne nie unterging – von den neu entdeckten Kontinenten Nord- und Süd-Amerikas bis zu den Balkanländern, von der Nord- und Ostsee bis zum Mittelmeer. Als Eingeständnis dessen übergab er seine Kronen seinem Bruder und seinem Sohn. Er zog sich in das Kloster von St. Juste zurück und starb an einer Erkältung, die er sich bei der Probe für sein eigenes Begräbnis zugezogen hatte. Von den Mönchen im offenen Sarg durch das Kloster getragen, war er einem Zug ausgesetzt gewesen.

Die nationalen und territorialen Staatsgebilde des modernen Europas traten in seine Fußstapfen. Im Westen konsolidierten sich schnell Nationalstaaten – von Spanien und Portugal über Frankreich bis nach England. Das Zentrum Europas allerdings war der Krater jener Explosion, die Reformation genannt wurde. Die verstreuten Überreste, die diese deutsche Revolution zurückgelassen hatte, entwickelten ein neues Eigenleben. Sie wuchsen zu starken Territorialstaaten heran oder wurden zu Pfändern im Machtkampf der stärkeren und gefestigteren Länder.

Am Ende des 15. Jahrhunderts hatte die Stunde des mittelalterlichen Ritterheeres geschlagen. Es wurde von der Infanterie und Taktik der Schweizer, der Landsknechte und der Spanier ersetzt. Während des 16. Jahrhunderts entwickelten und verbreiteten sich die Feuerwaffen in einem solchen Ausmaß, daß innerhalb von 150 Jahren der Pike zunehmend nur noch dekorative Funktion zukam. Der Erfindung des Schießpulvers war nicht unmittelbar die der Feuerwaffen gefolgt. Die Umwandlung der Explosion in Durchschlagskraft mußte erst noch stattfinden. Eine Explosion hervorzurufen war einfach. Häufig wurde Schießpulver in ein Behältnis gepackt und gezündet, wenn eine belagerte Festung untergraben wurde. Doch es war etwas anderes, die freigesetzte Gewalt in einen konzentrierten, direkten Antrieb für ein Geschoß umzuwandeln, das heißt, die in alle Richtungen wirksame Kraft in nur eine Richtung zu lenken.

Wer die ersten Feuerwaffen erfunden hat, die Explosivkraft in Durchdringungskraft verwandelten, ist unbekannt. Wer auf die Idee kam, dazu ein rohrförmiges Gerät zu verwenden, es mit einem Loch für die Zündung zu versehen, Salpeter zu reinigen und das Gerät damit zu laden, weiß man ebensowenig. Berichte über den Einsatz früher Geschütze kamen zuerst aus Italien, dann aus Frankreich und England, Spanien und Deutschland und stammten alle aus der ersten Hälfte des 14. Jahrhunderts. Der erste Bericht über den Einsatz von Feuerwaffen, kommt im Jahr 1331 von zwei deutschen Rittern. Die Aussage scheint darauf hinzudeuten, daß diese Feuerwaffen in der Frühzeit ihrer

Moskowiter Krieger, Mitte 16. Jahrhundert

Verwendung nur einmal geladen wurden, weil ein Mann zwei Geschütze bedienen mußte.

Das Schießpulver selbst bedurfte noch beträchtlicher Verbesserung, da gewöhnlicher Salpeter sich nur schwer entzünden ließ. Daher stand man vor der Aufgabe, die richtige Mischung aus Salpeter, Schwefel und Holzkohle erst noch herauszufinden – ein Problem, das die Militärchemiker noch bis ins 19. Jahrhundert beschäftigte. Jedenfalls weist das erste schriftliche Zeugnis auf das „infernalische“ Getöse dieser Kriegsgeräte hin. Und als Luther Kriegswaffen verdammte, nannte er ausdrücklich die Feuerwaffen. Was die Venezianer mit den Bologneser Kriegsgefangenen taten, die Feuerwaffen benutzt hatten, wurde hier bereits berichtet. Als die Kondottieri 1467 mit Feuerwaffen gegen Florenz in den Krieg zogen, befahlen die Florentiner, daß keinem Gefangenen Gnade zuteil werden dürfe. Dreißig Jahre später befahl der Kondottiere Paolo Vitelli, daß allen Musketieren unter seinen Kriegsgefangenen die Hände abzuschlagen seien, denn es sei würdelos, daß adlige Ritter auf diese Weise von der Hand gemeiner Fußsoldaten ums Leben gebracht werden sollten. Er sagte dies, obwohl er selbst Feuerwaffen einsetzte. Abgesehen davon war eines der Risiken für Musketiere, daß diese Höllenmaschine nach hinten losgehen konnte oder daß sie im Falle der Gefangennahme oft selbst in ein Kanonenrohr gestopft und abgefeuert wurden.

Die Zeiten und Methoden der Kriegführung, die diese neue Waffe ablöste, wurden auch betrauert:

„In Kriegsdingen ist ein Mann und seine Tapferkeit kaum noch vonnöten, weil Arglist, Betrug und Verrat zusammen mit der grausamen Artillerie so überhand genommen haben, daß Fechten, Kämpfen, Zustechen und Rüstung, Waffen, Körperkraft oder Mut nicht mehr gebraucht werden. Denn es geschieht oft und häufig, daß ein mannhafter, tapferer Held von irgendeinem hergelaufenen Schurken mit dem Gewehr getötet wird...“

Die ältesten Kanonen scheinen relativ klein gewesen zu sein. Große Geräte, die besonders bei Belagerungen eingesetzt wurden, sind allerdings für die zweite Hälfte des 14. Jahrhunderts belegt. Die Stadt Nürnberg besaß ein solches Stück, das auf den Namen *Kriemhilde* getauf war. Das Rohr wog 275 Kilo und wurde von zwölf Pferden gezogen. Für das hölzerne Gerüst oder die Krippe, auf die es zum Einsatz gelegt wurde, benötigte man sechzehn Pferde. Dem folgten vier Wagen mit jeweils elf Steinkugeln als Munition und weitere fünf Wagen mit dem Rest

Pedro von Kastilien (1334 – 1369)

der Ausrüstung. Die größte Kanone, die noch in Wien existiert, ist über 2,50 Meter lang, und die Steinkugeln, die damit abgefeuert wurden, wogen 600 Kilo.

Die ersten Modelle waren aus Holz gefertigt und wurden von Metallringen zusammengehalten, später waren Geschützrohre aus Eisen und im 14. Jahrhundert wurden sie aus Bronze gegossen, aber die Technik schritt in dieser Hinsicht nur langsam voran. Selbst am Ende des 15. Jahrhunderts waren exakt zylindrische Rohre eine Seltenheit. Und geeignete Lafetten fehlten bis ins späte

Die Eroberung Granadas, 1481-1492.

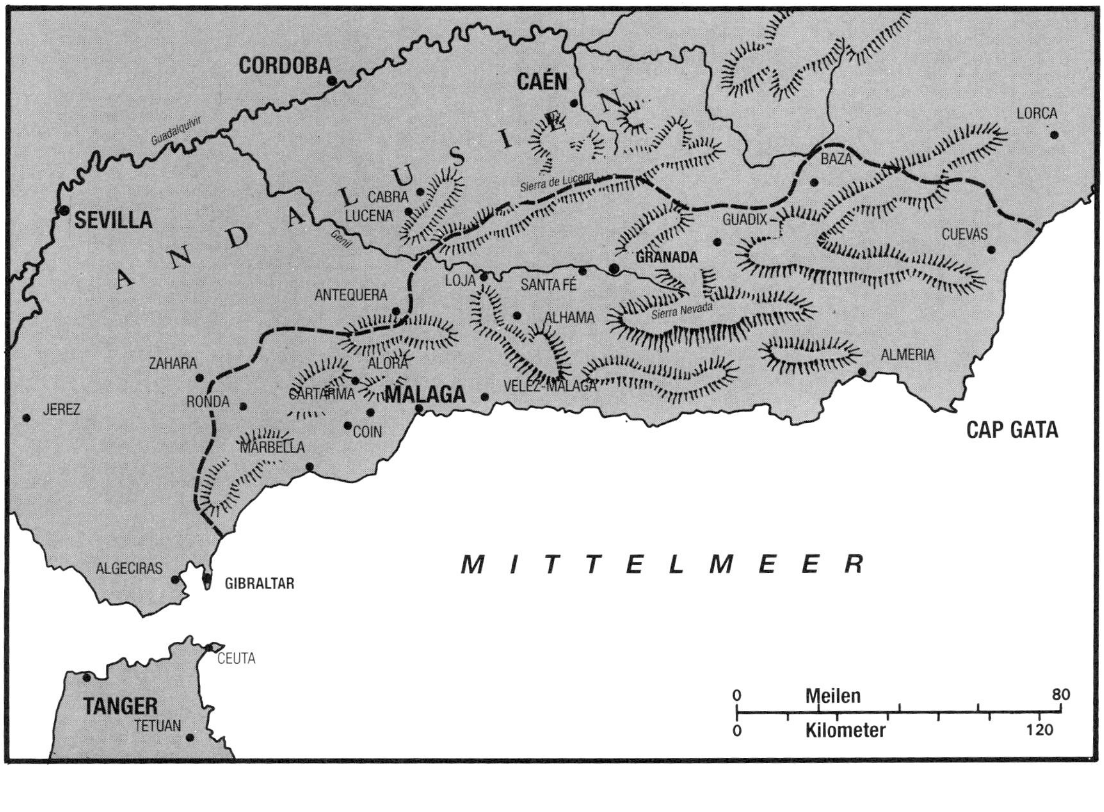

Die Belagerung von Konstantinopel 1453

17. Jahrhundert – zumindest solche, die der Größe des Geschützes angemessen und leicht zu bewegen gewesen wären. Als im Lauf des 15. Jahrhunderts die Metallverarbeitung so weit war, Gußeisen herzustellen, wurde die Steinkugel durch die Eisenkugel ersetzt. Mit ihr war es möglich geworden, Festungsmauern recht schnell in Schutt zu legen. Die ersten, die sie einsetzten, scheinen 1494 die Franzosen in Norditalien gewesen zu sein.

Mit dem Auftauchen von Feuerwaffen wurde das Waffenschmieden zu einem anerkannten Beruf mit hohem Ansehen. Und die Waffenschmiede hüteten ähnlich den Alchimisten ihr Wissen, behielten ihre Geheimnisse für sich und gaben sie nur an ihre Schüler weiter. Ein Waffenschmied schrieb eine Abhandlung über die gesamte Technik der Geschütz- und Schießpulverherstellung, sowie über das Laden, Zielen und Abfeuern einer Waffe. Ursprünglich 1420 verfaßt, zirkulierte die Schrift nur im kleinsten Kreis und erschien erst 1529 in gedruckter Form. Wie wirkungsvoll die frühen Belagerungsgeschütze tatsächlich waren, ist schwer zu bestimmen. Doch die häufige Nachfrage nach diesen Geräten läßt vermuten, daß sie hoch im Kurs gestanden haben. Nürnberg verlieh seine Kriemhilde an zahlreiche Entleiher. Friedrich von Brandenburg fragte im Jahr 1414 bei den Deutschrittern um Ausleihe ihres Geschützes nach, um seinen unbotmäßigen brandenburgischen Adel, der sich auf seinen Schlössern verschanzte, zur Räson zu bringen. In der offenen Schlacht war die Wirkung großer Geschütze anfänglich minimal. Zielen war schon eine Kunst, die erst erlernt werden mußte. Häufig lag die erste Salve zu hoch, und da das Laden nicht einfach war, hatte die feindliche Infanterie genug Zeit, in ein Gebiet seiner Reichweite vorzudringen. Es scheint, daß zu Beginn die Wirkung des Lärms auf die Kampfmoral der Soldaten größer war, als die eigentliche Geschoßwirkung.

Beinahe zeitgleich mit dem Geschütz traten auch die ersten Handfeuerwaffen auf. Die ersten Exemplare erforderten zwei Männer zu ihrer Bedienung. Ein Mann hatte das Gewehr zu halten und zu zielen, der zweite zündete das Pulver mit einer Lunte. Wie beim Geschütz war das Zündloch auf der Oberseite des Laufs. Erst als das Loch seitlich gebohrt und eine kleine Pulverpfanne angebracht worden war, konnte ein einzelner Musketier es handhaben, damit zielen und feuern. Mit diesen primitiven Anfängen begann eine technische Entwicklung, die mit den Radschloßwaffen ihren Höhepunkt erreichte. Auch wurden bald Patronen in einheitlichen kleinen Transportholzschachteln verwendet. Der frühe Musketier trug bis zu einem Dutzend davon bei sich, ebenso wie sein Pulverhorn. Das Visier kam im frühen 15. Jahrhundert auf. Der Rückstoß des Gewehrs bereitete Probleme, bis dies durch verschiedene Hilsmittel, besonders durch den hölzernen Schaft und Kolben, gelöst werden konnte.

Die erste Muskete oder Arkebuse, wie sie genannt wurde, zeigten ihre Überlegenheit über die Armbrust mit einer effektiven Reichweite von fast 76 Metern im Vergleich zu etwa 39 Metern der Armbrust. In Gebrauch kam die Muskete in den ersten zwei Dekaden des 16. Jahrhunderts. Sie war weniger plump und leichter zu handhaben. Der Lauf ruhte auf einer Gabel, um Stabilität beim Zielen zu gewähren. Leicht genug, um getragen zu werden, erreichten die Kugeln eine Geschwindigkeit mit genug Durchschlagskraft, um noch die schwerste Rüstung, das schwerste Kettenhemd zu durchdringen, was die frühen Vorläufer der Musketen nicht konnten. Trotzdem waren die Handfeuerwaffen immer noch roh und nicht immer einfach zu bedienen.

Rechts: *Manöver (Militärische Abhandlung von Wolf von Senftenberg, 1570)*

Unten: *Die Schlacht von Lepanto 1571*

Natürlich wurden Handfeuerwaffen zum Gegenstand öffentlicher Kontroversen. Ein französischer Schreiber empfahl die Wiedereinführung der Armbrust, da diese nicht so nässeempfindlich sei wie das Pulver. Diese Debatte wurde auch in England geführt, wo einer die Vorzüge des Langbogens pries und ausführte, daß die Muskete bei Nässe nutzlos sei, worauf die Replik folgte, Nässe schade auch dem Bogen. Außerdem waren erfahrene Bogenschützen rar, und an der Muskete konnte jeder schnell ausgebildet werden. Doch noch bei der Belagerung von La Rochelle 1627 waren englische Bogenschützen deutlich vertreten.

Handfeuerwaffen wurden 1495 von den französischen Heeren in Oberitalien eingesetzt. Die Schweizer verwendeten sie 1499, und ihr Gebrauch bei den Landsknechten Frundsbergs ist für das Jahr 1526 festgehalten. Doch die erste große Konfrontation, in der beide Seiten zahlreiche Handfeuerwaffen einsetzten, fand 1503 zwischen Franzosen und Spaniern in Süditalien statt. Die Franzosen, angeführt vom Herzog von Nemours, versuchten, die Spanier aus ihrer befestigten Stellung in Barletta zu vertreiben. Als die Franzosen keinen Erfolg hatten und den Rückzug antraten, machten die Spanier unter Gonzalvos de Cordova von ihrer Festung aus einen Ausfall mit leichter Kavallerie und zwei Abteilungen Armbrustschützen. Französische Abteilungen attackierten die spanischen Reiter, die eine Flucht vortäuschten und so die Franzosen vor die Mündungen ihrer Geschütze führten. Dies gebot dem französischen Angriff Einhalt, während sich

Ganz oben: *König Ludwig XI. von Frankreich, ein Sproß der Mailänder Visconti, setzt 1500 seine Ansprüche auf das Herzogtum von Mailand durch und nimmt Ludovico Moros, Herzog von Mailand, gefangen.*

Oben: *Die* Reconquista *(Rückeroberung) Spaniens: Einzug von Ferdinand und Isabella in Granada 1492*

Rechts: *Landsknechte werden in Booten den Oberrhein hinuntergefahren.*

Unten: *Renaissancestandbild Theoderichs, des Großen*

Rechts: *Phillip IV., Edler von Kastilien, der Johanna, die Tochter von Ferdinand und Isabella, heiratete.*

die spanische Kavallerie erneut sammeln und ihren Angriff wiederholen konnte. Dem vermochten die Franzosen nicht länger standzuhalten. Eine derartige Begegnung weit größeren Ausmaßes wiederholte sich im selben Jahr bei Cerignola, wo nicht mehr der Wert eines Generals und der Truppen den Ausgang der Schlacht entschied, wie Fabricio Colonna feststellte, sondern der mit spanischen Musketieren besetzte Wall und Graben, die dem französischen Massenangriff mit Musketen und Kavallerie begegneten und die Schlacht zu ihren Gunsten entschieden.

Erneut war Spanien auf der militärischen Bildfläche erschienen und übernahm die Rolle einer Hauptmacht Europas. Im Jahr 1479 traten Ferdinand von Aragon und Isabella von Kastilien ihre gemeinsame Herrschaft über diese beiden Königreiche an. Spanien war noch nicht geeint, aber ein Anfang war gemacht. Religion und äußere Bedrohung waren die Kernpunkte, die ihre Verbindung festigten. Mit dem Anbruch einer Ära des Ketzertums und mit dem Konzil von Konstanz berief Papst Sixtus IV. im Jahr 1478 die Inquisition ein. Der Fall Konstantinopels hatte die Furcht vor einer weiteren großen moslemischen Invasion der iberischen Halbinsel wieder wachgerufen. Noch regierten Moslems in Südspanien. Diese Faktoren zusammen brachten die letzte Phase der spanischen *Reconquista* hervor. Ein lokaler Zwischenfall, die Einnahme von Alhama im Südwesten Granandas durch einen spanischen Edelmann, veranlaßte Ferdinand und Isabella, ihn zu unterstützen. Sie weiteten dies zu einem Kreuzzug gegen die gesamte Gemeinschaft der Mauren in Spanien aus. Die Araber unter Abu Hassan versuchten, Alhama zurückzuerobern, doch war in der Eile der Versorgungszug für die Belagerung vergessen worden. So mußte man umkehren, um ihn zu holen, doch da kam sie schon die Nachricht, daß Ferdinand mit einer Armee von 4.000 Rittern und 12.000 Fußsoldaten nahte. Abu Hassan legte einen höchst wirksamen Hinterhalt, der Ferdinands Feldzug beendet hätte, wäre Abu Hassan nicht durch eine Intrige seines Sohnes Boabdil im eigenen Lager entthront worden. Hassan konnte seinen Erfolg nicht zu Ende führen und suchte Obdach am Hof seines Bruders Abdullah in Malaga. 1483, ein Jahr darauf, zog der Sieger von Alhama, der Marquis von Cádiz, zur Eroberung der malageser Gebiete aus, wurde jedoch von den Arabern unter Abdullah vernichtend geschlagen. Boabdil, der seinem Onkel keinesfalls den ganzen Ruhm lassen wollte, beschloß, die Stadt Lucena zu erobern. Doch stattdessen geriet er in die Gefangenschaft des Grafen von Cabra.

Boabdil war ein kostbarer Fang, und Ferdinand beschloß, ihn nur zu bestimmten Bedingungen freizulassen, die ihn und Granada an die Spanische Krone binden würden. Boabdil akzeptierte einen zweijährigen Waffenstillstand und den ungehinderten Durchzug spanischer Armeen durch sein Reich zu den Ländereien seines Onkels und Vaters. Angesichts seiner Befürchtungen wegen der Eroberung Ortrantos 1482 durch die Mauren unter Mohammed II. versetzte der spanische Erfolg Papst Sixtus IV. in Hochstimmung. Sixtus sandte für diesen Kreuzzug gegen die Moslems auf ihrem eigenen Land eine Standarte und ein silbernes Kreuz an den spanischen König und die Königin. Dieser Kreuzzug wurde nun zum großen gemeinsamen Nenner für den spanischen Adel (er verdrängte die üblichen Rangeleien) und für die Soldaten, die ein Teil des Kampfs des Kreuzes gegen den Halbmond sein sollten.

So wie im übrigen Europa war auch in Spanien auf Volksaufgebote nicht mehr zu bauen. Deshalb setzte die einfallsreiche Isabella die erst kurze Zeit zuvor gegründete militärische Schutztruppe ein, die in Spanien zum Keim für die nationale Armee wurde. Zusätzlich wurden schweizer Söldner und deutsche Landsknechte sowie viele Freiwillige aus Frankreich und England angeworben. Mit diesem Heer hoffte sie, die arabischen Kastelle einnehmen zu können. Doch dazu war Artillerie nötig. Kanonengießer und Waffenschmiede aus Deutschland, Frankreich und Italien wurden angeworben, Schmieden wurden errichtet und Geschütze hergestellt. Ein Versorgungstreck mit 80.000 Maultieren sollte die Streitkräfte bei der Belagerung versorgen. Bemerkenswerte Neuerungen dieser spanischen Streitmacht waren die Schaffung einer Meldegängereinheit, die den Befehls- und Informationsfluß im Feld sicherstellte, sowie eines medizinischen Versorgungsdienstes für Verwundete, der erste schriftlich erwähnte Fall eines modernen Feldlazaretts.

Die in Cordoba versammelte spanische Armee zählte 80.000 Mann, 10.000 Pferde und über 35.000 Fußsoldaten, desweiteren Schützen, Techniker und Sprengmeister. Auch eine Seestreitkraft fehlte nicht in diesem dreiseitig vom Meer umschlossenen Land. Die kastilische Flotte hatte die Verbindungen zwischen den

Schlacht von Ravenna, 2. April 1512. Die siegreichen Franzosen gegen das päpstlich-spanische Heer.

Arkebusen (Deutsche Handschrift des 15. Jahrhunderts)

Arabern auf der spanischen und ihren Verbündeten auf der afrikanischen Seite zu kappen. Dies tat sie mit Erfolg, während an Land mehrere Belagerungen die moslemischen Burgen systematisch dezimierte. Städte und Festen, die sich ergaben, wurden nachsichtig behandelt, diejenigen die Widerstand leisteten, wurden in Schutt und Asche gelegt. In einer eingenommenen Stadt, deren Garnison anschließend revoltierte, erhängte man über einhundert Bewohner an den Mauern. 1487 wurde Malaga erobert und 1489 gehörte ganz Granada König Ferdinand. Er hatte es nur noch zu besetzen. Die Stadt Granada war aber das letzte Zentrum des Widerstands, das bis 1492 standhielt, während Ferdinand die Umgebung verwüstete. Als sich Granada schließlich am 2. Januar 1492 ergab, hatte die letzte moslemische Festung in Europa aufgehört zu existieren.

Mit Ausnahme Navarras war Spanien geeint: zwischen Atlantik und Mittelmeer, und im Norden von den Pyrenäen geschützt, war Spanien in einer beeindruckenden Machtposition, die durch die Entdeckung und Beherrschung der Neuen Welt noch verstärkt wurde. Was der Hundertjährige Krieg in Frankreich und England bewirkt hatte, bewerkstelligte die *Reconquista* in Spanien. Eine Welle des spanischen Nationalismus erhob sich und duldete keinerlei fremde Elemente mehr in seinen Landesgrenzen. Die Juden wurden vor die Wahl Taufe oder Vertreibung gestellt, die Araber jedoch wurden systematisch dezimiert. Im Jahr der Unterwerfung Granadas wurde Spanien offiziell ein geeintes Land.

Seine Infanterie hatte militärische Stärke und Standhaftigkeit bewiesen, die sie in den nächsten hundertfünfzig Jahren zunehmend in ganz Europa zur Schau stellten. Nun marschierten die spanischen Streitkräfte für das spanische Imperium, ein Reich, das für kurze Zeit den größten Teil des zivilisierten Europas umfassen sollte. Im Jahr 1520 wurde Ferdinands Enkel Karl zum Kaiser des Heiligen Römischen Reichs Deutscher Nation gewählt.

Der Kampf zwischen dem Kaiserreich und Frankreich um die Vorherrschaft in Europa, der in Norditalien ausgetragen wurde, beherrschte das erste Viertel des 16. Jahrhunderts. Er endete mit dem Sieg der Streitmacht Kaiser Karls, aber ohne das Weltreich sichern zu können. Während die Könige der Christenheit miteinander fochten, drangen andererseits die Türken in den Mittelmeerraum und die Balkanländer vor, wo sie auf keinen nennenswerten Widerstand stießen, bis sie 1529 vor den Toren Wiens zum Stillstand gebracht wurden. (Am Ende des darauffolgenden Jahrhunderts sollte sich dieses Schauspiel wiederholen.)

Doch der für die weitere politische Entwicklung Europas wichtigste Krieg begann in der zweiten Hälfte des 16. Jahrhunderts. Er entsprang der niederländischen Erhebung gegen Spanien. Karl hatte dieses Land geerbt und verleibte es seinen spanischen Besitzungen ein. Unter seinem Sohn Phillip wurde dessen Oberherrschaft in den nördlichen Provinzen der Niederlande aus religiösen wie wirtschaftlichen Gründen mit Gewalt abgelehnt. Die reichen flämischen Städte waren früh zur Reformation übergetreten. Als Phillip II. 1556 den spanischen Thron bestieg und sich als Gegenreformator *par excellence* sah, indem er nach dem Motto: *cuius regio cuius religio* (wessen Gebiet, dessen Religion) auf dem Prinzip der Glaubenseinheit bestand, war Krieg unvermeidlich geworden. Die ersten Anzeichen von Unruhen tauchten 1559 auf, als Phillips Regentin Margarete von Parma Reformen einleitete, die Privilegien des flämischen Patriziats, Patronage und hohe Ämter, sowie ihren Einfluß insgesamt, zurückdrängen sollten. Der niederländische Adel einigte sich auf eine gemeinsame Verlautbarung, „Kompromiß" genannt.

Bis dahin ungeahnte Reichtümer strömten aus der Neuen Welt nach Spanien, ohne jedoch viel Gutes zu bewirken, da das angelandete Gold weitgehend für Krieg ausgegeben wurde und so in die Hände der Bankiers von Genua, Antwerpen und Augsburg wanderte. Die spanischen Niederlande hatten sich zum reichsten Land Europas entwickelt. Die Schiffe der holländischen Händler beherrschten die Handelswege zwischen Europa, Amerika und Südostasien. Die wirtschaftliche Macht war vorhanden, um eine Erhebung gegen die Spanier zu stützen. Die von Calvin beeinflußten niederländischen Protestanten, deren Prinzipien besser mit ihrer ökonomischen Wirklichkeit und ihren Zielen zusammenpaßten, sahen in diesem Aufstand nicht nur eine Möglichkeit, den Angriff der Gegenreformation zu kontern, sondern auch einen Weg, Spanien die Oberhoheit zur See abzuringen und ihren eigenen Städten zuzuschanzen. In dem lange andauernden Kampf gelang es den kampfgestählten Spaniern nicht, die Niederländer zu unterwerfen. Phillips Machtachse, die sich von Flandern bis nach Mailand zog, zerfiel allmählich. Seinem Wesen nach war es ein Konflikt zwischen einer Wirtschaftsmacht und einem fast reinen Militärstaat. Die Niederländer hatten ihre einheimische Produktion ausgebaut: ihre Spinnereien in Leiden, die Bleichen in Haarlem, die Werften und

Oben rechts: *Die Herrscher Europas: Kaiser Friedrich III., Maximilian als römischer König, Ferdinand II., König von Spanien, Heinrich VII., König von England, Phillip, der Schöne, als Repräsentant Burgunds und Karl VII., König von Frankreich,*
Unten rechts: *Deutsche Rüstungsschmiede des 15. Jahrhunderts. In dieser Zeit war besonders die Stadt Augsburg für die Qualität ihrer Rüstungen berühmt.*
Unten: *Pistolen mit Walnußholzgriffen und gravierten Einlegearbeiten*

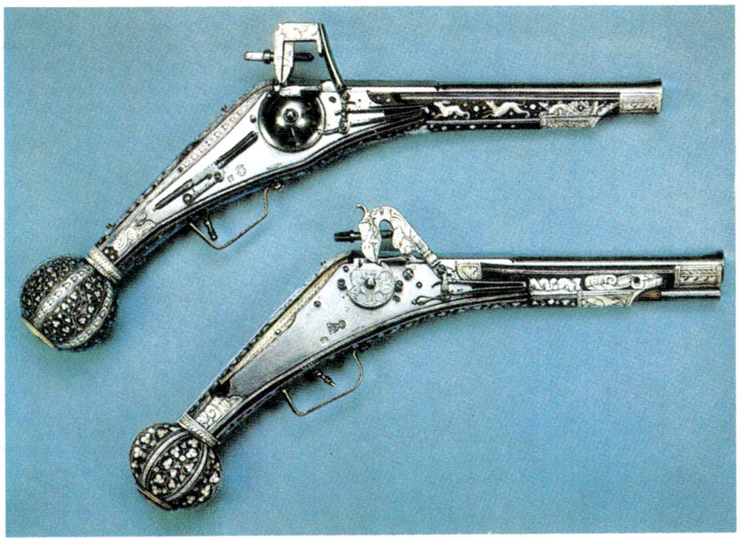

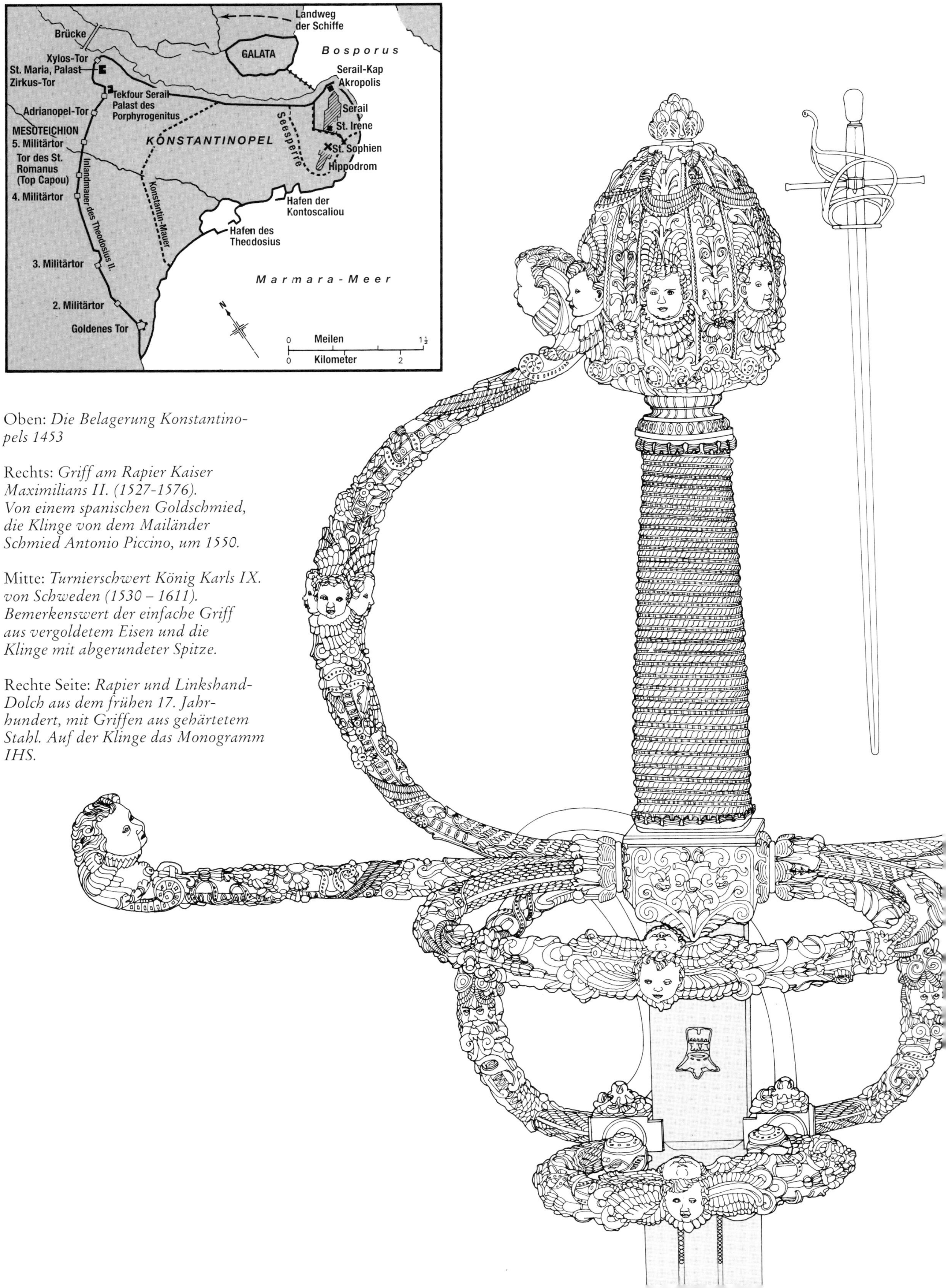

Oben: *Die Belagerung Konstantinopels 1453*

Rechts: *Griff am Rapier Kaiser Maximilians II. (1527-1576). Von einem spanischen Goldschmied, die Klinge von dem Mailänder Schmied Antonio Piccino, um 1550.*

Mitte: *Turnierschwert König Karls IX. von Schweden (1530 – 1611). Bemerkenswert der einfache Griff aus vergoldetem Eisen und die Klinge mit abgerundeter Spitze.*

Rechte Seite: *Rapier und Linkshand-Dolch aus dem frühen 17. Jahrhundert, mit Griffen aus gehärtetem Stahl. Auf der Klinge das Monogramm IHS.*

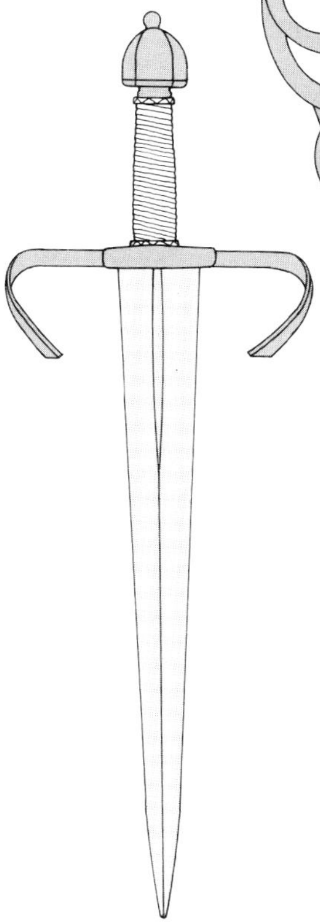

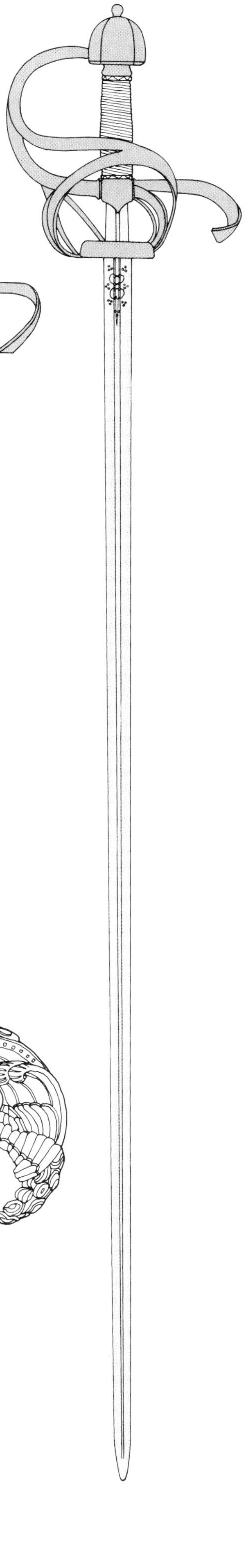

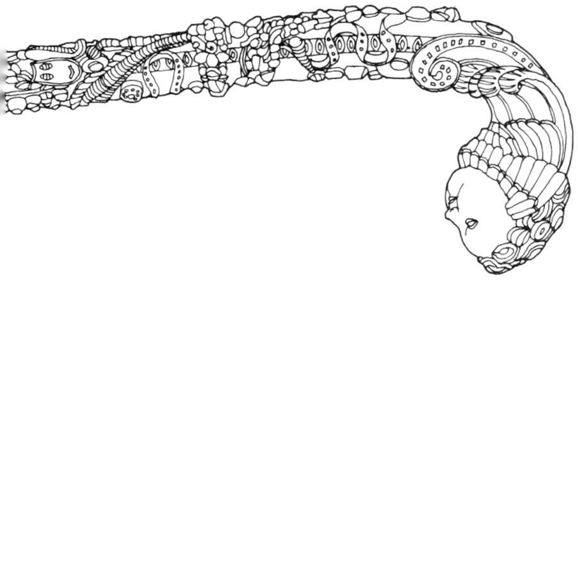

Rüstung König Ferdinands von Portugal

alle damit zusammenhängenden Gewerbe, sowie die Weiterverarbeitung der Importgüter aus Übersee: Zucker, Tabak und Diamanten. Ein Jesuit prägte dazu den Satz: ‚Gotteslästerung fördert den Handelsgeist'.

1567 marschierte der Herzog von Alba an der Spitze des spanischen Heeres in die Niederlande ein. Hauptsächlich aus spanischen Einheiten zusammengesetzt, waren aber auch wallonische, italienische und deutsche Söldner vertreten. Ihm stand eine Streitmacht gegenüber, der ein entsprechender einheitlicher Kern fehlte. Den deutschen, englischen, schottischen und französischen Söldnern fehlte das, was Phillips Armee einte: der gemeinsame Haß auf die Ketzer. Doch besaßen die Niederländer etwas anderes: ein effizientes Heer. Ihre erste Verteidigungswaffe entsprang der Geographie: mit der Öffnung von Deichschleusen errichteten sie Verteidigungs„wälle", die schwer zu überwinden waren.

Doch kann man nicht behaupten, die Niederländer hätten diesen Kampf gewonnen, weil sie patriotischer oder weil ihre Streitkräfte den spanischen überlegen gewesen wären. Gelegentlich war der Widerstand in den Niederlanden sogar von den Händlern, die an Frieden interessiert waren, sabotiert worden. Reiche Städte wie Amsterdam zögerten ihren Bruch mit Spanien jahrelang hinaus. Die militärische Übermacht lag zweifellos bei den Spaniern, was sich auch nicht änderte, als Elisabeth I. von England die Niederlande zuerst unausgesprochen, dann offen unterstützte. Auch die Niederlage der Armada im Ärmelkanal entschied die Angelegenheit nicht so eindeutig, daß die Waagschale sich zu Ungunsten der Spanier in den Niederlanden gesenkt hätte. Ausschlaggebend war allein die Tatsache, daß die niederländische Ständeversammlung ihre Söldnertruppen regelmäßig bezahlen konnte, während die Spanier zu knapp bei Kasse waren, um selbst ihre eigenen Leute zu unterhalten, ganz zu schweigen von ihren Söldnern. Ohne die ökonomischen Mittel

Links: *Herannahende Infanterie-Karrees*

Rechte Seite: *Belagerung einer befestigten Stadt (Schweizer Handschrift, Mitte des 15. Jahrhunderts)*

Außen rechts: *Belagerung von Schloß Fillech in Nord-Ungarn. Darstellung des direkten Bombardements des Festungsinnern. Das Hauptlager befindet sich oben links im Hintergrund.*

Unten: *Brennende Schiffe. Angriff mit Kanonen auf die spanische Armada, 1588.*

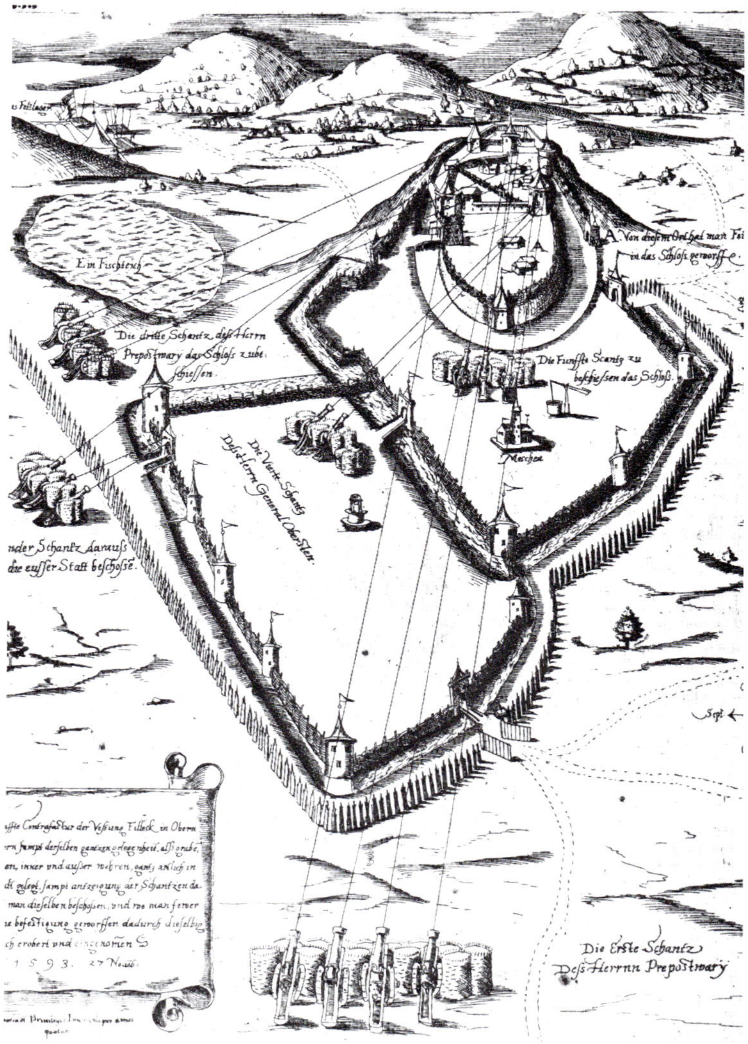

zur Kriegführung nahm die Korruption unter den spanischen Hauptleuten überhand. Immer häufigere Meutereien zersetzten die Effektivität des spanischen Heeres. Als am 4. November 1576 die Söldner nicht ausgezahlt werden konnten, wurde das Rathaus von Antwerpen sowie einige hundert Wohnhäuser von der „spanischen Furie" verwüstet und 10.000 Bewohner der Stadt umgebracht.

Auch das Heer der niederländischen Stände hatte beträchtliche Schwierigkeiten. Kommandanten waren die Oranierprinzen des Hauses Nassau, doch standen sie unter fortwährender und genauer Aufsicht der Händler. Mitglieder der Ständeversammlung nahmen am Entscheidungsprozeß in den Militärhauptquartieren teil. Außerdem unterstanden jedem Befehlshaber nur die Truppen, für die seine Provinz zahlte. Anfänglich waren die Handelsleute nicht gewillt, die Summen beizusteuern, die eine Armee im Feld erforderte. Doch in ihrem eigenen Interesse mußten sie pünktlich entlohnen. Und diese Pünktlichkeit hielt ihr Heer aufrecht, während die überlegene Macht ihrer Gegner aufgrund mangelnder Geldmittel aufgerieben wurde. Die Niederländer legten großen Wert auf Ausbildung von Männern und Offizieren, und da ihre Einheiten klein und zahlreich waren, was ihre taktische Beweglichkeit erhöhte, war der Bedarf an Offizieren entsprechend größer. Zu Lande konnten sie die Spanier zwar im Zaum halten, aber nicht überwältigen. Der Ort, wo die Niederländer das Spanische Imperium besiegen konnten, war die hohe See. Und dort fand ihre letzte Offensive statt. Als Spanien schließlich die Unabhängigkeit der Niederlande anerkennen mußte, lag dies weniger daran, daß sie achtzig Jahre lang zu Lande zurückgedrängt worden waren, sondern daß sie den Niederländern auf See ganz und gar nachgeben mußten. Im Verlauf des Kampfes zwischen den Niederlanden und Spanien entwickelte sich eine neue militärische Theorie, die mit den letzten Überbleibseln der mittelalterlichen Militärpraxis aufräumte.

Exerzieren mit der Pike

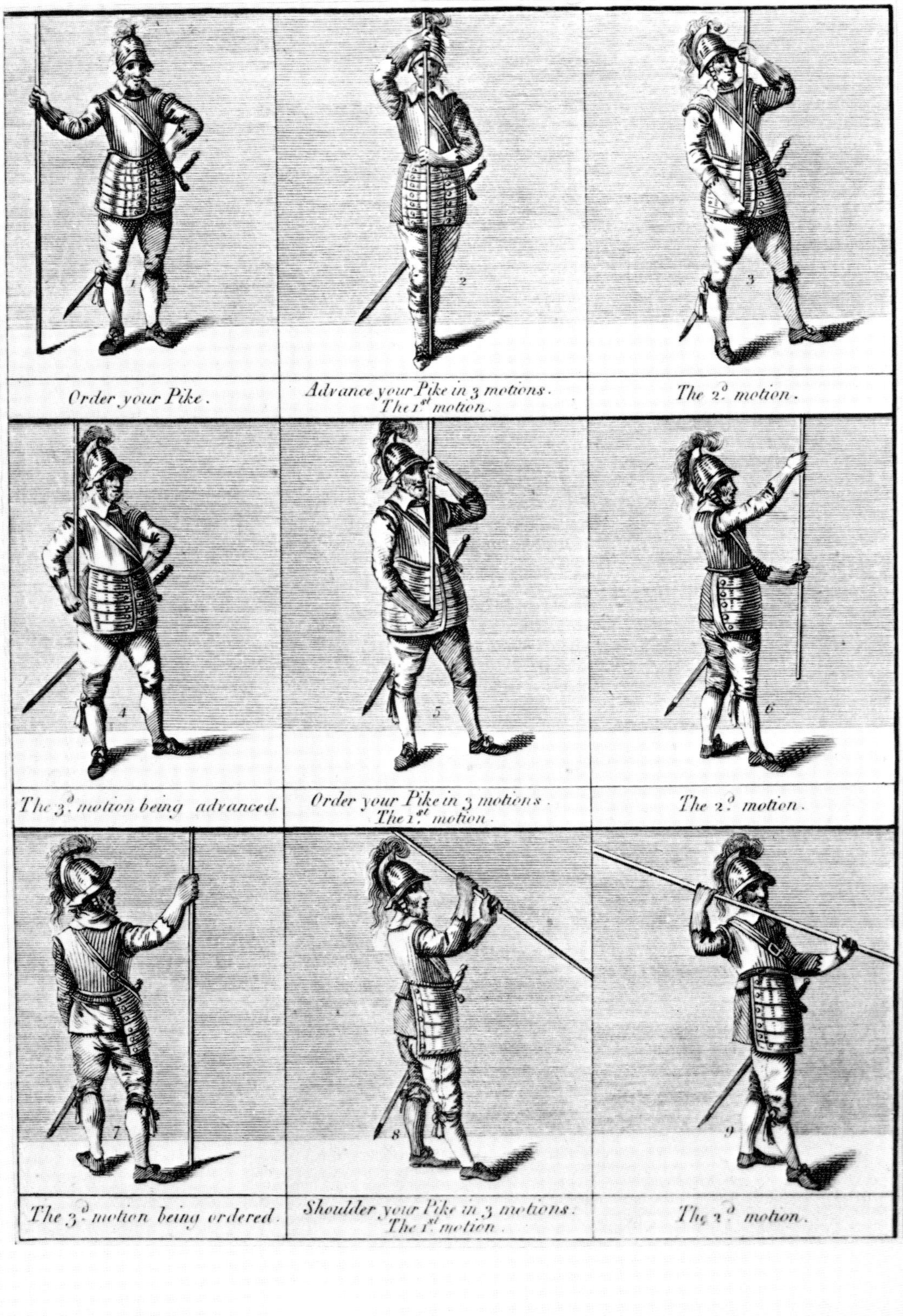

DER BAUER IM KRIEG

Schon im frühen Mittelalter waren Bauern Teil der Volksaufgebote, bis das militärische System der Feudalgesellschaft klar trennte zwischen jener Kaste, die den Krieg zu ihrem Beruf machte und jener, die den Boden bestellte. Dies schloß die Bauern aber nicht aus: Als Diener von Rittern oder Fußsoldaten in den Ritterheeren waren Männer bäuerlicher Herkunft in der Mehrzahl. Als unabhängige militärische Macht existierten sie jedoch nicht – zwei Anlässe ausgenommen: die Bauernerhebung in England im 14. Jahrhundert und der deutschen Bauernkrieg im 16. Jahrhundert.

Von diesen beiden Aufständen ist letzterer der wichtigere, da der deutsche Bauernaufstand und der daraus hervorgehende Bauernkrieg die erste revolutionäre Erhebung in der neuzeitlichen europäischen Geschichte darstellt, deren militanter Ausdruck außerdem Anzeichen von militärischer Organisation aufwies. Der Landadel, selbst ernstlich betroffen von stagnierenden Abgaben, preßte die Bauern über alle Maßen aus, um das Maximale aus ihnen herauszuholen. Auf den Bauern lastete die Bürde des Adels – die Fürsten, die städtischen Patriziate und die Kirche. Natürlich waren nicht allein die Bauern von den Pressionen der Oberen betroffen. Schon mehrfach wurde hier auf die Verarmung des niederen Adels und die daraus resultierenden Folgen hingewiesen. Auch die Stadtgemeinden begannen in wachsendem Maße den harten Zugriff der Vasallen zu spüren, gegen den sie sich, so gut sie konnten, verteidigten. Als Luther im Jahr 1517 seinen Kampf gegen das Papsttum und für die Reformation der Kirche begann, führte dies zu einem Interessenbündnis, dessen Hauptziel die Abschaffung kirchlichen Amtsmißbrauchs war. Zu einer Zeit, in der alle Gruppen der Gesellschaft vom christlichen Glauben durchdrungen waren, verwundert es nicht, daß religiöse Belange höchste Bedeutung hatten. Luther spaltete die Deutschen und moblilisierte seine Anhänger gegen den kirchlichen und ökonomischen Druck seiner Widersacher. Doch innerhalb weniger Jahre weitete sich diese Erhebung zu einem Aufstand gegen weltliche wie kirchliche Landherren aus, und damit gegen die Feudalordnung an sich. An diesem Punkt überholte die Volksbewegung Luther, der im Bewußtsein, die Unterstützung weltlicher Kräfte zu brauchen, innehielt und zu deren Gunsten gegen die Bauernbewegung auftrat. Innerhalb dieser Bewegung wurde Thomas Müntzer, einst Luthers begeisterter Anhänger, zur geistigen und politischen Triebkraft und verwarf Luthers These, daß Reformen nur von oben ausgeführt werden sollten und dürften. Müntzer war Sohn einer gutsituierten Handwerkerfamilie, hatte Theologie studiert und war Priester geworden. Seine Einsicht in die Protokolle des Konzils von Konstanz hatte ihn darüber aufgeklärt, welche Prüfungen Jan Hus durchlaufen hatte. Und als Luther 1517 den ersten Schritt tat, wurde er dessen Mitstreiter, bis ihn neben anderen Meinungsverschiedenheiten, schließlich seine Einsicht von Luther trennte, daß eine Veränderung und Reform nur durch einen Umsturz von unten herbeigeführt werden könne. Von da an zog er als radikaler Agitator durch die deutschen und böhmischen Länder und konnte wie Luther zur Verbreitung seiner Botschaft auf eine Erfindung zurückgreifen, die damals gerade fünfzig Jahre alt war: Gutenbergs Druckerpresse. Zum erstenmal in der Geschichte wurde die „Presse“ zu einem Massenmedium, mit deren Hilfe die vielen Traktate der verschiedenen an diesem Kampf beteiligten Parteien in hoher Auflage publiziert wurden.

Luthers Weigerung, die Sache der Revolution zu unterstützen, die 1521 nicht nur von den Bauern, sondern auch von zahlreichen Bürgern und einfachen Adligen vertreten wurde, war das erste Zeichen für die Auflösung der antipäpstlichen Bewegung. Ein Angehöriger des niederen Adels, Franz von Sickingen, begann im Frühjahr 1522 Truppen gegen den Erzbischof von Trier aufzustellen, in der Hoffnung, daß benachbarte weltliche Landherren ihn unterstützen würden. Als er Trier angriff, wurde er von den pfälzischen und hessischen Fürsten geschlagen. Sickingen, der an einer im Kampf erlittenen Verletzung starb, hatte unklug gehandelt. Statt einen Keil in das Lager des gehobenen Adels zu treiben, in dem er eine stattliche Anzahl von Befürwortern besaß, hatte sein vorschnelles Handeln nur zur Angst vor einem allgemeinen Aufstand des niederen Adels und einem stärkeren Bündnis gegen ihn geführt. Dies zeigte, daß der niedere Adel kein politischer Faktor mehr war, der Angelegenheiten irgendwie regeln konnte. Er ignorierte die der ganzen Erhebung zugrundeliegenden ökonomischen Aspekte, blieb politisch wirkungslos, während eigentlich die Möglichkeit bestand, eine breite Volksbewegung in Deutschland zu führen. Auch die Städte begannen, den bäuerlichen „Mob“ mehr zu fürchten, als die Kräfte der Unterdrückung, gegen die sie so oft geklagt hatten. Sie hatten die Bauern als ihren starken Arm im Kampf angesehen, aber als diese ihr Machtpotential zeigten, wandten sich die Städte von ihnen ab.

Die Belagerung von Gotha 1567

Das breite Interessenbündnis, das zwischen 1517 und 1521 existiert hatte, brach auseinander. Sickingens Versuch, den Einfluß des Landadels durch den eigenen zu ersetzen, was die Interessen des niederen Adels sowie den Ansatz der thüringischen Städte zwischen 1522 und 1524 spiegelte, schlug fehl. Dies führte direkt zur letzten Phase, in der die Bauern die Hauptrolle spielten.

Südwestdeutschland war der Ausgangspunkt des Bauernkriegs, und Schwaben, Württemberg, Baden und das Elsaß waren seine ersten Zentren. Doch auf welche militärische Erfah-

rung konnten diese Bauern zurückgreifen? Natürlich gehörten sie alle zu Volksaufgeboten, doch differierte ihre Erprobtheit und Effektivität in Umfang und Qualität. Rekruten aus alpinen Gegenden, die an die Schweizer Konföderation angrenzten, hatten aus der schweizer Erfahrung gelernt; sie waren alle mit eigenen Waffen ausgerüstet. Seit der ersten Dekade des 16. Jahrhunderts befanden sich auch Musketen darunter. Insgesamt waren die Bürgersoldaten in den Städten aber besser ausgerüstet, und über die Gilden konnten sie sehr schnell mobilisiert werden. Die Stadt Ulm und weitere Städte unterhielten eigene Geschütze, die im Zeughaus oder manchmal auch in den Wachtürmen der Stadtmauern untergebracht waren. Vom Standpunkt militärischer Erfahrung aus betrachtet war das Söldnersystem oder die Landsknechte-Rekrutierung sehr wichtig. Das Echo auf Werbekampagnen war in Südwestdeutschland und in Tirol immer sehr stark; der Dienst in diesen Armeen muß für viele junge Männer attraktiv gewesen sein, denen „Grund und Boden nichts gab als Müh' und Plag'". Während des Militärdienstes erwarben sie Fähigkeiten, die den Bauern fehlten, vor allem, wie man gegen die feindliche Kavallerie standhielt oder wie man Schußwaffen bediente und sich dagegen behauptete. Kaiser Maximilian erkannte dies in einem frühen Stadium. Als Landsknechte einmal zusammen mit Franzosen gedient hatten, was strikt verboten war, ordnete er an, sie nur milde zu bestrafen, denn sonst hätte es geschehen können, daß sie sich mit den aufsässigen Bauern am Oberrhein gegen Kirche und Adel verbündet hätten, was zum Nachteil des Reichs gewesen wäre.

Je stärker und größer eine Landgemeinde, desto stärker war ihr militärisches Potential. Und dies war besonders in Südwestdeutschland, Tirol und den Ländereien des Erzbischofs von Salzburg der Fall. In Südwestdeutschland und im Elsaß hatten die Bauern seit Mitte des 14. Jahrhunderts besonders häufig Anlaß, gegen räuberische Freischarbanden, die Karl VII. nach Osten vertreiben wollte, zu den Waffen zu greifen. Offenbar erwies sich sein stehendes Ritterheer gegen diese Banden als völliger Fehlschlag, und es blieb den Bauern selbst überlassen, mit ihnen fertig zu werden. Anfänglich mit Guerilla-Taktiken, aber 1444, als sie die umherstreifenden Söldner zwangen, von ihrem Weg rheinabwärts abzuweichen und über die Grenze zurück nach Frankreich zu gehen, auch im offenen Kampf. Diese Bauernstreitkräfte operierten manchmal mit, manchmal ohne die Hilfe der Städte in ihrer Gegend. Die Stadtväter von Colmar etwa äußerten große Befürchtungen angesichts der Bauernsoldaten, weil sie sich zusammentun und „gegen die Frommen" erheben könnten.

Alles in allem ist eine generelle Einschätzung der militärischen Stärke der bäuerlichen Streitmacht zu Beginn des Bauernkriegs nicht möglich. Es kann nur gesagt werden, daß die alpinen Gebiete weiterentwickelt waren als andere. Während bei den vorausgegangenen Aufständen im 15. Jahrhundert kein gemeinsamer Nenner vorhanden war, der sie verbunden hätte, stellte im 16. Jahrhundert die Reformation diesen Anknüpfungspunkt her, dessen religiöser und ideologischer Gehalt in den deutschen Ländern von Wanderpredigern und einer Flut von „fliegenden Blättern" verbreitet wurde, wodurch sich in der Unterschicht die Überzeugung verbreitete, daß Luthers und Müntzers Sache gegen die Landherren eine gerechte war.

Die Erhebung der deutschen Bauern: Titelseite der „Zwölf Artikel" von 1525

Die ersten Anzeichen des Bauernkriegs waren die Erhebung der Bauern von Stühlingen, an der Nordgrenze zur Schweiz, und ähnliche Rebellionen in der nördlichen Schweiz, dem Schwarzwald sowie dem Bischoftum Bamberg im Frühsommer 1524. Sie erreichten ihren Höhepunkt im Spätherbst 1524, setzten über Dezember und Januar 1525 aus, um im Februar erneut aufzuflammen und sich im Elsaß, der Pfalz, Württemberg, Franken und Thüringen in voller Stärke zu entfalten. Tirol, Salzburg und andere habsburgische Kronländer folgten im Mai.

Dieser große Aufstand von 1525 rief bei den Patriziern der Städte dieser Gebiete beachtliche Ängste wach. Doch boten die Bauern ein stark unterschiedliches Bild. Einige Gruppen organisierten sich sehr schnell und gingen gegen die Adligen der Nachbargegenden vor, während sie den niederen Adel und die Bürger für ihre Sache zu gewinnen suchten. Andere Bauerneinheiten mit geringer Schlagkraft taten sich zusammen, aber unternahmen wenig oder nichts, um in ihren Gegenden die Oberhand zu gewinnen. Sie waren die ersten, die geschlagen und zerstreut wurden. Daher erzielten nur die bäuerlichen Formationen Wirkung, die hinsichtlich Anzahl und Bewaffnung über große Stärke verfügten. Aber nur, wenn sie darauf gefaßt waren, diese Stärke sofort zu nutzen.

Der Spontancharakter des Aufstands der Stühlinger Bauern gab in den ersten Monaten den Ton an. Sie verweigerten alle Dienste und griffen das Stühlinger Schloß an. Als sie erkannten, daß sie eine angemessene Kommandostruktur brauchten, um militärisch erfolgreich zu sein, wählten sie eigene Kommandeure, Sergeanten und Korporale. Ihr Anführer, Hans Müller aus Bulgenbach, war bezeichnenderweise Landsknecht in kaiser-

Linke Seite: *Bauern im 14. Jahrhundert: Italienische Bäuerin und Holzfäller.*

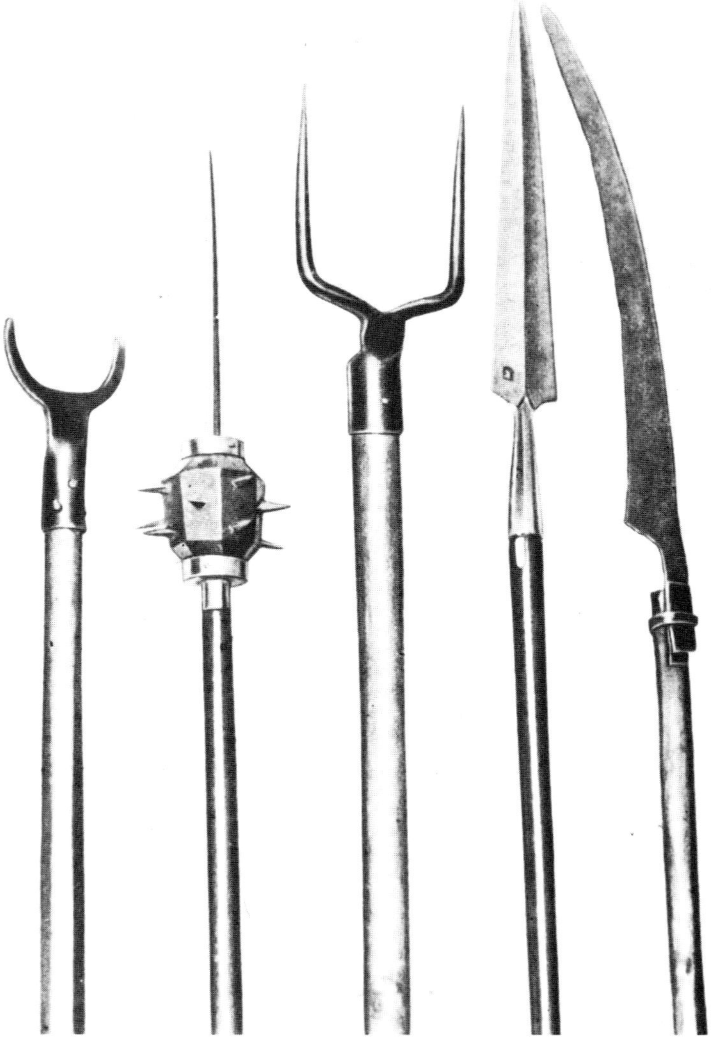

Rechts: *Waffen aus dem Bauernkrieg des 16. Jahrhunderts*
Unten: *Schwäbische Bauern im Krieg, 1525*

lichen Diensten gewesen. Während sie die Burg belagerten, versuchten sie Unterstützung aus der südlich gelegenen Schweiz zu bekommen und schlossen ein Bündnis mit den Bürgern der Stadt Waldshut. Die adligen Landherren schienen nur allmählich zu reagieren, denn erst im September machte Frundsberg Pläne, eine Armee gegen die Bauern aufzustellen. Die Bauern profitierten von der Geldknappheit der Habsburger. Allerdings konnten sie nicht *alle* militärischen Ziele erreichen, vor allem die Eroberung der Burgen ihrer Region. In dieser Situation waren beide Seiten zu Verhandlungen bereit. Die Bauern von Stühlingen wurden aufgefordert, ihre Waffen abzugeben und ihren Herrn um Gnade zu bitten. Das war zuviel für sie. Sie zogen erneut zu Felde, ohne jedoch eine militärische Entscheidung herbeiführen zu können, obwohl die Habsburger im Nachteil waren, denn ihre Streitkräfte führten in Norditalien Krieg gegen Frankreich. Der Hauptteil der Bauern wollte nach Hause zurückkehren, um die Ernte noch spät in der Jahreszeit einzubringen. Übrig blieb ein harter Kern unter Müller, die in den Schwarzwald zogen, aus dem sie über die Wintermonate 1524/25 nicht vertrieben werden konnten. Während Erzherzog Ferdinand von Habsburg eine drastische Bestrafung der Bauern forderte, tat der Adel, gespalten und unsicher, nur wenig.

Die Forderungen der Stühlinger wie der anderen aufständischen Bauern waren bescheiden, sie forderten kaum mehr als die Abschaffung ihres Frondienstes. Mit den ersten Monaten des Jahres 1525 ist eine weitere Radikalisierung zu beobachten. Wahrscheinlich unter Müntzers Einfluß, wurde ausgehend davon, daß alle Männer vor Gott gleich sind, die völlige Abschaffung der Landherrenschaft gefordert.

Im Februar 1525 begann der Hauptangriff, der von sechs großen Bauernkontingenten in Südwestdeutschland geführt wurde. Die stärkste Einheit bestand aus über 10.000 Bauern. Ihr Zentrum war die Freie Reichsstadt Memmingen, eine der wenigen Städte, die von Anfang an die Bauern unterstützte. Im März 1525 befreite sie alle ihre Bauern von Leibeigenschaft und Diensten und verlieh ihnen das Recht, ihre eigenen Kapläne zu wählen sowie die Allmenden, das Gemeindeland, zu nutzen. Von Memmingen aus wurden die „Zwölf Artikel", die Forderungen der Bauern und programmatischen Grundlagen der großen Rebellion in ganz Deutschland, verbreitet. Mitte März griff der Aufstand von Schwaben nach Franken und von dort nach Nürnberg über, es folgten die Odenwald-Region und das gesamte Neckartal, und bis Mitte April zog er sich vom Bodensee bis zur oberen Werra: 40.000 Männer in Schwaben und 25.000 in Franken, gegen die der Adel zunächst keine entsprechende Streitmacht ins Feld führen konnte. Schon der Umfang der Revolte schloß eine geeinte Bauernschaft und eine gemeinsame Strategie eher aus, aber dieser Mangel fiel nicht ins Gewicht, solange der Adel sich nicht auf ein gemeinsames Vorgehen einigte.

Die Religionskriege:
Links: *Protestantische Kräfte belagern 1569 die Stadt Poitiers.*
Oben: *Gefecht der Franzosen in der Schlacht von Jarnac, 13. März 1569*

Einer der Gründe für das Fehlen einer gemeinsamen Strategie war der, daß es in den Bauerngruppen verschiedene Ziele gab. Die Gemäßigten wollten nur Erleichterungen ihrer herrschaftlichen Pflichten, die Radikalen planten den Umsturz der gesamten Feudalordnung.

Daß eine militärische Organisation gefehlt hätte, war jedoch kein Grund. Im Gegenteil, die Bauern organisierten sich nach den militärischen Prinzipien ihrer Zeit, das heißt, sie übernahmen Organisation und Struktur der Landsknechte. Jede Einheit umfaßte mehrere Fähnlein, jedes etwa 500 Mann stark. Das Fähnlein widerum war in Rotten oder Gruppen von zirka 15 bis 20 Männern unterteilt. Kommandant war der Oberste Feldhauptmann, der von der gesamten Bauerntruppe gewählt wurde. Er bestimmte Quartiermeister, Furage- und Wagenburgmeister, Feldrichter und Profos-Marschälle. Jedes Fähnlein wurde von einem Hauptmann kommandiert, dessen unmittelbare Untergebene der Fähnrich und die Mitglieder des Kriegsrats waren. Alle diese Offiziere wurden vom Fähnlein gewählt, während der Hauptmann einen Feldwebel und den Furagemeister bestimmte, der die Beute verwaltete. Jede Rotte wählte einen eigenen Führer.

Ein größeres Problem, als die Form der militärischen Organisation zu finden, stellte die Ausrüstung dar. Die Bauern hatten zuerst nur die Waffen, die sie selbst besaßen: einfache Piken, Kurzschwerter und vielleicht eine Rüstung. Dazu kamen sehr viele Arbeitsgeräte, die zu Waffen umfunktioniert wurden, etwa Dreschflegel und Sensen. Daher war es eine der ersten Unternehmungen der Bauern, in den Besitz von Feuerwaffen, Musketen und Geschützen zu gelangen. Die Bauern aus den Alpen und die städtischen Kontingente waren besser mit Musketen aus-

Landsknechte im Lager

gerüstet als die anderen. Aber ein Geschütz mußte zuerst erbeutet werden, man konnte es nur von den Städten bekommen.

Es gab zwangsläufig Unterschiede zwischen den Bauerneinheiten, die sich spontan zusammengetan hatten und jenen, deren Aufstellung von ihren Anführern geplant worden war. Erstere waren im Vergleich zu letzteren generell schlecht ausgerüstet. Die vom Bauernheer am Bodensee systematisch geplante Eroberung von Marktdorf und Meersdorf erbrachte sechs schwere und mehrere leichte Geschütze sowie 16 Tonnen Schwarzpulver. In Dinkelsbühl und Göppingen nahmen die Bauern soviele Musketen, wie sie brauchten und einige Geschütze. In Nürnberg lagerte ein ansehnliches Waffenarsenal, aber den Bauern war klar, daß in diesem frühen Stadium die Stadt eine zu harte Nuß für sie sein würde. Andere Städte übergaben freiwillig Waffen, obwohl sie sich den Bauern nicht anschlossen, weil sie die Unannehmlichkeit, gegen sie kämpfen zu müssen, und die Verwüstung ihrer Umgebung vermeiden wollten. Einige liehen ihnen sogar ihre Geschütze. Die Stadt Rothenburg, die sich anfänglich auf die Seite der Bauern schlug, übergab dem bekannten fränkischen Bauernführer Florian Geyer zwei schwere Geschütze, Schießpulver und Munition samt Kanonieren.

Die Versorgung florierte, solange die Revolte sich ausbreitete, doch als sie ihre ersten Rückschläge erlitt, wie in Frankenhausen und Böblingen, wurden die Städte in diesen Gegenden zurückhaltender und drosselten ihre Abgaben. Bei den Bauern zeigte sich außerdem, daß der Besitz von Geschützen nicht automatisch dazu befähigte, sie wirksam einzusetzen. Es scheint, als seien unter den Bauern geübte Artilleristen sehr rar gewesen. Schlecht bewaffnete Bauerneinheiten im Salzburger Land kamen erst zu modernen Waffen, als sie im Juli 1525 ein Heer des steirischen Adels geschlagen und dessen gesamte Artillerie und Munition erbeutet hatten. Doch konnten sie aus Mangel an erfahrenen Kanonieren in der Folge kaum Nutzen daraus ziehen. Ab April 1525 wurde von den Obersten Feldhauptmännern sämtlicher Bauernheere der Befehl gegeben, Artilleristen auszubilden. Die Bauernartillerie war im Angriff einzelner Schlösser erfolgreich, aber nicht gegen die Städte oder in der offenen Feldschlacht.

Neben der Bewaffnung war das nächste große Problem der Bauern die Sicherung der Versorgung. Sowohl 1523 als auch 1524 waren schlechte Erntejahre gewesen, die Vorratsmenge in Dörfern und Städten lag unter dem normalen Niveau. Je größer das Bauernheer, umso größer das Problem, es zu ernähren. Schließlich war die Lösung dieselbe wie bei jeder anderen militärischen Einheit dieser Zeit: Man lebte von dem, was das Land hergab, vorzugsweise von Feindesland, aber zur Not auch von Freundesland. Viele Angriffe auf Burgen und Klöster in dieser Zeit hatten ihren Anlaß nicht in deren strategischer Bedeutung oder etwa im Haß der Bauern auf Kirche und Adel, sondern schlicht darin, daß dort große Vorratsmengen zu erwarten waren. Nach dem Sturm und der Eroberung des Schlosses der Grafen von Gleichen, requirierten die Bauern 200 Kannen Wein, Dörrfleisch von 35 Stück Vieh, Fleisch von 70 Schweinen, 200 Fässer Bier und das gesamte Brot. Die Grafen von Gleichen beklagten in ihrer Schadensauflistung auch ihren Fischteich, den die Bauern restlos leergefischt hatten. In anderen Fällen, wie bei den Feuerwaffen, wurden Städte, Ländereien und Klöster dazu gezwungen, regelmäßig zu liefern, sonst würde man ihnen den „roten Hahn“ aufs Dach setzen, das heißt ihre Häuser anzünden. In Regionen, die von Bauern kontrolliert und von wichtigen Handelsstraßen durchzogen wurden, wie bei Rothenburg, stattete man Gütertransporte gegen Geld oder Naturalien mit besonderen Schutzbriefen aus. Willkürliche Plünderungen oder Raub verstieß gegen Grundsätze und Ziele der Bauern. Eine überkommene Ordnung durch die ziellose Verheerung ganzer Landstriche zu ersetzen, wäre ein Widerspruch in sich gewesen.

Andere Gebiete unter Kontrolle der Bauern wurden von deren Kommandeuren systematisch aufgeteilt und die Abgaben,

Rechts: *Geschütze der Armee Maximilians I.*

Rechts unten: *Landsknechte im Kampf (Gemälde von Hans Holbein, d. J., 1531)*

Unten links u. rechts: *Exerzieren mit der Muskete*

die jedes Gebiet beitragen konnte, wurden geschätzt. Dann war es Sache des Fähnleinführers, die Lieferungen sicherzustellen und zum Hauptquartier des Obersten Feldhauptmanns zu bringen, der dann die Zuteilung für die Fähnlein vornahm. Sobald Lieferungen unterbrochen oder gestört wurden, machte sich Mangel bemerkbar. Als die Stadt Nördlingen ihre Lieferungen einstellte, weil die Einwohner selbst nichts hatten, litt das Bauernheer sofort Not. Die Versorgung war am besten dort geregelt, wo die Erhebung sorgfältig geplant und eine ganze Region unter Kontrolle gebracht worden war. Betrachtet man die demokratischen Prinzipien, die bei der Organisation der bäuerlichen Streitkraft am Werk waren, so zeigt die Versorgung, daß einige Einheiten nicht so demokratisch gehandhabt wurden, als man schließen könnte. Das Bauernheer der Bodenseeregion mußte pro hundert Mann 5 Gulden zum Unterhalt ihres Hauptmanns zahlen. Auch wurden in einigen Gegenden besondere Abgaben nur für die Kommandanten erhoben.

Maximilian I. (links) bei einem Ritterturnier

Als der Aufstand das Jahr 1525 über andauerte, fanden auch Söldner Anstellung in den Bauernheeren. Dies führte in einige Kontingente unvermeidlich die barbarischen Gepflogenheiten ihres Berufs ein. Um dem entgegenzuwirken, wurden die Söldner in eine oder mehrere Spezialeinheiten zusammengefaßt, statt über die ganze Truppe verteilt. Zum einen gewährleistete diese Maßnahme, daß die Gewohnheiten Weniger nicht das Handeln der gesamten Bauernstreitkräfte infizierten. Zum anderen war damit das militärische Können in einer Truppe, einer Kriegerelite konzentriert, die mit ganz bestimmten Aufgaben betraut werden konnte, für die ihre Kampferprobtheit ausschlaggebend war, und nicht zuletzt konnten sie so besser kontrolliert werden.

Um in ihren Reihen für Ordnung zu sorgen, stellten die Bauernführer bestimmte Regeln oder Artikelbriefe auf, die hinsichtlich der militärischen Disziplin deutlich an denen der Landsknechte orientiert waren. Die fränkischen Bauern in der Rothenburger Umgebung begannen als erste damit. Oberster Grundsatz war die Gleichheit aller Männer vor Gott, darauf folgten im Einzelnen Bestimmungen, von denen es heißt, Florian Geyer hätte sie entworfen. Auf unbedingten Gehorsam gegenüber den Befehlen ihrer Hauptmänner im Feld wurde ebenso bestanden wie auf das absolute Verbot eigenmächtiger Beutezüge. Auf Zuwiderhandlungen stand die Todesstrafe. Um den Profos in seinen Aufsichtspflichten zu stärken, war es verboten, ihn zu beleidigen oder zu behindern. Doch verantwortlich für eine Einheit waren der Hauptmann und andere Offiziere, und sie hatten vor der ganzen Versammlungen Rechenschaft über ihre Führung abzulegen, wenn es verlangt wurde. Dies war freilich eine Neuerung, wie man sie in keinem Artikelbrief von Landsknechten fand. In Verwaltungsangelegenheiten war der Hauptmann von den Weisungen seines Beirats abhängig, jedoch

Von der Armee Maximilians I. eingesetztes Geschütz und Lafette.

Heinrich II. von Frankreich wird 1559 beim Turnier tödlich verletzt. Dies bedeutete in Frankreich das Ende des Turniers als öffentliches Spektakel.

nicht auf militärischem Gebiet. Er durfte persönlich keine Schreiben versenden, die nicht dem Beirat ausgehändigt oder von ihm gelesen worden waren. Der Anlaß dieses Reglements war, daß Söldnerhauptmänner und Landsknechte daran gehindert werden sollten, mit dem Feind hinter dem Rücken ihrer Leute eines besseren Gewinns halber in Verhandlungen zu treten. Hinsichtlich der allgemeinen Disziplin waren die Artikel der Bauern sogar deutlicher und strenger als die der Landsknechte. Gotteslästerung, Fluchen, Wetten, exzessives Trinken und Prostitiuierte im Lager waren verboten. Ebenso Kämpfe untereinander; sollte ein gewaltsamer Streit ausbrechen, war es die Aufgabe aller Umstehenden, dem sofort ein Ende zu setzen. Wer den Frieden im Lager brach, durfte sofort getötet werden. Ein Artikel verbot sogar Neid, Haß, Wut und böse Absichten, und man mag sich fragen, wie solche Verstöße bewiesen, geschweige denn geahndet worden sein könnten. Niemand durfte das Lager ohne Erlaubnis verlassen. Das erste, was Florian Geyer tat, als er mit seiner Truppe in Rothenburg Einzug hielt, war Galgen errichten zu lassen, „um die Verworfenen zu strafen und die Guten vor den Bösen zu schützen". Auf Märschen oder im Gefecht hatten die Bauern Frauen, Mädchen, Witwen, Kinder, Alte und Kranke zu schützen. Die Müller scheinen besondere Protektion genossen zu haben: Sie waren wegen ihrer Nützlichkeit ausdrücklich genannt. Städte, Orte, Dörfer, Kirchen und Klöster durften nur auf ausdrücklichen Befehl des Hauptmanns angegriffen werden. Im Lager hatten die Offiziere ihre Unterkunft immer an einer zentralen Stelle, die allen zugänglich war, aufzuschlagen.

Immer zog auf dem Marsch eine Vorhut von zwei Fähnlein dem Hauptkontingent voraus. Diesen folgten anschließend Troß und gegebenenfalls Artillerie, sodann eine Nachhut von widerum

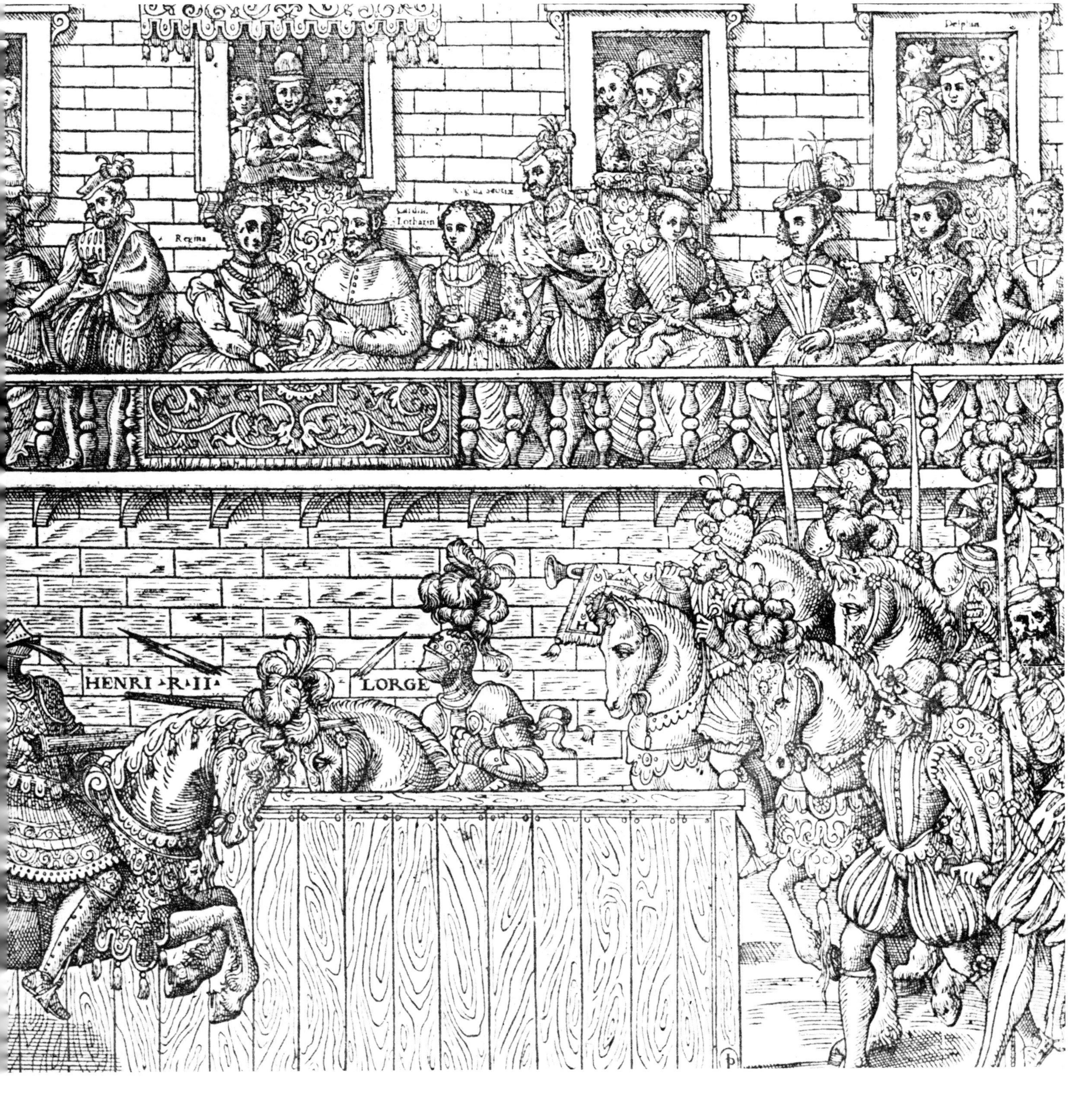

*Ausgebildete Milizionäre und Ritter bei der Vorbereitung eines Stadtangriffs. Bemerkenswert die geordneten Kavallerie-einheiten und rechts im Hintergrund die zur Bombardierung der Stadt aufgereihten Geschütze (*Aquatinta eines unbekannten Künstlers, *16. Jahrhundert).*

Rechts: *Die Einnahme von Marseille, 1596*

zwei Fähnlein. Nirgends findet sich ein Hinweis auf Kavallerie, denn die Bauern hatten keine. Dies stellte sich als schwerwiegender Mangel heraus, denn Männer, denen die Erfahrung der Landsknechte im Kampf gegen berittene Angreifer fehlte, neigten dazu, ihre Stellungen aufzugeben.

Generell waren die Bauern ab Mitte 1525 mit Musketen und Geschützen gut ausgestattet, doch es fehlte ihnen an Übung und Erfahrung. Ihre Pike war nicht lang wie die der Landsknechte, sondern eine kurze. Damit fehlte ihnen eine lebenswichtige Waffe, um Reiterangriffen begegnen zu können. In offener Feldschlacht zeigten sie Unsicherheit, bei abgelegenen Burgen erging es ihnen besser. Ohne Kavallerie lag die Schwäche bei der Infanterie, die in offener Schlacht instinktiv zur Verteidigung statt zur Offensive neigte.

Als Adel und Städte sich gegen die Bauern zu verbünden begannen, sank deren Kampfgeist. Es war nicht schwierig, einen Keil in ihr Karree zu treiben, und bei einem berittenen Angriff verließen sie bald ihre Reihen, um geschütztere Stellungen zu suchen – das Schlechteste, was sie tun konnten. Religiöser und sozialer Eifer allein konnte Jahre und Jahrzehnte an Kampferprobtheit nicht wettmachen. Doch hatten die Bauern erst einmal feste Stellungen eingenommen, zeigten sie eine erstaunliche Tapferkeit. Die Bauern im süddeutschen Oberallgäu widerstanden einem geballten Bombardement und verteidigten ihre Stellung bis zuletzt. Die Salzburger Bauern verteidigten die Stadt fast drei Wochen lang gegen die massierten Angriffe von Frundsberg und

seinen Landsknechten. Selbst wenn ihre Formation zerschlagen war, lieferten sie immer wieder stürmische Gegengefechte.

In der kurzen Zeitspanne, in der die Bauern kämpften, hätten sie kaum einen völligen militärischen Sieg erringen können. Politischer Konkurrenzkampf unter den Bauernheeren und innere Differenzen aufgrund religiösen Sektierertums traten zur wachsenden Uneinigkeit über die zu verfolgende Linie und die Ziele hinzu. Dem stand trotz innerer Differenzen der einige Wille ihrer Feinde gegenüber, dieser Erhebung ein Ende zu bereiten. Im Sommer 1525 wurden die meisten Bauerneinheiten von Streitkräften der Städte des Schwäbischen Bunds und von kaiserlichen Truppen besiegt. Nur in Tirol dauerten die Kämpfe noch bis 1526 an. Danach waren die Bauernheere zerschlagen. Ihre Mitglieder wurden im Fall der Gefangennahme wie Vieh abgeschlachtet. Der Friede wurde wiederhergestellt – ein Friede des Galgens, des Schwerts, des Rads und des Feuers.

Der Dreißigjährige Krieg: Die Streitkäfte von Jan Tserklaes, Graf von Tilly (1559 – 1632), überqueren den Lech.

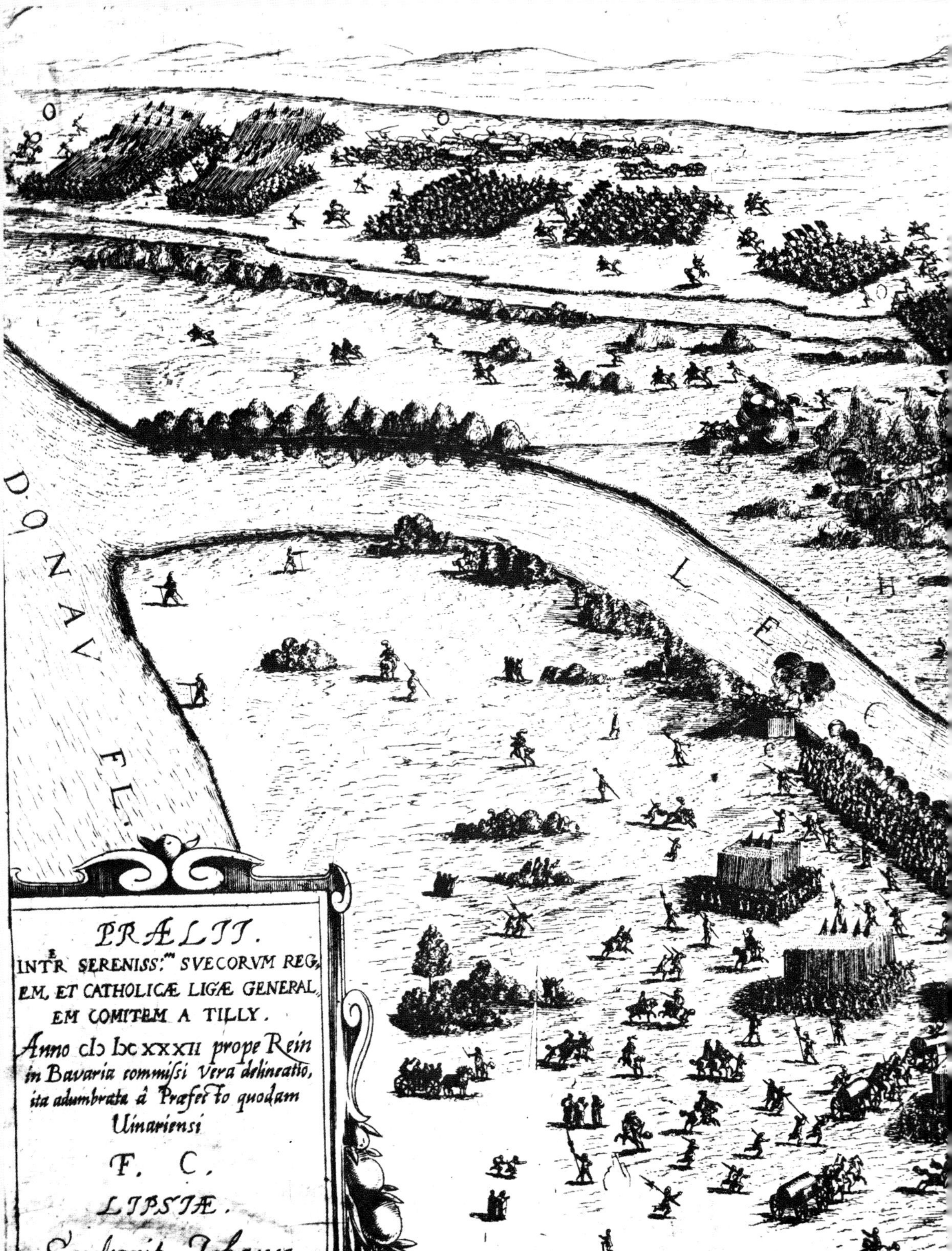

DAS NEUE ZEITALTER

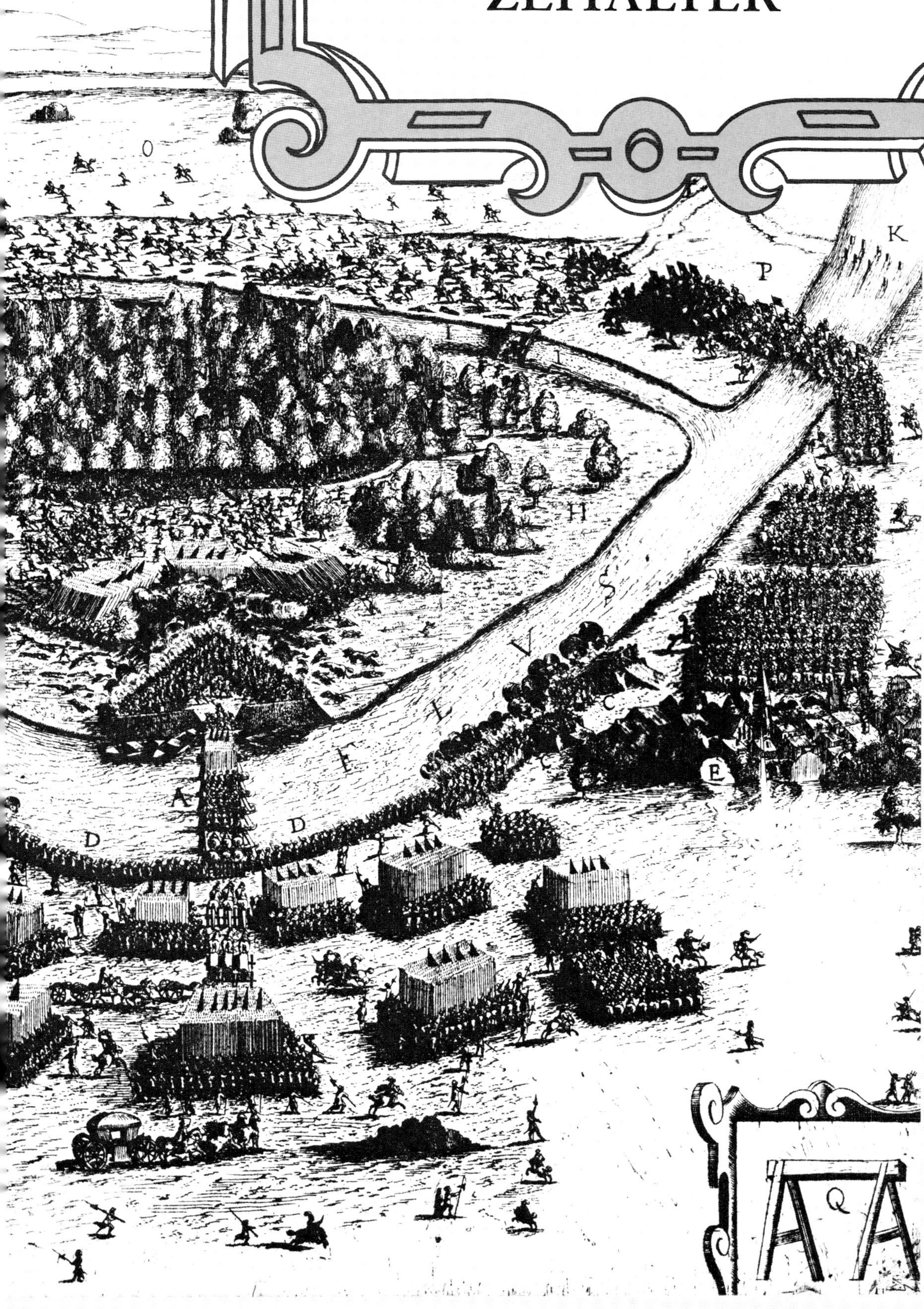

Bis zum Ende des 15. Jahrhunderts war „Militärtheorie" ein recht unterentwickeltes Diskussions- und Forschungsfeld. Die verschiedenen Autoren, die sich damit beschäftigten, waren mehrheitlich selbst keine Soldaten, sondern Kleriker oder Rechtsgelehrte, und ihre Schriften lehnten sich an Xenophon und Vegetius an. Letzterer betonte die Notwendigkeit von Körperkraft bei den römischen Soldaten und hatte einige Übungen für sie entwickelt. Der Erzbischof von Bourges, Kardinal Aegidius Romanus, erfand zusätzlich zu seinen Auszügen aus Vegetius verschiedene taktische Formationen, die aber für die Militärpraxis des Mittelalters oder sonst einer Epoche keinerlei Bedeutung hatten.

Erst die Veränderung der Kriegführung brachte einen brillanten Theoretiker hervor, der zum Propheten der Armee der Zukunft wurde: Niccolo Macchiavelli. 1496 geboren, sah er in seiner Jugend mit eigenen Augen, wie die einst machtvolle Kavallerie von der Infanterie als schlachtentscheidender Kraft verdrängt wurde. In seinen Schriften ‚Die Kriegskunst' vertritt er die Sache einer effektiven Bürgerwehr, die den Schrecken des Söldnerheers ablösen sollte. Als Kanzler von Florenz riet er der Stadt, eine Miliz ins Leben zu rufen, die nach Distrikten zusammengestellt und von einem kampferprobten Kommandanten angeführt werden sollte. Diese Bürgertruppe bestand hauptsächlich aus Infanteriesoldaten, und ihre Taktik folgte dem Vorbild der Schweizer und der Landsknechte. Doch die politischen Realitäten der Stadt Florenz setzten dem Grenzen. So hätte eine Miliz der Republik potentiell gefährlich werden können, da sich Parteigänger der aus der Stadt verstoßenen Familie Medici in ihr befunden hätten. Die florentinische Politik war voller wechselseitiger Verdächtigungen. Deshalb mußte die Macht des Kommandeurs über diese Miliz streng beschnitten werden, was seinen Kontakt zur Truppe ernstlich behinderte.

Macchiavellis Miliz bestand sieben Jahre, und mit ihrer Hilfe wurde Pisa zurückerobert. Doch als die Medici 1512 mit der Unterstützung spanischer Truppen die Grenze überschritten, war das Ende der Republik Florenz besiegelt. Den Spaniern konnte ihre Bürgerwehr nicht standhalten. Macchiavellis Studien basierten auf gründlicher Kenntnis der römischen Kriegführung. Ein Aspekt römischen Geschicks scheint ihm freilich entgangen zu sein: die Disziplin der Römer. Auch formulierte er keine klaren strategischen Konzepte. Als das mittelalterliche Ritterheer von Fußtruppen und Feuerwaffen ersetzt wurde, die innerhalb kurzer Zeit einen Grad an Genauigkeit erreichten, der bei den alten Waffen unbekannt war, wurden neue taktische Strukturen möglich. Nun betraten Massenheere das Schlachtfeld. Da diese Armeen viel kosteten, waren sie wertvoll, und die Zermürbungstaktik gewann gegenüber der Vernichtung die Oberhand. Doch Macchiavelli trat trotz der Realitäten um ihn herum noch immer

Der Dreißigjährige Krieg, 1618-1648

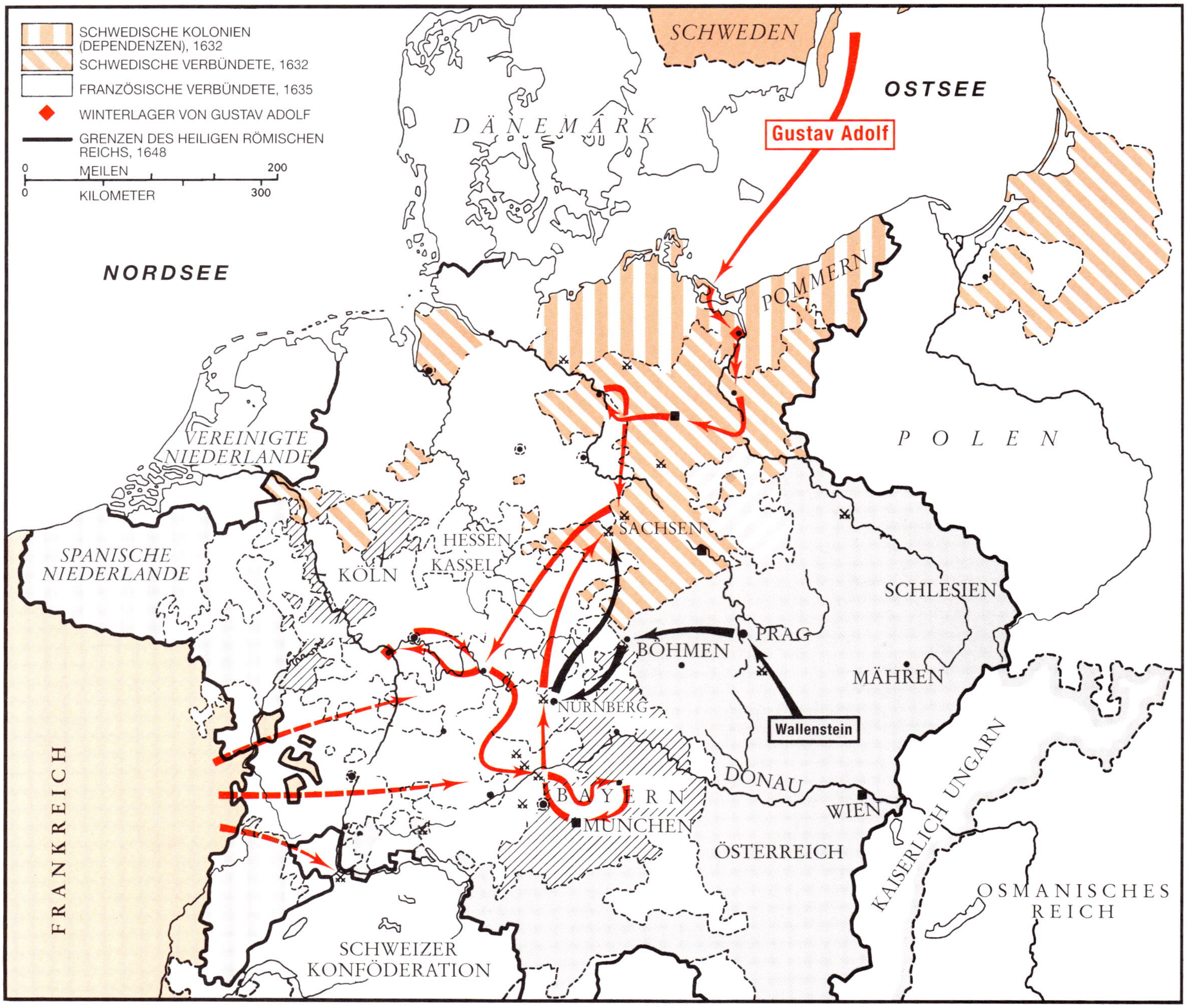

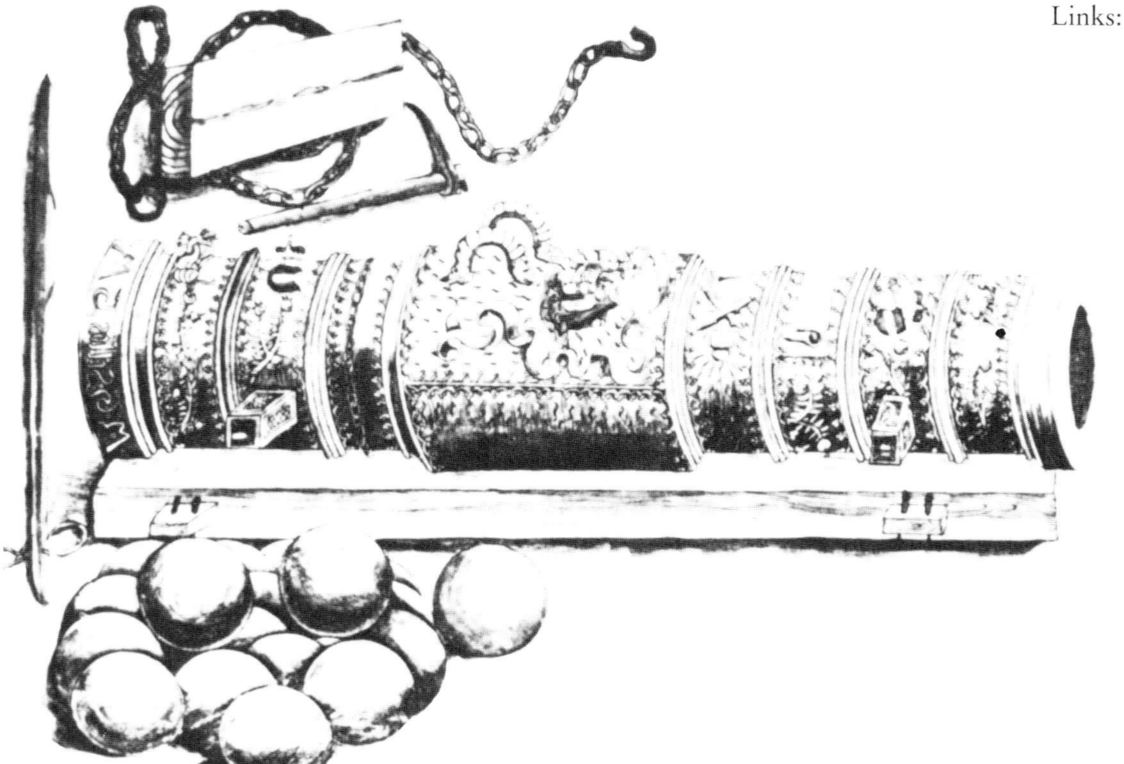

Links: *Deutsche Belagerungskanone*

Unten: *Techniken der Infanterie, um 1616*

für die letztere ein. Nur an einer Stelle sagt er, daß ein guter General nur dann angreift, wenn die Notwendigkeit ihn dazu zwingt oder sich eine günstige Gelegenheit ergibt. Macchiavelli vermochte nicht eindeutig zwischen diesen beiden strategischen Alternativen zu unterscheiden, noch war er sich der Mitwirkung einer ökonomischen Dynamik bewußt, die den Generälen seiner Zeit Zermürbung anstelle von Vernichtung diktierten.

„Derjenige, der eine entscheidende Schlacht gut zu Ende bringt, wird trotz aller anderen Fehler bei der Führung eines Feldzugs Beifall finden. Derjenige, der dieser Fähigkeit ermangelt, so fähig er in anderen Bereichen des Kriegshandwerks auch sein mag, wird einen Krieg niemals zu einem ehrenvollen Ende bringen. Denn eine gewonnene wichtige Schlacht löscht den Irrtum aus, der zuvor unterlaufen sein mag."

Hätte man auf diese Weise Schlachten ausgefochten, wären wohl sicherlich Soldaten übriggeblieben, um sie zu schlagen, aber kein Geld, um sie zu bezahlen. Die Taktiken der Schweizer könnten ihn beeinflußt haben. Daß Söldnertruppen sich aus dem

Abschaum der Gesellschaft zusammensetzten, hatte er aufgrund persönlicher Erfahrung gelernt. Die Alternative, die er vorschlug, nämlich, daß eine Armee aus den eigenen, mit patriotischer Gesinnung durchdrungenen Untertanen bestehen sollte, blieb eine Prophezeiung, die sich erst Jahrhunderte später erfüllte.

Die Spanier setzten als erste, im Kleinen und mit vielen Einschränkungen, Macchiavellis Voraussage in die Wirklichkeit um, doch sie führten Kriege in solchem Ausmaß, daß die spanischen Kräfte alleine nicht länger ausreichten. Sie mußten auch auf die Anwerbung ausländischer Kontingente zurückgreifen. Aber die spanische Armee hatte aus eigener sowie schweizerischer und deutscher Erfahrung ein hohes Niveau, sie wurde die Erste in der Geschichte des modernen Europas, die so etwas wie eine moderne Infanterie-Taktik entwickelte. Die Infanterie konzentrierte sich normalerweise im Zentrum der Schlachtordnung, mit Feldartillerie vorn und Kavallerie an den Flanken sowie als Rückendeckung. Gekämpft wurde in Parallelaufstellung, doch angesichts dieser im wesentlichen statischen Schlachtordnung und des umfangreichen Trosses war es nur selten möglich, nach dem Sieg im Feld den Feind umgehend zu verfolgen. Trotz seiner relativen Unbeweglichkeit war das spanische Vorgehen den weniger gut geübten Armeen jener Zeit überlegen.

Da die Kosten für Feuerwaffen oder Artillerie generell jenseits dessen lagen, was ein Söldnerführer aufzubringen vermochte, unterstanden Streitkräfte zunehmend Monarchien, die als einzige Macht das Geld für moderne Ausrüstungen auftreiben konnten. So wurde zu recht eingewendet, daß die Einführung von Feuerwaffen und ihre wachsende Bedeutung eine weitere Machtkonzentration in weltlicher Hand mit sich bringe. Die Herrschaft der Monarchen gewann gegenüber der Kirche die Oberhand, und der Krieg wandelte sich von einer moralischen Instanz zum politischen Instrument.

Das spanische Militärsystem brachte das erste stehende Heer im großen Stil hervor, das von den meisten europäischen Mächten imitiert wurde. Allmählich war der Wehrdienst immer weniger Prädikat einer besonderen Kaste, er wurde zu einer „nationalen" Profession. Doch noch während die Streitkräfte des europäischen Kontinents am spanischen Vorbild ausgerichtet wurden, trat die niederländische Herausforderung auf den Plan, die einen der wichtigsten Neuerer des Militärs hervorbrachten: Prinz Moritz von Oranien, Sohn Wilhelms, des Schweigers. Seine wesentlichste Neuerung war die „Reform des Mobs", der seine Infanterie bildete. Er erkannte, daß die größte Schwäche des spanischen Heeres in seiner relativen Unbeweglichkeit lag – ein beachtliches Handikap, bedenkt man die Geographie der Spanischen Niederlande. Moritz legte den Schwerpunkt auf die Beweglichkeit, was als Strategie sehr gut zur Landschaft paßte, die von einem Netzwerk aus Deichen und Kanälen durchzogen ist. (Er selbst hätte wohl kaum die Ehre, als Neuerer zu gelten, für sich beansprucht, denn Grundlage seines Systems war das Beispiel der römischen Infanterie, zumindest aber Schriften antiker Autoren wie Livius.)

Nach außen hin war der einheitliche Drill, nach innen die Disziplin das Novum. Ausgehend von der Voraussetzung, daß die Vereinigten Niederlande ihre Streitmacht innerhalb kürzester Zeit aufzustellen und zu mobilisieren hatten, bestand die Notwendigkeit, Zivilisten mithilfe nur weniger Signale in ein militärisch brauchbares Instrument zu verwandeln. Dies wurde

Militärbekleidung mit eindeutig spanischen Einflüssen

Die Verteidigung von Cadiz (Gemälde von F. Zurbaran, Prado, Madrid)

durch den Drill der Infanterie erreicht. Gewiß drillten auch die spanischen Formationen, aber Moritz brachte Beweglichkeit in seine Fußtruppen, indem er besondere Kommandos und einheitliche Bewegungen einführte. Die Einheiten waren unterteilt in Züge, und bei einem bestimmten Trommel- oder Hornsignal zerstreuten sie sich und formierten sich neu, da jeder seinen Platz im Zug kannte. Die Niederländer waren berühmt dafür, daß sie innerhalb von 75 Minuten 2.000 Männer aufstellen konnten.

Moritz von Oraniens Neuerungen verhalfen jeder Infanterieabteilung zu außerordentlicher Beweglichkeit und Organisiertheit, so daß selbst in der Aufregung der Schlacht ein Kommandant seine Männer strikt unter Befehl halten und sie einheitlich und zweckentsprechend lenken konnte. Wenn irgendwo Verstärkung gebraucht wurde, konnten sie an verschiedenen Stellen gleichzeitig angreifen.

Prinz Moritz und sein Cousin Prinz Wilhelm Ludwig der Niederlande gingen sogar so weit, daß sie mit großen Formationen aus Zinnsoldaten auf Tischen alles durchexerzierten, was sie im Feld anwenden wollten. Die niederländische Armee mußte sich strengem Drill und Manövern unterziehen, die bei jeder Söldnereinheit schnell zur Meuterei geführt hätten. Doch hier akzeptierten es die Soldaten, und sei der einzige Grund die großzügige und pünktliche Bezahlung. Die Einheiten der spanischen Armee hatten demgegenüber oft bis zu drei Jahren ohne Sold auszuharren. Plünderei und Durcheinander wurde zunehmend mit ihnen in Verbindung gebracht. Moritz richtete außerdem eine feste Rangordnung in jeder etwa 130 Mann starken Kompanie ein – vom Hauptmann über den Leutnant abwärts. Es waren Offiziere im modernen Sinn des Wortes, keine Söldnerführer.

Gutbezahlten und durchorganisierten Truppen konnte auch befohlen werden, ihre Erdwälle selbst zu bauen – eine Arbeit, die Söldner immer als unter ihrer Würde ablehnten. Innere Disziplin wurde strikt durchgesetzt. Moritz hatte zwei Männer aufhängen las-

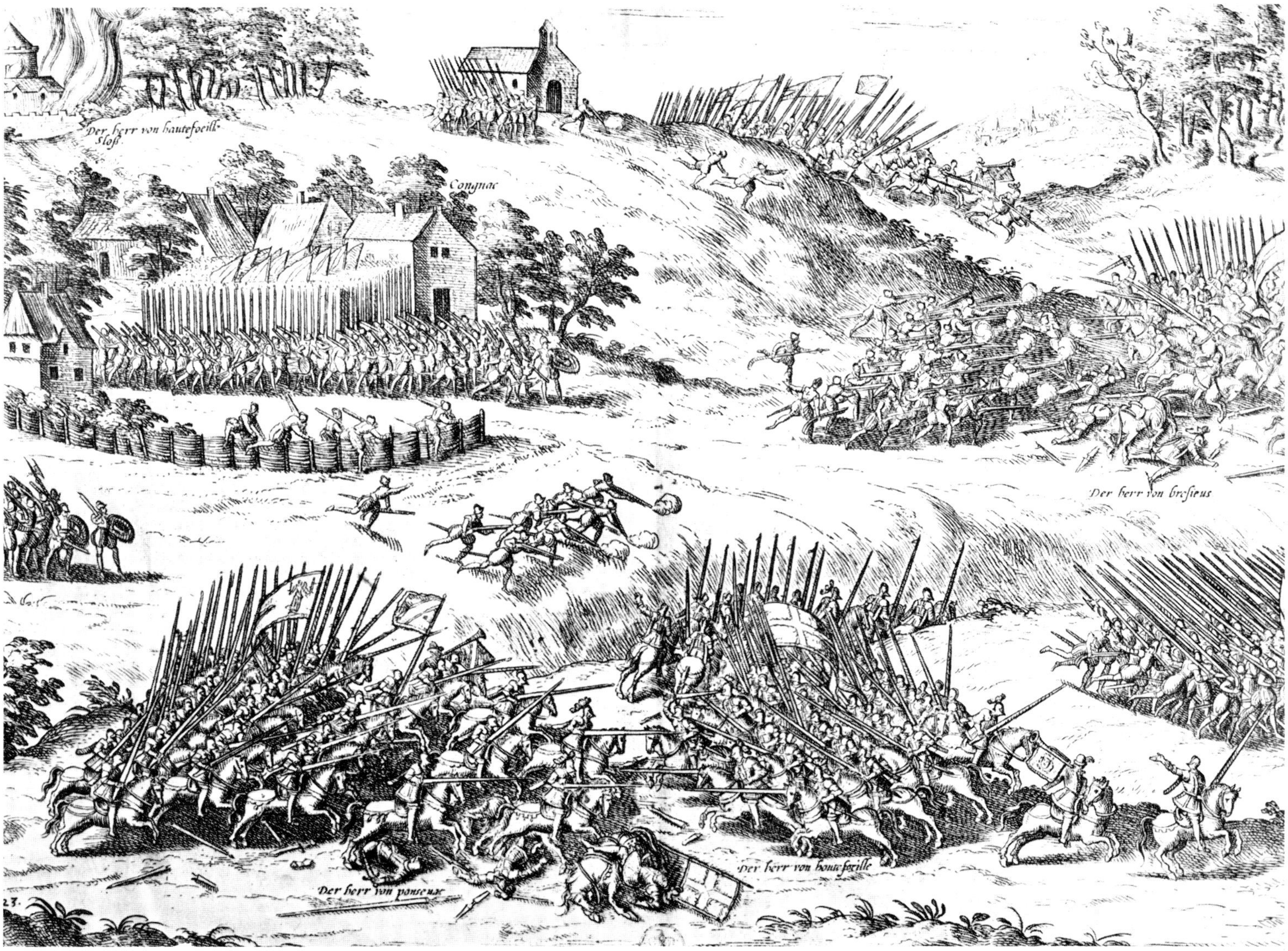

Die Schlacht von Cognac, 6. Januar 1568

sen: einer hatte einen Hut gestohlen, der andere einen Dolch. Ein anderer Soldat wurde erschossen, weil er eine Frau beraubt hatte.

Die Lehren des Moritz von Oranien fanden ihre Nachahmer in dem großen Konflikt, der in Europa die Kriegführung im 17. Jahrhundert beherrschte: dem Dreißigjährigen Krieg. Die Probleme, die sich seit dem Niedergang des Lehnssystems stellten, wurden ebenso wie ihre Lösungen zum letzten Mal vom Feldzug Gustav Adolfs von Schweden und noch mehr von dem Wallensteins in dramatischer Weise beleuchtet.

Gustav Adolf verbesserte die Taktiken der Niederländer. Seit seinem siebzehnten Lebensjahr hatte er Kriegserfahrung gesammelt und war entschlossen, aus jeder einzelnen zu lernen. Er übernahm Moritz' Maxime, daß die Beweglichkeit jeder Einheit auf hartem Drill und Disziplin beruhte und Disziplin widerum auf vernünftiger Verwaltung. Solange er Kommandeur seiner Streitkraft war, sorgte er bei allem für einen hohen Grad an Effizienz. Trunkenheit und üble Rede wurden streng bestraft, obwohl in einem Heer von 70.000 Männern die völlige Durchsetzung von Disziplin, so wie Oliver Cromwell sie später der ‚New Model Armee' aufprägen sollte, sehr schwierig, wenn nicht unmöglich gewesen sein muß.

Die Gebiete, auf denen er sich hervortat, „waren Militärtaktik, Organisation und Bewaffnung." Gustav Adolf entwickelte das niederländische Drillkonzept zu einer regelrechten Kunst. Die oberste taktische Einheit war die Brigade, in Reihen aufgestellt, sechs Mann tief, abwechselnd mit Musketen- und Piken-Einheiten. Die Musketiere gingen hinter den Piken, um sich vor Kavallerieangriffen zu schützen, während die Pikenreserven die Lücken in der Reihe zu schließen hatten, die sie hinterließen. Doch abgesehen von der Perfektionierung der Infanterietaktik und der Kavallerie, die nun mit leichten Schwertern und Pistolen ausgerüstet war, leistete Gustav Adolf seinen eigenen Beitrag zur modernen Kriegführung. Er erkannte das ganze Potential der Artillerie und brachte es zur Anwendung. Er war der erste wirklich große Feldschütze, der – um die Beweglichkeit seiner Streitkräfte zu erhöhen – die breite Vielfalt vorhandener Geschütztypen und -kaliber reduzierte und leichtere Lafetten entwarf. Er standardisierte seine Feldartillerie auf drei Haupttypen: Zuerst die Belagerungsgeschütze von 60, 30 und 15 Zentnern, dann die 24, 12 und 6-Pfund-Feldgeschütze und als drittes die leichten 4-Pfünder-Regimentskanonen, je zwei pro Regiment. Der Schützendrill, besonders für die Regimentskanoniere, wurde so hochgeschraubt, daß sie in der Lage waren, acht Runden zu den sechs Schüssen der Musketiere zu feuern. Im Vergleich zu den Spaniern und ihrem System, das sein Kontrahent Graf Tilly praktizierte, konnte Gustav Adolf seinen Versorgungstroß auf das absolute Minimum reduzieren. Für die Versorgung griff er auf gut befestigte Depots zurück, die entlang der Vormarschroute seines Heeres gebaut wurden.

Nachdem Gustav Adolf 1630 in den Dreißigjährigen Krieg eingetreten war, focht er die entscheidende Schlacht am 17. September 1631 bei Breitenfeld bei Leipzig aus. Marschall Tilly, sein Widersacher, wurde von einem Zeitgenossen als „klein von Wuchs ... mager und schrecklich anzusehen" beschrieben, „seine Wangen eingefallen, die Nase lang und die Augen grimmig und dunkel." Abgesehen von Wallenstein war Tilly der fähigste General auf kaiserlicher Seite und ein Meister der spanischen Taktik. Bei Breitenfeld befehligte er eine Armee von 40.000 Mann, ein Viertel davon Kavallerie. Aufgestellt in siebzehn großen Karrees erwarteten sie die schwedische Attacke. Die

Schweden griffen so an, daß ihre Musketiere von Pikenträgern gedeckt wurden. Sie konnten sich, durch deren Reihen fädeln, um zu schießen, darin untertauchen, neu laden und wieder schießen. Anders als Tillys schwerfällige Karrees war das schwedische Heer in kleinere Einheiten unterteilt, „jede Einheit wie eine kleine bewegliche Festung mit Wällen und Speeren, und jeder Teil kommt dem anderen zu Hilfe."

Mit der Sperre ihrer Artillerie, die im Verhältnis 3:1 zu den kaiserlichen Truppen feuerte, richteten die Schweden schwere Schäden in Tillys Truppen an und riefen einen überstürzten Kavallerieangriff hervor, der Tillys Flanken schutzlos auslieferte. Gustav Adolf nutzte die viel größere Mobilität seiner Streitkräfte und rollte die Front der Kaisertruppen auf. Währenddessen hielt der schwedische Artilleriebeschuß auf die wenig mobilen kaiserlichen Karrees an. Ohne ausreichenden Drill für einen geordneten Rückzug lösten sich die einmal aufgebrochenen Karrees alsbald auf und wurden kopflos. Die Schweden waren die Sieger. Doch ein Jahre später wurde Gustav Adolf, noch im Glanz seiner Tapferkeit und seines Ruhms, getötet.

Wallenstein war ein Kontrahent anderen Zuschnitts, vielleicht der größte Heerführer des Dreißigjährigen Krieges. Als hervorragender General dachte er außerdem politisch und historisch. Im Bewußtsein der Verwundbarkeit des Kaiserreichs übernahm er es, die Fliehkräfte der Landesfürsten zu begrenzen und im Griff zu behalten.

So ermöglichte er, daß das Reich unter Führung des Kaisers jenen Weg betrat, den seine westlichen Nachbarn einige Zeit zuvor eingeschlagen hatten – den Weg zu einem zentralisierten,

Unten: *Exerzieren der Kavallerie. A Ziehen der Pulverflasche B Pistole laden C Ladestock ziehen D Kugel laden und feststoßen*

Fußsoldat beim Spannen des Langbogens, während er gleichzeitig seine Pike in Hab-acht-Stellung hält, zur Abwehr möglicher Reiterattacken. (In: The Double Armed Man von William Neade, 1625. Dieses Buch schlug für die britische Armee, wie hier abgebildet, den weiteren Einsatz von Langbögen in Verbindung mit Piken vor.

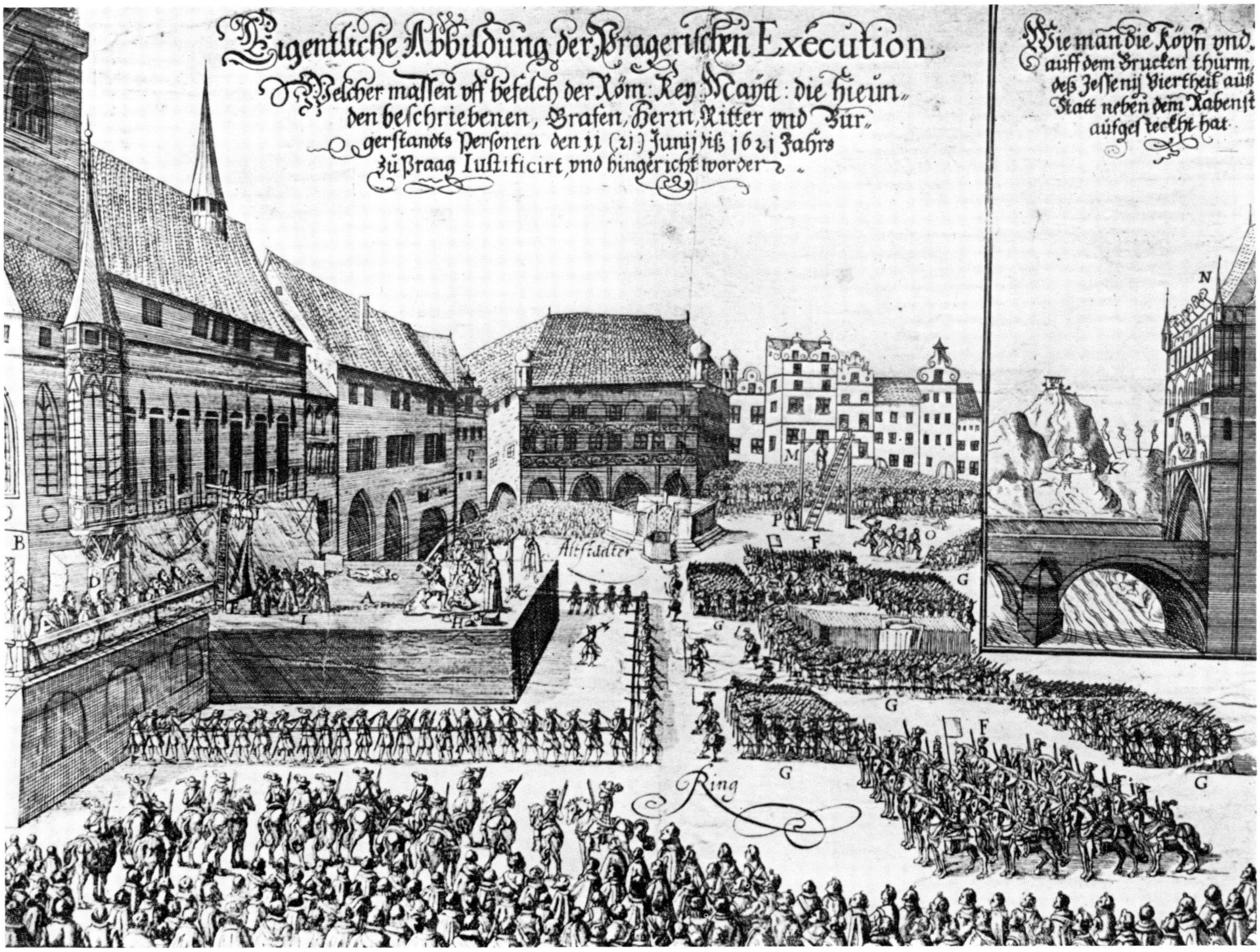

geeinten Staat. Daß er letztlich keinen Erfolg hatte, tut der Qualität seiner Analyse wie seiner Vision keinen Abbruch – Fähigkeiten, mit denen nur ein einziger Mann seiner Zeit rivalisieren konnte, und das war Kardinal Richelieu. Wallenstein versuchte Reichspolitik zu machen, sobald sein Herr schwankte, manchmal sogar gegen dessen Willen, doch immer im Interesse des Kaiserreichs. Aber selbst er war nicht stark genug, die eingefleischten Vorurteile des Adels zu überwinden.

Neben seinem kriegsstrategischen und politischen Verstand besaß Wallenstein auch Sinn für die Ökonomie. Er vereinnahmte nicht nur ein riesiges Gebiet, sondern verwaltete und entwickelte es so gewinnbringend, daß er in der Lage war, der Krone Geld zur Verfügung zu stellen. Für Wallenstein war Geld eine Kraft, die etwas möglich oder unmöglich machte – einschließlich ein Heer. Das Problem, eine Armee zu finanzieren war beinahe 500 Jahre alt. Der kaiserliche Hof und seine Räte wußten sehr gut, daß es Geld erforderte, eine Streitkraft aufzustellen. Die Aufrechterhaltung von Ordnung und Disziplin erforderte noch mehr Geld. 1621 aber waren die kaiserlichen Kassen beinahe leer. Natürlich war da immer noch der Reichstag, der Geld und Versorgungsgüter bewilligen konnte. Doch war dies nicht immer machbar oder wünschenswert, wie die Hussitenkriege gezeigt hatten. Als die Reformation die Nation und, noch wichtiger, die Fürsten spaltete, waren keine Finanzmittel verfügbar. Überdies konnten die deutschen Landesfürsten an den westlichen Grenzen selbst sehen, wie eine Dynastie, die auf zentralisierter Verwaltung beruhte, allmählich die Befugnisse und Privilegien unbedeutenderer Fürsten und Grafen untergrub. Spanien war ein weiteres Beispiel dafür, und ebenso England. So war jeder

Oben: *Friedrich V. (1596 – 1632), Kurfürst der Pfalz, wurde 1619 böhmischer König. Nach seiner Niederlage in der Schlacht am Weissenberg 1620 wurde er gezwungen, die Krone niederzulegen und aus dem Heiligen Römischen Reich verbannt. Adlige und Bürger, die ihm geholfen hatten, wurden 1621 in Prag hingerichtet.*

Oben rechts: *Moritz von Nassau (1567 – 1625) beim Angriff auf einen Damm, der von spanischen Truppen mit Unterstützung englischer Kriegsschiffe gehalten wird.*

Rechts: *Kriegselend: Soldaten werden für die Schlacht geworben.*

Ansatz zu einem System permanenter Besteuerung, wenn er den deutschen Fürsten vorgelegt wurde, zum Scheitern verurteilt. Das Reich sollte stark sein, aber nicht stärker als seine Fürsten. Zwischen 1619 und 1625 kam es in den kaiserlichen Streitkräften zu Meutereien, weil die Bezahlung nicht erfolgte.

Genau in dieser Zeit bot Wallenstein an, auf eigene Kosten eine Armee aufzustellen. Das hieß, er würde Soldaten aufbieten und ihre anfängliche Entlohnung, Kleidung, Bewaffnung und Munition, Wagen und Zelte bezahlen. Da die Kosten einer solchen Truppe zwangsläufig die Mittel selbst des reichsten Privatmannes überstiegen, schlug Wallenstein vor, das Prinzip der Finanzierung zu ändern. Die Abgaben der einzelnen Gebiete sollten nicht mehr Ausgleichszahlungen, eine Art Strafmaßnahme gegen Feindesland sein, sondern eine reguläre Steuer für die Dauer eines Krieges werden, die jedes Land und jede Stadt im ganzen katholischen Teil des Reiches und in den habsburgischen Kronbesitzungen zu bezahlen hatte. Der Kaiser und seine Räte stimmten zu. Inwieweit sie sich der letzten Konsequenzen

dieses Entschlusses für die konstitutionelle Praxis des Reichs bewußt waren, bleibt unklar. Vielleicht wußten sie darum, doch nach dem Prinzip „morgen ist ein anderer Tag“ wollten sie zuallererst und vordringlich die Aufstellung ihrer Armee gewährleistet sehen, die die Bedrohung des protestantischen Nordens abwenden sollte. Der Kaiser bevollmächtigte Wallenstein, Abgaben zu erheben und einzutreiben, was dieser prompt und erfolgreich tat. Und solange Wallenstein der kaiserlichen Armee vorstand, trat keine Diskrepanz auf zwischen den Erfordernissen der Versorgung und Entsoldung seiner Armee und den verfügbar zu machenden Finanzmitteln.

Doch als das neue System im September 1625 zum erstenmal praktisch angewandt wurde, überfluteten Proteste die kaiserliche Hofkanzlei. Es wurde eingewendet, Wallenstein blute die Gemeinden aus, doch gerade die Kreise, die klagten, sie seien völlig am Ende brachten, die von Wallenstein veranschlagten Abgaben Jahr für Jahr auf. Das Heer war kein Instrument mehr, das zur Abwendung einer bestimmten Gefahr aufgestellt wurde. Es entwickelte sich zu einer dauerhaften Institution, zu einem Instrument des Kaisers und somit zu einer potentiellen Gefahr für die einzelnen Landesfürsten. Doch so drückten es die Fürsten, allen voran Maximilian, Kurfürst von Bayern, gegenüber dem Kaiser natürlich nicht aus. Ihre Formulierung lautete: Im Jahr 1626 könne eine Armee mit über 50.000 Mann in der Hand eines einzigen Mannes, des böhmischen Edelmannes Wallenstein, zu einer Gefahr für den Kaiser selbst werden. Anfänglich wurde dieser Einwand ignoriert. Der Kaiser fürchtete eher militärische Ineffektivität und den marodierenden Mob, zu dem eine Armee verkommen konnte, wenn sie nicht angemessen bezahlt und unterhalten wurde.

Wallensteins Abgabenerhebung war nicht willkürlich, was die Stadtbürger zusätzlich verärgerte. Von jedem Distrikt forderte er nur soviel, daß die ökonomische Basis der Einwohnerschaft gewährleistet und die Erwirtschaftung von Überschüssen möglich blieb, die auch die Abgaben für das folgende Jahr deckten. Die ersten Beiträge wurden in den Kronbesitzungen des Hauses Habsburg erhoben, dem folgten die Länder des Reichs. So war der Kaiser plötzlich im Besitz einer Macht, die ihm jahrhundertelang gefehlt hatte: Sein Heer war nicht das der Landesfürsten, sondern sein eigenes.

Unter Wallenstein entstand in Europa ein stehendes Heer von bedeutendem Umfang. Anhänger der spanischen Praxis wie

Oben: *Gustav Adolf von Schweden (1594-1632) in der Schlacht bei Leipzig, 1631*

Unten: *Vorbereitung zum Zünden eines Mörsers.*

Rechts: *Exerzieren der Kavallerie*

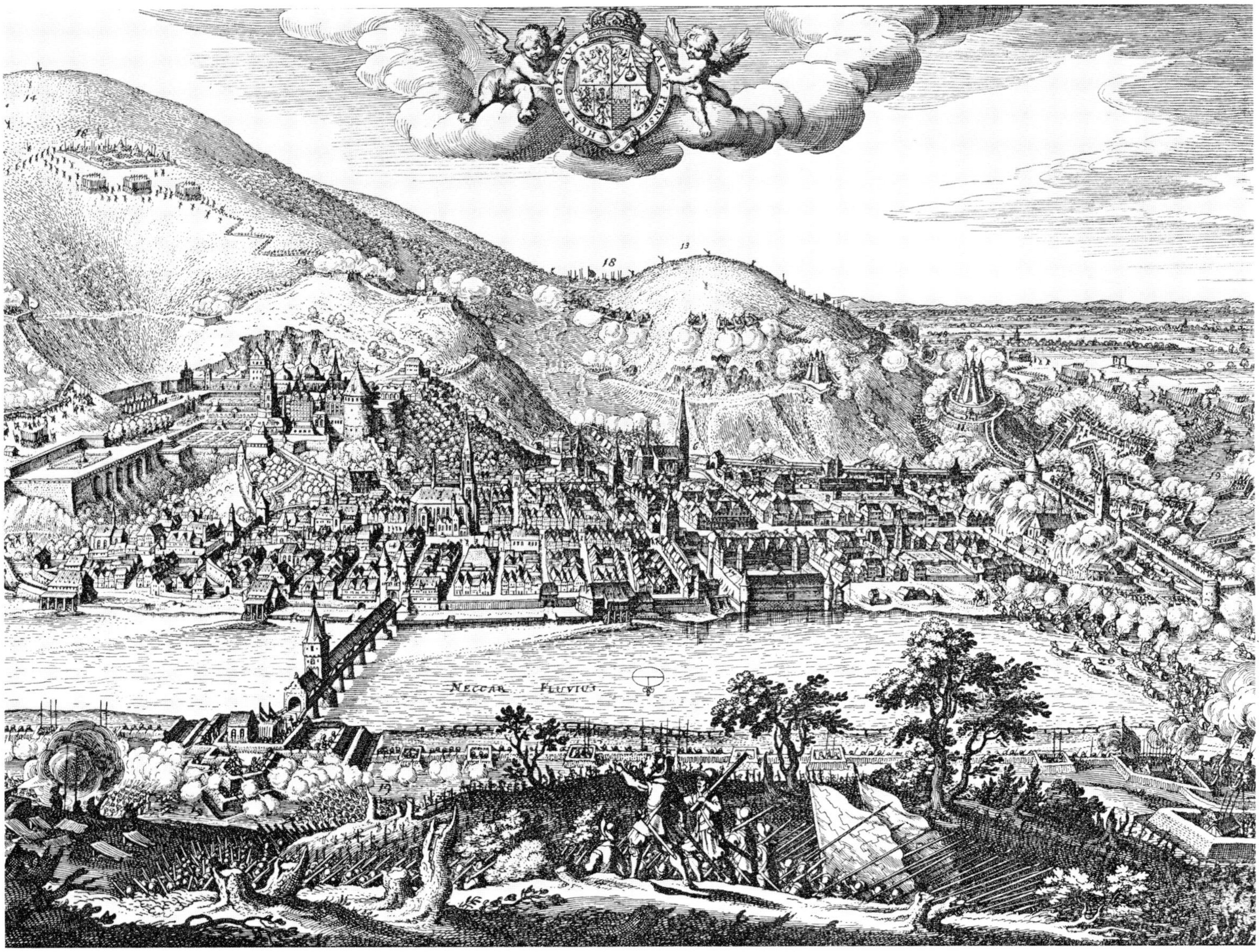

Der Dreißigjährige Krieg: Tilly belagert Heidelberg

Tilly waren weiterhin der Auffassung, daß ein Heer über 40.000 Mann unmöglich zu führen sei und aller taktischen und strategischen Doktrin widersprach. Als Tilly diese Bemerkung machte, zählte Wallensteins Armee 125.000 Mann – zuviel für die katholischen Kurfürsten des deutschen Reichs. Seit Beginn der Aufstellung dieser Armee widersetzten sich die Fürsten Wallenstein mittels Intrige. 1630 gelang es ihnen schließlich auf diesem Wege, Wallenstein absetzen zu lassen.

Doch mit der Invasion Gustav Adolfs von Schweden änderte sich das Klima vollkommen. Nachdem er Graf Tilly bei Breitenfeld geschlagen hatte, drang er schnell ins südliche Deutschland vor, und Wallenstein wurde erneut berufen. Als der Schwedenkönig im Juli 1632 München erreichte, kam Wallenstein von Böhmen nach Deutschland gezogen und drohte, dessen Verbindungslinien zu kappen. Gustav Adolf war daher gezwungen umzukehren und verschanzte sich in Nürnberg, wo er Wallensteins Angriff abwartete. Wallenstein war einer der wenigen Generäle, die nie einen Angriffskrieg führten. Statt das zu tun, was Gustav Adolf erwartete, ließ Wallenstein entlang eines langen Bergrückens über der Regnitz, knapp acht Kilometer vor der Stadt, Stellungen mit Erdwällen anlegen und wartete ab. Jeder Winkel war von seinen Geschützen abgedeckt, und so wartete er sechs Wochen lang. Wallenstein hatte bei diesem Feldzug nur 27.000 Mann, und während er abwartete, gewann Gustav Adolph weitere Verstärkung, bis sein Heer 57.000 Mann zählte. Doch auch Verstärkungskontingente mußten ernährt werden, und dieser Umstand zwang Gustav Adolf, am 1. September 1632 Nürnberg zu verlassen und Wallenstein anzugreifen. Vier Tage lang attackierten die Schweden. Nachdem sie 7.000 Soldaten verloren hatten, gab Gustav Adolf auf. Was Wallenstein angeht, so war dieser Kampf eine meisterhafte, klassische Demonstration der Zermürbungsstrategie. Gustav Adolfs Ruhm als „Meister Deutschlands“ verblaßte.

Zwei Monate später, nachdem Wallenstein Sachsen besetzt hatte, trafen sie in der Ebene von Lützen erneut aufeinander. Gustav Adolf hatte beabsichtigt, ihm von seiner Versorgungsbasis Leipzig aus zuvorzukommen. Die Schlacht begann am 16. November 1632. Vom Morgen bis zum Einbruch der Dunkelheit griffen die schwedischen Truppen Wallensteins Heer an und überwältigten einige seiner Verbände, nicht jedoch den harten Kern. Erst die Dunkelheit setzte der Schlacht ein Ende. Beide Armeen waren völlig erschöpft, und Wallenstein führte seine Truppen im Dunkeln nach Leipzig. Dieses Gefecht hatte weder einen Sieger noch einen Besiegten. Seine Bedeutung liegt in der Tatsache, daß sich unter den Todesopfern der schwedischen Seite deren König Gustav Adolf befand.

Die Konfrontationen zwischen Gustav Adolf und Wallenstein eröffneten ein neues Zeitalter der Kriegführung. Große Heere exerzierten und wurden nach Vorstellungen und einer Taktik gedrillt, die sich von denen vergangener Jahrhunderte grundlegend unterschieden. Das Zeitalter moderner Kriegführung, dessen Umrisse sich schon lange am Horizont abgezeichnet hatten, trat ein. Die mittelalterliche Kriegführung, deren Hauptaspekte schon seit langem allmählich verlöschten, war während des letzten großen Religionskriegs in Europa, dem Dreißigjährigen Krieg, verschwunden. Von diesem Tag an hallte das Echo der Kannonaden und der Salven aus Musketen und Gewehren durch die ganze Welt.

Wie man eine Stadt belagert
(militärische Abhandlung von Wolf von Senftenberg, 1570).

L

M

N

O

P

R

S

T

U

V

W

X

Y

Z

Bildnachweis

AB Nordbooks: 208, 209 oben, 245 rechts.
Badische Landesbibliothek, Karlsruhe: 31.
Besitz des Autors:12 unten, 13 beide, 14 beide, 15 unten, 16, 18, 27, 28, 35, 104, 106 unten, 107, 135 links, 147 unten, 149 oben, 151 unten rechts, 185 oben, 190 beide, 191 oben, 192 beide, 195 unten, 196 unten, 221, 227 unten, 229 oben, 233 unten und oben, 234 beide, 241 oben.
Bibliothèque de Cambrai:69 unten.
Bodleian Library, Oxford:138-139, 144 unten, 145 oben, 149 unten links, 151 unten links, 172-173, 182 unten.
British Crown Copyright reserved (Tower of London): 67 alle, 70, 71, 134 unten, 149 unten rechts, 152 oben links und unten, 162-3, 166 beide, 167. 175 oben links, 185 rechts, 191 unten links.
British Museum Library Board: 8, 29, 46 oben, 51 oben, 68 oben links, 82 unten, 88 oben, 101 links und unten, 108 rechts, 120, 124 links, 125 unten rechts, 126 unten, 134 oben, 142 oben links, unten rechts, 145, 148 unten, 152 oben rechts, 153 unten, 154, 168 unten links, 171, 181, 183 oben.
British Tourist Association: 157 unten.unten
Bürgerbibliothek, Bern: 174 unten, 179 rechts, 180 unten, 182 oben, 183 unten, 223 links.
Burstlid Waldbergen Zeilsches Gesamtarchiv: 229 unten.
Cambridge University Library: 56-57.
Zentralbibliothek, Gent: 109 oben rechts, 165 beide, 168 oben und unten links.
Courtauld Institute of Art: 98.
Dänisches Nationalmuseum: 22.
Dean and Chapter der Westminster Abbey: 135 links.
Eric Lessing: 45 Mitte, 58 links, 62 beide, 63, 78, 85 unten, 108 unten links, 109 oben links, 112 links, 155 unten, 168 unten rechts, 168, rechts, 191 unten, 218.
Fotomas Index:174 oben, 224, 245 links, 249 unten.
Germanisches Nationalmuseum, Nürnberg: 157 oben, 188 unten, 226, 232 unten, 233 unten, 238-39, 242, 245 links, 247 oben.
Heidelberger Universitätsbibliothek: 44-45.
Ian Hogg: 10-11, 46 unten rechts, 47 unten, 49 beide, 50 alle, 54 oben, 55 rechts zwei, 111, 113.
John Freeman: 174 oben, 224, 245 links, 249 unten.
Kathedrale von Orviedo: 40.
Lauros-Giraudon, Paris: 69 unten, 176, 179 unten.
Mary Evans Picture Library: 1, 29, 33 oben, 89 unten, 93 oben, 98 oben, 103, 110, 184, 189, 203 unten links, 205 oben rechts, 209 unten, 228, 241 unten, 249 oben, 250.
Master und Fellows des Corpus Christi College, Cambridge: 98, 100 oben.
Master und Fellows des Trinity College, Cambridge: 38, 39.
Ministère des Armes, Paris: 204, 215 oben.
Ministerium für Touristik und Altertümer, Jordanien: 93 unten.
Museum Arquol, Madrid: 11 unten.
Museum der Uffizien, Florenz: 188.
Nationalbibliothek, Paris: 2, 4, 19 unten, 20, 51 unten, 59, 64-65, 66 unten, 69 zwei oben, 72 oben rechts, unten links, 73 oben, 74, 75, 80, 81 unten, 87, 88 unten, 90, 91, 96 unten, 97 alle, 98 unten, 100 unten, 101 oben rechts, 112 zwei unten rechts, 104-105, 119 beide, 121, 122-123, 136 beide, 137 oben, 141 beide, 142 unten links, 143, 144 oben zwei, 146, 147 oben, 148 oben, 150 beide, 200, 214 oben, 251.
Nationalmuseum, Island: 26.
National Maritime Museum: 22 unten, 215 unten.
National Gallery: 31 oben.
Niedersächsische Staats- und Universitätsbibliothek, Göttingen: 45 außen rechts, 47 außen rechts, 202 unten.
Öffentlicher Kulturbesitz, Basel: 233 unten rechts.
Österreichische Nationalbibliothek, Wien: 196 oben, 217 unten.
Patrimonic National, Madrid: 211.
Percy Hennell: 60.
Petit Palais, Paris: 6.
Phaidon Press Ltd.: 60.
Photo Bulloz, Paris: 6, 76-77, 112 Oben, 194, 198, 230-31, 235, 236-37, 244, 246.
Photo KLM Aerocarte: 140.
Pierpont Morgan Library:66 oben.
Prado Museum, Madrid: 243.
Public Record Office: 58 rechts.
Radio Time Hulton picture Library: 7, 32 unten, 85, 164 unten, 170 unten, 175 unten, 180 unten rechts, 246, 248.
Sammlung Mansell: 34, 92 beide, 176, 177 beide.
Scala: 188, 243.
Stadtbibliothek, Boulogne: 179 oben.
Universitätsbibliothek, Göttingen: 155 oben.
Thames and Hudson: 151 rechts.
Trustees des British Museums: 33, 37-38, 89 oben, 108 unten, 137 unten, 180 oben, 219 oben, 225.
Victoria and Albert Museum, London: 60, 170 oben, 156 unten, 170 oben, 236 links.
Viking Ship Museum, Oslo: 25.

Autor und Verlag danken herzlich:
Mrs. Stuart Rose, Illustration Research Service;
Kate Lewin für umfangreiche Hilfe bei der Fotorecherche;
Richard Natkiel für die Erstellung der Karten;
P.L. Gwynn-Jones für das Kapitel "Heraldik" und
Ian Hogg für die Kapitel "Belagerungstechniken", "Techniken des Burgenbaus" und "Kanonen und Geschütze.

Auszüge auf Seite 93 wurden entnommen aus: Sir Charles Oman: Art of War in the Middle Ages 378 - 1515, Cornell University Press, 1960.
Auszüge auf Seite 78 wurden entnommen aus: Henri Pirenne: History of Europe, Allen and Unwin, London, 1939